朝鲜战争内幕全公开

楚　云／著

时事出版社

图书在版编目(CIP)数据

朝鲜战争内幕全公开/楚 云 著. —北京:时事出版社,
2005(2013.9 重印)
ISBN 978-7-80009-856-7

Ⅰ.朝… Ⅱ.楚… Ⅲ.抗美援朝战争-史料
Ⅳ.E297.5

中国版本图书馆 CIP 数据核字(2004)第 128347 号

朝鲜战争内幕全公开

出版发行:时事出版社
地　　址:北京市海淀区巨山村 375 号
邮　　编:100093
发行热线:(010)82546061 82546062
读者服务部:(010)61157595
传　　真:(010)68418647
电子邮箱:shishichubanshe@sina.com
网　　址:www.shishishe.com
印　　刷:北京百善印刷厂

开本:787×1092 1/16 印张:24 字数:300 千字
2010 年 1 月第 2 版 2013 年 9 月第 7 次印刷
定价:39.80 元

序

高丽六月起狼烟，贼兵如蚁扑阶前。户破堂危是古训，汉将高歌易水边。清川江畔枪声急，三八线上雪漫天。紧抱吴戈是豪迈，捷报乘风祭轩辕。

这首仿古七言律诗，成稿于公元1950年12月间，出自中国人民志愿军某将军手笔。诗中高丽是地名古称，特指与中国东北三省仅一江之隔的朝鲜半岛。

诗的前两句，是说公元1950年6月25日朝鲜突然发生内战，美国虽距朝鲜万里之遥，却恃强横加干涉，纠集英、法、土、澳、新、加、比、卢、菲、荷、希、泰、哥、南非及埃塞俄比亚等16国军队，打着联合国军旗号，杀入朝鲜，挫败胜利在望的朝鲜民主主义人民共和国军队，又越过三八线，渡临津江、大同江、清川江等大小数十条河流，直逼中朝界河鸭绿江，猛叩中国边疆大门。

接下来两句，是借历史名典，叙说中国为何慨然起兵，赴朝鲜迎战。东邻有难，中华受逼，正所谓唇亡齿寒、户破堂危。志愿军百万将士，根据朝鲜民主主义人民共和国请援要求，满怀荆轲过易水的英雄气概，高唱志愿军战歌，雄赳赳，气昂昂，跨过鸭绿江，迎战美国虎狼之师，既解东邻困厄，又保本国东境安宁。

末后四句，则叙志愿军入朝参战战况。志愿军一战云山，二战清川江，连战皆捷，把打着联合国军旗号的百万虎狼之师打了个落花流水、鬼哭狼嚎，雪崩般向南溃逃。将士们又冒零下40度酷寒，雪夜穷追敌军残师，急进数百公里，一气将敌军赶回三八线以南，一战定乾坤。

其时诗的作者正值而立不惑之间，久经战阵，文韬武略，正率领志愿军一支部队，先渡鸭绿江，而后渡清川江、大同江、临津江，衔尾向南穷追美军残师，直趋南北朝鲜之间的三八线。驻马峰巅，遥望三八线南北，见群山迤逦，绵延千里，雪飘冰封。公路上，山涧边，河滩中，漫山遍野都是联合国军遗弃的军车、坦克、枪械、营帐、食品、被服。一群群高鼻梁、凹眼睛、长腿多毛的异国战俘，由志愿军押送，解往北方。一队队志愿军将士昂首挺胸，携枪拖炮，向南急进。思及鸦片战争以来百余年间，堂堂中华，几亿同胞，一直任列强鱼肉，受尽折辱。如今志愿军出国鏖兵，一战雪尽前耻，不禁感慨万千，勾起诗兴，便仿唐宋诗风，吟就七言律诗一首，以表心志情怀。有志愿军战地记者，见这首诗风格清新，以实代虚，勾勒出一幅志愿军在朝鲜征战全图，便登载于志愿军战报，一时遍传军中。

这首七言律诗虽然词风不俗，一字千钧，颇有韵味，但战争却是残酷的：朝鲜战争历时三十七个月，十多个国家直接参战，各方共伤亡军民过百万，耗费才物更难以计数。战争究竟因何发端？美国为何起兵干涉？中国志愿军为何跨江参战？又如何与打着联合国军旗号的美军争锋，大败有世界第一强国之称的美国？其中缘由，纷繁复杂，案中有案，有诸多难解之谜。本书作者有感于这首七言律诗，花数年时间，仔细研究了有关朝鲜战争的各国档案材料，对这段尘封半个多世纪的往事有了不少新的认识。特作此书，以飨读者。

目录

MU LU

金日成轻装简从，于1950年春乘专列沿西伯利亚大铁路秘访苏联，就统一朝鲜问题与前苏联商谈。

金日成抵苏联首都莫斯科后，连日与苏联共产党总书记兼部长会议主席斯大林密谈，说明南进统一意图。

离开苏联后，金日成风尘仆仆，不辞劳苦，乘火车秘访中国首都北京，与中共中央委员会主席兼中央人民政府主席毛泽东密谈，说明请中国帮助南进之意。

第一章

金日成秘访苏联中国
李承晚梦想武力北进

朝鲜半岛地处东北亚，东濒日本海，西临黄海，南隔一道朝鲜海峡与日本相望。半岛总面积约22万多平方公里。朝鲜战争爆发前，半岛居民总数2000余万。

自朝鲜往北，左隔一条鸭绿江与中国辽宁省相邻；右隔一条图们江与中国吉林省相望。鸭绿江源于有百川源头之称的白头山南麓，自东北而西南，长流800余公里，归之于黄海。图们江源于白头山东南麓，与鸭绿江反向而流，自西南而东北，长流500余公里，归之于日本海。两江源头之间的分水岭上，有世人皆知的白头山天池。自天池南去，摩天岭南北迤逦，划开两江水线，架成中国东北与朝鲜半岛天然陆桥。中朝国界自东北而西南，贯通两江并一陆桥，全长约1500公里。

朝鲜半岛古代出现过高句丽、百济、新罗三个封建小国，分治古朝鲜国。公元10世纪初建立王氏高丽，定都开城，渐次统一半岛。继后而起的李氏王朝，取代高丽王朝统治，定都汉城，并仿中国唐朝长安大明宫风格，在汉城兴修高丽宫，飞檐斗拱，十分华丽。李朝历二十六代国君，是古朝鲜盛世。往后，朝鲜国势日衰。1897年，李氏王朝改国号大韩。1910年，朝鲜被日本吞并，从此由日人统治，沦为亡国奴。

公元1945年，日本因多行不义，接踵发动侵华战争、太平洋战争引起国际公愤，成为众矢之的，惨遭溃败，只得宣布无条件投降，并退出朝鲜。美国与苏联相约以朝鲜半岛中部的北纬38度线为界，各出兵从日本人手中解放朝鲜。美国占三八线以南地域，前苏联占三八线以北地域，并相约待时机成熟，再建立统一的朝鲜国家。

此后不久，冷战爆发，美苏对立，朝鲜半岛以三八线为界，分别建成一南一北两个并立政权，北部是实行社会主义制度的朝鲜民主主义人民共和国，南部是实行资本主义制度的大韩民国，两个政权制度不一，分别得到美、苏支持，且两方面皆自认为是朝鲜正统，有权力统一对方。由此争斗不止，直至朝鲜战争爆发。

朝鲜民主主义共和国定都平壤。平壤城初建于公元前1122年，曾为古高丽王国首都。迄今城内仍有古高丽王国遗留的古城墙城门、亭台楼阁、佛寺庙宇。大同江从有朝鲜屋脊之称的狼林山麓流出，自东北而西南，沿途汇集宁江、南江、普通江并30条大小江河，长流400公里，穿平壤城区，直奔黄海。

出平壤城，沿大同江西去20公里，是大同江与普通江合流处。其间有一小村，村名万景台。村落不大，周围群峰环绕，翠盖遮天蔽日，更有万景峰高耸入云，倒映大同江水，碧水青山，景色万千。这就是朝鲜人民的伟大领袖金日成将军的故乡。

公元1912年4月15日，逢春汛，大同江两岸电闪雷鸣、暴雨如注，大同江水与普通江水相撞，巨浪滔天，轰鸣声盖过雷声。在这雷雨之夜，万景台一个金姓的佃农之家降生了一个男婴，取名为金成柱。

金成柱少时家贫，放牛打柴，捕鱼采菇，凡农家子弟幼时之苦无不一一领受。但有一条，其人异常机警，游泳爬树，攀崖登山，皆是好手，读书更能过目不忘。稍长，举家迁往中国吉林省谋生，金成柱则入中国吉林某中学求学，不但学朝文，也学汉语。熟知中国语言、文化、生活习俗。

那时，朝鲜已沦为日本殖民地。未久，中国东北也被日本侵略军占领。金成柱眼

朝鲜半岛重要战略地位和地图

见中国关内外遍燃抗日烽火，东北抗日联军转战于白山黑水之间，屡屡重创日军，深受鼓舞。便动员旅居中国的朝鲜爱国志士，组成抗日游击队，树起朝鲜人武装抗日大旗，在中国长白山密林中转战，与日军周旋。因其每与日寇斗争，不但英勇，而且智计百出，遂被人誉称为金一星，后来又自改名金日成。

公元1937年，金日成率游击队由长白山游击基地出发，一夜急进百余里，袭占日军据点普天堡，取得朝鲜抗日斗争的一次重大胜利。后来金日成又旅居前苏联，率朝鲜爱国志士参加苏联红军，组成红军朝鲜支队，任支队司令官，投入前苏联反法西斯卫国战争。

1945年秋，日寇战败投降，苏联红军依据与美国约定，出兵朝鲜北方。金日成率朝鲜支队，随苏联红军杀回朝鲜，在红军帮助下收复了三八线以北半壁朝鲜，又于公元1949年9月建立朝鲜民主主义人民共和国，定都平壤，并出任共和国首相。同时，以归国的朝鲜支队为基干，建立朝鲜人民军，任人民军总司令官。

共和国成立不久，亚洲时局接踵剧变。先是公元1949年10月，中国革命成功，中华人民共和国成立，定都北京。翌年1月，美国国务卿艾奇逊发表演说，宣称美国在亚洲只以确保日本、菲律宾军事阵地为限。2月，中国与苏联订立军事同盟互助条约。

亚洲时局的变化，使朝鲜民主主义人民共和国方面不少人认为实现朝鲜统一的时机已到，主张为国家统一做准备。但李承晚政权有美国支持，朝鲜民主主义人民共和国要实现国家统一，需要争取中国与苏联的理解与支持。在此情况下，金日成轻装简从，于1950年春乘专列沿西伯利亚大铁路秘访苏联，就统一朝鲜问题与苏联商谈。

苏联乃是苏维埃社会主义共和国联盟简称，地跨欧亚两大洲，南部与中国东北、新疆相邻，东南部隔图们江口与朝鲜相望。苏联拥有土地2200万平方公里，居世界第一，有居民2亿。早先，其国由沙皇统治。公元1917年，列宁发动十月革命，推翻沙皇统治，建立苏维埃政权，奉行社会主义制度。列宁仙逝后，由斯大林继位，总揽党、政、军事务。经过第二次世界大战，苏联成为世界两强之一，拥兵400万，促成欧亚波兰、捷克斯洛伐克、罗马尼亚、匈牙利、保加利亚、东德意志、阿尔巴尼亚、蒙古等国走上社会主义道路，形成一个强大的社会主义阵营。

金日成抵苏联首都莫斯科后，连日与苏联共产党总书记兼部长会议主席斯大林密谈，说明南进统一意图。

斯大林生于公元1879年，参加过十月革命、苏联反干涉战争。后来领导前苏联实现工业化和农业集体化，又领导苏联进行了四年卫国战争，打败德国法西斯1000万陆军，雄武绝代、精明过人。听罢金日成说明来意，斯大林并未明确表态。

当时，南北力量对比对北方有利。李承晚军队计有10万陆军，编为8个师、23个团，士兵多为强征来的农村青年，缺少训练。军官多是日本统治时期的警察、伪军，缺乏实战经验，且没有坦克、飞机、重炮等重装备，只有步枪、机关枪、小炮等轻武器。而人民军有10余万人，不少官兵曾经历过对日战争、苏联卫国战争、中国解放战争，屡经战阵，可以一当十，且有不少苏制重型武器，如T-34坦克等。

但斯大林认为，三八线名义上是南北朝鲜分界线，实则是美国与苏联在亚洲的势力范围分界线。若反对金日成南进统一，与社会主义和支持民族解放运动的旗号颇为不合。若支持其南进统一，则美国因失去大韩民国基地，必不甘休。且美国必然认定苏联违背美苏协议，支持金日成破坏三八线现状。如其出兵干预，便使苏联进退

罗斯福、斯大林、丘吉尔在雅尔塔会议上

两难。退则有损国威，进则又势必引发美苏战争，甚至引发第三次世界大战。他因而向金日成提出，朝鲜方面是否应南进统一，应与“中国同志”商谈，他特别强调“中国同志”四个字。

离开苏联后，金日成风尘仆仆，不辞劳苦，乘火车秘访中国首都北京，与中共中央委员会主席兼中央人民政府主席毛泽东密谈，说明请中国帮助南进之意。

毛泽东生于公元1893年，也是农家子弟出身。自幼受中国儒学教育，视国家、民族统一为一国立国根本。后接受马克思主义，于1921年参与创立中国共产党，又于1927年创立中国工农红军，并建立井冈山革命根据地，走农村包围城市的革命道路。以后，又领导中国人民坚持八年抗战，驱除日寇，接着又在人民解放战争中领导中国人民解放军打败蒋介石800万军队，创立中华人民共和国。

当时，新中国刚成立，百废待兴，且台湾、西藏都未解放，中国尤其需要集中力量准备解放台湾。朝鲜半岛如爆发战争，显然会使中国实现上述目标的国际环境复杂化。但从无产阶级国际主义观点看，中国确实难以对金日成的统一要求提反对意见。

从后来的一系列事态看，中国方面对金日成的统一要求给予了同志式的理解与支持。

金日成回朝鲜后，断定中国、苏联皆支持其南进，便日夜操练军队，储备粮草、兵器、弹药，作南进准备。适逢苏联为朝鲜新提供了一大批先进飞机、坦克，又有中国人民解放军总参谋部根据毛泽东批示，令军中现役朝鲜籍官兵数万人，立即解除现役，携带军中调拨的最好武器，移交朝鲜人民军。

因得中国、苏联相助，朝鲜人民军军威大振。辖下正规军计13.5万，编为步兵10个师、装甲兵1个旅、摩托化兵1个团、边防军5个旅；拥新式T—34坦克250辆、新式飞机180架，另附重炮、火箭炮若干。正规军之外，又有后备军若干。朝鲜人民军并制订作战计划，沿三八线部署重兵，准备分作四路进兵。右一支偏师，沿黄海海岸南下，夺占韩国瓮津半岛，掩护全军右翼；左一支偏师，沿日本海海岸南下，进占江陵重镇，掩护全军左翼；左路主力军一支，由三八线中央位置，渡北汉江南下，进占春川，分割李承晚军战线，调动其抽兵驰援；集中全军主力，由开城突破，直扑韩国首都汉城，力争速战速决。

大韩民国成立于公元1949年8月，据有三八线以南半壁朝鲜，虽占地不足10万平方公里，居民却有1700万，是北方的两倍。大韩民国总统李承晚，生于公元1875年，出身于官宦之家，自幼受中国儒学教育，后留学美国，在普林斯顿大学攻读哲学，获博士头衔。其人因此精汉学、识英文、通哲学、信基督教。日本占据朝鲜时代，李承晚曾当过中学校长。后来因从事反日活动，被迫流亡中国上海，一心指望美国和蒋介石麾下的中华民国助其驱除倭寇、恢复朝鲜独立。

公元1945年10月，李承晚见日本投降，便自美国返回朝鲜，组织政党，并得到美国占领军支持，建立大韩民国，被美国扶为大韩民国第一任总统。

李承晚虽年过古稀，又是一介书生，却并不满足于三八线以南一隅之地，自恃南

毛泽东在北京会见金日成

方人口倍于北方,且有美国为后盾,常思谋武力北进,越过三八线,消灭朝鲜民主主义人民共和国,统一朝鲜全境。出任大韩民国总统后,他便一心整军经武,准备北进。

但是,美国有美国的打算,即只支持韩国据三八线自保,而不允李承晚越三八线北进。因此,美国只向李承晚军队供应步枪、机关枪和小炮,不供应坦克、飞机、重炮及一应进攻型重兵器,又规定韩国陆军以10万人为限。李承晚受此掣肘,不能放胆北进,心中不快,又不敢发作,便生出单独北进之念。

自从大韩民国立国之日起,李承晚不断遣兵调将,少则一人数人,多则成营成连,沿三八线骚扰北方,以求损耗北方实力、探查对方虚实。不料韩国军队皆是乌合之众,屡战屡败,损失惨重。有报告说:约一年时间,南北两方沿三八线三日一小打、五日一大打,大韩民国军队前后累计折损约五六千之数,单是步枪就损失了40000支。

但李承晚并未因挫败而放弃北进念头。他思及自己年事已高,若不能在有生之年亲见朝鲜统一,死后如何瞑目?因而,更是加紧进行各种政治、经济、军事与外交准备,以备条件成熟时发动北进,武力统一全朝鲜。

自此,朝鲜半岛局势趋紧。朝鲜南北双方的政治理念、政策意图和各种准备证明,朝鲜爆发战争已势在必行。

1950年6月中旬,朝鲜战争爆发前夕,杜鲁门在白宫接到美国驻大韩民国军事顾问团团长罗伯特将军一份密报,大意是说朝鲜民主主义人民共和国军队新得前苏联供应的新式坦克、飞机若干,李承晚因而呼吁美国改变军援政策,尽快向大韩民国军队供应重炮、飞机、坦克,帮助其扩充军队。还称李承晚军中高级将领皆欲北进、统一朝鲜,三八线上南北对峙,三日一小战,五日一大战,韩国军队已有数千伤亡,请总统采取对策。

第二章

杜勒斯巡察三八线
蔡炳德宏论北伐图

美国位于北美洲，与朝鲜隔一个太平洋。自美国西海岸城市旧金山到大韩民国首都汉城，直线距离约略1万公里。美国疆域比中国略小，根据1950年人口调查，有居民1.5亿，一年产钢8000万吨，汽车800万辆，国民生产总值有3800亿美元。第二次世界大战结束之时，美国经济已雄踞世界之首。美国一心与苏联争锋，在欧洲的德国、意大利和亚洲的菲律宾、日本皆驻屯重兵，又在大韩民国驻屯军事顾问团，帮助李承晚训练陆海空三军。

美国总统哈里·杜鲁门，生于公元1884年5月，其父以农耕为业，闲时也贩些骡马，补贴家用。因幼时家贫，杜鲁门未能接受高等教育。高中一毕业，便辍学谋生，当过银行职员、地方邮局局长、国民警卫队军官。第一次世界大战时，杜鲁门曾在欧洲作战，升为上尉。因作战勇敢，善于调度，颇受青睐。以后投身政界，加入美国民主党，做过州法官、州长、参议员、民主党全国委员会主席。1944年，杜鲁门被美国著名总统罗斯福选中，当选为美国副总统。第二年，罗斯福去世，杜鲁门继位为总统。1948年，又竞选连任。

杜鲁门出身贫贱，有美国密苏里州农民性格，为人精明，性情暴躁，对朋友忠诚，成功时趾高气扬，却不算惹人讨厌。虽学历不高，却喜读书，对历史和战争史尤有研究。

1950年6月中旬，朝鲜战争爆发前夕，杜鲁门在白宫接到美国驻大韩民国军事顾问团团长罗伯特将军一份密报，大意是说朝鲜民主主义人民共和国军队新得前苏联供应的新式坦克、飞机若干，李承晚因而呼吁美国改变军援政策，尽快向大韩民国军队供应重炮、飞机、坦克，帮助其扩充军队。还称李承晚军中高级将领皆欲北进、统一朝鲜，三八线上南北对峙，三日一小战，五日一大战，韩国军队已有数千伤亡，请总统采取对策。

杜鲁门读罢密报，召国务卿艾奇逊速来白宫商讨对策。艾奇逊生于1893年4月，毕业于耶鲁大学和哈佛大学两所美国名校，主攻法学，曾在律师事务所供职，能言善辩，锋芒毕露，先后任过财政部副部长、副国务卿。1949年1月，得杜鲁门信任，当了国务卿。

艾奇逊因杜鲁门召请，匆匆来到总统办公室。因是老搭档，杜鲁门也不寒暄，直接把罗伯特将军发来的电文递给艾奇逊，自己在一旁取下夹鼻眼镜，用一块绒布仔细擦拭。艾奇逊选择一张沙发坐下，仔细阅读电文。

几分钟后，艾奇逊读罢电文，抬头看总统，正欲发话，杜鲁门抢先道："罗伯特电文，乃由参谋长联席会议转来，不知国务卿读后有何高见？"参谋长联席会议是美国最高军事机构，成员包括陆军参谋长、空军参谋长和海军作战部长，另选一高级将领任主席，总揽全国军事和武装部队大权，对国防部长负责，为总统最高军事顾问组织。这一届参谋长联席会议由奥马尔·布雷德利将军任主席。

艾奇逊见总统发问，并不回答，却从公文包中摸出一纸电文，递给总统，一言不发。杜鲁门接过电文，略一浏览，见是美国驻大韩民国大使穆乔来电。再细读电文，约

美国总统杜鲁门前往前线视察

略是说，大韩民国自李承晚以下各级军政要员，皆热衷于争取美国支持，武力北进，统一朝鲜，三八线沿线军事冲突多为韩国方面发动，建议采取措施，约束韩国李承晚军队。

杜鲁门读罢穆乔电文，沉思一阵，问艾奇逊道："国务卿阁下，如何看这两份电文？"艾奇逊似已胸有成竹，未加思索便脱口答道："这两封电文，虽有出入，却有两点相同之处，一是三八线并不安宁，二是李承晚企图武力北进、统一朝鲜。"杜鲁门闻言，点头道："阁下之见，颇是高明，只不知我国该如何处置？"艾奇逊略沉思片刻，对道："李承晚果若武力北进，将使我国进退两难。"稍顿，又详析道："朝鲜是中国和苏联两个赤色大国的禁脔。中国人相信一句古话，叫做'卧榻之侧，岂容他人酣睡？'李承晚北进，如果获胜，进入朝鲜，中国和苏联必出兵干涉。如其不胜，招致朝鲜军队反攻，打到三八线以南地区，也同样令我国为难。不论其北进成败如何，都有可能迫使我国出兵朝鲜，甚至在朝境与中国、苏联开战。这与我国全球战略大是相违。"

杜鲁门凝思一阵，突然插言问道："如朝鲜先发制人，主动进攻韩国，又当如何？"艾奇逊沉思半晌，答道："朝鲜只有900万人，约为韩国一半，兵少枪少。如无中国、苏联支持，必不敢主动进攻。然中国新立国不久，经济凋敝，百废待兴，必不肯在朝鲜用兵。苏联则以欧洲为重点，在远东难以施展力量，也不会支持朝鲜南进。如此推来，虽不能排除朝鲜先发制人、率先进攻之可能，但韩国李承晚率先北进，把我国拖进战争泥坑的可能性更大。"

杜鲁门边听边点头表示赞同，待艾奇逊话音一落，便接言道："阁下之意，我已然明白。然而不论是朝鲜主动进攻还是韩国先发制人，都可能迫使我国将力量投入朝

美军士兵登舰准备开赴朝鲜半岛

鲜一隅之地，陷于被动。所以当务之急，是要防患于未然，既不能听任朝鲜先发制人，也不能允许韩国率先挑战。”稍顿，又问道：“国务院方面可有应对之策？”

艾奇逊立即接口答道：“国务院远东事务司在接到穆乔大使报告后，已连夜制订一方案，派负责对日和约事务的助理国务卿杜勒斯立即前往汉城访问，一则实地考察局势，看三八线有无战争危机；二则约束李承晚，阻止其主动北进；三则威慑朝鲜方面，使其不知我方态度，不敢贸然南进。”说时，递过一份文件，是远东事务司建议原稿，并补充道：“国务院同意远东司建议，正要报总统先生批准。”

杜鲁门接过文件，略一浏览，当即拍板道：“如此最妙。”稍顿，又道：“可加派杜勒斯为总统私人代表，着即启程，前往汉城访问。”

杜勒斯，姓名全称为约翰·福斯特·杜勒斯，出生于公元1888年2月。其远祖是英国人，来美拓荒定居。外祖父福斯特为哈里森总统任内的国务卿，曾在甲午战争后受清廷委托，代表清政府与日本媾和。其姑父为威尔逊总统任内的国务卿。清末李鸿章访美时，曾专程拜访过杜勒斯家族。因此之故，其先祖与中国素有渊源。

杜勒斯因父亲以牧师为业，幼时受到严格的宗教教育。虽然如此，仍然顽劣成性。冬天与伙伴们打雪仗，春天玩猫捉老鼠，有时又逃学钓鱼、捉山鸡。但杜勒斯自幼聪颖，博闻强记，学习成绩极其优秀，先后就学于普林斯顿大学、乔治·华盛顿大学和索邦学院，精通国际法。他先在纽约以律师为业，后投身政界，曾在美国出席巴黎和会代表团中任法律顾问。因主持起草《联合国宪章》而名扬天下。1950年，由艾奇逊出面，将其揽入美国国务院，主持签订对日和约，从此青云直上。

艾奇逊与杜鲁门商讨对朝政策时，杜勒斯正在日本首都东京。接到国务院指示，当即乘专机离开日本，直飞韩国。不消几个小时，专机便穿云破雾，飞过朝鲜海峡，斜越朝鲜半岛南部，于正午时分在金浦机场降落。

金浦机场位于汉城以西，是韩国最大的军民两用机场。飞机刚一停稳，杜勒斯便走下舷梯。

舷梯下，早有大韩民国外交部长林炳稷等军政要员代表李承晚在机旁迎接。寒暄过后，杜勒斯一行驱车径奔汉城总统府。李承晚以贵宾礼节在总统府前恭候杜勒斯到来。杜勒斯座车刚刚停稳，李承晚便趋步上前接住，二人寒暄一番，按西洋礼节拥抱，然后携手入内堂歇息。

汉城总统府古树蔽日，很有几分典雅。客堂布置，更是东方情调。正中壁上挂一幅猛虎图，那虎通身雪白、立于孤崖、作势欲扑、栩栩如生，料是古朝鲜画家名作。两侧各挂几幅字画，白纸黑字，横笔如梁，竖笔如柱，斜笔如刀，间或有些墨点，或如鼠屎，或如垂露，十分醒目。杜勒斯虽不识东方文字，但从字形看，知是中国字画。因觉中国字一笔一画皆有其形状，自成一幅图画，也兴致勃勃绕室浏览一番。

李承晚一旁相陪，用英文向杜勒斯解说，大意是说古朝鲜崇拜白虎，古画家犹喜作白虎图；旁边字画，皆是仿唐古诗，以咏虎为题。欣赏字画完毕，侍者已奉上茶点，是中国产云雾山红茶、朝鲜当地产时鲜水果。

李承晚请杜勒斯坐正席品茶，一旁有外务部长官林炳稷、国防部长官申性模、内务部长官金孝锡等大员相陪。杜勒斯见室内家具皆由东方产名贵檀香木雕凿而成，古色古香，赏心悦目，与白宫家具相比又是一番特色。只饮这红茶，入口甘苦，颇感不适。因是客人，也只好随主人之便，略饮几口，用些时鲜水果，以解暑热。

李承晚一旁打量杜勒斯，见其人高挑身材，瘦削犹如一只大螳螂，戴一副白片眼镜，颇有耶鲁学者之风。说话时不抬头看人，只两眼盯住桌面，或是茶杯，或是水果，斟字酌句，慢条斯理，时有停顿。

李承晚端详杜勒斯时，心里一喜一忧。喜者是杜勒斯看去并无十分精明之处，料好对付，能说服其听从韩国方面意见。忧者是见其人说话闪烁，恐未必能说话算数，真代表杜鲁门承担义务。心中这样思量，便用言语试探道："值此我国多事之秋，阁下不辞暑热，长途奔波，来我国访问，是对我大韩民国三千万同胞之关怀，我谨代表我大韩民国三千万同胞向阁下致谢。"

李承晚这番话表面上是寒暄之语，实则暗含机锋。大韩民国辖地只有 1700 万居民，说代表三千万同胞，是把北方居民包括在内，暗含大韩民国辖区为三八线南北朝鲜全境之意。意在试探杜勒斯对李承晚北进统一朝鲜持何态度。

杜勒斯律师出身，精通国际法，又出席过巴黎和会，参与拟订过《联合国宪章》，如何不知李承晚用意？只是李承晚这话虽含机锋，却又可进可退。杜勒斯心中暗骂一声："好狡猾的老狐狸！"口中只得寒暄几句，然后话锋一转道："近闻三八线战事频繁，杜鲁门总统担心引发战端，破坏三八线现状，造成牵一发而动全身的危局，故特派我以总统私人代表名义，前来实地考察局势，并与贵大总统共商维持现状之法。"

李承晚闻杜勒斯反复强调维持三八线现状，知其深意是代表美国表态，不支持他武力北进、统一朝鲜全境，顿时犹如大冬天被当头浇一盆凉水，凉了一大截。心犹不甘，对道："三八线战事频繁，暗伏战争危机，皆由北方金日成政府所挑动。金日成政权由苏联一手扶植成立。苏联不但向其供应大量米格飞机、T—34 坦克、喀秋莎火箭炮，还在朝鲜军中驻有 3000 名军事顾问。此外，金日成本人又与中国素有渊源，早年曾在中国旅居，并在中国军队中打过仗。近得密报，中国已将其军中数万名朝鲜籍官兵解除现役，移交金日成政权。这数万官兵皆是老战士，在中国内战中转战南北，可以一当十。是故金日成有苏联、中国支持，有恃无恐，不断沿三八线向我挑衅。我国

美国将军麦克阿瑟与大韩民国总统李承晚

纵然遵从贵国之意，从反共大局出发，不贸然进攻北方，却不能担保北方不先发制人、武力南进，而我方也不能坐以待毙。此中利害关系，请阁下明察，并转告杜鲁门总统。”

言毕，不待杜勒斯回答，又手指内务部长金孝锡道：“北方如何沿三八线向我挑衅，其中详情，可由金部长详述。”

金孝锡有备而来，当即打开公文包，从中抽出一叠文件，照本宣科宣读了一番：无非是某日北方出兵多少，在某地首先进攻，打死大韩民国军人多少；某日北军又沿三八线某地段发枪弹多少、炮弹多少、击毁民房多少。宣读半日，最后总结说：“自大韩民国成立迄今为止，不过 10 个月时间，因北方屡次南犯，大韩民国军队已损失 6203 人、机关枪 2015 挺、大小炮 1351 门、步枪和手枪 4.4 万支。”

金孝锡陈述时，杜勒斯一直低头不语，手中不断抚弄一枝红蓝铅笔。因饮过红茶，遍体生凉，方知中国红茶果然解暑止渴，甚于西洋一切饮料，便也不时端起茶盏大口痛饮。金孝锡陈述时，侍者已为杜勒斯换过几次茶水。

金孝锡陈述军情完毕，杜勒斯仍低头不语，只抚弄手中铅笔。李承晚不解其意，又招呼国防部长官申性模报告南北力量对比。

申性模站起来正要报告，杜勒斯挥手制止道：“根据情报，朝鲜军队总兵力是 13.5 万人，约略编为 10 个步兵师、5 个边防旅、1 个 T—34 坦旅、一个摩托车侦察团。有坦克 250 辆，飞机数量亦与坦克数相当。贵国军队有正规军 10 万人，陆军数量虽少于北方，海军却强于北方。双方实力旗鼓相当。只要贵国严守阵地，北方纵然先发制人，也必不能取胜。”

申性模闻这一番话，欲归位坐下，见李承晚在一旁使眼色，已会其意，便重起身报告道:“我方掌握情况与贵国情报不同。据我情报部门侦察,北方军队总兵力有20余万,两倍于我军,其坦克、飞机更较我占压倒优势,且亦不止杜勒斯先生所谈之数。是故为维持南北力量平衡,希望贵国能调整政策,助我扩军10万,再组建几个步兵师,尤其要提供先进坦克、飞机,以与北军T—34坦克和米格飞机抗衡。”

杜勒斯未待申性模话落,便起身打断道:“我方情报,源于东京远东美军总部,又得中央情报局核实,千真万确。贵国情报无疑有夸大成分,请再核对。”

李承晚闻言正要接过话头,杜勒斯又接言道:“我奉杜鲁门总统之命,来贵国实地考察,是为了解情况。今日是6月17日,根据国务院规定的访问日程安排,我应于明日去三八线实地观察军事形势,望贵国合作。”

李承晚原意是要留杜勒斯在汉城,由各大员采用车轮战术,向杜勒斯渲染北方威胁,鼓吹北进,影响杜勒斯判断,促成美国全力支持北进,以武力统一朝鲜。今见杜

美国和韩国军事人员在三八线上

勒斯执意要去三八线作实地考察,不敢拂其意,只得连声应诺。

隔日,杜勒斯由李承晚、申性模及一批大韩民国文武大员相陪,驱车前往三八线实地考察。车队由武装卫队前后护卫,呼呼啦啦一长串,出汉城,过汉江,冒着暑热向北急驶,不消几个小时,来到三八线上。

杜勒斯头戴一顶黑色礼帽,穿一身黑色西装,在前呼后拥中登上一处高地,用高倍军用望远镜观察,见三八线自西而东,沿山丘伸展,三八线以北,地势高耸,奇峰插天,三八线以南,则地势较缓。南北双方对峙,各在阵前设置地雷场、铁丝网,隘口高地皆是明碉暗堡。接着,杜勒斯视察大韩民国军队守卫的战壕、碉堡、火力点,检阅前线军队,发表演说。忙乎一天,方风尘仆仆,返回汉城。

1950年6月20日,杜勒斯将离韩归国。临行,李承晚由申性模陪同,来杜勒斯

下榻处送行，又请杜勒斯转告杜鲁门，允向大韩民国供应坦克、飞机、重炮，道：“金日成得中国、苏联支持，不日即将南犯，如无坦克、飞机、重炮支持，大韩民国军队必不能守住三八线。”

杜勒斯对道：“根据美军驻韩国军事顾问团计算，贵国兵力、兵器已足够阻挡朝鲜进兵。”

李承晚又道：“单是金日成军队南侵，诚不足惧，只恐中国、苏联暗中支持。”

杜勒斯又对道：“根据美国中央情报局情报判断，苏联军力重心在欧洲，不会在朝鲜另生事端。中国正陈兵于华南、西南，准备进兵台湾、西藏，也不会在朝鲜分兵。是故中苏支持金日成南侵之说，皆是庸人自扰。”稍顿，又道：“若论反对共产主义，美国与贵国目标一致。美国不但希望贵总统实现南北统一夙愿，也希望中共垮台，苏联共产主义解体。然朝鲜金日成政权与中国订有军事盟约，中国又与苏联订有盟约，共产主义世界已抱成一团。如贵国贸然北进，且不说胜算不足，纵然能取胜，中国极有可能根据中朝条约介入。苏联又会依据中苏条约参战。所以，三八线能否维持现状关乎全局，如有不慎，便将引发中、苏、美连环大战。望大总统谨记此中厉害，三思而行。”

李承晚闻言，仍不甘心，道：“若北方悍然南侵，贵国是否发兵来救？”杜勒斯答道：“贵国安危，关系美国安全。如果真是朝鲜来攻，美国断不会坐视不理。这一点还请大总统放心。”

言尽于此，再议无益，李承晚只得说了几句辞别的话，拥抱告别。

杜勒斯去后，李承晚又召军政大员开会，再议北进事宜。总参谋长蔡炳德照李承晚意旨，先宣读总参谋部准备的北进军事计划。大致是说：南方军队计有正规军10万余人，编作陆军8个师，计为陆军第1师、第2师、第3师、第5师、第6师、第7师、第8师并首都师，共计23个团。另有保安部队5万余人，陆海空三军并保安部队共16万人。根据进攻计划，将在临近三八线的第一线地区部署主力5个师和1个团，

美国国务院顾问杜勒斯、美军顾问团准将罗勃特及韩国国防部长申善模在三八线上

其中陆军本部直属 1 个团驻守黄海岸边的瓮津半岛，然后自西而东一线摆开 5 个师：汉城地区驻首都师，开城地区驻第 1 师，中央东豆川地区驻第 7 师，春川原州地区驻第 6 师，江陵、注文津地区驻第 8 师。只待战端一开，即突破三八线，全线向北推进。余下 3 个陆军师为全军预备队，分驻第二线地区，其中第 2 师驻大田、第 3 师驻大丘、第 5 师驻光州。只待第一线部队突破三八线，第二线部队即随后跟进，扩大战果。

众文武大员对北进计划皆无异议。独外务部长官林炳稷仍放心不下，说道："我虽是文人，不通军事，但也知若突破敌军重兵驻守的加固防线，攻方须有 3 倍优势。北方军力与我相当，又据守高山阵地，今以我 10 余万轻装部队，万难突破三八线，完成北进大业，是以诸位须仔细权衡利弊得失，三思而后行。"

国防部长申性模驳道："林长官所虑何其多也！自古有言，王者之师、所向披靡。又言兵不在多，精兵占先。今我军人数虽不占优势，却训练有素，可以一当十。况北方金日成政权自光复以来，推行共产独裁政治。北方同胞如盼星盼月，等我军北征。我军只消突破三八线，北方同胞必举义旗响应，迎接我军。那时我军便可轻取平壤，直抵鸭绿江。不消旬日，便可解放北方，完成统一大业。"

林炳稷闻言冷笑道："申长官之言自是高论，然若论兵精将猛，北方兵基干力量源于中共军队，久经战火考验，才真正以一当十。况其军中有苏联供应的飞机、坦克，又据地利。我军若论防守，或可支撑若干时日。若贸然进攻，只怕军队还未过三八线，便已冰消雪解。"

申性模闻言大怒，正要反驳，一旁总参谋长蔡炳德却插话道："林长官所言北方军队战力虽非空穴来风，但也未免有失自轻自贱，过分轻视我军实力。"稍顿道："我军所欠者，是装备中缺少重武器，并不缺乏训练。只消战端一开，美国坦克、飞机必源源而来，我又何愁不能获胜？"

林炳稷见蔡炳德言语温和，也缓言道："蔡总长的分析固然有理，然美国是否在开战后向我供应坦克、飞机，却有疑问。"

蔡炳德道："此次杜勒斯访问我国，已有表示。若战端开启，美国决不会坐视我国失败。"

林炳稷忙道："蔡总长有所不知，杜勒斯的意思是说，如北方先发制人，向南攻我，美国将全力驰援；如我先发制人，首先北进，美国将不予援助。"

一旁申性模闻林蔡二人对白，心中暗笑，忍不住讥讽道："林长官不愧为优秀书生，可谓迂腐之极。今我与北方金日成集团之战，不但是我国内之争，且是以美国为首的资本主义阵营与以苏联为首的社会主义阵营之争。三八线是两大阵营对峙前线，无论如何美国都不会听任我大韩民国失败。我以为美国虽声言不允我首先北进，但一旦我军北进成为事实，美国必改变立场。如我军获胜，是资本主义阵营之胜；如我军不利，是资本主义阵营不利，不论谁先开战，美国亦必出兵相救。至于供应坦克、飞机，更不在话下。是故首攻北进，无论成败如何，于我都有利无害。"

众人闻这一番话，皆觉有理。林炳稷不服，又道："美国固然愿意出兵助我，然届

麦克阿瑟到达日本东京

时中国、苏联也必然以美国侵略为由,出兵支持金日成,若形成连环之局,便是第三次世界大战,贻祸无穷。"

众人闻言,不禁哈哈大笑,一齐道:"只要能完成南北统一,莫说是第三次世界大战,就是发生第四次世界大战,也值得一试。"

言及于此,林炳稷情知北进已是众议,再反对无益,只得仰天慨叹,道:"我三千万同胞,为祸不远矣!"

众人争议时,李承晚一直端坐,默默听众人论辩,并不插言。见众人之议,皆主张北进,心下颇是愉悦。仔细权衡,又觉林炳稷的担忧也有几分道理。便从席上起身,昂然告众人道:"老朽今年七十有五,毕生所求者,是统一我三千里江山,是故老朽对申长官、蔡总长北进之议,极是赞成。望诸位下定决心,排除万难,为北进统一倾力奋斗。"

稍顿,又道:"只是或和或战,关系国家命运,还须全面权衡利弊。以老朽之见,林长官之意,也并非反对北进,只是希望在北进发动前,务必在军事、政治、外交诸方面,作好最充分的准备,以求万无一失。"

说到这里,抬眼见场中鸦雀无声,众人皆盯住前台,用心聆听,不禁提高音调,下结语道:"以老朽之见,军事上可依总参谋部计划,将大军沿三八线作两线部署,保持进攻态势,以便在时机成熟或政治需要时,能立即出击,迅速北进。"然后,又回头盯住林炳稷道:"美国方面,望林长官设法周旋,最好能在开战前争取让美国提供新军援,尤其是进攻用的飞机、坦克和重炮。如不能,也要造成美国在战端开启后,愿向我提供一应作战所需的情势。"

众人闻言,皆一齐应诺。正要起身离去,李承晚忽又补充道:"军事调动,务必对美军顾问团保密。无论如何,都不能让美国人认为是我方先发制人、主动北进。请诸位切记。"

1949年夏秋以后，中国内战结局已见明朗，一向与美国交好的蒋介石政权逃往台湾，人民解放军解放中国内地，美国在远东处境不妙，决定调整战略，确定在亚洲近海岸死守一个海岛阵地，保障美国本土安全，这就是著名的“军事防御圈”计划。这道防御圈起自阿留申群岛，向西经日本、琉球群岛，直达菲律宾群岛。

第三章

三八线上枪声急 布莱尔宫运筹忙

杜勒斯从汉城返回东京后，即向华盛顿发报，报告朝鲜之行及与李承晚会谈情况。约略是说：三八线上虽偶有战事，只有心理战意义，无关大局。三八线南北对峙双方军力对比大体均衡。大韩民国军队训练有素，士气旺盛，足堪守住大韩民国辖地。朝鲜军队虽有少量飞机、坦克，但要全线突破三八线，消灭大韩民国，也是万万不能。因此，半岛局势，无须多虑。

美国总统杜鲁门得杜氏报告，眉开眼笑，早把一丝忧虑抛到了爪哇国。因逢6月24日周末，便丢开一应公务，带上随侍，搭乘"独立号"总统专机，径飞故乡马里兰州独立城，与家人团聚。日间料理了一些家务，做了一些园艺劳动，无非是为花草树木培土、施肥、浇水之类，出了一身透汗，洗了一个凉水澡，浑身畅快。家人用过晚餐后，便围坐在北特拉华大街的家庭图书室里闲聊，说些历史典故、名人轶闻、世界风情之类。因精神欢愉、气氛融洽，不觉间已到深夜10点半钟。女儿玛格丽特一时高兴缠住杜鲁门，要他讲一段年轻时参加第一次世界大战时在法国作战的军旅故事。

杜鲁门被女儿纠缠不过，正要开言，桌上连接白宫内线的白色电话机突然发出不同寻常的急促铃声。也是积年经验，也是心灵感应，杜鲁门心知不妙，拿起话筒，还未发问，话筒里就传来国务卿艾奇逊急促的声音，大意是说刚接到美国驻大韩民国大使穆乔于晚上9点26分发来的急报，称汉城时间6月25日凌晨4点，亦即华盛顿时间6月24日下午2点，朝鲜军队突然越过三八线，向大韩民国发动了全面的进攻。

杜鲁门骤听到这惊人报告，愣了一愣，追问道："能否肯定是全面进攻？能否肯定是朝鲜首先发动进攻？"艾奇逊对道："照穆乔大使电文之意，似乎二者皆可肯定。"

原来，公元1950年6月25日夜，朝鲜半岛三八线地带，乌云四合，狂风大作，暴雨如注，沿线驻防的南北两支军队，皆虎视眈眈、严阵以待。

忽然间，不知何处一声枪响，划破夜空，引起双方对射。三八线上，顿时炮声隆隆、硝烟弥漫，竟压住风雨雷电。炮战过后，两军前沿步兵，纷纷跳出堑壕、堡垒，向对方冲杀，两军阵前肉搏、白刃格斗，混战至天明。又各按事先计划，急将第二线后备部队调往前方增援。岂料朝鲜民主主义人民共和国军队皆久经战阵、以一当十，又据有地利，居高临下，在混战中击败韩国第一线部队，分四路向三八线以南进发。右一支军直下瓮津半岛，全歼守军1个团。左一支军由海船运送，沿日本海顺朝鲜半岛东岸南下，在韩国东海岸重镇江陵登陆。又出偏师一支，强渡北汉江，直扑韩国军队中央防线重镇春川，摆出中央突破欲在春川与李承晚军主力决战的姿态。李承晚大惧，急令蔡炳德调后备军增援春川。恰在此时，金日成却集中半数主力师，以百辆坦克为先导，猛攻开城。只几个小时，便摧毁李承晚军队防线，夺占全城。

开城在三八线西段以南10公里处，距汉城只数十公里，是通往汉城的门户。开城一失，汉城震动，李承晚方知中了金日成声东击西之计，又急调主力第1军所部第1师、第7师、首都师开赴汉城北郊，依托临津江天险，与朝鲜军队决战，阻遏其南下。两军在临津江沿线恶战。

金日成先令空军飞机出击，猛袭李承晚军后方阵地，阻其后援；又令炮兵密集射击，摧毁李承晚军沿江工事；待守军晕头转向时，方令装甲兵、摩托化兵、步兵出击临津江两岸。一时间炮声隆隆，硝烟滚滚，杀场震天。恶战一日，李承晚军不支，纷纷向南溃退。金日成挥师强渡临津江，衔尾穷追。开战只三日，便夺占了大韩民国首都汉城。

杜鲁门在密苏里州独立城家中得报朝鲜爆发战事后，心中焦虑，本欲连夜赶回华盛顿采取对策、应付危机，艾奇逊却在电话中劝阻道："目下已是深夜，飞机夤夜航行恐不安全，况朝鲜虽然爆发战事，详情一时未明。纵然退一万步，任朝鲜共军如何疯狂，断不致一夜间击败大韩民国10余万大军。是故挨至天明再飞返华盛顿，料无大碍。"稍顿，又道："朝鲜南北两军，势均力敌，战局既一时无虞，目下当务之急不在于如何应付朝战军事，而在于联合国方面。请总统批准立即在联合国行动，呼吁朝鲜立即停火。"

杜鲁门沉思一阵，答道："如此最好。"便搁下听筒。

家人散后，杜鲁门一人独处，不免对局势左右思量，心中暗忖道："如无苏联支持，金日成必不敢轻易打破三八线平衡，向南进攻。"又思忖道："大韩民国方面有美国装备训练的10余万军队，又有顾问团500军官督战，应能挡住进攻。"这样冷一阵、热一阵，反反复复，竟一夜无眠。

次晨，杜鲁门晚起，略有倦意，早餐也懒得用。虽以凉水反复洗擦，仍晕晕乎乎。因无心阅读公文，便找来几本有关朝鲜历史的书阅读。读书半日，仍不知书中所云。无可奈何之下，只得由女儿玛格丽特相陪，在家庭小花园散步。正要用午餐，电话铃声又起，是艾奇逊二度打来电话，报说顾问团方面发报证实，朝鲜向南进攻，确实是

在战火中逃难的汉城百姓

激战中的朝鲜人民军

一次全面进攻,局势危急。得这电话,杜鲁门一边用午餐,一边令专机机组作好飞返华盛顿的准备。

下午两点,杜鲁门带随侍人员,乘“独立号”专机,由堪萨斯机场起飞。专机是波音公司根据军方要求,专为美国总统设计制造的,不但豪华舒适,而且航速快,安全系数高。机组人员皆是军中王牌飞行人员,训练有素。不消三个小时,飞机穿云破雾,飞行数千公里,在华盛顿机场着陆。舱门开处,已有国务卿艾奇逊、国防部长约翰逊候在机旁迎接。

杜鲁门与众人只略作寒暄,便径自钻进总统座车,驱车急驶。艾奇逊坐在一旁,在路上不断向杜鲁门解说朝鲜局势。车队风驰电掣,穿过宾夕法尼亚大街,在一栋大楼前停下。杜鲁门放眼窗外,见全不是白宫景致,脱口问道:“如何在这里停下?”话刚说完,又突然顿住。

艾奇逊心知杜鲁门思虑过度,已忘记临时更换总统办公地点一事,未作回答。座车司机却有些饶舌,赶忙答道:“报告总统先生,白宫正在维修,总统办公地已临时迁往布莱尔宫。”杜鲁门道了一声谢,便推开车门,径入布莱尔宫门廊。艾奇逊一行也随后鱼贯而入。

布莱尔宫位于宾夕法尼亚大道1651号,在白宫斜对面,与白宫仅一街之隔。布莱尔宫原是一栋私人住宅,后由主人贡献给政府,充作宾馆。其外表古朴典雅,内部装潢十分考究,所有家具皆由名贵橡木精雕而成,件件是艺术珍品。当门客厅,装有水晶吊灯,与金边镶嵌的穿衣镜相辉映,犹如繁花夜放,五彩缤纷。因白宫内部维修,便将总统官邸临时迁来。

杜鲁门一行进入布莱尔宫后,未及歇息,便进入会议室,照预先约定,召开国家安全委员会紧急会议，讨论朝鲜局势。

国家安全委员会由杜鲁门任总统后倡导成立，负责处理有关对外事务和国家军事安全等重大问题，总统、国务卿、国防部长、中央情报局局长、参谋长联席会议成员皆是当然成员。视情况需要，也常召国务院重要官员、三军负责人、商务部、财政部等主要部门首长与会。与会人员须宣誓对国家安全负责，保守各项机密。

会议室设在二楼，正对着宾夕法尼亚大街，临窗可遥见白宫。室内中央安置一张巨大橡木长桌，铺一张白色台布，洁白如雪。长桌中央是一盆名花，花色正艳。杜鲁门入室后，即坐在上首主席席位上，国务卿艾奇逊、国防部长约翰逊分坐左右横头上首。其余人员依次入坐。左横头艾奇逊以下是国务院官员，有副国务卿韦伯、助理国务卿腊斯克、助理国务卿希克林、无任所大使杰塞普；右横头约翰逊以下是军方官员，有陆军部长佩斯、海军部长马修斯、空军部长芬勒特、参谋长联席会议主席布雷德利、陆军参谋长柯林斯、空军参谋长范登堡、海军作战部长谢尔曼。

因逢战事，众人皆表情严肃，端坐桌前，一言不发，室内气氛十分沉闷。杜鲁门见状，心中暗思："这一班文武大员，平日开会，一个个妙语连珠，笑口常开，今日却如此严肃，恐不利于出计献策。"心中这样想，不觉抬腕看了看表，见表针所指是6月25日晚8时半，恰是晚餐时间，心生一计，告众人道："先不忙议事，待略进些晚餐后再说话。"当时便令总统府侍者送上现成晚餐，有油炸火鸡腿、煎土豆片、牛排、鲑鱼肉、鱼子、苹果沙拉、各色名酒，虽非山珍海味，却因是白宫名厨烹饪，色味香兼具，可口宜人。

众人各取所需，几杯酒入口，面红耳热，气氛不觉松弛下来。便边用餐边说些闲话。话题自然环绕朝鲜战事。

艾奇逊先出言问参谋长联席会议主席布雷德利道："未知参谋长联席会议如何看朝鲜战事？"

布雷德利生于公元1883年，与艾奇逊同年，家庭出身寒微，其父亲以乡村教师为业，集拓荒者、运动员、农夫、知识分子气质于一身，尤其体魄雄健、善捕猎、举枪百发百中。布雷德利幼时好运动，尤醉心于棒球，不喜读书，因贪玩成绩不佳，受过留级处罚。高中毕业后，幸入西点军校，从此投身军伍。以后又入步校、指挥与参谋学校、国防大学深造，第二次世界大战爆发时，率美军赴欧参战，曾任集团军群总司令，指挥百万大军，横扫欧洲，成为世界级军事名将。1948年，被任命为参谋长联席会议主席，总揽美国全国军务。朝鲜战争爆发前夕，布雷德利正与国防部长约翰逊同赴东京访问。待乘机返回，座机在太平洋上空飞行时，接获朝鲜战争爆发消息。飞机一着陆，便风尘仆仆，赶往布莱尔宫与会。

布雷德利见艾奇逊问及如何看朝鲜战事，将正端起的酒杯放下，答道："我刚从日本返回，途中听说朝鲜发生战事，并不了解详情。如若问如何看，则要看为何发生战事，是李承晚军队先进攻还是金日成军队先进攻，未知国务卿先生对此有何确实情报？"

艾奇逊见布雷德利反问,对道:“根据穆乔大使报告,自然是金日成军队首先进攻。”

布雷德利又追问道:“我闻李承晚自年初以来,一直吵吵嚷嚷要北进统一,又焉知不是李承晚军队先进攻?”

艾奇逊对道:“边界冲突,本不易分别谁先放第一枪。朝鲜南北两方,皆有发动战争动机。适才国务院又收到穆乔大使报告,叙述朝鲜战事进展,能进一步证实是朝鲜军队蓄意发动进攻。”

众人闻言,皆一齐问道:“朝鲜战事又有何新进展?”艾奇逊从公文包中抽出一份电文,是穆乔电报底稿。一面递于众人,一面约略概述说:“据穆乔报告,昨日下午2点左右,亦即朝鲜时间凌晨4点,北朝鲜军队沿三八线全线炮击大韩民国军队阵地。然后其主力分为四路,第一路攻瓮津半岛,第二路攻开城,第三路攻春川,皆以坦克为先导。第四路是两栖部队,沿东岸海岸线南下,在江陵登陆。至晚7点左右,朝鲜军主力已夺占开城。”

众人闻这报告,皆大惊失色。陆军参谋长柯林斯将军插言说:“据陆军侦察台报告,朝鲜共军电台广播战报,称其军队在经过激烈防御战后,已击败大韩民国军队进攻,转入反攻,向三八线以南推进10公里。”

布雷德利闻言沉思片时,说道:“依据欧战经验,进攻一方纵然失败,防御一方由防御转入反攻也须待时日,断无当天反攻,杀进对方阵地10公里之理。”稍顿,又道:“由此看来,朝鲜共军蓄意发动战争,已是定案。只不知其战争目的究竟为何?是消灭大韩民国的单独行动?抑或是掩护苏联发动全面大战的前哨战?苏联在其中又扮演何种角色,对这些都须仔细思量,才能作出应对之策。”

众人边聊边用餐,不觉晚9点已过。杜鲁门令侍从收走盘碟,宣布正式开会。因事涉外交,杜鲁门照例委托艾奇逊主持会议。艾奇逊先照穆乔两封电文的意思,将朝鲜战事发生始末,约略述说一遍,下结论说:“综述各方面情报,此次进攻绝非局部性质,必是旨在灭亡大韩民国的全面进攻,其背后一定有苏联暗中支持,不可等闲视之。”

略为停顿,接着又说:“战事发生后,国务院已指示我国驻联合国代表在联合国采取行动,目下已促成联合国通过S1497号提案,控告朝鲜侵略,要求其将军队撤回三八线以北地区。”稍顿,又道:“照目前战局发展看,朝鲜共军并未理睬联合国决定,仍汹涌南进,汉城防线已岌岌可危。汉城若失,大韩民国势将难以生存。一旦大韩民国败亡,苏联空军将屯驻于朝鲜半岛南部,威力倍增,我国国威、远东防线安全、冲绳军事基地皆受威胁。所以诸位须仔细思虑,求一个保住大韩民国的万全之策。”

艾奇逊话音甫落,便有一人出言讥诮道:“国务卿先生有关朝鲜战事与远东全局关系的解释自是高论,只可惜失之嫌迟。借一句中国古语,是事后诸葛亮。”

众人视之,说话者年约60,宽额方脸,颇似一家公司的董事长,原是国防部长约翰逊。约翰逊本不懂国防、外交,与杜鲁门亦无渊源,且性格古怪,因出资助杜鲁门竞选总统有功,被任为国防部长。自上任以后,一直与艾奇逊不睦,常因国防、外交事务争吵。

艾奇逊见约翰逊出言讥诮,知必有所指,也不示弱,当即反问道:“当此紧急关头,未知国防部长阁下何出此言?”

约翰逊对道:“自去年秋冬以来,国防部一直要求增加对大韩民国政府并台湾政府军事援助,国务卿阁下却认为朝鲜、台湾是得是失无关大局。甚至在年初发表公开演说,向全世界昭告美国远东防务阵地,以保住日本、菲律宾为限,公开把台湾、朝鲜半岛排除在外,致有今日危局。如不是国务卿阁下年初一通演说,金日成如何敢进攻大韩民国?”

原来,1949 年夏秋以后,中国内战结局已见明朗,一向与美国交好的蒋介石政权逃往台湾,人民解放军解放中国内地,美国在远东处境不妙,决定调整战略,确定在亚洲近海岸死守一道海岛阵地,保障美国本土安全,这就是著名的“军事防御圈”计划。这道防御圈起自阿留申群岛,向西经日本、琉球群岛,直达菲律宾群岛。

公元 1950 年 1 月 12 日,艾奇逊以国务卿名义,专门发表演说,向全世界公布了美国这一计划。照这计划推论,一旦发生战事,美国将无意死保朝鲜半岛和台湾。艾奇逊演说发表未过半年,便有朝战爆发,是故约翰逊借题发挥,指控艾奇逊要对朝鲜战争爆发负责。

艾奇逊见约翰逊不谈如何应付朝鲜战争危机,却借题发挥、指责他应对朝鲜战争爆发负责,十分愤怒,正要辩解,一旁有人抢先驳道:“军事防御圈理论,并非国务院一家倡导。国防部、参谋长联席会议,甚至东京的麦克阿瑟上将,皆认为未来战争必是美苏大战,欧洲战区为主,远东次之,是以各方皆主张在欧洲取攻势,在亚洲取守势,只以少量军力驻守日本、菲律宾诸处海岛阵地,掩护欧洲攻势作战。”

众人回视,原是助理国务卿腊斯克。稍顿,腊斯克又续言道:“是军方反对在亚洲大陆进行地面战争,如何见今日事急,便把责任尽推给国务院?”

国防部与国务院两大机关首脑言来语去,唇枪舌剑,争吵半日,不觉间使会议主题转向。杜鲁门是牛脾气,遇事易发怒,见火烧眉毛之时约翰逊竟脱离会议主题,追究艾奇逊应对朝鲜战争爆发担负责任,气得两颊通红。正要发作,一旁参谋长联席会议主席布雷德利恐形成僵局,影响决策,赶紧出来打圆场道:“从北朝鲜在朝鲜半岛的军事行动看,其进攻大韩民国,确实蓄谋已久,不论国务卿是否发表 1 月演说,金日成终归要挑起战争,向南进攻。要追究国务卿发表 1 月演说是否妥当,实无必要。”

众人闻这一番话,皆暗暗点头。稍顿,布雷德利又接言道:“金日成固然狂妄好战,然其人参加过对日战争,又在红军中服过役,不能说完全不通军事政略。单依朝

美军官兵

鲜共军之力,不但不能与我国相抗衡,甚至不能征服大韩民国。是故我极赞成国务卿之说,金日成挑动战争,必有苏联在幕后支持。”

布雷德利本是二战名将,曾统百万大军远征北非,强攻西西里,登陆诺曼底,横扫半个欧洲,其分析又由浅及深,和风细雨,很令人信服。杜鲁门端坐在主席席位上,心中对布雷德利一番话赞叹不已,便插言问道:“依将军之见,苏联又何以在此时支持金日成发动战争,进攻大韩民国呢?是否有意利用金日成,拉开第三次世界大战序幕?”

布雷行利闻这一问,沉思一会,答道:“依据苏联行事方式,支持金日成进攻大韩民国,自然不是孤立行为,当是军事佯动。”稍顿又分析道:“但是,依据兵法,佯动又分两种,一种是战略佯动,一种是战术佯动。”

杜鲁门闻言,略一沉思,又问道:“战略佯动如何?战术佯动又如何?”

布雷德利又答道:“若是战略佯动,便是利用金日成在朝鲜挑起战端,分散我国注意力,掩护其在欧洲进攻,发动第三次世界大战。”稍顿又说:“不过欧洲方面,苏联并无发动进攻迹象。况且依据军事情报,苏联虽在上年9月试爆原子弹成功,却无

美第八集团军司令沃克在釜山战场

远程轰炸机越过太平洋到美国本土投掷，且其原子弹储备也不多，预计要到 1954 年才能生产出 200 枚原子弹和大量远程飞机，那时苏联才有能力发动第三次世界大战，与我决一雌雄。以斯大林之精明，目下必不会发动第三次世界大战。因此，我以为苏联目标有限，断非利用朝鲜战事，挑动第三次世界大战。”

言及于此，艾奇逊不禁插言道：“将军之意，是说朝鲜战事乃是战术佯动？”

布雷德利点头道：“正是。”

一旁腊斯克也忍不住插言问道：“如是战术佯动，又将掩护何处行动？”

布雷德利答道：“自年初以来，中共政权一直大吹大擂，宣称誓死解放台湾，消灭蒋介石‘政权’。今年 5 月，中共已夺占中国第二大岛海南岛，建立了攻占台湾的新踏脚石。根据情报，目下中共已在台湾对面的福建沿海集结了 20 万军队、4000 艘海船，准备进攻台湾。”

艾奇逊接言道：“将军之意，是说苏联支持金日成进攻大韩民国，是为了掩护中共夺占台湾？”

布雷德利对道：“正是。不但我这样看，参谋长联席会议全体成员皆同意这一看法。”

布雷德利一番话，使众人皆陷入沉思，会场气氛一时沉寂。半日，杜鲁门方开言问道：“既然苏联支持金日成进攻大韩民国，是玩声东击西的把戏掩护中共进攻台湾，则我又当如何处之方是良策？”

布雷德利正要回答，一旁国防部长约翰逊接过话头，说道：“国防部以为，如欲解决朝鲜战争危机，求一个万全之策，政府必须改变对台湾蒋介石政权的政策，对台政策如何，是解决朝鲜战争危机的真正关键。”稍顿，又补充道：“尤其是国务院的先生们，须改变对‘台湾’‘中华民国’的偏见，放弃厌恶蒋介石的心态。”

众人闻这一番话，知约翰逊又要借朝鲜战争危机，二度揭短，令艾奇逊难堪，皆默不作声。

美国安全委员会决定:令驻日美军向大韩民国军队紧急空运武器弹药;出动海空军掩护在韩美国侨民撤退,攻击朝鲜进攻部队,配合大韩民国军队作战;令第7舰队从菲律宾海军基地秘密出航,向台湾海峡进发,在舰队进入台湾海峡前,暂不公布。这三项决定,皆由参谋长联席会议通知麦克阿瑟,着其统一协调执行。

第四章

杜鲁门令出兵台海
远东王赴汉江观战

蒋介石字中正，中国浙江奉化人，生于公元1887年。早年曾留学东洋日本，后追随孙中山参加反清革命。孙中山去世后，继任为中国国民党领袖。1928年任“中华民国”政府主席。此后，蒋介石虽未任国民政府主席，却是国民党独裁领袖。1948年起，蒋介石又任“中华民国”总统，总揽国民党政府党政军全权。

蒋介石任内，曾发动“四·一二”政变，残酷镇压中国共产党和进步人士。1941年12月，太平洋战争爆发，美国因珍珠港一战失败，欲借中国之力拖住日军，争取时间恢复元气，便与蒋介石结成军事同盟，共同反对日本。日本投降后，美国又在几年之内向蒋介石政府提供各种援助，总数达60亿美元之巨。蒋介石在美国的支持下，于1946年发动全面内战，欲以武力剿灭中国共产党。岂料事与愿违，经过三年恶战，蒋介石损失数百万大军，一败涂地。中国人民解放军连战皆捷，一举推翻蒋介石统治，夺得全国政权，建立了中华人民共和国。

1949年，蒋介石率其残部共60万军队，退保台湾。约翰逊及一些美国军界领袖认为台湾战略地位重要，主张美国向蒋介石提供援助，保住台湾，继续与大陆中共“政权”对峙。未料国务聊艾奇逊坚决反对，昭告各方，宣称蒋介石腐败无能，不论美国如何援助，都不能使蒋介石保住台湾。又宣称美国在远东的安全战略，关键在于守住日本、菲律宾，台湾得失并无重大关系，美国不必为阻止中共夺取台湾徒耗实力。

以约翰逊为首的军方领袖，虽不同意艾奇逊主张，却笨嘴笨舌，不及艾奇逊能言善辩。每逢国家安全委员会开会，约翰逊总要提出保台主张，却每每被艾奇逊驳回。杜鲁门亦支持艾奇逊，于公元1950年1月5日公开发表声明，宣称台湾是中国法定领土，美国不以武力阻止中共解放台湾，亦不向蒋介石提供军事援助。约翰逊心中不服，一直耿耿于怀，却苦于无力否决。

蒋介石

朝鲜战争开战前几天，约翰逊与布雷德利访问东京，意外得到一份备忘录，详述台湾的战略重要性。在飞返美国途中，约翰逊即与布雷德利议定，待国家安全委员会开会时，呈请杜鲁门改变政策，积极保台，阻止中共解放台湾。未料飞机还未在美国本土着陆，便传来朝鲜突发战争的消息。约翰逊大喜过望，认定时机已到，欲借朝鲜战事，指控艾奇逊的对台政策主张，要挟杜鲁门改变不保台的政策。

听到约翰逊插言，含沙射影，攻击国务院对台政策，并称调整对台政策是应付朝鲜战争危机的关键，杜鲁门暗思道："约翰逊处处不忘攻击艾奇逊，以泄私愤，可见其人心胸狭隘、不成大器。然其有关对台政策乃是解决朝鲜战争危机关键之说，却颇有见地，须加以重视。"便开口道："目下是朝鲜发生战事，台湾方面却风平浪静。虽说两处局势有关联，还是须先应付朝鲜战事，再讨论对台政策。约翰逊部长抛开朝鲜问题，只谈对台政策和蒋介石，必有所据，愿阁下详述。"

约翰逊听话听音，从杜鲁门口气中听出总统有赞赏之意，不禁瞟了艾奇逊一眼，面有得意之色，对杜鲁门道："布雷德利将军断言，金日成进攻大韩民国，意在掩护'中共'军队进兵台湾，此是高论，我极赞成。"稍顿，又接着道："朝鲜、台湾互为犄角，互相关联。但两处相较，战事虽发端于朝鲜，其实并无危险。不论金日成军队如何强悍，究竟是弹丸之国，只 10 余万军队，料大韩民国军队赖我国提供装备、弹药、补给，足堪阻挡金日成的攻势。"

谈到这里，抬眼望了望众人，见皆侧耳倾听，场内鸦雀无声，又继续道："台湾却不同。守台国民党军队，虽号称 60 万，却因在大陆屡败于'中共'军队，已是惊弓之鸟。中共只消 10 万大军在台登陆，便可促成国民党军队投降，甚至反叛。所以，台湾对于中共已是熟透的果实。如我国不立即采取行动，台湾必为中共占领。如失去台湾，朝鲜侧翼受逼，也会接踵丢失。不仅如此，丢失台湾，还将危及美国在远东的军事阵地安全。"

约翰逊陈述时，杜鲁门一直暗暗颔首，深表赞同。现听到约翰逊提及台湾得失，关系美国远东安全，不禁若有所思，便插言问道："我记得去年年初以来，参谋长联席会议多次表示意见，称台湾对美国远东军事安全，并无决定意义。阁下今日所言，却有所不同，为何台湾重要性的说法会有此种变化，盼阁下能作解释。"

约翰逊闻问，不慌不忙道："参谋长联席会议从前认为台湾并无决定性战略意义：一则因当时朝鲜并未发生战争；二则受国务院政治观点影响；三则是从美苏全球大战的观点看台湾地位。而今局势正好相反，朝鲜战争已经爆发，美苏并未直接卷入。就远东局部战争而论，台湾战略重要性已经激增。"言及于此，瞟一眼布雷德利，道："有关台湾战略重要性的新看法，可请布雷德利将军以职业军人的观点详作解释。"说罢向布雷德利说了一个请字，然后归位坐下。

布雷德利从日本归国途中，偶感风寒，身体不适，以抱病之身与会，先就苏联动机问题陈述见解，已觉疲惫，一直闷坐一边，大口饮用滚热白开水，本不欲再发表意见，搁不住约翰逊点将，回头又见众人正热辣辣盯住自己，只得喝一大口白开水，清清嗓门，勉强起身发言道："日前我与约翰逊部长联袂飞东京访问，与麦克阿瑟将军讨论过台湾问题。关于台湾战略重要性问题，麦克阿瑟将军提出了独到的见解。"说时从公文包中摸出一份打印件，递与杜鲁门。

杜鲁门略一浏览，见是一份备忘录，洋洋洒洒，有数千言，题目是：保台意见书。内容大约是台湾对美国远东军事安全如何重要，美国应采取何种措施确保台湾不为"中

美第十军在朝鲜半岛西海岸的仁川登陆

共"军队解放。再看落款,赫然竟是麦克阿瑟签名,随即顺手把打印件转递给艾奇逊。

麦克阿瑟生于公元1880年1月,出身于军人世家,美国西点军校毕业,第一次世界大战时因指挥美军彩虹师赴欧参战崭露头角,相继晋升为美国陆军准将、少将、上将,直至五星上将。第一次世界大战结束后,曾任美国西点军校校长、陆军参谋长。太平洋战争爆发后,任西南太平洋盟军总司令,指挥西南太平洋盟军对日作战。1945年,晋升为太平洋美军总司令。日本投降后,麦克阿瑟继任远东美军总司令,又任驻日盟军总司令,负责对日占领事务,被美国军政界戏称为"远东王"。

麦克阿瑟虽有将才、个性分明,却有失于爱出风头、沽名钓誉,常常自我炫耀、大吹大擂,且遇事独断专行、唯我独尊,表面上是一员虎将,其实却是一员吹牛皮的牛将。自1949年始,麦克阿瑟多次发表意见,要求杜鲁门允其以武力助蒋介石保住台湾,阻挡"中共"军队渡海进攻,皆被拒绝。便在布雷德利、约翰逊访问东京之际,与二人密议保台办法,又起草保台意见书一份,请二人带回华盛顿,以敦促杜鲁门转向保台。

布雷德利递过麦克阿瑟保台意见书后,告众人说:"麦克阿瑟将军这份备忘录,虽成稿于朝鲜战争开局之前,却颇有预见,完全可用于指导目下对台政策,应付朝战危局,参谋长联席会议对麦克阿瑟将军的意见极是赞成。"

众人闻言,皆询及麦克阿瑟意见书如何述及台湾。布雷德利又长鲸吸水般饮了一大口白开水,开言道:"麦克阿瑟将军认为,台湾北距中国内地约90英里,正当由日本到菲律宾的海上航线中央位置。岛上遍布军事基地网,可驻扎3000架空军飞机,并为潜水艇提供补给。如任"中共"军队攻占台湾,等于使苏联轻易取得一支拥有10－20艘航空母舰和潜水供应舰的永不沉没的航空母舰舰队,威胁我国在琉球和菲律宾的军事基地安全,打断我国远东军事防御链。所以麦克阿瑟将军要求,不论代价如何,我国都要保住台湾,把台湾牢牢掌握在我们手里。"

稍顿，又补充道："如今朝鲜半岛已是硝烟弥漫，朝鲜共军正在南进。台湾是得是失，关系到朝鲜侧翼安全，因此我国愈有必要采取行动，阻止'中共'军队解放台湾，以争取战略主动。"

杜鲁门听完布雷德利陈述，仔细沉思一回，转头询问艾奇逊道："国务卿阁下以为如何？"

艾奇逊略一沉思，对道："国务院从前反对我国出兵保台，并非认为台湾不重要，也无意讨好中共，皆因台湾国民党政权太腐败，蒋介石太无能，几年之内损耗我国几十亿美元，却仍然一败涂地。国务院本意，是不想与蒋介石搅和在一起。"

众人闻言，皆知艾奇逊这话不尽诚实，是为国务院从前失策辩解，也不说破。艾奇逊又接着说道："如今朝鲜战事爆发，'中共'军队攻台又迫在眉睫，台湾重要性倍增，国务院自然赞成阻止中共军队攻台，保住台湾。"

稍顿，又叹道："但是，既要保台，就难免与蒋介石扯在一起，这对我国威望是有百害而无一利的。"

艾奇逊话音甫落，杜鲁门插言道："与蒋介石搅在一起，实在令人讨厌。"稍顿，又询众人道："诸位有何妙计，既保住台湾，又与蒋介石保持距离？"

因这一问，众人皆陷入沉思，会场一时沉寂。

过了好一阵，海军作战部长谢尔曼海军上将献计道："中共军队欲攻占台湾，须渡过台湾海峡。台湾海峡宽有 100 余公里，风急浪高，而中共并无海军，所赖者皆是帆船队、小舢板。我只消出动第 7 舰队，在台湾海峡巡航，不允'中共'军队渡海，便可保住台湾，且可不必与蒋介石纠缠太紧。"

众人闻言，皆道好计。

艾奇逊犹豫地说："此计固然不错，但我海军巡航台湾海峡，必被中共和亚洲舆论视为侵略，政治上恐有不便。"

正在研究作战计划的美国海军高级将领

进入战区的美国士兵

一旁腊斯克早按捺不住,出言对道:"台湾从前虽是中国领土,然甲午战争以后由日本统治达半个世纪。如今日本虽然投降,却未媾和,依据国际法,'台湾'仍是日本领土,其归属有待和约决定。所以,我出兵台湾海峡,不能算是侵略。"

艾奇逊沉思一会,道:"话虽如此,然我国在1943年与中、英缔结开罗宣言,许诺战后将台湾归还中国。今年1月5日,总统又发表公开声明,承认台湾是中国领土,现在突然改口,必然会被各国认为我国言而无信,损害我国威望。"

腊斯克闻言,微微一笑,似胸有成竹,对道:"这问题好解决。"

众人皆催问如何解决。腊斯克出计道:"可由总统发表一项公开声明,昭告世界,我国出兵台湾海峡,以中立为目标,不偏袒任何一方,既不允中共渡海攻台,亦不允蒋介石渡海反攻大陆。同时宣布,台湾法定地位尚未确定,在对日和约缔结前,仍是日本领土,驻日盟军和盟国有权利处置。"

众人仔细思量一回,觉得虽然是强词夺理,有悖国际信义,但也只此一策,便一齐赞道:"果然是万全之策。"

对台政策既定,艾奇逊又将议题引向朝鲜战事。众人皆以为大韩民国军队尚有实力,美国只消提供武器弹药,并以海空军支持,足堪保住大韩民国,挫败金日成军队进攻。

美国安全委员会决定:令驻日美军向大韩民国军队紧急空运武器弹药;出动海空军掩护在韩美国侨民撤退,攻击朝鲜进攻部队,配合大韩民国军队作战;令第7舰队从菲律宾海军基地秘密出航,向台湾海峡进发,在舰队进入台湾海峡前,暂不公布。这三项决定,皆由参谋长联席会议通知麦克阿瑟,着其统一协调执行。

如此反复争吵讨论,至午夜会议方散。众人鱼贯离开会场,各回邸宅。布雷德利则代表参谋长联席会议,急向麦克阿瑟发电。

朝鲜战争爆发当日凌晨,东京美国驻日大使馆一片寂静。远东美军总司令、驻日盟军总司令麦克阿瑟仍在酣睡。忽然间,电话铃声大作,打破宁静。麦克阿瑟赶紧从床上爬起,气呼呼骂道:"见鬼,是哪个混蛋,竟敢在半夜来电话骚扰。"当时拿起听筒,原是驻日美军司令部值勤军官打来,说得汉城急电,朝鲜共军已向韩国李承晚军队发动全线进攻。麦克阿瑟大惊失色,睡意全消,便披衣起床。

恰在这时,有人在门外报告,听声音正是参谋长内德·阿尔蒙德将军,便开门迎进。未待阿尔蒙德开口,麦克阿瑟先出言道:“参谋长阁下,适才得报,朝鲜共军已向大韩民国发动进攻。”

阿尔蒙德对道:“报告将军,我已从司令部值勤军官处得到报告,正为此事而来。”稍顿又道:“将军可有什么命令?”

麦克阿瑟摸出一根旧烟斗,填进烟丝,不慌不忙打火点燃,叼在右嘴角,长吸一口,待蓝色烟雾从两个鼻眼喷出,方反问道:“依参谋长阁下之见,朝鲜共军进攻,是否有全面进攻性质?”

阿尔蒙德对道:“自去年以来,朝鲜南北两方皆喧嚷北进、南进,沿三八线屡有冲突,李承晚每每惊呼‘狼来了’,皆是虚发警报。”

麦克阿瑟又问道:“阁下之意,是怀疑此次报告又是牧童撒谎?”

阿尔蒙德未答,察其神态,是不相信朝鲜共军已发动全线进攻。少时,麦克阿瑟下令道:“情况一时未明,不便决断,可令司令部值勤军官加强与汉城方面联系,尽快查明进攻性质。”稍顿,又令道:“令驻日本海空军做好战斗准备。”

阿尔蒙德闻令应诺,行了一个军礼,便转身离去。

待至天明,汉城急报接二连三送到,是说朝鲜飞机、坦克、重炮协同作战,分四路向南突进,三八线全线陷入激战。稍待,又得杜勒斯报告,说朝鲜共军进攻具有全面性质,李承晚万难抵挡,若美国不采取措施应战,韩国必将不保。

麦克阿瑟得报后,思虑良久,也不待华盛顿指示,便令驻日海军兼程驶往朝鲜海岸。驻日空军则紧急出动,向汉城运送弹药装备,支援李承晚军队。

至晚,参谋长联席会议与麦克阿瑟举行电传打字会议。电传打字会议乃是与会两方,皆有一巨大电视屏幕,开会时,一方以文字形式把意见输入打字机,再通过无线电信号,传入对方屏幕,现出字迹,对方也以同样方式,将其意见输入己方屏幕,不但传递快捷,而且准确、保密,双方纵然隔千山万水,仍如同一室开会,可以自由讨论,及时交换意见。

美军在朝鲜半岛的仁川登陆

参谋长联席会议通过电传打字会议，向麦克阿瑟传达国家安全委员会有关应对朝鲜战争危机的各项决策，要他照令执行：一是立即向韩国提供武器弹药，并撤退美国侨民；二是出动海空军支持李承晚军队作战，阻滞朝鲜军队进攻；三是出动第7舰队进驻台湾海峡，将美国海军第7舰队暂拨麦克阿瑟指挥。

麦克阿瑟得令，一面令第7舰队星夜向台湾海峡进发；一面令海军舰只百艘，封锁朝鲜海岸，空军飞机从日本各机场起飞，轮番飞往朝鲜战地，对朝鲜军队阵地狂轰滥炸。

6月27日，美国海军第7舰队照令派出分舰队一支，计巡洋舰2艘、驱逐舰6艘驶离菲律宾苏比克湾海军基地，兼程急进，经36小时航行，进抵台湾海峡西口。杜鲁门即时发表公开声明，约略是说：因朝鲜共军进攻大韩民国，中共军队又威胁要进攻台湾，太平洋安全受到威胁。为保障朝鲜侧翼安全，美国决定出动海军到台湾海峡，作中立巡航，一则阻遏“中共”军队渡海进攻台湾，一则阻遏台湾国民党军队进攻大陆，美国不偏袒任何一方。又说台湾在法律上仍是日本领土，其未来地位须待对日和约决定，或待朝鲜战争结束后，由联合国考虑。

在朝鲜战场，美军原以为驻日美军有战机800架、战舰300艘，只消一投入战斗，便如牛刀宰鸡，必然扭转战局，未料朝鲜军队十分英勇，竟在美海空军的攻击下继续向南挺进，不但一举攻下汉城，且在西线夺占瓮津半岛，中线夺取春川，东线夺占江陵。不过几日战斗，韩国军队便已损失惨重，溃不成军。

麦克阿瑟见势不妙，不顾部下劝阻，于6月29日亲乘坐机到汉城前线视察战况。飞机从日本起飞时，阴云密布，能见度极低。待飞越海峡，进入朝鲜上空，已是狂风呼号、大雨滂沱。总算飞行员斯托里中校技术超群，竟安然飞抵汉城水原机场。正要着陆，忽有两架朝鲜雅克式战斗机飞抵机场上空，机场跑道一时硝烟弥漫、弹痕累累。

朝鲜飞机飞临时，斯托里大急，赶忙驾机钻入云层闪避，待朝鲜飞机离去，方驾机着陆。

飞机一着陆，便有李承晚派来的专车迎接，将麦克阿瑟接入一所校舍。李承晚和穆乔大使已在校舍迎候。众人只稍加寒暄，便议战局。李承晚老泪纵横，结结巴巴诉说，朝鲜军队如何突然袭击，三日内连下汉城、春川、江陵、瓮津半岛各处要镇，韩国军队如何损失惨重，请麦克阿瑟赶紧从日本调派美军地面部队，开往朝鲜战地，阻挡朝鲜军队进攻，拯救大韩民国。

麦克阿瑟略宽慰几句，便问道：“贵国总参谋部或总参谋长现在何处？现掌握多少部队？”

李承晚闻问，眼神中闪现出一丝阴影，半日不答。一旁美军顾问团团长罗伯特准将按捺不住，插言报告道：“韩国10万军队，能控制者十不及一，约有1万之数，余皆或死或伤，或被打散。大韩民国陆军总司令部并总参谋长蔡炳德将军，在汉城失陷以前已退往水原。”

李承晚一旁察言观色，恐麦克阿瑟不悦，忙解释说：“蔡总长本人反对撤离，是被强送进吉普车，退往水原。”

麦克可瑟视察朝鲜前线

麦克阿瑟闻言厉声质问道:“他如何表示反对? 又是谁人强迫他登上吉普车,抛下部队,逃往水原?”稍顿,又道:“如此参谋总长,盼总统阁下能将其撤职查办,另择贤能。”

言毕,麦克阿瑟不待李承晚答复,便回头令准备车辆,到汉江前线视察战况。

众人苦劝不住,只得临时找来三辆军用吉普候用。麦克阿瑟面色严峻,冷淡地与李承晚作别,便登上第一辆吉普。随同鱼贯登车的,计有参谋长阿尔蒙德、远东空军总司令斯特拉斯迈耶及顾问团官员、高级参谋共10余人。

车队沿公路向北行驶,向汉江前线进发。一路皆韩国后撤队伍,有难民、伤员、机关官员、散兵游勇,也有成建制的部队。或乘卡车、吉普车、牛车,或骑马骑牛,或步行,人挤车,车撞马,马踏人,汇成一股洪流,前不见头,后不见尾,塞满大路、小路,汹涌向南溃逃。

麦克阿瑟戴一顶船形战斗帽,穿一件棕色飞行夹克,照例手握须臾不离的旧烟斗,端坐头车首座,默视着撤退的人流车流,面沉如水,一言不发。偶见成建制部队,麦克阿瑟也令司机停车,自己下车,站在路口,挥手令停止后撤。那些仓皇后撤的韩国部队,或全然不睬,或干脆绕道而行。半日,车队方驶至汉江江岸。

汉江源于太白山脉西坡。太白山脉位于朝鲜半岛偏东部分,南北走向,纵跨三八线,北有金刚山,中有五台山,南有太白山,皆高1500米上下。汉江自太白山脉西坡流出后,一路汹涌向西,汇合昭阳江、北汉江大小数十条河流,长流500余公里,经汉城归入黄海。

麦克阿瑟抵江边后,率先下车,径登江边一座小山,众人前后相拥,一行登上山头,极目北望,见汉城城区被烟火笼罩,塔形烟柱正冉冉升上高空。山脚下,汉江滚滚西去,江上几座大桥已被炸毁,沉入江心。江对岸,朝鲜重炮、坦克正隔岸向江南轰击,一些朝鲜敢死队员沿汉江上被炸毁的铁桥残体,奋力向南岸攀行,也有人干脆武

麦克阿瑟与杜鲁门

杜鲁门与麦克阿瑟在威克岛道别

装泅渡。阵前阵后，烟尘滚滚，人叫马嘶，枪炮声密如爆豆。回头再看汉江南岸，只少数韩国军队，由美军顾问团督战，据岸死守，偶尔发炮还击。大部分江岸，已无人据守。

麦克阿瑟见状，从衣袋中又摸出烟斗，填满烟丝，不慌不忙点燃，深吸一口，沉思半日，回头对阿尔蒙德道："速电告参谋长联席会议，就说韩国军队已经解体，为挽救局势，除海空军参战外，还须派美军地面部队参战，请允派一团美军地面部队，到朝鲜参战。"

阿尔蒙德闻言，有些迟疑，期期艾艾道："报告将军，朝鲜共军攻势凌厉，只开战数日，便连下汉城、瓮津、春川、江陵诸要镇，恐一团美军不足以挽救局面。"

麦克阿瑟挥挥手，右嘴角叼住烟斗，驳道："无妨，战局如此，皆因韩国人无能，非北朝鲜共军真有能耐。以我观来，朝鲜共军不过如此。我军连败德、日两国军队，屡经战阵，皆以一当百。只消一团美军参战，作为基干，必能鼓舞大韩民国军队士气，威慑住朝鲜共军。"言罢，径自下山，登车循原路返回水原机场，又登机飞返日本。

阿尔蒙德只得照令致电华盛顿，请允向朝鲜派赴美军地面部队。

金日成得报人民军进攻受挫，大是惊愕。心中暗思："自开战以来，我军夺开城、汉城，又强渡汉江。直下水原，连战皆捷。再加上中线、东线战果，早消灭李承晚军主力不下10万。料其残部，不过数万人，已成惊弓之鸟，如何能在乌山组织抵抗？"

第五章

金日成挥师南下 沃尔克退守釜山

华盛顿美军参谋长联席会议接到麦克阿瑟请允调派美军地面部队一团开赴朝鲜的电报后，便上报总统。杜鲁门依据决策程序，又召开国家安全委员会会议，反复讨论，皆以为若听任大韩民国垮台，势必危及美国远东阵地安全，议决从夏威夷群岛调后备步兵1个团，交麦克阿瑟指挥，赴朝鲜战场。

隔日，艾奇逊又向杜鲁门献计说："美军地面部队介入朝鲜战事，恐被国际社会指控为侵略，尤其恐招苏联或中国也出动陆军开赴朝鲜抗衡。若能令联合国作出决议，由联合国出面组织'联合国军'，共同救援大韩民国，则不但不必担心被指控为侵略，且因我军挂有'联合国军'旗号，苏联、中国若贸然出兵支援朝鲜，就是反对联合国。以此料之，其必不敢轻举妄动。"

联合国成立于1945年10月24日，是普遍性国际组织，当时有51个国家参加。第二次世界大战爆发不久，美国总统罗斯福眼见法西斯势力的疯狂侵略，倡议战后建立一个国际组织，和平解决国际纠纷。那时中国、苏联、英国正在和德、日、意轴心国进行殊死战斗，已与美国结成战时同盟，便慨然响应。1943年10月，中、美、英、苏四大国外长联合发表四国外长宣言，宣布将在战争结束后成立此种国际组织。第二年，四国又派代表在美国华盛顿开会，议定建立联合国的计划细节。1945年4月，又召集中、美、英、苏并其他反法西斯国家，共51国代表，在美国西海岸名城旧金山开会，制订《联合国宪章》。10月24日正式宣布联合国成立。

美海军陆战队员

联合国总部设在美国第一大城市纽约市成功湖畔。联合国最主要的机构是联合国大会，由所有会员国派代表参加，每年举行一次常会，并照惯例，每年 9 月第三周星期二在联合国总部开幕，一般会期三个月，约在当年 12 月 20 日闭幕。如遇特殊情况，也可召集联大特别会议。大会以下，又设安全理事会，专事负责维持国际和平与安全。安全理事会由 11 个理事国组成。其中五个是常任理事国，分别为中、美、英、苏、法五国。其余是非常任理事国，由其他会员国遴选担任，任期两年。

依据《联合国宪章》，各国应以和平方法解决国际争端，会员国不得使用威胁或武力侵犯他国领土完整或政治独立。《宪章》还规定，联合国不得干涉会员国内政。

杜鲁门听艾奇逊出计，促成联合国作出决议，以“联合国军”名义介入朝鲜战事，迟疑地说：“以‘联合国军’名义掩护我军赴朝参战，固然好处甚多，只恐苏联阻挠，难以成功。”

艾奇逊对道：“无妨。目下苏联正抵制安理会。我国若以突然袭击方式，在安理会倡议成立‘联合国军’，开赴朝鲜，救援大韩民国，反对朝鲜共军，必能大功告成。”

根据《联合国宪章》，联合国安理会在处理国际危机时，五个常任理事国皆有绝对否决权。即是说，如有任何一个常任理事国投票否决，安理会便不能作出决议。6 月 25 日，美国在安理会提出一案，谴责朝鲜侵略大韩民国。当时，苏联因倡议从联合国各机构中驱逐台湾国民党政权的代表，以中华人民共和国代表取代，被美国否决，便抵制安理会，拒不派代表与会，这使美国大占便宜，竟操纵安理会顺利通过所谓谴责朝鲜侵略案。如今艾奇逊又想如法炮制，操纵安理会成立“联合国军”，掩护美军到朝鲜参战。

杜鲁门听艾奇逊一番分析，大喜，当即令艾奇逊一试。艾奇逊令美国驻联合国代表在联合国提出议案，倡议成立“联合国军”开赴朝鲜，与朝鲜民主主义人民共和国军队作战。因苏联仍抵制安理会，没有代表与会，联合国安理会竟在 1950 年 7 月 7 日通过决议，请会员国以各种手段支援大韩民国，又宣布成立所谓“联合国军”，由美国政府任命一美国将领任“联合国军”总司令，指挥“联合国军”赴朝作战。杜鲁门当即任命麦克阿瑟担任“联合国军”总司令。美军入朝部队，自此挂上“联合国军”旗号。

朝鲜战争开战仅数日，朝鲜人民军步、骑、工、炮并装甲兵、空军共 10 余万大军，分四路突破三八线，连占汉城、瓮津、春川、江陵诸要镇，击溃李承晚军第一线部队，士气大振。蔡炳德恐被俘获，不顾美军顾问团阻拦，丢弃阵地，率韩国残军仓皇南逃，撤过汉江，车辆辎重、伤员后卫皆弃置不顾。人民军各路部队，不顾疲乏，衔尾穷追，一路斩获无数。待追至汉江边，正要冲过汉江大桥。蔡炳德却令工兵炸毁桥梁，阻滞追兵。金日成闻报，亲临汉江北岸视察。见汉江水深流急，泅渡不易，对岸有韩国军队后卫沿江布防。美军飞机成群结队，沿江穿梭轰炸飞行，以空中火力封锁江面。思虑半日，令前敌指挥道：“为今之计，唯有设法修复汉江铁桥。”

入夜，人民军善泅水者，组成突击队，趁夜黑各携轻兵器，泅水过江，登上对岸，

美军海军陆战队员

只一阵冲锋，便赶走守军，占领对岸桥头堡，再掘壕坚守。预先守在江边的工兵，冲上铁桥，按白天拟订的修桥方案，摸黑抢修桥墩，架设钢梁，竟在天明以前，将铁桥修复。人民军坦克、炮车顺利渡过汉江，大队步兵也随后跟进。

李承晚闻报汉江天险已失，不禁勃然大怒，便照麦克阿瑟意旨，下令解除蔡炳德职务，另以钟日昆代之。钟日昆领命后，收拾残军败将，据守水原，欲与人民军决战，等待美军来援。

金日成得报见水原距汉城约 50 公里，两侧青山夹峙，一条大路穿城而过，往南经乌山、鸟致院、大田、大丘，直通东南端海港釜山，是南北交通要津，料有一场恶战。便令部队补足粮饷弹械，不辞暑热，兼程向南进发。不数日，就冲破李承晚军沿途阻截，进抵水原城下。人民军将士，皆如猛虎下山，迎着炮火冲入城内，短兵相接，白刃格斗，远则机关枪扫，近则手榴弹炸、刺刀捅。李承晚军死伤累累，纷纷弃械投降，余者弃城向南溃逃。清点战果，人民军又歼敌万余，缴获枪炮弹药、粮食被服，皆不计其数。

既得水原，人民军将士又乘胜穷追，急进 10 公里，进抵乌山。金日成又照前法，令重炮轰城、坦克冲阵、步兵跟进。不料坦克群冲至城边，两侧高山阵地上忽然枪炮齐发，弹如雨下，尤有无数火箭弹拖着黑中带红的尾烟，如影随形，飞向人民军坦克群，撞开坦克铁甲，钻进坦克体内，突然引爆，将坦克炸成火球。不消片时，便有 10 余辆人民军坦克被击毁，随坦克跟进的大队步兵，也死伤累累。

金日成得报人民军进攻受挫，大是惊愕。心中暗思："自开战以来，我军夺开城、汉城，又强渡汉江，直下水原，连战皆捷。再加上中线、东线战果，早消灭李承晚军主力，不下 10 万。料其残部，不过数万人，已成惊弓之鸟，如何能在乌山组织抵抗？"心中油然不信。亲到前线观察，果见阵前横尸无数，尽是人民军将士遗体。被击毁的坦克约十数辆，皆是苏制 T—34 坦克。再看身边部队，亦是受伤挂彩。方相信在乌山遭遇劲敌。便令部队暂固守阵地，停止攻势。又急派侦察兵深入敌阵侦察。半日，探得实情，原来是美军地面部队已投入朝鲜战场。占据乌山两侧山地、阻遏人民军进兵者，正是美军的先头部队，兵力约一个团。

原来，美国虽是世界头号军事强国，常备军其实不多，陆海空三军并海军陆战队总共约150万人，其中陆军60万人，分散驻屯于世界各地，能随时应急调用的兵力尚不足两个师。麦克阿瑟麾下驻日美军虽拥四个师10万人马，编作第8集团军，却因恐日本骚乱，平日并不轻易动用。因此，参谋长联席会议权衡再三，决定从夏威夷调步兵1个团，派赴朝鲜，满足麦克阿瑟要求。未料奉调部队，许多官兵休假在外，既不满员，装备又缺，且离朝鲜万里，一时难以赴命。无奈之下，只得转令麦克阿瑟，先从驻日部队中调兵1个团赴朝。

麦克阿瑟得令，从驻日部队中调步兵1个营、炮兵1个营，合编为1个团，由史密斯中校指挥，由日本启程，空运水原机场，投入战斗。命令才下，有急报送来，称水原已被朝鲜军队攻占。史密斯部队又转运朝鲜南部港口釜山，再由陆路至乌山前线。

史密斯久经战阵，见朝鲜部队向南急进，势如破竹，每到一城，照例先以重炮轰城，坦克开路，步兵跟进，便设下一计，只以韩国部队据城虚守，却令所属美军据城外高山阵地埋伏。朝鲜人民军不知美军已投入战场，仍以扫荡态势，大踏步南进，误入史密斯部队火力圈中，故损兵折将。

金日成得知美军史密斯部队已到乌山前线，告众将道："史密斯部队固然疯狂，毕竟只1个团，总共不过千人，又是孤军深入，不难消灭。然美军既以地面部队参战，便不会以派1个团为限。我军务必采取果敢行动，先消灭史密斯部队，震慑美军，再以迅雷不及掩耳之势，夺占釜山港口，令美军援军无处立足，方能确保胜利。"当时将部队重新部署，令一支军循原路再攻乌山，吸引美军火力，却将新到生力军，分为左右两路，各携带轻兵器，沿偏僻小路，绕至据守高山阵地的史密斯部队背后。

史密斯率部在乌山设伏，先胜一阵，心中得意，暗思道："都说朝鲜共军如何能征惯战，以一当十，其实皆因未逢对手。"这样想时，人民军部队已沿中央大道来攻，又是重炮轰击、坦克冲撞、步兵跟进。

史密斯依照前法，又令美军伏击部队开火，恰在这时，人民军两翼包抄部队赶到，居高临下，扑向美军。枪弹、手榴弹雨点般落向美军阵地。史密斯部队腹背受敌，千余美军三成战死、三成受伤、三成被俘，逃生者十不及一。乌山遂为人民军攻占。

史密斯部队被消灭后，东京、华盛顿皆被震动。独麦克阿瑟不以为然，称史密斯部队名为1个团，其实兵员兵器皆不足额，只数百官兵，又由釜山北上，暑热行军数百公里，待到乌山时，已疲惫不堪，胜固不易，败亦不足虑。又电告华盛顿说，若得美军地面部队两师开赴朝鲜，必能消灭朝鲜共军，恢复大韩民国。此时美国正操纵联合国通过决议，组织"联合国军"开赴朝鲜作战。杜鲁门又根据联合国决议，命麦克阿瑟为"联合国军"总司令，并告麦克阿瑟可任意调用驻日美军赴朝，作为"联合国军"骨干。

驻日美军共约10万人，编作4个师，计为第1骑兵师和步兵第7师、第24师、第25师，统编为美国第8集团军，由沃尔顿·沃尔克中将任司令官。沃尔克久经战阵，曾在美军名将巴顿麾下任集团军司令，在第二次世界大战中立有军功。

美国海军陆战队

此次组建“联合国军”,除驻日美军之外,另有英国、法国、荷兰、比利时、卢森堡、澳大利亚、新西兰、加拿大、南非、埃塞俄比亚、土耳其、希腊、菲律宾、泰国、哥伦比亚15国亦派军参加,多则一旅、少则一连,统由麦克阿瑟指挥。又有李承晚军残部,亦归麦克阿瑟调用。是故麦克阿瑟共得到地面部队20万人、飞机800架、战舰300艘支持,声威大震。

麦克阿瑟自任“联合国军”司令官后,自思以70高龄统领多国联军,以“联合国军”为号在异国作战,虽兵马不多,却也亘古未有,是一件荣耀之事。便急于建功,打败朝鲜军队,帮助李承晚恢复在朝鲜的统治。所以,立即下令召来一将。

来人年约50开外,中等身材,一身戎装,挂两星肩章,却是美步兵第24师师长迪安少将。二人行过军礼,分宾主坐定,麦克阿瑟便单刀直入,对迪安少将道:“朝鲜战局,目下已是关键时刻,朝鲜军队正疯狂南进。将军须速统所部,由釜山登陆,三日内开往大田一线,建立阻击线,拦截朝鲜共军。”

迪安闻言,面有难色,半晌方道:“闻报朝鲜共军有精兵10余万、T—34坦克百余辆,又有雅克式飞机助阵。自开战以来,连下开城、汉城、水原、乌山共数十城,消灭韩国主力在先,聚歼史密斯部于后,锐气正盛,势不可挡。而今韩国军残部,已不足3万人。第24师名为1个师,其实兵员兵器皆不足额,若在大田与人民军决战,恐蹈史密斯部队覆辙,望将军明察。”

麦克阿瑟闻言,颇是不悦,暗思道:“迪安身为军人,却是胆小鬼。”这样想时,表面上却不动声色,耐心分析道:“朝鲜部队虽然气势汹汹,然自开战以来,连番恶战,又不辞暑热,远征数百公里,补给线延长,已是疲惫之师。且其坦克、飞机,遭我空军打击,已折损过半。今我‘联合国军’计有精兵20万、飞机近千架、战舰300艘,各方面皆较敌军占优势。将军率24师先行,只消守住大田三天,待我军主力由釜山上岸,再与朝鲜共军决战,不消旬日,必能扭转朝鲜战局。”

迪安心中虽有保留,因知麦克阿瑟向来是一言堂性格,出言决不更改,只得勉强应诺,率24师紧急赴朝参战。

迪安去后,麦克阿瑟又召来驻日美军第8集团军司令官沃尔克中将,令其速将集团军主力悉数调往朝鲜,尾随迪安第24师北进,准备在大田与人民军决战。又令第8集团军司令部移居韩国重镇大丘,就近指挥作战,自己则坐镇东京,总揽全局。

大田位于锦江中游、小白山脉西麓,北距汉城200公里,南距半岛西南角木浦港也约200公里,往东南方面穿过小白山脉行150公里是大丘,再前行100公里便是韩国第一大港釜山。依照兵法,大田正是必争之地。

金日成乌山获胜后,领军尾随敌踪,向大田急进,欲乘势一鼓而下。军行半途,有报告送来,称美军第24师已开赴大田,正沿锦江布阵,迎战人民军。众将闻报,略有惧色,或言美军重装步兵1个师,满员编制计为官兵1.8万人,有坦克154辆、装甲车35辆、各种车辆3700辆,配属各种炮500门、重机枪350挺,另有飞机配合作战。况又据锦江和小白山脉天险。人民军自开战以来,已苦战半月,南进数百公里,将士皆已疲惫,且粮弹补给皆须从数百公里以外运来,沿路又有美国飞机拦截轰炸,是故军队攻击能力已大不如从前。不如暂歇数日,待后援赶到,再攻大田不迟。

中国人民志愿军跨过鸭绿江

独共和国保卫相崔庸健力排众议，告金日成道：“自开战以来，我军连战皆捷，计已消灭李承晚军10余万人，得南部领土2/3。李承晚残军，已不足3万，皆退守大田、大丘、釜山，意在凭借釜山港口，待美国来援。今美国虽操纵联合国，成立‘联合国军’，却是乌合之众，以17国联军用于一隅之地，建制复杂，指挥不一，一时必难有作为。麦克阿瑟令美24师开赴大田，抗御我军攻势，意在争取时间，掩护其后援部队在釜山登岸。我军若能一举消灭美24师，夺占大田，便打开了进兵釜山的门户。若得釜山，便无虑‘联合国军’反扑。”

稍顿，又说道：“美24师虽号称一师，其实兵员兵器皆不足额，又在乌山损失一团。我军若集中优势兵力，部署得当，必能消灭24师，夺占大田，打通直通釜山的门户。”

金日成对图沉思半日，方令各军携足粮饷弹药，星夜急进。只一夜，便抵大田城下。因天气暑热，便令各军歇息一日，熟悉地形、恢复体力。待到入夜，却将军分作三支，一支军从中央出击，强攻大田城池，吸引美军火力。另两支军皆携带单兵武器，分从上下游偷渡锦江，绕至美军侧后，配合中路主攻部队。又约定时间，三支军一齐发动。

1950年7月20日，红日西沉，人民军中路主攻部队，依照部署，集中数百门野战炮、榴弹炮，瞄准大田美军阵地，突然开火。偌大一个大田城，顿时山摇地动，硝烟弥漫。美军正晕头转向时，人民军坦克群又接踵攻入，如入无人之境。坦克之后，人民军步兵不知有几千几万，潮水般涌进大田市区。

美将迪安见人民军攻势凶猛，一面令城内美军据城死守，一面又令城外部队收缩兵力，向城垣靠拢。人民军包抄部队，借夜幕掩护，渡过锦江，再以营连为单位，分

撤退中的美军伤亡惨重

头楔入美军阵地，将一师美军截成无数节。两军短兵相接，白刃格斗。大田城内外十余里战线，一时间烟火冲天，枪声、炮声、杀声、哭骂声不绝于耳。两军混战一夜，阵前尸积如山。待到天明，迪安眼见大田城内外，两军战线犬牙交错、混在一起，分不清敌友。锦江对岸，人民军后援部队又成千成万如潮涌到。迪安情知大势已去，便率残部退出大田，欲沿大路经过小白山脉隘道逃往大丘。正到隘口，迎面一阵枪弹射来，却是人民军一支穿插部队已抢先占据隘道，任迪安率残部拼死冲击，仍不得过。

僵持半日，背后杀声又起，人民军主力衔尾追到，美军官兵恶战一夜，人困马乏，伤亡过半，弹尽援绝，前有阻拦，后有追兵，只得交枪投降。清点战果，人民军大田一战消灭美军 1 个师万人、李承晚军队 2 万人，缴获大炮 200 门、坦克 20 辆、军车 1300 辆，被服、弹药及一应作战用品不计其数。美军少将师长迪安，也当了人民军俘虏。

既占大田，人民军又沿大道向东南方向进兵。军行半途，正遇美军第 25 师接踵开到，人民军将士猛冲猛杀，楔入敌阵，远则机关枪横扫，近则用手榴弹炸、刺刀捅、白刃格斗。美 25 师新赴朝鲜，哪里见过这种阵势？只得丢盔卸甲，仓皇东撤，一直退过洛东江。人民军将士又乘胜追杀一阵，到洛东江西岸方止。

美军第 8 集团军司令官沃尔克中将坐镇大丘，闻报美 24 师悉数被歼，大田已失，美 25 师也受重创，不禁心惊肉跳。急令美军第 7 步兵师、第 1 骑兵师从釜山登陆，救援第 25 师，沿洛东江构筑工事，死守大丘、釜山，以待救援。

洛东江发源于朝鲜东海岸太白山东南麓，先西流约 100 公里，再折而向南，经过大丘城西，然后与南江汇合，又折而向东，由釜山注入朝鲜海峡，全长计 500 余公里。沃尔克令炸毁洛东江全部桥梁。又令美军飞机日夜沿千里洛东江巡航，封锁江面，阻止人民军渡江。双方各 10 万大军，隔洛东江对峙，形成僵局。

朝鲜战争爆发当日，蒋介石在台北阳明山“总统”官邸召集紧急军政会议，令其所辖台湾、澎湖、金门、马祖诸处军队皆实行宵禁，停止三军官兵休假外出，紧急备战。又致电李承晚，声言支持其反共斗争。

第六章

周恩来礼赠金日成
远东王私访蒋介石

公元 1950 年 6 月 27 日，美国总统杜鲁门发表声明，称“台湾”是前日本帝国领土，法律地位尚未最后确定，其最后归属须待远东和平恢复时对日和约确定，或交由联合国解决。又称美国为防止朝鲜战事扩大，决计出动海军舰队，在台湾海峡巡航，隔离台湾与大陆，阻遏中国军队渡海解放台湾。消息传到中国内地，近百年来饱受外国侵略者欺凌的中国人民均十分愤慨。

不久，美国又操纵联合国作出决议，谴责朝鲜侵略，并出动美军陆海空数十万大军，纠集英、法、加、澳诸国及韩国军队打上“联合国军”旗号侵入朝鲜，使战事扩大，严重威胁中国安全。毛泽东见形势险恶，便召集新中国党政军领袖，日夜开会，商议对策。周恩来、聂荣臻等皆与会。

周恩来生于公元 1898 年，祖籍中国江苏淮安，曾就学于中国南开大学，先后留学日本、法国，后信仰马克思列宁主义，是中共著名领袖。其曾参与缔造了中国人民解放军，精通政略军事，长于外交。中华人民共和国成立时，被任为政务院总理，总揽全国政务，又兼任外交部长、中央军委副主席诸要职。

聂荣臻生于 1899 年，祖籍中国四川江津，亦曾留学法国，归国后参加北伐战争，领导过南昌起义。抗日战争时期，曾领导八路军一部大战平型关，创立晋察冀抗日根据地，是中共著名军事领袖。中华人民共和国成立时，任中国人民革命军事委员会代理总参谋长。

人民革命军事委员会是中国最高军事领导机构，主席由毛泽东兼任。另设副主席若干，皆由中共杰出军事领袖出任。总参谋长则代表人民革命军事委员会主持军队日常工作。

这一日开会，毛泽东先请周恩来分析时局。周恩来操一口淮安口音，徐徐说道：“朝鲜战争虽名为内战，其实是两大阵营对峙。朝鲜民主主义人民共和国军队向南推

赴朝参战的后勤部队

进,欲统一全境,是正义事业,无可厚非。李承晚政权如失败,不利于美国在远东态势,美国发兵干涉,支持李承晚,侵略朝鲜,也在意料之中。”稍顿,略饮了一口浓茶,徐徐分析道:“美国以朝鲜爆发战事为名,将第7舰队派往台湾海峡,阻我解放台湾,是节外生枝,实出意料之外。”

言及于此,聂荣臻接过话头,说道:“今年1月5日,杜鲁门发表声明,称美国决定不向台湾蒋介石提供军事援助,不干涉台湾局势。世人多以为表示美国将不以武力阻止我军解放台湾。我军也一直照这一假定作军事部署,准备攻台。如今美国突然将第7舰队派往台湾海峡,阻止我军解放台湾,军事上对我妨碍极大。”

话音甫落,毛泽东接着分析道:“杜鲁门1月5日声明其实是虚招。阻我解放台湾,完成统一大业,是其既定国策。朝鲜战争爆发,只是为其出尔反尔提供了口实。究其根本,是欺我没有海军和空军。”稍顿,毛泽东点燃一支中华牌香烟,长吸一口,又用浓重湖南口音分析道:“尤为甚者,是杜鲁门声明竟称‘台湾’地位未定,须待对日和约或联合国解决,这是为从我国肢解台湾预作舆论准备,实在是欺人太甚,我国切不可等闲视之。”

一旁周恩来插话道:“美国杜鲁门总统下令出兵台湾海峡,又称‘台湾’地位未定,无异于已向我下宣战书,迫我必须应战。”稍顿,又道:“目下朝鲜战事与台湾海峡局势浑然一体,皆关系我国军事安全与政治威望。照美国一向行止看,既发兵侵朝,最低是要恢复李承晚政权。如战局发展对其有利,势必要突过三八线,向鸭绿江进军,甚至会沿当年日本侵华旧路,待占领朝鲜后,越过鸭绿江,占我东北各省。台湾海峡方面,因美国海军插足,我已不宜再发动渡海作战。蒋帮残军,已难对我造成根本危害。所以我以为‘台湾’、朝鲜两处相比,如何应付朝鲜战争危机,更是时局的关键。”周恩来一番分析,画龙点睛,丝丝入扣。

沉默半日,毛泽东缓缓点燃一支烟,询问道:“恩来之意,是否说暂缓解放台湾,而移兵北上,为朝鲜局势突变作准备?”

周恩来点头称是,又补充道:“古人用兵,讲究有备无患。我立国未及一年,经济亟待恢复,是故中央确定以恢复经济为主,年内裁军1/3,皆是正确决策。然解放西藏、进军新疆、巩固边防,亦刻不容缓。如朝鲜无战事,我尚有余力解放台湾。如今朝鲜战争既然爆发,美国又出兵介入,战局发展殊难预料,如我再照原定计划发动渡海作战,必将超出承受力,耗尽后备力量。一旦朝鲜战事逆转,我无后备军,便会措手不及,动摇国家根本。”

众人照这一思路议论半日,当时定下三条对策:一是作外交努力,由周恩来以外长名义发表声明,说明台湾是中国神圣领土,中国人民誓死解放台湾,不达目的决不罢休。二是重新调整军事部署,将全军战略预备队尽速由中原地区车运东北,改编为东北边防军,到鸭绿江北岸布防,以备不测。又发布命令,调邓华任东北边防军司令员兼政委,洪学智、韩先楚为副司令员,解方为参谋长,杜平为政治部主任。三是派人秘密赴朝,加强与朝鲜民主主义人民共和国方面的政治军事联络,适时掌握战局进

彭德怀与金日成在朝鲜前线阵地上

展,以便心中有数。

未久,第一、二策皆照计划完成,独第三策尚不能落实,皆因一时无合适人选到朝鲜战地赴任。周恩来正苦思无计时,聂荣臻出计道:“我推荐一人,足堪担此重任。”周恩来便问是谁。聂荣臻对道:“这人乃是河南遂平人,1915 年生,曾参加重庆国共谈判,为我方代表团军事组上校参谋。如今在西南军区,任军区情报处长。”周恩来凝思一阵,猜道:“你是说柴成文?”聂荣臻点首。周恩来道:“果然是恰当人选。”当时便下令召见。

柴成文其时正在北京,下榻前门外香山饭店。一日午夜,睡意正浓,忽被人推醒,告说总理紧急召见。柴成文在重庆谈判期间,曾与周恩来朝夕相处,忽闻召见,料有急事,赶紧披衣起床,携好公文包,随来人驱车径奔中南海总理办公室客厅。

说是客厅,其实是一间小会议室,正中搁一张长条桌,上铺月白色桌布。桌旁安置靠背软椅,也以月白色布套作罩。两面壁上,挂有巨幅中国地图和世界地图,陈设虽简朴,却十分宜人。

柴成文到时,客厅内已有几位客人。一位是章汉夫,任外交部副部长。一位是刘志坚,任军委情报部第一副部长。二人皆是柴成文的上司,原本相识,因在总理办公室客厅,未便多言,只略相互点头示意,便各倚条桌坐下。

稍待,周恩来从客厅西头办公室步入客厅,众人皆起身行礼。周恩来大步上前,与众人一一握手问候,招呼众人坐定,便回头向柴成文询问。先问些西南军区情报部门的工作,又仔细打探柴成文个人近况,然后说道:“外交部原拟调你去德意志民主共和国任职,今朝鲜战争爆发,急需加强与朝鲜方面联系。聂老总举荐你到朝鲜工作,未知你有何意见。"

聂老总指聂荣臻,因其任过中国人民解放军野战军司令员,故军中皆以聂老总称之。

柴成文闻问,起立报告道:"服从总理安排,保证完成任务。"周恩来又示意柴成文坐下,详告道:"我国在去年10月6日已与朝鲜民主主义人民共和国建立大使级外交关系,并任倪志亮为驻朝鲜大使,因其有病,迄今尚未到任,是故驻朝大使实际空缺,大使馆也未及时建馆。"稍顿,顺手用桌上预先备好的白毛巾擦了一把脸,又精神抖擞地说道:"如今朝鲜突发战事。朝鲜民主主义人民共和国军队虽然初战告捷,已夺占汉城,并大举南进,但美国却乘机介入,并出动海军进驻台湾海峡。中央判断,朝鲜战事极有可能长期化,并与台湾局势连为一体,因而与我国安全关系极大。是故中央要求你速带一批精干人员,以使馆人员名义进驻朝鲜,一方面加强与朝鲜民主主义人民共和国的外交联系,另一方面及时掌握军事情报,以免我国届时陷于被动。"柴成文一一应诺。

周恩来又回头嘱刘志坚,令从军委情报部武官训练班挑选五名军事干部,协助柴成文赴朝工作;又令章汉夫以周恩来名义,致函金日成,说明柴成文一行赴朝任务,请予帮助。安排毕,又与柴成文议论一阵赴朝任务细节,不觉间已到凌晨,柴成文等一齐起身告辞,周恩来亲送至客厅外,又一一握手告别。

不日,柴成文以中国驻朝鲜民主主义人民共和国大使馆政务参赞、临时代办身份衔命赴朝。随行人员计有使馆参赞两名、一秘一名、武官一名、副武官两名,皆是军人出身,曾南征北战,军事经验丰富。另配译电员两名、报务员两名,携带电台一部,并有预先备好的使馆印信、馆址正门上方的国徽标记、刻有中朝文字的使馆标志铜牌、服装、餐具,及一应办公用品,由北京启程,搭乘火车,前往朝鲜赴任。

美军的登陆部队

北京到平壤,隔山隔水,有千余公里。火车如飞奔驰,一日一夜,过山海关,经沈阳,方抵达鸭绿江北岸中国边境城镇安东。然后又渡过鸭绿江,进入朝鲜境。再行一日,始到朝鲜首都平壤。火车刚停,便有朝鲜外交部官员候在车站迎接。一行驱车,直奔朝鲜内阁首相办公大楼,等待晋见金日成首相。

朝鲜民主主义人民共和国首相府设在平壤市中心,是一栋三层小楼,坐北朝南,土木结构,虽然楼式陈旧,却绿树掩映,鲜花相簇。小楼门口,有典礼兵,皆仪表堂堂,着装齐整,迎候客人。柴成文一行刚到小楼门口,便有礼宾官上前迎住,导引客人步上二楼首相办公室。办公室以木砖铺地,当中摆一张长形会议桌,桌面上铺一块绿呢台布,两侧摆一些单人软椅。会议桌横头上席,另设一张写字台,又宽又大,呈酱紫色,料是名贵木材精工制成。写字台一侧,装有保密电话,共10部。办公室虽然陈设简单,却窗明几净,光线充足。办公室中央,正有一朝鲜高级官员立身相候,看这人年在而立不惑之间,身材魁梧,宽额方脸,天生一头乌黑头发,目光尤其犀利无比。身上着装倒是平常,上身是一件灰色小翻领列宁装,脚穿一双平底皮革便鞋,右手插在胸前第三个钮扣下方。看去英气勃勃,从容不迫。柴成文料是金日成首相,便急步上前行礼。金日成也趋步上前,伸手与之相握,同时操一口流利的中国吉林方言,连声道:“欢迎你,柴同志。”又与众人一一握手。

礼毕,分宾主坐定,有服务员送上茶点,是进口名茶、时鲜水果。宾主先说些闲话,然后转入正题。柴成文先出言道:“贵国正为统一祖国,与美帝国主义和李承晚军队恶战,战绩辉煌。我党中央、毛泽东主席和周恩来总理,令我向首相阁下致礼问候,并祝贵国贵军夺取更大胜利。”说话时,掏出周恩来信函,双手递与金日成。

志愿军战士以弹坑为掩体与敌人战斗

金日成接过,当时拆开,仔细阅读,不禁喜上眉梢,告柴成文道:“我国统一解放战争正在关键时刻。我曾电请周恩来总理速派贵军有经验的军师干部,来我国帮助作战。今阁下到来,带来周恩来总理信件,又有贵国毛泽东主席、周恩来总理近日公开发表的谈话、声明,谴责美帝侵略,表示支持我国革命斗争,皆义正辞严,是雪中送炭,对我国人民争取统一斗争的胜利是很大的鼓舞。”

柴成文接言道:“我临行前,周恩来总理忆及我国解放战争时期,贵国贵党曾给予我党以巨大支持,也十分感谢。”

原来,1946年“中共”军队刚进入东北建立东北根据地,立足未稳,国民党便集中几十万大军,向东北解放区连续发动进攻,东北人民解放军被迫后撤。到 1946 年底,解放区仅存临江、抚松、原江、长白数县,十分困难,不得已便将随军家属和后方机关渡鸭绿江撤至朝鲜北部,得到朝鲜方面照顾,直到东北战局发生转折为止。后来,国民党军队控制锦州沈阳,切断东北解放区与关内联系,朝鲜又是东北人民解放军与关内联络的通道。

金日成见柴成文提及周恩来追忆当年朝鲜人民支援中国革命的旧事,笑道:"中朝两国唇齿相依,相互援助,本在情理之中,只惜当年我国困难,未予贵党更有力的援助。"柴成文又道:"周总理已嘱我转告首相阁下,贵党贵军目下正处于反帝武装斗争第一线,且连战皆捷,我党我军皆钦佩不已。若贵国贵党要求我党我军帮助,请务必提出。我党我军当竭力予以援助,决不推托。"金日成又谢过,当即下令,从首相办公室架设直通电话,联结中国大使馆。又令人民军有关方面,及时向中国使馆人员介绍战场情况,以便中国党政领导人随时了解朝鲜战局,并嘱柴成文有事可随时到首相府直接面晤。柴成文也一一谢过。

美国远东军队总司令、驻日盟军总司令、新近又任"联合国军"总司令、绰号"远东王"的美国陆军五星上将麦克阿瑟原夸下海口,称美军地面部队 1 个团辅以海空军,就可助李承晚军队扭转战局,打败朝鲜军队。未料乌山一战,史密斯部队全军覆没。于是又遽然改口,称有美军地面部队 2 个师便可与人民军决战,扭转战局。美军参谋长联席会议又遂其意,令调驻日美军第 8 集团军 2 个师参战,又被打败,损失逾万,麦克阿瑟方如梦初醒,知遇劲敌,再不敢掉以轻心。赶紧调驻日美军其余各师,由釜山登陆,紧急驰援。又整顿韩国残军 2 万,编作 5 个师,还有英、法、加、澳等 15 国联军计约 2 万人,连同美军第 8 集团军第 1 骑兵师、第 7 步兵师及第 24 师、第 25 师残部,计得 10 余万人,沿洛东江西岸布阵,死守釜山滩头阵地,与人民军对峙,形成僵局。

釜山美军滩头阵地,北线在大丘稍北 10 公里,洛东江中游小镇倭馆到东海岸渔港浦项之间,略与北纬 36 度线相叠。西线也距大丘约 10 公里,沿洛东江南下,到洛东江与南江合流处。东面是日本海,南面是朝鲜海峡。整个滩头阵地东西宽 80 公里,南北长约 160 公里,总面积计 1 万多平方公里。人民军进抵洛东江西岸后,不断调兵遣将,每日派突击队,以营团为单位,分从西线、北线偷渡洛东江,楔入美军阵地。洛东江东岸,终日炮声隆隆,美军顾此失彼,每日折损千人,滩头阵地岌岌可危。

麦克阿瑟坐镇东京,每日对图沉思,却无计摆脱危局,心烦意乱,动辄训斥下属,美军东京总部人人自危。参谋长阿尔蒙德少将久随麦克阿瑟,知其心事,皆因连番夸下海口,先说一团美军,后说两师美军可解朝鲜危局,未料连战皆败,如今驻日 10 万美军皆赴朝鲜,仍不能扭转战局,备感羞耻。便出言宽慰道:"釜山被围,非怪将军,皆因我军实力不足。李承晚军乃残兵败将,一触即溃。其余 15 国联军,亦是指挥不一,训练装备各异,战斗力悬殊。第 8 集团军名为 4 个师,其实皆不满员。若得两师援军,料以将军之神勇,必能破敌,解釜山之危。"

麦克阿瑟听这一番宽慰之词,颇是入耳,便长叹一声道:"以我堂堂世界第一强

美国地面部队

国，竟对朝鲜弹丸小国无可奈何，实在是我用兵50年来的奇耻大辱。”稍顿，又叹道：“然我屡向华盛顿发电，要求再派援军。参谋长联席会议都回电拒绝，称国内机动部队尚不到2个师，不能轻易动用。我又有何办法得2个师援军?”

阿尔蒙德闻言，轻笑道：“现有2个师现成军队，只在近侧，将军为何不用，却舍近而求远，反去求华盛顿?”

麦克阿瑟忙问其详，阿尔蒙德走近壁上挂图，右手一扬，扫过东京，往西一指，道：“此处正有2个师部队，已整装待发，只待将军号令。”

阿尔蒙德手指处，是中国台湾。原来，蒋介石退守台海后，一心指望美国出钱出枪，助其反攻大陆，推翻中共政权。美国权衡利弊，并不热心，故有1950年1月5日杜鲁门声明发表。未料拖至6月25日，朝鲜突然爆发战事。杜鲁门政府一面下令出兵朝鲜，救援大韩民国，一面又令第7舰队进驻台湾海峡，阻止中国人民解放军解放台湾。蒋介石以为朝战爆发，必有连锁反应，促成第三次世界大战，美国亦必在第三次世界大战中获胜。如果如此，国民党便可利用第三次世界大战爆发之机，借美国之手，消灭“中共”军队，重返大陆。

朝鲜战争爆发当日，蒋介石在台北阳明山总统官邸召集紧急军政会议，令其所辖台湾、澎湖、金门、马祖诸处军队皆实行宵禁，停止三军官兵休假外出，紧急备战。又致电李承晚，声言支持其反共斗争。当夜，麦克阿瑟令其驻台湾军事代表，往访蒋介石，询其能否派兵赴朝作战。蒋介石当即满口答应，并连夜部署，决定调陆军第52军，计辖步兵3个师共3.3万官兵，辅以海空军运送，随时准备开赴朝鲜，协同李承晚军队阻遏朝鲜军队攻势。

美国政府得报，断然拒绝。艾奇逊告杜鲁门道：“国民党军队一向兵无斗志，战斗力低下，如其赴朝作战，不但军事上于事无补，且恐招致中共出兵朝鲜，迎战蒋军，徒招麻烦。”蒋军赴朝作战一事，便被搁置。

麦克阿瑟因阿尔蒙德重提使用蒋军问题，恍然大悟，道：“若非阁下提及，我几已误事。”当时决定亲赴台湾，访问蒋介石，商请国民党出兵助战。

7 月 31 日，麦克阿瑟带随从若干，搭乘“巴丹号”专机，由东京起飞，到台湾访问。飞机穿云破雾，向西直航，不消几个时辰，便在台北着陆。

刚下飞机舷梯，便有国民党军政要员，排成两列，夹道迎接。为首一人，年约 60，高挑身材，长圆脑袋，身披一件黑斗篷，手握一根楠木拐杖，正是国民党总裁蒋介石。旁边倚一妇人，娇小身躯，姣好面庞，一身套裙，华丽而不流俗，虽年已 50，依然风韵犹存，正是蒋介石夫人宋美龄。

麦克阿瑟一下飞机，蒋介石便上前迎住，二人握手致意。稍待，宋美龄趋步上前，麦克阿瑟又照西洋礼节，牵起宋美龄指尖，躬身亲吻。礼毕，一行登车，径奔总统府客厅，分宾主坐定，再互致问候。侍者捧上茶点，是浙江龙井、阿里山葡萄及诸般时鲜水果。

饮茶时，先说些闲话，方转入正题。宋美龄一旁作翻译，从人皆被屏退。麦克阿瑟先出言颂道：“大总统坚持反共，矢志不渝，精神可嘉，久有仰慕之心，今日得见，大慰平生。”

蒋介石

蒋介石自 1949 年以来，未曾见过美国要员，且一直受到美国政界要员轻蔑，今见麦克阿瑟出语赞誉，十分受用，也赞道：“将军是太平洋战争英雄，威震全球。如今又担当亚洲反共重任，指挥‘联合国军’，与共产势力决战，集人类反共希望于一身，是为千古第一英雄，更令我等引颈仰望。”言罢，二人相视大笑。

宋美龄适时挑一枚新鲜荔枝，其大如卵，紫中带红，以几根香葱般手指一掰一挤，便去尽包壳，将一团白生生的荔枝肉递给麦克阿瑟。

麦克阿瑟接过，塞入口中，顿觉香甜可口，沁人肺腑。蒋介石乘麦克阿瑟品尝荔枝时，一旁暗思道：“自去年以来，杜鲁门、艾奇逊之流一直对我心存偏见，不肯助我反共。如今虽因朝鲜战事，略有改变，仍不尽如人意。虽令美国海军巡航台湾海峡，不允中共渡海来攻，却也不允我攻击大陆，显见其无意助我反攻，恢复在大陆统治。观其在朝鲜部署，仍谨小慎微，并无大踏步推进之意。闻说麦克阿瑟在美国军政界威望之高独一无二，且其人性格专断、喜出风头、爱人捧场、又独揽远东军政大权，有‘远东王’之称。又闻其人有共和党作背景，颇有问鼎美国总统之势头，若以言语激之，或能影响美国政策，使之转向助我反攻大陆，也未可知。”

心中这样想，便出言试道：“将军一向以当世政治家著称于世，又在远东任职多年，深通远东事务。如今又任‘联合国军’总司令，在朝鲜指挥反共战争，未知对朝鲜战局及远东和世界格局演变有何高论，愿将军不吝赐教。”

麦克阿瑟本是夸夸其谈之辈，平日喜发空论，本欲接言发一篇宏论，宋美龄又适时剥好一枚荔枝递过来，便接过荔枝说道：“大总统长于政略，也是世人尽知，愿大总统先讲。”说时，已把白生生的荔枝肉送入口中。

蒋介石本意是要通过游说来影响麦克阿瑟，见其反要自己先讲，正求之不得，便欣然答道：“今日朝战，名为南北朝鲜内战，实为两大阵营之战。如无苏联和中共支持，金日成纵然胆大包天，也不敢跨越三八线南进。”稍顿，又言道：“纵然他有胆南进，若无中共、苏联支持，也必不能先挫败大韩民国10余万精兵，又挫败将军麾下10余万雄师，在月余时间连下汉城、水原、乌山、大田共数十城，急进数百公里，占韩国土地十之八九，将将军麾下10余万‘联合国部队’挤压在釜山滩头一隅之地，欲进不能、欲退不得。”

宋美龄在一旁听到这番话，唯恐激怒麦克阿瑟，不住递眼色，甚至不敢全部照原话翻译。蒋介石心道：“我正要以语言激他。”便不睬美龄眼色，仍按照自己的思路说下去。

麦克阿瑟听言，果然变色，也不接宋美龄剥好的荔枝，作色对蒋介石道：“我军之所以在乌山、大田失利，是未曾料及朝鲜有10余万能战之师，故而零散投入战斗，被各个击破，失去主动权，如我国全力赴战，朝鲜共军岂有还手之力？”

蒋介石不动声色，平静答道：“我意与将军之意并无出入。将军神勇无比，百战百胜，攻菲律宾，夺冲绳，占日本，早名扬全球，断不会有任何军事指挥失误。”稍顿，又道：“我意以为，贵国政府因对共产党征服世界之野心认识不够，未能认识到朝战意义，才有乌山、大田、洛东江之失。故贵军失利，咎在政治指导失误，并无损于将军将才英名。”

麦克阿瑟听闻这一番解释，脸色转缓，沉思一阵，又询道：“对大总统高论，余仍有不解之处，愿详述之。”

蒋介石接着说道：“自去年以来，先是前苏联试爆成功原子武器，继是中共夺得中国内地，共产国际势力因而倍增。如今中共拥兵600万，背靠前苏联，陈兵于中国内地西南、东南、东北诸地，皆面对太平洋。朝鲜金日成则是共产势力前锋。照我预见，共产国际势力的战略分为四步。第一步，以朝鲜金日成为第一梯队，先征服韩国，威胁日本，试探美国有无决心反共到底。第二步，以中共为第二梯队，在金日成得手后，接踵进攻台湾。第三步，仍以中共为主力，进攻印度支那，征服东南亚原料产地，

蒋介石和宋美龄

进而征服亚洲。一旦共产党在朝鲜、'台湾'、印度支那、东南亚征服成功,苏联必全面出击,与反共国家决战,最后征服欧洲大陆和美洲。是故美国若无意在朝鲜与共产势力决战,共产党必然得寸进尺,自由世界将土崩瓦解。那时美国纵然再强,恐欲求自保,亦是不能。"

麦克阿瑟仔细沉思一会儿,连声道:"大总统见解,果然高明,令余茅塞顿开。"稍顿又道:"只不知大总统有何计策,可救此危局?"

蒋介石又欣然对道:"以余之见,欲战胜世界共产主义,须视欧亚为一盘棋,且以亚洲为重点。因自去年以来,世界反共斗争前线已移至亚洲,况太平洋沿岸居民,约占全世界半数。亚洲各处又须视为一盘棋,尤须视朝鲜、'台湾'、印度支那为统一整体。美国须下定决心,助李承晚北进,消灭朝鲜金日成政权,助我反攻大陆,再助法国人在印度支那消灭胡志明叛乱势力。然后由朝鲜、'台湾'、印度支那三路并进,恢复我'中华民国'在大陆统治,则亚洲反共大局方可无虞。剿灭苏联共产势力老巢,指日可待。"

听过这一番宏论,麦克阿瑟心中暗思道:"其有关亚洲第一,印度支那、朝鲜、'台湾'一盘棋之说,有可取之处,只是其用心是诱我支持他反攻大陆,反共复国,这却要从长计议。"便婉转问道:"未知大总统麾下现有多少大军。"

蒋介石脱口答道:"有60万。"

麦克阿瑟又问道:"如以大总统之力,可否光复'大陆'?"

蒋介石略一沉思,对道:"贵国若能向我提供装备,尤其是飞机、战舰,料三五年内,必能光复大陆。"

麦克阿瑟闻言,知是吹牛,也不明言,又接问道:"上月朝鲜战争初起时,大总统许诺愿出3个师到朝鲜参战,未知是否仍然有效?"

蒋介石答道:"赴朝部队,早训练装备完毕,将军可随时调用。"

麦克阿瑟大喜道:"今与大总统一席谈,得益匪浅。待回东京后,当以大总统见解告之于华盛顿。只待杜鲁门总统批准,便派船只、飞机,运送贵国援军,到朝鲜参战。"蒋介石欣然应允。

二人又议论一阵朝鲜战争军事行动、朝鲜金日成军队战略战术原则及国民党军队赴朝参战细节。蒋介石还不断回忆其在大陆与"中共"军队作战的经验教训,告麦克阿瑟道:"共军奉行实用主义,作战常不依兵法原则,攻守进退随心所欲,愿将军谨防上当。"麦克阿瑟口中应诺,心中却不以为然。

次日,二人又密谈良久。会谈结束时,发表联合公报,略谓二人同心反共,同舟共济。又称二人会谈,已奠定美蒋合作、争取亚洲反共大业胜利之基础。

午后,麦克阿瑟结束私访,乘机飞返东京。蒋介石偕宋美龄到机场送别,飞机起飞前,二人又指天誓地,说些反共到底之类的告别辞。与蒋介石拥别后,麦克阿瑟登机。待飞机起飞,在天边消失踪影后,蒋介石方偕夫人离开机场,打道回府。

志愿军在朝鲜战斗中俘虏美军军官

仁川登陆计划梗概。约略是说，仁川位于汉城以西30公里，濒临黄海，是朝鲜第二大港，南距釜山约300公里。仁川登陆计划要点是，使用美军登陆部队前锋2个师并后援部队，编作美军第10军，由海空军掩护，在仁川偷渡登陆，首先占领仁川，尔后向汉城推进。釜山美第8集团军，则乘势强渡洛东江，向北推进。然后两支军队南北对进，夹击朝鲜人民军，恢复大韩民国。

第七章

沃尔克遣使求救 远东王定计反攻

麦克阿瑟专机“巴丹号”自“台湾”飞返日本东京时，已是红日沉西，暮色正浓。麦克阿瑟本已过古稀之年，又连续长途旅行，略感疲乏。回府后，先洗了一个热水澡，草草用过晚餐，待疲乏稍去，便召人询问朝鲜釜山阵地美军状况。

正要听取报告，忽报有人求见。急令召入，见来人一身戎装，风尘仆仆，却是驻釜山美军第8集团军参谋长、陆军少将利文·艾伦。麦克阿瑟大喜，起身迎接，略作寒暄，安置艾伦坐定，便道：“正欲了解釜山战况，不想将军恰巧赶到。”艾伦忙道：“釜山情况危急，沃尔克司令官恐电报往来误事，特命我专程赶回，当面向将军汇报。”麦克阿瑟忙问其详。

恰好侍者送来冰镇矿泉水，艾伦也不客气，当时接过，狂饮数口，待凉生肺腑，清清嗓门，方报告说：“最近几日，朝鲜共军新得大量坦克、重炮及新锐步兵师支持，实力大增，不断以团营为单位，寻我防线薄弱处楔入。我军阵地西南支撑点，南江中游重镇晋州，已在前日失守，共军穿插部队一支正采用黑虎掏心战术，乘夜黑直扑马山。”

麦克阿瑟闻报，一言不发，起身大步走向一幅高比例军用挂图，问艾伦道：“我军阵地北翼支撑点现在何处？”艾伦也起身走向地图，以手指道：“我军现时阵地四角，分别以庆州、大丘、马山、釜山为支撑点，各以铁路相连。”麦克阿瑟按艾伦所述方位，叉开右手拇指食指，估算距离。艾伦知其意，忙道：“行前我已计算过，我军滩头阵地，北翼自大丘往东到庆州，再到海岸线，约100公里。西翼沿洛东江南下，再到马山，也约100公里。南翼由马山往东，距釜山只60公里。如今我军北、西、南三面皆为敌所逼，只东翼因靠日本海，稍觉安全。”

听到这里，麦克阿瑟突然转身回头，两眼盯住艾伦，射出狼一样的凶光，问艾伦

被美军俘虏的朝鲜人民军一部

道:“我军釜山滩头阵地,纵横不过 100 公里,总面积不到 1 万平方公里,且两面靠海,一面临江。沃尔克麾下部队,除驻日美军 4 个师悉数调出外,另有韩国军队 5 个师,‘联合国军’其余 15 国联军 2 个师,算来共有地面部队 11 个师;另有空军飞机 800 架、海军舰艇 300 艘全力支持,为何就守不住釜山滩头一隅之地?”

艾伦因连日苦战,已十分疲乏,闻麦克阿瑟这话十分霸气,更兼知他平日对属下威严有余、恩则不足,当时生出几分寒意,半晌答不出话来。参谋长阿尔蒙德平日与艾伦交厚,恐成僵局,忙递一杯冰镇矿泉水给艾伦,自己接口道:“根据情况汇总,韩国军名为 5 个师,其实皆由残兵败将拼凑而成,总人数只 2 万余人,战斗力还不及美军一个师。”

艾伦因这一转圜,已缓过气来,向阿尔蒙德道一声谢,便接着说道:“‘联合国军’其余 15 国部队虽有 2 万多人,却建制混乱、装备各异,且生活习俗也不相同。泰国兵信佛,土耳其兵不食猪肉,除徒增后勤压力外,于战事无大补。”稍顿,见麦克阿瑟脸色转霁,便饮一口水,又言道:“美军 4 个师,第 24 师已在大田被打垮,虽经补充,仍未恢复战斗力。第 25 师也在洛东江以西受过重创。第 7 步兵师虽调到朝鲜,师部却留在日本未动,所属部队以营连为单位,被补入其余各师。真正能战者,只第 1 骑兵师一支部队。是以釜山我军空担 11 个师之名。200 余公里防线,其实只靠第 1 骑兵师支撑。”

稍顿,艾伦又说道:“朝鲜共军在外线作战,又长于夜战、山地战,不断乘夜黑向我阵地渗透。我军既然无力建立绵延战线、处处设防,便只能从各师抽调部队组成机动兵团,像救火队一样到处驰援堵口,疲于奔命。如今共军主力正强攻马山。马山若失,共军坦克纵队只消一日行程,便可直扑釜山,封闭我军退路。届时只怕沃尔克司令官亦难逃迪安少将覆辙。”艾伦抢着说完这番话,似已脱力,退回座椅,拼命饮水。

众人闻艾伦这番话,皆鸦雀无声,只以目光注视麦克阿瑟。半日,麦克阿瑟方以平缓语调问艾伦道:“照将军之意,釜山滩头究竟是否能守住?”

艾伦放下水杯,对道:“行前沃尔克将军嘱我转告将军,若得 2 个师精锐部队增援,再令空军加强轰炸,截断朝鲜军补给线,阻其再派生力军投入战场,方能守住滩头。”

默然半日,麦克阿瑟忽又问道:“若出釜山滩头突破洛东江反攻,又需增派多少兵力?”

艾伦思虑半日,方道:“照朝鲜军实力看,我军若想由釜山反攻,只怕要再增派整整一个集团军。”稍顿,似有所悟,忙出言恳求道:沃尔克将军现在困守大丘司令部中,日夜盼将军速派兵增援。

麦克阿瑟从衣袋中摸出烟斗,填满烟丝,打火点燃,深吸一口,方缓缓言道:“请将军转告沃尔克司令官,守住釜山滩头阵地,不但关系美军和‘联合国军’声誉,也关系到日本和远东安全。务请全力以赴。”稍顿,又目视前方道:“至于援军,我将努力调派,不日即可在釜山登岸。”

艾伦得到这保证，方将心放下。便说了几句辞别的话，匆匆起身告辞。阿尔蒙德代麦克阿瑟送其出门。

艾伦去后，麦克阿瑟右嘴角叼住烟斗，不住在室里来回踱步沉思，偶尔也走向地图，伸出右手在图上比比划划。阿尔蒙德送艾伦回来，见其动作，知是在作战略思考，便一言不发，择一张沙发悄然坐下。

半晌，麦克阿瑟出言问道："艾伦称如从釜山反攻，需再增派一个集团军，将军以为如何？"

阿尔蒙德道："照共军战斗力看，只怕再加一个集团军也不足以实现突破。"

麦克阿瑟未答，只点头作赞许状。同时又装填好烟丝，打火点燃，深吸一口，再问道："如从其他地点反攻，又会出现何种局面？"

阿尔蒙德一时未解其意，未作回答。麦克阿瑟继续说道："艾伦提及，若阻挡共军攻势，须加强空军，截断对方运输线，将军以为如何？"

阿尔蒙德闻这一问，忙道："此乃真知灼见，慧眼独具。共军一应作战物资，须从三八线以北运来，跋涉300公里……"言及于此，忽然顿住。恍然若悟道："将军的意思是……"

麦克阿瑟以手指地图一点，断然道："这儿！"

阿尔蒙德趋步上前，仔细看图，惊道："仁川？"

麦克阿瑟道："正是仁川。若得一支军队在仁川登陆，截断朝鲜共军运输线，又会出现何种局面？"

阿尔蒙德仔细沉思一会，道："将军果然雄才大略，智计百出。"稍顿又道："只是这步棋太险，且需要新援军，恐华盛顿不同意。"

麦克阿瑟断然道："请阁下密调精干参谋人员，秘密准备一份仁川登陆的计划，要有仁川附近海面情况、敌方兵力、我方登陆兵力、时间、护航飞机、战舰及诸般要素的详细估计。"稍停又道："至于新援军问题，我自有计较。"

以美军为首的联合国军进入朝鲜腹地

说完，未待阿尔蒙德回答，便坐到桌前，亲笔拟就一纸电报稿，是发给参谋长联席会议转报总统的，约略说釜山军情紧急，朝鲜共军随时能实现突破，占领釜山。请允使用台湾蒋介石军队，到釜山参加作战。又称计划从仁川反攻，要求再从国内调一个美国集团军开赴朝鲜，用于反攻作战。拟完底稿，又仔细修改一遍，交阿尔蒙德立即发出。待诸事办完，已然夜深，睡意顿生，便进入隔壁临时卧室，和衣就寝。

杜鲁门接到参谋长联席会议所转麦克阿瑟急电，大是惊讶。立即召开国家安全委员会会议，有参谋长联席会议成员、国防部长并国务院要员与会。众人皆按时到会，照惯例分文武两列，沿长条会议桌两边依次就座，独国务卿艾奇逊未到，久等不来，杜鲁门略感不快，叨咕一声道："迪安今日何事迟到？"正要宣布开会，艾奇逊急匆匆冲进会议室，手拿一份报纸，递给总统。

杜鲁门接过，略一浏览，见是当日《纽约时报》，头版头条位置的通栏标题是：麦帅飞赴台湾访问，老蒋高论中美合作。旁边附有巨幅照片，正是麦克阿瑟下飞机时向蒋夫人行吻手礼的镜头。照片中麦克阿瑟一身军便服，戴一顶船形帽、一副大框墨镜，正以手托起蒋夫人玉指，俯身欲吻。再看新闻细节，大意是说麦克阿瑟向蒋保证决心保台，蒋介石则称因麦帅访台，台美在亚洲合作反共之基础，已告奠定。

读罢，杜鲁门两颊立时转红，心中恼怒，却强抑制住自己，一言不发地把报纸转递给坐在右面的国防部长约翰逊，再一路传阅下去；又从桌面上拿起一份文件，正是麦克阿瑟电文，递给艾奇逊。艾奇逊接过电文，见电文先说釜山滩头阵地如何危在旦夕，需使用蒋军加强釜山防务，又称欲在仁川发动登陆作战，请增调美军一个集团军。

众人阅读时，杜鲁门气已稍平，不动声色地问众人道："麦克阿瑟来电，称釜山危在旦夕，请允使用台湾蒋介石军队，用于保卫釜山，诸位以为如何？"

话音甫落，艾奇逊便抢先说道："不在朝鲜使用蒋介石军队，已是国家安全委员会决策，有案可查，如何再议？"

话未完，国防部长约翰逊便出言打断，驳道："国家安全委员会日前决议不使用蒋军，盖因战事初起，未知战局会如此演变。如今朝鲜共军连下汉城、乌山、大田数十城，消灭大韩民国 10 余万军队，占其国土十之八九，将我军压缩于釜山一隅之地，是所谓此一时，彼一时也。故为解釜山之围，须改变原先决定，启用蒋军，以便加强釜山防务。"

艾奇逊接口对道："如今世界之局是美苏相争，重点是欧洲，此是大体，众人皆知，无须赘言。朝鲜共军固然凶悍，究竟是弹丸之国，难成气候。如以救釜山为由，动用蒋军，必使局势复杂化，届时中国以打击蒋介石军队为由，或出兵朝鲜，或出兵台湾，或两处一齐动作，远东战局便一发不可收拾。是故不论朝鲜战局如何发展，都不应使用蒋介石军队。况蒋军当年在大陆与中共军队作战，只几年时间便折损 800 万军队，空耗我国数十亿美元援助，有常败不胜的恶名，其战斗力之低下，不言自明。若用于朝鲜，亦是无补军事大局。"

麦克阿瑟出任联合国军总司令

约翰逊闻言又道:“我知国务院方面一向对蒋介石心存偏见。目下是大局为重。如不允使用蒋介石军队。一旦釜山陷落,国务卿先生是否愿承担责任?”

艾奇逊闻言,冷笑道:“釜山阵地,纵横皆不足100公里,有美军4个师,韩国军5个师,15国联军约2个师,累计共有11个师的大军,又有海空军支持,若再不能阻挡共军攻势,便要问军事原因,与国务院何干?与是否使用蒋介石军队又有何干?”

约翰逊见艾奇逊出言挖苦,也反唇相讥道:“若非国务卿阁下今年1月一席演说,邀请共军进攻,如何会有今日危局?”

艾奇逊闻言大怒道:“难怪麦克阿瑟敢违令擅访台湾,并与蒋介石发表联合公报,原来有国防部长阁下撑腰。”

约翰逊也针锋相对,答道:“麦克阿瑟访台,国防部本不知情。然既已令第7舰队到台湾海峡巡逻,又授权麦克阿瑟指挥第7舰队,负责保护台湾安全,他到辖区台湾访问也算不得违令。”

二人言来语去,唇枪舌剑,众人皆插不上言,会场秩序一时大乱。

参谋长联席会议主席布雷德利生性平和,见状大急,便出言打圆场道:“国防部、国务院、东京麦克阿瑟皆是为国家利益服务，本无根本分歧。依我之见，若论军事需要，釜山危在旦夕，台湾又有现成军队，麦克阿瑟主张调用，以解釜山危局，也不失为一策。"稍顿，又转圜道："然国务卿从政治观点出发，担心起用蒋军使局势复杂化，扩大远东战争，也在情理之中。况军事政治相较，军事自然服从政治。国务卿既然反对起用蒋介石军队，我等唯有遵从，诸位又何必再争？"

布雷德利这番话，表面上各打五十大板，公允之极，实则是支持了艾奇逊。艾奇逊便不再争。众人又转议麦克阿瑟访台一事。艾奇逊出言道："麦克阿瑟自然有权访问台湾。然其中所涉政治问题十分复杂微妙。麦克阿瑟身为一方统帅，又从事公职50余年，理当深知其中复杂关系，却任意妄为，不但到台湾访问，而且与蒋介石发表联合公报，故意刺激中共，令其对我战略意图产生新的疑虑。"

一旁腊斯克也插言道："若照《纽约时报》新闻报道看，麦克阿瑟与蒋介石似有私下交易。不然，蒋介石不会说中美合作基础已告奠定之类的大话。"

艾奇逊道："我所虑者，正在于此。"

布雷德利道："照我看来，麦克阿瑟固然刚愎自用、胆大妄为，但任公职50余年，不会不知深浅，乱向蒋介石作政治承诺。蒋介石一向擅长表演，报纸新闻更不可

这名美国士兵头盔上的文字：战争是地狱

美军一支装甲部队

信，诸位何必多虑！”

众人议论时，杜鲁门一直端坐，一言不发，默听众人发表意见。见火候已至，便咳了一声，做出发言的样子。众人恍然醒悟，一齐闭口回头，听总统作结论。杜鲁门清了清嗓门，说道：“不起用蒋军到朝鲜作战，已是既定国策，理由一如国务卿所述，不必再议。”稍顿又道：“至于麦克阿瑟访问台湾，虽不算违令，但也处置不当。请参谋长联席会议查明，麦克阿瑟访台时与蒋介石谈过哪些政治话题，有无承诺，以便采取对策，消除影响。此外，还须电告麦克阿瑟，今后凡涉台湾蒋介石这类政治问题，须依国务院政治指导，不得自行其是。”

布雷德利闻言赶紧起身应诺。

会议接着讨论朝鲜战局。杜鲁门发问道：“麦克阿瑟来电，请调派一个集团军立即开赴朝鲜，用于仁川登陆作战，未知诸位意见如何？”

众人闻问，皆低头沉思，会场一时沉默。半日，艾奇逊方出言问道：“麦克阿瑟真是头号牛将军。先说美军1个团参战足矣，稍后又说需要美军2个师，以后又说需要4个师。如今第8集团军悉数开出，他又要第二个集团军，如此一步步把美军主力拖入朝鲜半岛，朝战岂不成了无底洞？”

杜鲁门不置可否，转头问布雷德利，是否有兵可派，满足麦克阿瑟请援的要求。布雷德利早成竹在胸，告道：“开战以来，经初步动员，三军新增25.6万人，其中陆军新编成国民警卫队 4 个师,虽一时不能用于前线,却可用于替换野战部队,防卫本土。”稍顿又道:“接到麦克阿瑟请援电报后,参谋长联席会议已开会议定,既然是反攻需要,可从本土、波多黎各、巴拿马、夏威夷及驻欧部队中抽调若干营分队,充实步兵第 2 师、第 3 师、海军陆战队第 1 师,调往朝鲜,交麦克阿瑟指挥,用于反攻作战。再以新编国民警卫队师,填补各地空白。”稍顿,又补充说道:“参谋长联席会议只是对麦克阿瑟选择仁川登陆,发动反攻,感到不安。”

沉默片时,杜鲁门忽出言问道:“用兵言战,讲究攻其不备、出其不意,我虽是外行,也知有此一说。我军仁川登陆,正好能切断共军补给线,这是好计,参谋长联席会议为何不安?”

布雷德利对道:“仁川反攻,其实是一场大规模两栖作战。且不说两栖行动已是陈旧战术。单从技术要求看,发动登陆战,登陆港口、潮汐、气象、补给、运输,皆有严格要求,以任何标准衡量,仁川都不宜辟为登陆作战目标。是故参谋长联席会议十分不安。”

杜鲁门凝思半日,出计道:“自古用兵,讲究将在外,君命有所不受。况麦克阿瑟身经百战,经验丰富,又亲临前线,料其择仁川作反攻点,必有理由。参谋长联席会议如放心不下,何不派代表到现场,了解战局,如可行便全力支持,如不可行,再商议也不迟。如何?”

众人一齐同意当时议定,急调步兵第 2 师、第 3 师、海军陆战队第 1 师,开赴朝鲜,供麦克阿瑟指挥。又令陆军参谋长柯林斯、海军作战部长谢尔曼,联袂飞往东京,审查麦克阿瑟仁川登陆反攻方案。

麦克阿瑟虽未被授权起用国民党军队参与釜山作战,却因得华盛顿允派 3 个师生力军增援心满意足。每日组织参谋人员,拟订仁川登陆计划。这日忽闻华盛顿派柯林斯、谢尔曼二将来东京访问,料是为仁川登陆而来。柯林斯、谢尔曼二人到东京后,径至美军总部大楼作战室,麦克阿瑟已邀有关官员作陪,计有参谋长阿尔蒙德、远东美军空军司令官斯特拉特迈耶、海军司令官乔伊、两栖战专家多伊尔及其他参谋人员、副官若干人,共议仁川登陆计划。

会议开场,先由参谋人员对着作业沙盘解说仁川登陆计划梗概。约略是说,仁川位于汉城以西 30 公里,濒临黄海,是朝鲜第二大港,南距釜山约 300 公里。仁川登陆计划要点是:使用美军登陆部队前锋 2 个师并后援部队编作美军第 10 军,由海空军掩护,在仁川偷渡登陆,首先占领仁川,尔后向汉城推进。釜山美第 8 集团军则乘势强渡洛东江,向北推进。然后两支军南北对进,夹击朝鲜人民军,恢复大韩民国。

待参谋人员述说完毕,麦克阿瑟从座上起身,环视会场一周,然后说道:“现代战争,所赖者是后勤补给。共军自开战以来,之所以连战皆捷,是因我军未对其后勤补给线采取措施。如今朝鲜共军向南冒进,逼近釜山,其供应线大大延长。自釜山到三八线有 400 公里,自三八线到鸭绿江又是 400 公里。我军由仁川登陆,可一举夺取汉城，切断朝鲜共军补给线。届时不论其官兵如何凶悍，必因后勤供应不继，不战自乱，釜山之围则不战自解。”

麦克阿瑟陈述时，众人皆对图沉思，场上鸦雀无声。陆军参谋长柯林斯见状，料众人皆对仁川登陆作战心存疑虑，只慑于麦克阿瑟权威，不敢明言，便以目视谢尔曼。谢尔曼会意，取过桌上冷饮，狂饮一大口，整整衣领，从座中起身，对众人道：“在仁川登陆，以便截断敌军供应线，自然是好计策。”稍顿，又饮一口冷饮，转口道：“然根据海战专家计算，仁川却不宜作两栖战登陆港口。”说话时，离开座椅，走近室中央模拟仁川港作业沙盘，以手指仁川港，继续言道：“仁川港入港处，有月尾岛横亘水道，岛虽不大，却正扼入港水道要冲。岛岸之间，仅隔一道飞鱼海峡，航道宽仅数十米。敌军若在岛上设置几门海岸炮，或在飞鱼海峡沉一两艘大船，整个航道便被封闭，从而置登陆部队于进退失据，是故就地形条件而论，仁川利于守方，却不利于攻方。”言及于此，谢尔曼端起冷饮杯，如长鲸吸水般，再大饮一口，又道：“再论海况水文，亦是如此。”说时回头，询一参谋人员道：“仁川港潮汐水位是多少？”

参谋人员如数家珍般答道：“平均水位差是20.7英尺，最高水位差是30英尺。”

谢尔曼又问道：“根据海军计算，今年有几天适于登陆？”

那参谋人员又答道：“一共四天，9月15日、10月11日、11月2日和11月3日。”

谢尔曼挥挥手，表示谢过参谋人员，回头对众人道：“高潮水位差30英尺，这是全世界最高的水位差纪录之一。由于这个原因，仁川港沿海海堤不但特别高大，而且特别坚固，皆可作守军防御工事。主航道到海堤之间，有大片海滩，宽约数公里。涨潮时，我军登陆艇可乘势冲上海滩。然高潮一过，海滩即露，我军登陆艇皆将在浅滩搁住，成为敌军炮火的靶标。”稍顿，谢尔曼总结说：“若从地理和水文条件看，妨碍两栖作战的诸般不利因素，仁川港无不是备。”话一说完，谢尔曼昂然归座。

沉默片时，柯林斯接着起身说道：“谢尔曼将军有关仁川登陆战种种不利条件的分析，入情入理，很让人心服，我极是赞成。”稍顿，又转口言道：“照陆战观点看，仁川隔釜山有300公里。纵然登陆成功，一时也不会对釜山战事产生直接影响。目下共军正全力猛攻，釜山防线岌岌可危。我以为，不待仁川登陆成功，釜山便可能为敌军攻占。那时，我登陆作战不但失去意义，且登陆部队必成为敌军集中攻击的目标。”柯林斯建议放弃仁川登陆计划，改在群山登陆。

谢尔曼也出言支持柯林斯建议，补充道：“群山不但距釜山较近，只200公里，且地理水文条件，皆宜于两栖部队登陆。”

二人说话时，麦克阿瑟一直安坐在主席位上，一言不发，只不停地为烟斗更换烟丝，吞云吐雾。待二人说完，见全场鸦雀无声，皆把目光转向他，才从座位上起立，环视会场一周，言道：“二位将军所论，皆有道理。仁川登陆战，确实困难重重，然唯有如此，敌方指挥官才不防我在仁川登陆，以收攻其不备之功。”稍顿，又道：“至于说困难，我相信两点：其一，我国海军英勇善战，必能克服地理水文障碍，登上仁川海岸。

赴朝美军

其二,第 8 集团军官兵英勇顽强,必能死守住釜山滩头,为仁川登陆提供保障。”然后,他稍提高嗓门,批评群山登陆方案,既不能切断敌军交通线,又不能收奇袭之功。见众人仍有疑虑,麦克阿瑟提高嗓门说道:“目下与共产主义斗争,已到决战时刻,分秒必争。若因我判断失误,致仁川登陆战失败,可即刻令部队原船回撤。”又回头对谢尔曼、柯林斯二将道:“请二位转告参谋长联席会议,我愿以个人职业声誉,担保仁川登陆战成功。”

这一番话,慷慨激昂,声震四壁,众人皆被慑服。谢尔曼、柯林斯二人亦握住麦克阿瑟的双手,表示放弃己见,全力支持仁川登陆作战。二人回华盛顿不久,参谋长联席会议果然电告麦克阿瑟,批准仁川登陆作战计划。

美国国务院对外政策计划室主任保罗·尼采言道:"今反观战局,虽攻守易势,太阿倒持,然其中道理,却无变化。我军若摧毁金日成政权,帮助大韩民国统一朝鲜,远东平衡利于我而不利于中、苏,中、苏势必不惜代价予以阻止。是故我军跨越三八线向北进兵,极可能招致中国或苏联出兵反击,则朝鲜内战将演变为中美大战、苏美大战或中苏美大战。"

第八章

阿尔蒙德夜袭仁川 沃尔克釜山脱困

美军仁川作战部队共分作两个梯队。第一梯队由美车海军陆战队第1师和步兵第7师编成,陆战队第1师师长是海军少将史密斯,步兵第7师师长是陆军少将巴尔,两师计约官兵4.5万人。第二梯队以步兵第3师为骨干,另有英国和韩国海军陆战队官兵若干。两个梯队共7万官兵,统编为美军第10军。麦克阿瑟令参谋长阿尔蒙德兼任第10军司令官,负责指挥仁川登陆,另升副参谋长希基,为“联合国军”司令部参谋长。又调第7舰队主力,辅以若干英国战舰,计约战舰230艘、海军舰载机400架,辅以停留在机场的飞机若干,统归阿尔蒙德指挥,支持仁川作战。

1950年9月12日夜,太平洋狂风呼号,巨浪排空,暴雨如注。“凯谢亚”号台风正以200公里时速掠过日本列岛,挟云带雨,往北狂奔。美军仁川登陆部队,依照预定计划,陆续从釜山和日本佐世保、神户各港登船,驶出港口,迎着狂风巨浪,冲进茫茫黄海。麦克阿瑟一身戎装,戴一副宽边大墨镜,右嘴角照例叼着那根出了名的烟斗,登上“麦金莱”号战列舰,挺立舰桥,手扶栏杆,目注士兵走下码头,登上战舰,不时手舞足蹈,向欢呼的士兵致意。

舰队在风浪中航行,急进两天两夜,在15日凌晨驶近仁川海面。那时万籁俱寂,唯有风声、海浪声,呼呼啦啦相互伴奏。麦克阿瑟在“麦金莱”号战舰甲板上来回踱步,彻夜不眠,心中忧虑战局,不知判断是否有误?计划是否不周?行动能否保密?登陆战是否顺利?正思虑时,忽见海面上划过耀眼的强信号光。抬腕看表,正是进攻发动时刻。紧接着,仁川方向传来隆隆炮声,惊天动地。美军几百艘大小战舰,共数千门舰炮,一齐开火,大小炮弹雨点般落向月尾岛、仁川城区并人民军阵地。美军舰载机群也呼啸离舰,乌云般压向仁川港区上空,狂轰滥炸。偌大一个仁川港,立刻浓烟滚滚,烈焰腾空。美国海军陆战队员一起登上小型登陆艇,借炮火掩护,冲向滩头,待到清晨日出,已占领月尾岛,前锋部队更冲进仁川市区。

原来,人民军进抵洛东江沿线后,欲最后一击,强渡洛东江,夺占釜山,消灭美军第8集团军,解放朝鲜全境,便将一应能战之兵,悉数调往洛东江前线,准备最后决战。适中国方面,通过柴成文诸人转来情报分析,判断美军必乘人民军后方空虚,出兵仁川,以断人民军归路,建议调兵回防,加强仁川防务。金日成得报,急调人民军海军陆战部队1个团、步兵1个团,计约3000官兵,岸防炮若干,开赴仁川,占领月尾岛,日夜构筑工事,准备迎战美军。又在港口布雷,阻止美军舰艇靠泊。未料工事尚未筑成,美军飞机便不分昼夜来仁川港区狂轰滥炸,工事大半被毁,水雷亦大多被引爆。临到登陆前,美军数千门舰炮,又对人民军阵地实施火力急袭,数百架轰炸机,更以炸弹、汽油弹,作地毯式轰炸。待美军开始登陆时,人民军工事、装备尽被炸毁,3000守军伤亡十之八九,早失去战斗力。仁川遂为美军攻占。

阿尔蒙德统美军第10军占领仁川后,将军队分为两支。左一支军以美军海军陆战队第1师为基干,由史密斯海军少将指挥,先抢占金浦机场,再沿机场公路,向汉城推进,夺占汉城。右一支军以步兵第7师为基干,由巴尔陆军少将指挥,向西南方向攻击前进,先夺占水原,切断人民军补给线,再转而沿大路向南进军,攻击人民军

美军商讨作战计划

侧背，接应沃尔克第8集团军强渡洛东江，冲出釜山包围圈，与仁川登陆部队南北对进，夹击人民军，想聚歼人民军主力于三八线以南地区。

金日成在洛东江西岸，积蓄兵员粮草，日夜攻打美军釜山滩头阵地，忽有急报送来，是说美军第10军计兵员7万、战舰230艘、海军飞机400架，已在仁川登陆，正分兵两支，左一支军攻汉城，右一支军攻水原，欲切断人民军后路。众将闻报，皆大惊失色，坚请火速从洛东江前线回撤，以免为敌所困。金日成沉思一阵后道："美军虽在仁川登陆，取汉城、水原尚需时日，隔洛东江尚有300公里，一时可保无虞。今釜山敌军，已弹尽粮绝，势穷力竭，我全力攻打，一鼓而下之，去敌军一臂，再回头迎战美10军，可化被动为主动。"遂传令汉城、水原守军，竭力死战，尽可能阻滞美军第10军进攻，保障交通线安全。又令洛东江前线各师，集中全力，强攻洛东江美军防线。

人民军将士，皆知已是最后关头，无不以一当十，奋勇争先。沃尔克也得麦克阿瑟将令，调后备军到洛东江沿岸，欲强行渡过洛东江。向北推进，策应阿尔蒙德所部。两军20万将士对垒，洛东江两岸炮声隆隆，硝烟弥漫，喊杀声日夜不绝。鏖战数日，各有损伤，阵前尸积如山，江水尽被血染。

正相持不下，又有报告，是说美军仁川部队，左路已得汉城，右路已得水原，人民军后路全被切断，粮弹已难以运到洛东江前线。金日成见洛东江防线久攻不下，知大势已去，便令人民军连夜回撤。阿尔蒙德令美10军迎头拦截，沃尔克也统第8集团军乘势渡过洛东江，衔尾向北穷追。人民军腹背受敌，又弹尽援绝，只得化整为零，避开大路，择山僻小径，向北狂奔。大炮、坦克、枪械、车辆，遗弃一路。待撤过三八线时，十万军马，早折损七八，仅存二三万人。

沃尔克与阿尔蒙德两军会师后，又奉麦克阿瑟之命，合兵一处，向北穷追至三八线，只十余日，便得城数十，占领大韩民国全境。

美国总统杜鲁门得报阿尔蒙德所部美军第10军仁川登陆成功，并占汉城；沃尔克所部美军第8集团军也渡过洛东江，与阿尔蒙德部队会师。两支军并力向北推进，全线进抵三八线，大是欣慰。便召众文武大员到白宫议事，告道："如今仁川登陆成功，沃尔克部队脱困，朝鲜共军惨遭失败，大韩民国疆域已经恢复，'联合国军'已全线进抵三八线，须计议下一步行动：我军是否应越过三八线，继续向北进攻，消灭朝鲜共军残部，帮助大韩民国统一朝鲜全境。"

众人皆知所提问题重大，一时未敢贸然开口。沉默片时，座中忽有一人说道："以我之见，'联合国军'恐怕不能跨越三八线，方为妥当。"

众人回视，见其人年约50，一身文官打扮，神态颇似儒雅学者，却是国务院政策计划室主任保罗·尼采。国务院政策计划室是国务院对外政策研究机构，成立于杜鲁门总统任内。第一任主任是乔治·凯南，因政见不合，已卸去乌纱，由尼采继任。

杜鲁门本意，是支持麦克阿瑟建议，即刻越过三八线，向朝鲜境内推进。今见尼采出言反对，心中自思道："国务院政策计划室是国家对外政策研究机构，其中藏龙卧虎，多智囊精英，尼采出言反对北进，必有道理。"心中这样想，便出言问道："北进何以不妥，请阁下试言之。"

尼采对道："早在仁川登陆战发动前，政策计划室即组织力量，对我军打败朝鲜共军进至三八线后是否继续北进、武力统一朝鲜及相关问题作过评估，并写成书面报告。"说话时，从公文包中抽出厚厚一叠打印件，递给杜鲁门。杜鲁门边浏览边听尼

运送伤员

采说话。

但听尼采言道："朝鲜南北战争，非寻常内战可比，已是老生常谈，举世皆知。战事所涉，关乎美、苏、中力量均衡。6月朝鲜战争爆发，金日成统朝鲜军南进，我国不但动用陆军总数三成、空军总数二成、海军总数五成的军力，计200艘战舰、800架飞机、8个师的地面部队，且出兵台湾海峡，盖其原因，是恐失去大韩民国，日本受逼，远东力量平衡被打破，我国在远东陷于被动。"

稍顿又道："今反观战局，虽攻守易势，太阿倒持，然其中道理却无变化。我军若摧毁金日成政权，帮助大韩民国统一朝鲜，远东平衡利于我而不利于中、苏，中、苏势必不惜代价予以阻止。是故我军跨越三八线向北进兵，极可能招致中国或苏联出兵反击，则朝鲜内战将演变为中美大战、苏美大战或中苏美大战。且因朝鲜紧邻中、苏，又多山地，如因北进引发中苏美直接对抗，必对我不利。"

尼采话音甫落，参谋长联席会议主席布雷德利便出言反对道："我军此次仁川登陆，虽收复大韩民国，获得胜利，并未完全消灭朝鲜共军，据报金日成残部尚有二三万人，已退过三八线，且皆是骨干分子。如任其苟延残喘，恢复元气，则其东山再起之日，便是战事重开之时。为永保朝鲜半岛和平，一劳永逸解决问题，我军须乘胜进军，杀过三八线，扫荡金日成残部，帮助大韩民国统一全境。"

二人一文一武，虽职有高低，却是针尖对麦芒，各执一说。场上众人，有赞成北进者，也有主张谨慎者。见众人相持不下，杜鲁门便以目光询问艾奇逊。艾奇逊道："问题症结所在，要看中国和苏联对我北进是何反应，是否出兵对抗？"

杜鲁门闻言沉思一会儿，不禁暗暗颔首，便顺水推舟问道："依阁下之见，若我北进，中国和苏联会如何反应，是否出兵对抗？"

艾奇逊对道："苏联在远东虽有一支战术空军，却缺少地面部队。自朝鲜战争开局，苏联即将其驻朝鲜的3000名军事顾问全部撤出。且其政府声明、官员谈话皆有意与朝鲜战事保持距离，并无干预迹象。"

言及于此，忽有人插言道："虽说苏联介入的可能性不大，中国却极有可能介入。"插话的人年约50，是国务院的俄国通查尔斯·波伦。波伦以精通俄文著称，如今任国务院高级顾问。众人见他说中国可能介入，十分关切，一齐道："愿闻其详。"

波伦道："自8月以来，中国报纸舆论、政府声明，已日益加强抨击我国侵略朝鲜。周恩来几次抗议我国飞机轰炸中国东北境内目标，皆可作证明。且日前得报，中国军队总参谋长聂荣臻与印度驻华大使潘尼迦会谈，称如美军和'联合国军'越过三八线，中国将出兵介入。如只大韩民国军队过线，则不作干预。"

杜鲁门闻言，哈哈大笑道："潘尼迦素有亲中共嫌疑，一向以共产党传声筒著称，此说不足为信。"

话音甫落，尼采起身道："中国一向视朝鲜为卧榻之侧，又有卧榻之侧不允他人酣睡之说。中国语词中，还有唇亡齿寒、户破堂危等著名成语，足见潘尼迦传言中所含语言逻辑，与中国传统战略思维大体相符，断不可掉以轻心。"

美国总统顾问哈里曼就朝鲜问题造访麦克阿瑟

艾奇逊闻言,失笑道:"阁下所虑何其多也。我以为,中国军队如若介入,应在仁川登陆前、我军受困于釜山滩头阵地之际。那时中国只消出 10 万军,助金日成一臂之力,我军必丢失釜山,被赶回日本。"稍顿又说:"如今我军仁川大捷,釜山之围已解,沃尔克和阿尔蒙德部队也在水原会师,全线进逼三八线,正兵强马壮,立于不败之地。毛泽东深通谋略,决不会在朝鲜共军已经失去战斗力,无胜利把握时,再冒险出兵。"

众人闻言,皆以为有理,独尼采、波伦二人仍不信服。恰在此时,有侍从副官送来密电,是麦克阿瑟自东京发来。杜鲁门略一浏览,见电文内容,是议论朝鲜统一问题,其大意是说:"'联合国军'自朝鲜战事开启以来,苦战已逾三个月,伤亡数万人,因仁川登陆成功,方反败为胜,倒转战局。如今虽已克复汉城,收复大韩民国失地,累计消灭朝鲜共军约 30 万、坦克 300 辆,然金日成残部仍有 3 万人退过三八线以北地区,且多为共产党骨干分子。若不乘胜追击,任其盘踞朝鲜,苟延残喘,医治创伤,一旦其元气恢复,必东山再起,卷土重来,再向大韩民国进攻,重新与'联合国军'为敌。是故为大韩民国安全与远东和平大局考虑,'联合国军'必须乘势跨越三八线,追歼残敌,捣毁其巢穴,帮助大韩民国以武力统一朝鲜全境。"

杜鲁门读罢麦克阿瑟电文,心中已有计较,却不动声色,以手指座中一人道:"众人议论纷纷,独阁下一言不发,是否越三八线进攻,愿听阁下意见。"

众人回头,见这人年约古稀,银发如丝,一身橄榄色陆军上将服,身躯笔挺,略嫌瘦削,两颊略微凹陷,然两眼炯炯有神,原来是新任国防部长、陆军五星上将乔治·马歇尔。马歇尔生于公元 1880 年最后一天,出身于商人家庭。弗吉尼亚军校优等毕业生。第一次世界大战时期,曾赴欧作战,后为美国名将潘兴副官。1939 年,任美国陆军参谋长,因协助罗斯福指挥美军与德日作战,功勋卓著,被誉为世界级军事战略大师。第二次世界大战后,做过杜鲁门政府的国务卿。后因年事已高,便离职退休。其人与中国素有渊源,曾在 20 世纪 20 年代统一支美军驻屯中国天津,是故初通中国语言、文化、习俗。1946 年,又奉杜鲁门之命,以特使身份前往中国,调停国共冲突,与中国各方,如共产党领袖毛泽东、周恩来、叶剑英,国民党领袖蒋介石、何应钦、陈诚等,皆有交往。朝鲜战争爆发后,原任国防部长约翰逊暗中与杜鲁门、艾奇逊为难,杜鲁门无奈之下,便将其解职,召请马歇尔出山,接替约翰逊为国防部长。

马歇尔性格内向,惜言如金,不喜出风头。又新到职,更是谨开口、慢开言,是故一直端坐一旁,听众人议论,自己却一言不发。今见杜鲁门点将,也不推辞,当时起身从容对道:"若照军事常规,我军既然一路反攻,追歼残敌进至三八线,便无停止追击之理,是故我极赞成'联合国军'应继续前进,扫荡残敌,不应让三八线缚住行动自由。"稍顿,两眼环视会场一周,又面向杜鲁门言道:"然越过三八线北进毕竟不仅是军事问题,还涉及诸多政治战略问题。虽说中国、苏联介入的最佳时期已过,但也不应排除中、苏出兵介入的可能性,尤其不应排除中国人干涉的可能。因据我了解,中国人一向认为朝鲜是中国东方门户,过去朝鲜曾是日本进攻中国的跳板。"

见众人皆随声附议,马歇尔稍提高声调道:"是故依我之见,'联合国军'应乘胜北进。为不过分刺激中国、苏联,免节外生枝,可令大韩民国军队摆在第一线,率先进军,美军各师并'联合国军'其余 15 国军队,在二线跟进,以为后盾。待占领朝鲜全境后,只以大韩民国军队占领鸭绿江岸,'联合国军'皆在鸭绿江南若干公里处止步。"

志愿军战士为自己制作了鞋底钉

稍顿,又补充道:“无论如何,都不可以把战事扩大到中国、苏联境内。”

众人沉思一回,一齐附和道:“果然是好计。”杜鲁门见时机成熟,便亮出麦克阿瑟来电,告众人道:“麦克阿瑟将军之意,也坚决主张越过三八线,向北进攻,武力统一朝鲜全境。”说毕,又择要将麦克阿瑟电文诵读一遍。当时议定,以参谋长联席会议名义,致电麦克阿瑟,令以韩国军队为第一梯队,美军与‘联合国军’其余 15 国军队为第二梯队,立即向三八线以北进兵,扫荡金日成残军,武力统一朝鲜全境。

金日成独留朴宪永低语道:"新中国刚刚立国,百废待兴,美国又是世界头号强国,连苏联斯大林都不愿出兵援我与美国较量。是故以我推断,中共党内在出兵助我问题上必分为对立两派,一派主张助我,一派则仿苏联,主张袖手旁观。阁下此行,对争取中国出兵可起关键作用。"

第九章

请救兵朴宪永访华
决策难彭德怀回京

美将麦克阿瑟接到参谋长联席会议允其率军北进,武力统一朝鲜全境的命令后,当即传令,将部队分作两路:左一支军以美军第8集团军为主力,辅以韩国第2军、英国军队1个旅及其他国家军队若干,计为美军骑兵第1师、步兵第2师、第24师、第25师,韩国第1师、第6师、第7师、第8师和英军第27旅,共8个师1个旅25万人,统由美军第8集团军司令官沃尔克指挥,避开朝鲜半岛正中央南北向山地,利用黄海沿岸平川,沿汉城、开城、沙里院、平壤轴线,向北猛进。右一支军以美军第10军为主力,辅以韩国第1军,计辖美军海军陆战队第1师、步兵第7师、韩国第3师和首都师,共4个师10万人,统由美军第10军军长阿尔蒙德指挥,也避开半岛中央山地,沿日本海海岸,从陆海两路,先攻占东海岸港口元山,呼应西路沃尔克部队。除这两支军外,另以10万海空军支持,东西两路并进,会师朝鲜北境鸭绿江、图们江岸边。

命令既出,沃尔克、阿尔蒙德二将皆照令执行。先是密密麻麻的美军飞机,不分白昼黑夜,一群群飞往朝鲜境内,扫射行人车辆,轰炸铁路站场,炸毁房屋校舍。数千门大炮,沿三八线一齐猛射,炮弹以吨计数,飞向人民军阵地,待人民军工事被毁,守军晕头转向时,大队坦克、步兵,潮水般涌进。朝鲜人民军因数月苦战,损失惨重,如何能挡麦克阿瑟数十万虎狼之师?遂节节败退。美军随后跟进,每日急进数十公里。朝鲜半壁江山,终日炮声隆隆,烟火蔽日。

美军打着"联合国军"旗号越过三八线向北猛攻时,金日成急召军政要员开会,商讨应对之策。民族保卫相崔庸健、副首相兼外务相朴宪永皆与会。会议先由崔庸健报告战况。约略是说,"联合国军"17国军队,计约4个军12个师,共40万人,携坦克千辆、飞机千架,在10万海空军掩护下,分作左右两路:左一支军由美将沃尔克统领,以美第8集团军为主,辖李承晚部队一军,沿西海岸进犯平壤。右一支军由美将阿尔蒙德指挥,以美第10军为主,辖李承晚部队一个军,沿东海岸进犯元山。敌军拥有兵力火力优势,来势凶猛。左路敌军以李承晚军第3师为先锋,已在9月30日正式跨越三八线。右路敌军也从开城出击,正渡攻临津江。麦克阿瑟已发出公开通牒,要求我国无条件投降。我军经数月苦战,损失惨重,能战之兵仅存数万人,重武器尽失。照目前战局发展,敌军不消旬日,便将夺占首都平壤。

众人皆知军情紧急,只未说破,今见崔庸健三言两语便将局势挑明,愈感局势严重。会议室内空气几乎凝结。半日,金日成方打破沉寂,回头问外务相补宪永道:"苏联、中国方面对战局是何态度,有无出兵助我可能?"

朴宪永见问,便起身对道:"自开战以来,外交方面一直在试探苏联、中国出兵助我之可能。照我看来,苏联虽拥有精兵,又拥有现代化装备,然斯大林似乎极担心因出兵助我引发第三次世界大战。其远东陆海空三军皆未额外增兵,也未作额外准备,一如平时无二,是故苏联方面必不肯出兵助我。"

众人闻言,心中不免又罩上新的阴影,感到失望。沉思片时,金日成又问朴宪永道:"中国方面又是何态度?"

攻克高地

朴宪永又对道："中国方面倒是有可能出兵。"

金日成闻言，面色稍缓，众人也侧耳倾听，一齐急问道："愿闻其详。"

朴宪永道："我解放战争开始前，中国在与我国相邻的东北地区，只驻有野战部队陆军第 42 军 3 个师。自 7 月以后，已将其战略预备队邓华第 13 兵团所属第 38 军、第 39 军、第 40 军，另加上第 42 军、3 个炮兵师，计 4 个军 15 个师，悉数调往东北，统编为东北边防军。近日另调第 50 军、第 66 军亦加入东北边防军序列，且皆齐装满员，紧靠鸭绿江部署。另又有报告，称中国已将宋时轮将军所部第 9 兵团，也由福建调往津浦线，准备进驻东北。"稍顿，朴宪永扫视一眼会场，见气氛已转活跃，继续言道："美军仁川登陆成功后，中国又向其驻朝大使馆新派来五名使馆武官，各配军用吉普一辆、司机一名，连同原先已派来的三名武官，计有八名，实为前所未有。"

言及于此，崔庸健忍不住插言道："这五名新派武官，皆是高级军官，其中一位是中央军委炮兵司令部情报处副处长、一位是东北军区后勤部副部长、一位是第 13 兵团司令部侦察处长。另两位分别来自第 39 军和第 40 军，皆是职业情报军官。他们到我国后，在我军前线巡回侦察，勘察地形，十分仔细，尤其多方探问美军战斗力、战术、装备等情况。是故依我之见，这五名新派武官，名为使馆官员，实则是其军队先遣人员，为其出兵助我作战准备。"

众人闻言，立即发出欢笑声。崔庸健又补充道："据从中国军中新解役回我军的干部报告，中国陆军第 39 军副军长也曾准备秘密进入我境，勘察地形。不知何故到了鸭绿江大桥，又突然折返。"

金日成道："那新派五名武官之事我心中有数，当时我不但亲笔签署信任状，允他们到我军战线各处自由行动，且令所到之处，我军各级干部须予密切合作，未知执行情况如何？”

崔庸健报告道：“皆照首相指示执行。”

见会场气氛好转，金日成心中稍宽，起身告众人道：“中国与我国一向唇齿相依。当年打击日本侵略军，消灭中国蒋介石军队，两国两党两军都曾密切合作，并肩战斗。如我国灭亡，美帝侵略军必陈兵于鸭绿江边，威胁中国东北工业基地。以毛泽东之胆略，必能高瞻远瞩，出兵助我，必不肯听任我国被美帝打败。是故我党我军我国并不孤立。有中国支持，必有希望反败为胜。”

稍顿，扫视会场，又告众人道：“为今之计，有三策可同时进行。”说话时，目视崔庸健道：“令保卫相速调集一切可用之兵，沿途抗击敌军进攻，迟滞其进兵速度，同时须派精干小分队，深入敌军后方，开展敌后游击战争。”崔庸健当时应诺。

金日成又目视朴宪永道：“外相可速往中国一行，务必面见毛泽东，请速遣第 13 兵团过江助我作战。若能争取中国出兵，则我反败为胜，便无忧虑。”朴宪永也应诺。

然后，金日成扫视会场一眼，告众人道：“平壤旬日之内必失，可将首都临时迁往边城江界，向中国靠拢。外国使团皆撤往满浦。撤退时，须坚壁清野，不得给敌军留一粒米、一节车皮、一台机床。能带走则带走，不能带走则就地销毁。”众人皆一齐应诺。

众人离去后，金日成独留朴宪永低语道：“新中国刚刚立国，百废待兴，美国又是世界头号强国，连苏联斯大林都不愿出兵援我与美国较量。是故以我推断，中共党内在出兵助我问题上必分为对立两派，一派主张助我，一派则仿苏联，主张袖手旁观。阁下此行，对争取中国出兵可起关键作用。”

美军士兵

稍顿，又分析说："中国军队善游击战、夜战、山地战、短兵相接，皆不是正规战术，且装备较我军要落后许多，更不能与美军匹敌。所以见到中国方面要员，切不可渲染美军装备如何先进、火力如何威猛、飞机坦克如何如何不好对付，只说美军是少爷兵，一打就交枪，比李承晚军队好打。"

又取出致毛泽东亲笔信一封交给朴宪永，道："这是请毛泽东发兵救援的密信，关系重大，务必面见毛泽东，亲手递交。"稍顿又补充道："毛泽东在中共党内威望极高，且又是湖南人，不畏天命，有燕赵豪侠之风。若争取得毛泽东答应出兵，则是我三千万同胞之大幸。"

朴宪永一一答应后，方向金日成辞别。金日成执朴宪永之手，亲送出门外，临别时又嘱咐一番。

朴宪永去后，已是午夜，满天繁星。金日成仰望星月，思前想后，竟无半分睡意，便打电话请中国驻朝鲜大使倪志亮速到首相府一晤。

中国大使馆与首相府近在咫尺，不消片刻，倪大使由柴成文陪同驱车来到首相府。金日成亲迎二人到客室，奉上饮料水果，稍作寒暄，便单刀直入道："目下美军并'联合国军'正越过三八线进攻，平壤危在旦夕，请大使阁下转告贵国政府，速派兵助我御敌。"

倪大使起身郑重告道："贵国安危，也是我国安危，我当尽职将首相之意转告我国政府。"金日成大喜。

说过正题后，金日成又详细介绍了战局发展细节、人民军现存实力。宾主聚精会神交谈，不觉已雄鸡初啼。倪志亮、柴成文二人起身告辞，金日成又亲送二人至门外，临别嘱之又嘱，倪柴二人一一应答。

毛泽东自美军仁川登陆成功后，料朝鲜战局发展势必于朝鲜民主主义人民共和国方面不利，愈加关注。未过几日，快报接二连三送到，先是说美军在9月18日夺占汉城金浦机场；22日沃尔克第8集团军强渡洛东江，由釜山阵地出击；9月27日，美军仁川登陆部队占领水原，与沃尔克集团军会师；9月28日，美军夺取汉城。又报说人民军经数月恶战，主力受创，十成人马已损失七八成，重装备尽失，失去战争主动权。"联合国军"40万地面部队，以千架飞机、千辆坦克为掩护，在9月30日越过三八线，分两路北进。打开收音机，"美国之音"中文广播正在反复播放麦克阿瑟声明，是向朝鲜人民军总司令发最后通牒，要其无条件投降。

毛泽东摸出一支中华牌香烟，划火点燃，浓吞云、淡吐雾，在室内来回踱步，反复思虑。

约摸抽了半包烟，机要秘书来报，是说朝鲜民主主义人民共和国副首相兼外务相朴宪永刚从平壤乘火车赶来，正在门外要求紧急会见。毛泽东闻报，随手甩掉烟头，道："快快请进！"

片刻，朴宪永便被领进来，毛泽东亲迎入室，分宾主坐下。有服务员送上茶点，是北京名产水蜜桃、吐鲁番名产葡萄、哈密名产西瓜，以及浙江产龙井名茶，摆了满

志愿军战士

满一茶几。

朴宪永是来搬兵救国，十万火急，哪里有心品尝名茶名点？先依礼节向毛泽东问安后，便双手奉上金日成亲笔信，呈交毛泽东道："目下军情危急，我国面对美国百万侵略军，危在旦夕。金首相派我送信贵国，请贵国速派大军，到朝鲜助我国迎战美军。"说时语调沉重，几带哭腔。

毛泽东郑重接过金日成信，当时打开默读，果然是说战局危殆，请中国速派兵救援。便回头宽慰朴宪永道："贵我两国，互为毗邻、源远流长，一向同舟共济，且又同为社会主义大家庭兄弟。贵国存亡，便是我国存亡。我国断不会坐视贵国贵军失败，当尽力予以援助，请外相阁下向金首相转达。"

朴宪永谢过，直问出兵问题。

毛泽东道："此事重大，须仔细商量后才能最后定夺。"

此后，毛泽东又询美军兵力几何，战斗力和装备如何，人民军尚有多少军队、装备，如美军一旦占据平壤，金日成又有何打算等。朴宪永皆一一作答。

二人细谈，不觉早过约定时间，朴宪永知毛泽东事多，不便久留，便起身告辞。毛泽东亲送至门外，执手嘱道："请代向金首相和朝鲜同志问好。我国我党我军，必尽全力支援贵党贵国贵军事业。"朴宪永又谢过，方行礼辞别。

朴宪永去后，毛泽东便令召集党中央政治局扩大会议，讨论朝鲜战局和中国对策。与会者不但有全体中央政治局委员，且有各大区负责人、主要军事将领。

会议开始，先由代总参谋长聂荣臻介绍军情。聂荣臻约略说明，美军自仁川登陆成功后，连战皆胜，已夺占韩国全境，并纠集 17 国联军共陆海空 50 万人，分为东西两路，于 9 月 29 日越过三八线北犯，如不阻拦，只消半月，便能攻占平壤，进占鸭绿江。

聂荣臻又说中央未雨绸缪，已于数月前将战略预备队第13兵团调驻东北，强化训练，改换装备，补充兵员，为迎战美军作准备。目下驻东北第13兵团拥有步兵6个军18个师，并炮兵3个师，步炮共21个师，连后勤部队，计约30万人。另第9兵团已由福建北上，在津浦路待命，随时准备支援第13兵团。又说已派出若干精干情报军官深入朝境，查明朝鲜军事地理、山川险要、美军战斗力及其作战规律。

军情报告完毕，由周恩来以外交部长名义报告外交情势。周恩来约略说明，自6月25日朝鲜内战爆发，美国一口咬定是朝鲜率先挑起战争，不但操纵联合国谴责朝鲜侵略，纠集“联合国军”17国部队开入朝鲜，且出兵“台湾”海峡，侵占我国领土台湾，并声称台湾地位未定，妄图肢解我国领土台湾。且自开战以来，美军飞机多次飞过鸭绿江，侵入东北我境，轰炸扫射，毁我房屋、车辆、铁路，射杀我无辜平民。只8月27日，便有美国飞机16架，分作6批，飞入我国境内，对辑安、临江、安东等城进行轰炸扫射，共毁我国机车3辆、卡车4辆，伤害平民24人。日前又有美国驱逐舰侵入我国水域，炮击我国商船。如今美军已越过三八线，向朝鲜北方进犯。麦克阿瑟已在10月1日向朝鲜发出劝降声明。金日成日前召见驻朝大使倪志亮，请我国发兵救援，又派其国家副首相兼外相朴宪永来我国，面见毛主席，转送金日成亲笔信，请发兵救援。

周恩来又通报，美国通过印度驻华大使潘尼迦传过话来，称美国只以统一朝鲜为目标，无意侵犯中国领土。“联合国军”北犯，只以韩国军为先锋，美军殿后，且以进至鸭绿江南岸60公里处为极限，不再北进。潘尼迦还说美国愿就美机轰炸东北造成

机枪掩护

的各项损失给予赔偿。

聂、周二人报告完毕，会场一时沉默。稍顿，毛泽东以会议主持人身份告道：“孙武子有云，‘兵者，国之大事，死生之地，存亡之道，不可不察也。’如今美国强越三八线，大举北犯，朝鲜危在旦夕，请我国发兵救援，我国如何处置，或战或和，或发兵或不发兵，不但关系到朝鲜存亡，也关系到我国自身存亡。盼诸位畅所欲言，各抒己见，尽快作出决断。”

言罢，照例点燃一支中华牌香烟，一边深吸，一边思虑。场上善吸烟者，也各摸出香烟，打火点燃，偌大个会议室，一时竟烟雾迷漫，散发出浓烈的烟草香味。

沉默半晌，场中忽有人问周恩来道：“苏联方面是否接到金日成请援要求，又持何种态度？”

说话人40来岁，是中共中央政治局委员、中央人民政府副主席兼东北人民政府主席并兼东北军区司令员高岗。高岗生于公元1905年，祖籍陕西横山，1926年加入中国共产党，因与刘志丹共创红军陕北根据地，著称于党内外。1945年日本投降后，被派往东北，主持东北党政大计。

周恩来见问，便对道：“照常情推断，金日成也必定向苏联提出过请援要求。然据我了解，苏联大约不会派兵救援。”

沉默片时，高岗又问道：“苏联有陆军400万，装备有飞机万架、坦克万辆，且拥有原子弹。纵观今日天下，只苏联堪与美国匹敌。且美国入侵朝鲜，矛头所向，是针对苏联，斯大林何以不肯发兵救援金日成？”

周恩来答道：“我以为苏联因卫国战争惨重损失，人员死亡超过2000万，物资损失更不计其数。是故苏联不肯发兵，是怕引发美苏全面战争，甚而引发第三次世界大战，致苏联再受浩劫。”

周恩来话音甫落，高岗便接言道：“东北三省，是我国主要工业基地。沈阳一地就有工厂2000家。钢都鞍山产钢占全国总量一半，若再算上本溪，二处钢产量则占全国十之七八。另有煤都抚顺，拥有全国最大煤矿。此四城距鸭绿江最远者亦不足200公里。既然美国侵朝本意是以苏联为目标，苏联能置之不理，我国若仿效苏联，可保东北工业基地无虞。若我贸然出兵，东北工业基地便首先遭殃。美国只消出动B—29飞机500架，便可在一夜之间将沈阳、鞍山、本溪、抚顺等工业城镇夷为平地，届时不但东北的损失难以弥补，便是全国经济计划也将被打乱。

高岗之意不言自明，是以不出兵朝鲜为宜。毛泽东明察秋毫，还在高岗询斯大林为何不肯出兵时，便知其意是为不出兵找依据。便把目光移向众人，见众人多在沉默，深知大家或以为我国大局初定，战争创痕犹在，须争取时间恢复百余年创伤；或以为国内匪特还有数十万，尚未肃清，土地改革尚未完成，台湾、西藏尚未解放，何来余力管他人闲事；或以为自辛亥革命以来，我国历经北洋军阀战争、北伐战争、十年内战、八年抗战、三年解放战争，凡数十年内战外战不断，伤亡累积以千万计，军民有厌战情绪，皆渴望歇一口气。

准备撤退的美军

毛泽东思虑半日，便点出一人道：“你深通军略，是否出兵援朝，请发表意见。”

众人回视，见这人一身军便服，端坐高岗身旁，年岁与高岗相仿，40 来岁年纪，狭长面庞，窄额头，瘦腮帮，且身躯瘦小单薄，只两道浓眉之下一双大眼睛炯炯放光。原来是解放军中赫赫有名的战将林彪。

林彪生于公元 1906 年，祖籍湖北黄冈，黄埔军校毕业，曾参加南昌起义。后参与创立井冈山根据地，历任红军营长、团长、军长、军团司令员诸要职。抗日战争期间，又任八路军第 115 师师长。1945 年，奉调东北，先后任东北民主联军总司令、中国人民解放军第四野战军司令员，在军中以擅长山地战、运动战著名，历大小数百战，尤以指挥辽沈、平津两大战役驰名中外，战功卓著，如今任为中南军政委员会主席、人民革命军事委员会主席，仍兼第四野战军司令员。

林彪自会议开始，一直闷坐，不置一言，只听众人议论。今见毛泽东亲自点将，沉思片刻，只得出言说道：“我是一介武夫，只能从军事成败观点陈述我军入朝参战前景。”稍顿，喝了一口茶水道：“‘联合国军’投入朝鲜部队虽只 50 万人，然其背后却有美国全国军力做后盾，我入朝参战，不是与‘联合国军’50 万人作战，而是与美国全国军力抗衡，照目前情势，胜利把握不大。”

众人闻言，一时沉默。有人怀疑道：“美国固然强大，却只有 1.5 亿人口，且远离朝鲜万里。我国有 6 亿人，是美国 4 倍，单浙江一省一次就有 100 万青年应征参军，且我国与朝鲜只一江之隔，天时地利人和皆利于我，如何说胜算不大?”

林彪闻言说道：“现代战争，全赖工业与技术力量，人力多固然重要，却不是决定因素。美国国力无限，单是一年产钢量便达 8700 万吨，是我国 140 倍。我国全国电力用量尚不及其田纳西河上一座水电站的发电量。两下相比，过于悬殊。”

稍顿,又说道:“再论军队装备,美军重装步兵1个师,拥有榴弹炮72门、迫击炮160门、步兵炮243门、坦克154辆、装甲车辆35辆、各种军车3718辆,只其大炮拥有总量便达595门,约为我步兵1个军火炮拥有量的3倍。不但如此,美军还有飞机千架、坦克千辆、战舰200艘支援步兵师作战。反观我军,步兵1个军3个师,只198门大炮,约为美步兵大炮拥有量的八分之一,且口径较小、炮弹供应不足。将士所用枪支多为第二次世界大战淘汰产品,甚至有汉阳造、九九式,日本造三八式步枪仍是主力枪种。飞机坦克更尽付阙如。以此种装备,与美军现代化装备抗衡,胜算实在不多。”

又有人问道:“虽说美军装备较我军优越,然我军自成立以来历大小无数战,先以劣势装备打败日本,又以劣势装备打败蒋介石800万军队,可见装备落后不一定不能打胜仗。”

林彪闻言,又对道:“虽如此说,然当年打日本、打蒋介石皆在本土作战,拥有天时地利人和,而今是到朝鲜异国土地与美军作战。且美军装备先进程度又与当年日军、蒋军不可同日而语。此外,当年打败日本,主要赖游击战术、麻雀闹林,如今总不能出动几十万大军到朝鲜去打游击吧?”稍顿,又补充道:“若遣我军到朝鲜打游击,还不如出资出枪,支持金日成上山打游击。”

众人听林彪这番分析,皆知这是他明确表态:中国不宜出兵参加朝战。场中一时

一路撤退的韩国部队

议论纷纷,有人赞成,有人反对,亦有人不置可否。

众人议论半日,得不出结论,便一齐回头看毛泽东。见毛泽东正闷头抽烟,一支接一支。坐在一旁的周恩来,便问毛泽东道:“大家意见不一,是否暂时散会,待来日再议?”

毛泽东略一沉思,点头应道:“也只好如此了。”

周恩来当时起身,告众人道:“是否出兵,关系重大,诸位再作深思,明日再议。”当时会散,众人鱼贯离开会场。

周恩来走在最后,刚到门口,毛泽东忽道:“恩来留步。”周恩来回头,问道:“主席有何指示?”说时徐步走到毛泽东身边坐下。毛泽东劈头问道:“你以为今日会议如何?”

周恩来道:“高岗、林彪担心东北被炸,担心装备落后、胜算不足,反映的是一种比较普遍的畏敌情绪。”

毛泽东提高嗓门,说道:“他们这是本位主义,舍不得东北那一点家当。”

周恩来又问道:“主席的意思是……”

毛泽东道:“我当然主张即刻出兵应战,然众人意见,却对出兵胆战心惊。”稍顿,又轻声问道:“恩来,你说真话,我想出兵,是否是好战?是否是好大喜功?是否是拿国运冒险?”

周恩来道:“主席何有此问?”稍顿,又道:“我能理解主席的想法,也赞成出兵。”毛泽东闻言,缓缓抽出一支烟,打火点燃,深吸一口,方平静地言道:“我岂不知入朝参战,与美国抗衡,胜算不大?然自 1840 年以来,百余年间,西方列强欺我落后,屡出兵攻打我们,先是鸦片战争,继之是英法联军战争,而后是中法战争、甲午战争、中日战争。除中日战争外,皆是我国战败,割地赔款,受尽屈辱。我年轻时曾立下誓愿,若能参与国是,决不再容忍列强欺我。”

稍顿,又点燃一支香烟,接着说道:“如今美国不但入侵朝鲜,向鸭绿江进逼,威胁我国东大门,且美机屡炸东北,美国舰队又在“台湾”海峡耀武扬威,阻我解放台湾,甚至宣称台湾地位未定。是欺负人嘛!是欺负我们没有飞机、没有坦克、没有军舰、没有原子弹嘛!”

言及如此,毛泽东在烟灰缸里按灭烟头,叹道:“可惜我们党内许多同志,许多曾在枪林弹雨中滚打过来的同志,竟以美国拥有优势装备为由,不愿出兵参战。”

周恩来听毛泽东这番话,大受感动,插言问道:“适才在会上,主席如何不把这番道理告诉大家?”

毛泽东又叹道:“众人对出兵有顾虑,我能理解。只林彪也持此种态度,大是令我失望。”稍顿,又道:“我原以为 13 兵团是四野老部队,东北毗邻朝鲜,两地地理气候环境相似,林彪曾指挥四野各兵团在东北转战数年,若由其统兵,渡鸭绿江迎战美军,指挥起来得心应手,能增几分胜算。今林彪如此立场,我纵然说服众人同意出兵,又能拜谁为将?是故只好什么也不说了。”

周恩来听完，半日方道：“有现成一将，可统兵出征朝鲜，主席如何不用？”

毛泽东抬头望周恩来道：“你这现成一将指谁？”

周恩来见毛泽东面色已渐开朗，便即兴吟诵道：

“山高路远坑深，大军纵横驰奔。

谁敢横刀立马？唯我彭大将军！”

毛泽东从座位上站起，道：“你是说彭德怀？”

周恩来点了点头。毛泽东沉思一会儿道：“果然适宜带兵出征者，以彭德怀为最。”

周恩来又出言道：“目下彭老总正坐镇西安，指挥进军大西北，主席何不速召其回京？”

毛泽东当时便依周恩来意见，电令召彭德怀，尽速回京。

毛泽东大喜，当时决定，立即动员，以中国人民志愿军名义，派兵赴朝参战，迎战美军并“联合国军”。又令彭德怀任中国人民志愿军司令员兼政治委员，统一指挥参战部队。

第十章

毛泽东拜彭德怀为将
杜鲁门向远东王授勋

山高路远坑深，大军纵横驰奔。

谁敢横刀立马？唯我彭大将军！

这诗本出自毛泽东手笔，初成于红军时期。诗中彭大将军，便指彭德怀。1947年，蒋介石遣心腹战将胡宗南，统大军23万进攻中共中央驻地延安，彭德怀统人民解放军2万人应战，虽众寡悬殊，却一战青化砭，二战羊马河，三战蟠龙，四战沙家店，五战宜川，一年之内五战五捷，消灭胡宗南10余万军，大获全胜。沙家店战役胜利后，毛泽东追思彭德怀军功卓著，夜不能寐，便挥毫泼墨，重新抄录这首旧诗，以示褒奖，一时传为佳话。是故周恩来一吟这诗，毛泽东便知其意。

彭德怀祖籍湖南湘潭，生于公元1898年，幼时家贫，8岁丧母，父亲重病，又失去劳动能力，七八口之家只靠两间草屋、三分薄地度日。彭德怀身为长子，从此为一家人生计奔波。讨米要饭，砍柴捉鱼，挖煤放牛，什么事都做过，堪称受过人间至苦。饶是如此，一家人仍衣不蔽体、食不果腹、饥寒交迫。因生活痛苦，常生出劫富济贫的志向。17岁上，投身军伍，因作战勇敢、精通军略战术，升为连长，后进湖南军官讲武堂。从讲武堂毕业后，重任军职，先为连长，后升任营长、团长。1928年，彭德怀参加中国共产党，统所部国民党军官兵2000人，在湖南平江起义，成立红军第5军，任军长。稍后，率红5军上井冈山，会合毛泽东所部红军，共创井冈山根据地。此后，彭德怀如鱼得水，屡建军功，先任红军第三军团军团长，又任八路军副总司令，解放战争期间任中国人民解放军副总司令兼西北野战军司令员。

彭德怀以能攻坚、能打阵地战、勇猛果敢著称军中，有猛张飞的美称。论其性格，也如张飞，生性耿直，不藏私，不溢美，不阿谀奉承，光明磊落，且生活简朴，深得毛泽东喜爱。如今彭德怀任中央人民政府委员，人民革命军事委员会副主席，西北军政委员会主席，西北军区司令员兼第一野战军司令员，执掌西北政军大权，正坐镇西安，

美军越过三八线

主持西北大政。

彭德怀那日在西安忽然接到毛泽东电报，令速赴北京，十万火急，一分钟亦不得延误。心中暗思道："目下西北征新疆、平青海，正忙得不可开交。主席来电召我，必是与朝战出兵问题相关。"便丢下手头公务，略作交代，乘专机离开西安，直飞北京。飞机一着陆，便有专车候在机旁迎接。彭德怀走下舷梯，只与迎接者略作寒暄，便钻进小车，径奔中南海，面见毛泽东。

车到中南海时，已是下午四点，政治局扩大会议仍在进行。彭德怀由人导引，悄悄进入会场，见场上烟雾升腾，气氛严肃，与会者不但有政治局委员和候补委员，还包括全国七个大区的党政军要员。便找一张座椅，悄然坐下，与众人只以注目行礼，算是寒暄。回望主座，见毛泽东正手拿着一支未点燃的香烟，以浓重湘音发言，声调激昂，约略是说：诸位提出出兵援朝有诸多困难，且胜算不足，我都同意。然邻国危急，我等却隔岸观火，袖手旁观，无论如何说，心中实在难受。说话时，以目视彭德怀，也算是寒暄。

彭德怀听毛泽东这番话，虽猜中其意，却未知其详。便问座旁的人："主席何以说这番话？"或告道："朝鲜战局危殆，金日成已遣使求救。政治局扩大会议已连开数日，议论出兵援朝问题。很多同志担心美国装备先进、军力强大，又担心东北工业基地被炸，不愿出兵，是故主席方有这番话。"彭德怀闻言，未置一言。未久会散。

当日会散后，彭德怀下榻北京饭店。饭店在长安街近侧，楼高地广，楼内红地毯铺地，一色高级沙发床，配有精工家具，服务十分周到。彭德怀自幼受苦，又长期戎马征战，穿草鞋，披蓑衣，食南瓜，住草棚，皆习以为常，今见北京饭店如此豪华，如何习惯？睡在沙发床上，不禁左思右想，辗转反侧。料是沙发床作祟，便把被子搬下来，睡在地毯上，仍左思右想，不能成眠，方知是心忧朝鲜战事。口中不住念叨毛泽东在会上的几句话："邻国危急，我等却隔岸观火、袖手旁观，无论如何说，心中实在难受。"心道："主席之意，是主张出兵，却得不到有力支持。明日开会时，待我放它几炮。"

思谋已定，早过半夜，已闻雄鸡初啼，方生一丝睡意。只觉眼皮略合，便已天亮。匆匆起床，洗漱毕，用过早点，便驱车径奔中南海颐年堂开会。

会议仍由毛泽东主持。是否出兵，与会者众说纷纭，仍无定论。彭德怀依然闷坐不语，只听众人发言。毛泽东见状，点将道："朝鲜战事紧急，美军已过三八线，直逼平壤。金日成已派人请我国出兵救援。今政治局召开扩大会议，议论出兵问题，众人皆各执一说，无有定论。彭老总是何意见，请和盘托出，不必再闷坐不语。"众人闻说，皆静下声来，一齐回望彭德怀。

彭德怀便不推辞，起身对道："朝鲜战争之局，演化至今日，已到危急关头。我国是否出兵，不但关系朝鲜存亡、我国安全，也关系社会主义阵营的地位、威望。"

稍顿，一口饮完一杯凉茶，清清嗓门，接着说道："有同志以为，如我出兵援朝，美国必使用飞机或原子弹，轰炸我国东北工业基地，因而不能出兵，此言其实大谬。"

众人闻言，便问其详。彭德怀道："我国自去年10月立国以来，并未招惹美国，然

志愿军跳出工事冲击

美国却以朝鲜发生内战为借口，出动海军，侵入台湾海峡，阻我解放台湾，且不断派飞机袭扰我国边境。此诚如古人所言：人无打虎之心，虎有伤人之意。美国是豺狼国家，少不得恃强凌弱，如其有意炸我东北，纵然我不出兵，美国也照样为之。况退而言之，我国是农业国，以农为本，无惧其轰炸。些微资产，纵然被其炸烂，亦不过等于解放战争多打几年，打烂了，重头再建，又何以惧之？”

话音甫落，林彪道：“彭老总之言，固然有理，然稍失之于徒恃武勇。闻说印度驻华大使已代美国传言我方，美军将进至鸭绿江南岸60公里处止步，决不靠近鸭绿江。美方也愿就美机炸东北事，向我方致歉赔偿。是说如我不介入朝鲜，美国便不会炸我国东北。”

彭德怀闻言，哂道：“林总久历戎马，如何信美国人的保证？今年1月5日，杜鲁门称台湾是中国领土，美国承认这一事实。事隔半年，又在‘6·27声明’中突然改口，称“台湾”地位未定，这如何解释？”稍顿，又道：“美军夺汉城后，美国也通过印度驻我国大使传言，美军不越过三八线，愿维持三八线现状。时隔几天，美国又如何？不是已经过了三八线？如相信美国人的保证，我们除缴械投降外，再无第二条路好走。”

言毕，彭德怀回望毛泽东，见其面露赞许之色，继续言道：“又有同志以为，美国是世界头号强国，工业生产能力强，钢铁、煤炭、石油、汽车、电力、机械、军工生产水平皆无可匹敌，美军装备也高度现代化。反观我军，仍是小米加步枪，若与美军抗衡，是以卵击石,无有胜算。此言亦是大谬,且徒长敌人威风,灭自己志气,我不能同意。”

众人又问其详。彭德怀解释道:“我军装备固然不及美军,然我军却拥三大优势:一是利在天时。我国革命新胜,国家新立,锐气正盛,且因邻国受外敌侵略,出国参战,是保家卫国,正义事业。反观美国,侵略台湾在先,越过三八线、侵略朝鲜、炸我东北在后,虽打‘联合国军’旗号,仍掩饰不住其侵略本质,是非正义战争。

二是拥有地利。朝鲜与我国只一江之隔,地形气候与我国东北相似,利于我非机械化步兵活动。反观美国,远渡太平洋而来,虽有机械化部队,然在朝鲜崇山峻岭中,不但不能发挥优势,且必成为包袱。

三是利在人和。我国有6亿人,人力兵员是美国三四倍,将士久经战阵,训练有素,能攻能守,可以一当十。反观美军,老战士多已退出现役,士兵多为新兵,缺乏训练,闻驻日美军皆雇有日本女佣,日则游乐,夜则嫖妓,连皮鞋武器都请佣人代擦,此等少爷兵如何打仗?”

众人听这一番话,哄然大笑,场中气氛一时活跃。彭德怀继续说道:“且美军战术皆依据教条,缺少变通,离开公路铁路便不能打仗,此正利于我发挥优势。是故有此三端,我虽不敢说出兵朝鲜有十足胜算,但也不至于落败。”

彭德怀在军中资历甚于林彪。抗日战争时期,曾排除众议,指挥百团大战获胜。解放战争时期,又以2万军队打败胡宗南20余万军队。这番分析,又逻辑分明、说理透彻,众人疑虑因之一扫而空,皆转向赞成出兵。

毛泽东见状,便问彭德怀道:“彭老总,你是赞成出兵援朝了?”

志愿军战士擦拭武器

彭德怀简洁地对道:“我赞成。”

毛泽东又道:“若请你挂帅出征,如何?”

彭德怀闻言,赶紧起身,正色道:“如主席信任,当效命疆场,万死不辞。”

毛泽东大喜,当时决定,立即动员,以中国人民志愿军名义派兵赴朝参战,迎战美军并“联合国军”。又令彭德怀任中国人民志愿军司令员兼政治委员,统一指挥参战部队。

是夜,毛泽东放心不下,又召彭德怀密谈,商议赴朝作战细节。毛泽东说道:“连日开会,众人多畏美国拥有先进飞机、坦克,拥有原子弹,恐东北被炸,恐失败丢脸,是故反对出兵援朝,我亦颇难决断,若非老总及时赶到,一番分析,只怕现在仍要争论不休,为是否出兵伤神。”未待彭德怀接言,毛泽东又说道:“如今虽已作出决断,然不瞒你说,我对能否在朝鲜打败美国军队,仍无十足把握。装备对比,实在过于悬殊。”

彭德怀道:“主席放心。我在西安时,已仔细研究过朝鲜地理和美军战术规律和优劣长短。”稍顿,喝了一口茶水,又接着道:“朝鲜多山多水,自北往南,依次有咸镜山脉、摩天岭山脉、赴战岭山脉、狼林山脉、妙香山脉、大峰山脉、阿虎飞岭山脉、太白山脉。标高多为1500米,真个是山连山、岭接岭,覆盖半岛北部。山谷间,又有无数河流日夜奔腾,只鸭绿江以南依次便有长津江、赴战江、秃鲁江、忠满江、大宁江、清川江、大同江、南江、载宁江、礼成江、临津江、汉江等大小几十条江河,皆河床陡峭,水

美军参谋长联席会议主席布雷德利与麦克阿瑟

深流急。除沿东西海岸有带状平川宽约数十公里适于机械化部队活动外，半岛腹地却崖高林密、交通闭塞、河川纵横，特别适于我军隐蔽运动。我军依托山地作战，纵然不敌美军机械化部队，美军亦无可奈我何。因尚未接战，我彭德怀不敢说有十足胜算，但却可向主席立下军令状，保证不败。”

毛泽东闻言，大是宽心，道：“我国新解放未久，蒋介石尚踞台湾，西藏尚未解放，国内匪特尚未肃清，土地改革尚未完成，农民对我党仍心存疑虑。是故入朝作战，不允失败，是第一要务。”然后又道：“我意先遣2个军6个师渡江，试试深浅，掌握异国作战经验。再考虑将主力投入战场。”

彭德怀一一应诺。二人长谈，不觉夜深。彭德怀因次晨要赶往前方，便起身告辞。毛泽东执其手，亲送至门外，临别嘱之又嘱。

美军越过三八线后，进展顺利。杜鲁门每日读战报，皆说朝鲜军队已溃不成军，失去抵抗能力，美军每日北进数十里，几乎兵不血刃。正得意时，忽有报告，又是印度方面代中国传言过来：如美军不退回三八线，中国将出兵参战。翻看《纽约时报》、《华盛顿邮报》、伦敦《泰晤士报》和法国《世界报》，亦各发表评论，称中国与朝鲜素有渊源，中国极可能出兵支援金日成，在朝鲜迎战“联合国军”。

杜鲁门将信将疑，便召艾奇逊、马歇尔、布雷德利诸军政要员议事，讨论中国是否参战问题。杜鲁门先问布雷德利道：“是否有中国军队部署的最新情报？”

布雷德利从公文包中抽出一份文件，对道：“据联合情报委员会估计，‘中共’军队在东北驻有56.5万人，其中朝鲜兵7万人。另在北京天津二地驻有21万人，两地合计77.5万人。”

杜鲁门又问道：“台湾海峡对岸，中共驻有多少军队？”

布雷德利又道：“据空中侦察，中国原驻福建部队是宋时轮第9兵团，如今已调往津浦路。又据密报，中国在广东、江西各驻屯4个步兵军。

艾奇逊插言问道：“未知此种部署是何意图？”

布雷德利道：“我怀疑中国故意敞开福建大门，诱蒋介石派军登陆，然后以驻广东、江西两省军队突然出击，聚而歼之，消灭蒋军实力，为日后攻台作准备。”

杜鲁门道：“照此说来，中国军事部署重心仍在台湾海峡？”

布雷德利道：“一时尚难判断。”稍顿，又补充说：“另据密报，中国正在沈阳动员家庭妇女赶制部队冬装，总数达25万套。”

杜鲁门道：“若果真如此，中国似乎又是为进入朝鲜作战前准备。”

艾奇逊又插言问布雷德利道：“此情报从何而来？”

布雷德利对道：“表面上来源于中央情报局，实际上是来源于台湾国民党人。”稍顿，又补充道：“目下中国正大规模开展清匪防特运动，我在大陆的情报网络大多被破坏，教会人员活动范围也被严格控制，从香港亦得不到可靠情报。是故除依赖台湾国民党人外，实在再无情报来源。”

艾奇逊道：“国民党情报机关，一向效率不高，且我怀疑蒋介石有诱我与中国、苏联开战的罪恶动机，是故对台湾方面提供的情报，须作分析，不可全信。”

议论半日，对中国是否参战，仍无定论。杜鲁门又专题询问苏联方面的反应。

艾奇逊对道：“苏联方面对‘联合国军’越过三八线并无特别反应，最少从外交观点看，尚无苏联会出兵干预的任何迹象。”

杜鲁门回头目视布雷德利，布雷德利会意，说道：“根据空中侦察和无线电探测，苏联军队未作特别调动，亦未有增兵迹象。”

杜鲁门沉思半日，说道：“照此推来，苏联无意出兵朝鲜，大约已是定论，只中国是否参战仍是不解之谜。”这话听来，又像自言自语，又像探询众人意见。众人未置可否。

众人议论时，马歇尔一直闷坐一旁，静听众人意见，未置一词。见杜鲁门对中国是否参战问题仍不能释怀，便出计道：“中国是否参战，势必影响战局发展，此事恐须听一听战地司令官的见解。”马歇尔的意思是应了解麦克阿瑟的判断。

杜鲁门颔首道：“如此最好。如能与麦克阿瑟当面讨论最是理想。”

布雷德利道：“目下战事紧张，只怕麦克阿瑟不便返回华盛顾。”

杜鲁门闻言，勾起一念，心道：“我任总统后，几次电请麦克阿瑟返华盛顿一晤，他都称公务繁忙、不能应约，此次如邀其回华盛顿，只怕同样会碰软钉子。”心中这样想，口中便道：“此言甚是有理。然事关重大，我身为武装部队总司令，当此重大关头，如不与前线司令官晤面，亦恐不妥。”

布雷德利出计道：“总统如飞东京与麦克阿瑟会晤，如何？”

艾奇逊立即出言反对道：“这样不妥。麦克阿瑟一向以太上皇自居，他以公务繁忙为由，几次拒绝晋见总司令。如今让总统屈驾远行万里，飞过太平洋去会见他，不

美军高级军事长官在研究朝鲜战争

但有失体统,也不公平。"

众人闻这话,一时沉默。半日,马歇尔出计道:"既然如此,可在太平洋中央威克岛会晤,总统与麦克阿瑟各飞一程,这既能解决问题,又不失体统,对大家都公平。"众人皆以为然。

艾奇逊未置可否,只出言道:"如总统愿飞威克岛会晤麦克阿瑟,我不反对,只我本人断不想去晋见远东太上皇。"

当时议定,总统带一班随员前往威克岛,与麦克阿瑟晤谈中国是否出兵问题。

威克岛在太平洋中央,西距日本东京3000公里,东距美国旧金山7000公里,岛屿大小约9平方公里,有居民数百,盛产椰子、香蕉及其他热带水果。岛上有美国驻军若干。

威克岛会晤日期既定,杜鲁门便按约定,携带一班文武随员,文员有总统高级顾问哈里曼和国务院官员腊斯克、杰塞普,武将有参谋长联席会议主席布雷德利和陆军部长佩斯,还有秘书、侍从、新闻记者一行共数十人,分乘三架专机,10月11日由华盛顿起航。第一程先飞抵圣路易城。次日再飞6小时,抵西海岸加利福尼亚苏森空军基地。又歇一夜,13日始作越洋飞行,在夏威夷略作停留。14日再由夏威夷起飞,进入最后航程。

待飞机飞抵威克岛降落时,已是10月15日。专机在威克岛刚一停稳,杜鲁门走下舷梯时,麦克阿瑟已候在舷梯旁立正迎候。原来,麦克阿瑟接获杜鲁门电报,欲在威克岛晤谈后,心中颇是疑惑,便请身边侍从猜测杜鲁门意图。众人各执一说,或以为国内中期大选在即,杜鲁门欲与麦克阿瑟会晤,分享仁川大捷声誉,以多获选票;或以为是向中国示威,表示美国决心不惜一切夺取朝战胜利。

虽然如此,麦克阿瑟仍照总统指示,略作些准备,带随侍若干搭乘"巴丹号"专机由东京起航,径飞威克岛。东京距威克岛有3000公里,"巴丹号"只飞8小时便到威克岛。此时杜鲁门专机,尚在途中。

麦克阿瑟歇了一夜,旅途疲劳尽去,闻杜鲁门专机飞到,便到机场接机。杜鲁门初见麦克阿瑟,不免仔细打量,见麦克阿瑟身躯高大伟岸、仪表堂堂,穿一条卡其布军裤,套一件敞领卡其衬衫,衣着随便,只衬衣领上有五星领章,标出其五星上将身份。杜鲁门好感顿生,便趋步上前,麦克阿瑟也大步迎上,二人握手寒暄,杜鲁门先出言道:"我早就想见到你,亲爱的将军。"

麦克阿瑟对道:"我希望下次见面,不用等候太久。"

寒暄罢,二人相视开怀大笑,然后一同登上一辆1948年出厂的雪佛莱轿车,驶向预定的会晤地点。

威克岛设施简陋,没有高楼大厦,二人便择一简易木屋晤谈,一切从简。二人坐定后,其余文武大员也依次坐定。麦克阿瑟先摸出一支新制的欧石楠根制成的烟斗,边填烟丝,边问杜鲁门道:"我能抽烟吗?总统先生?"杜鲁门连声道:"不要紧,将军可随意。"

打坦克

杜鲁门又道:“将军不愧为军中名将。想当初釜山被围时,我等皆十分焦虑,恐第8集团军失败,失去我国在朝鲜阵地。未料将军勇猛果敢,神机妙算,仁川一战反败为胜,不但消灭金日成主力、恢复大韩民国,而且又乘势进军三八线。实在是功高盖世,令人钦佩。”

麦克阿瑟不答,却转言称赞杜鲁门道:“6月25日朝战初起时,总统断然下令出兵干预,保卫大韩民国,又令第7舰队进驻台湾海峡、保卫台湾,若无非凡勇气和决断力,又岂有如此英明决策,我等皆为我国有先生任总统备觉幸甚。”未待说完,二人相视,哈哈大笑。

闲话中断入正题。杜鲁门先出言问道:“朝鲜战局,政治涉及面甚宽。论其表面,只涉及朝鲜南北双方,如今却使美国、联合国接踵卷入,中国、苏联亦卷入其中。朝鲜战局如何发展,已不仅关系3000万朝鲜人的前途,也关系远东格局、美苏关系如何演变。目下战事已进入最后关头,究竟将如何发展变化,愿听将军一言。”

麦克阿瑟闻言,略作沉思对道:“仁川登陆前,朝鲜战事如何发展,确实殊难预料。而今因仁川登陆成功,大局已定。我军不但已恢复大韩民国全部疆土,且累计消灭朝鲜军队近30万,其中被我俘获者有10余万。朝鲜残军已不足三万人。我军北进其实是一次扫荡行动,实现联合国目标、武力统一朝鲜全境指日可待,总统对此不必疑虑。”

杜鲁门闻言,心中暗道:“麦克阿瑟虽从事公职50年,肩负重任,其实仍是一介武夫,并不懂战争所包含的政治内容。”心中这样想,口中却说:“将军如此乐观,自是我国大幸。然我所忧者,并非朝鲜的军事力量,而是中国会作何反应。近日周恩来通过印度方面转来口信,称如我军过三八线北进,中国将出兵参战,今日请将军丢开军务来此荒岛,主要请将军发表见解,看中国是否会出兵介入。”

麦克阿瑟沉思片时,便出言对道:“依我判断,中国出兵介入的可能性微乎其微。”

杜鲁门忙道:“愿闻其详。”麦克阿瑟随手端起一杯饮料大口饮下,清清嗓门,告道:“根据远东总部的情报,中共在东北驻有30万军队,其中有12万人驻屯鸭绿江边。根据鸭绿江桥通行能力,中共如干预,大约可在朝鲜维持6万军队。由于中共没有空军,这6万军队的军事行动能力便受到极大限制。是故中共以区区6万人,冒我空袭危险,贸然开赴朝鲜,无异自寻死路。料其不会冒此风险。”稍顿,又道:“纵然其出兵干预,我亦不惧。”

杜鲁门又问道:“苏联又会作何反应,是否会出兵干预?”

麦克阿瑟又道:“苏联的情况有所不同。苏联远东空军有1000架飞机,其海军舰队另拥2000架飞机,可构成空中打击力量。”稍顿又道:“但苏联没有陆军,单是空军,干预能力亦是有限。是故苏联亦不会干预。”

一旁布雷德利隐忍不住,道:“若苏联出空军,中国出陆军,两相配合,又如何?”

麦克阿瑟闻言,大笑道:“绝不可能,绝不可能。”笑罢,又分析道:“陆空协同作战,是高难度战术,须经严格训练。中苏军队并无陆空协同训练,若苏联当真派空军协同中国陆军到朝鲜作战,我敢断言,苏联炸弹最少有半数会丢到中国军队的阵地上。”说完这番话,思虑一阵,又补充言道:“是故我敢断定,中国必不会干预。纵然干预,我亦不怕。中国军队若胆敢南下平壤,我只以驻日空军轰炸机便能将其击败。那时,只怕平壤大道尸积如山、血流成河,将发生人类战争史上旷古空前的大屠杀。”

志愿军官兵誓与阵地共存亡

杜鲁门听完麦克阿瑟分析，把一颗悬着的心放了下来，道："将军高见，令我心服，既中苏不会干预，将军自可放胆北进。"

二人又议论一阵军事行动结束后的政治安排，如何重建朝鲜，如何保住台湾。麦克阿瑟对杜鲁门道："数周之内，战事必能结束，那时可将第8集团军调回日本，其余部队亦各归位，只留第10军继续留驻半岛。"杜鲁门、布雷德利诸人皆大喜。

会谈融洽，不觉会期已过。杜鲁门按预先安排，取过一枚铜十字勋章，像演戏一样，一面亲自为麦克阿瑟别在胸前，一面出言道："将军神勇，功勋卓著，我代表合众国，奖给将军铜十字勋章一枚，以志表彰。"麦克阿瑟谢过。

授勋毕，杜鲁门又取出一盒10磅装布隆糖果交给麦克阿瑟，说是带给麦克阿瑟夫人的礼物。然后又邀麦克阿瑟便宴。麦克阿瑟接过糖果，谢毕，又告杜鲁门道："朝鲜军情紧急，未便久留，只得先行告辞。"并不理睬杜鲁门赴宴邀请。

杜鲁门见麦克阿瑟执意要去，心虽不快，也只得任之。便携手送麦克阿瑟至门外，二人又说些相互景慕之类的客气话，作出依依惜别状。

彭德怀一到沈阳志愿军司令部,便召集众将开会,讨论军情,商议作战部署。志愿军司令部一班副职是由东北边防军司令部原班人马组成,除彭德怀任司令员外,邓华、洪学智、韩先楚三将为副司令员,解方为参谋长,杜平为政治部主任。

第十一章

远东王夺占平壤 彭德怀统兵渡江

麦克阿瑟辞别杜鲁门，乘专机飞离威克岛时，正是午后。天空湛蓝，阳光灿烂，前后左右护航机成战斗队形散开，护卫专机疾飞。从舱口俯视，太平洋碧波万顷，偶见岛礁，如黑色宝石镶嵌其中。飞机经过处，不时见到三两艘战舰标有美国星条旗标记，与飞机同向，全速向西航行。侍从副官报告，这是护卫舰艇，防备飞机发生故障时，好随时救援。

麦克阿瑟眺望蓝天大海，自思道："我飞8小时，3000公里，杜鲁门飞30小时，上万公里，到太平洋荒岛晤面一上午，所谈者不过是中国是否出兵问题，这皆可以电报往还交换意见，杜鲁门何以非要亲飞威克岛与我一会？"因旅途无事，便以此为题，问侍从副官道："依你之见，总统为何要来威克岛？"

副官思虑一阵，暗思道："麦帅一向喜听恭维话，总统远飞万里，就商于麦帅，也的确是一份荣誉。"心中这样想，便答道："将军从戎50余年，大小经历无数战，功勋盖世，且用兵布阵神机妙算、奇谋迭出，是军中奇才、国家支柱。当此危急时刻，总统远飞万里，以国是军略就教于总司令，是总司令一份荣誉，我辈亦感荣耀。"

麦克阿瑟闻言，大笑道："你这话听来十分顺耳。"稍待，又接着说道："照我看来，杜鲁门其实并无重要军机相商，皆因目下中期选举在即，杜鲁门之意是要借飞访威克岛与我晤面，使选民以为仁川登陆成功、朝鲜战争胜利皆是杜鲁门之功，以此多得选票。"

侍从副官闻言，连忙对道："华盛顿那帮政客，为多拉选票，真可谓绞尽脑汁。然此，正说明总司令如日月星辰，光芒四射，连大总统也想来借光。"

午夜时分，飞机在东京降落。麦克阿瑟适时醒来，下飞机后驱车径奔"联合国军"司令部。参谋人员接住，略作寒暄，便询问军情，参谋人员报告说沃尔克第8集团军正尾随韩国第2军沿汉城、开城、沙里院、平壤轴线向北进攻，前锋已到沙里院，离平壤只100公里。韩国第1军正沿东海岸向元山进兵，离元山仅有200公里。

麦克阿瑟又问阿尔蒙德第10军位置，报告说正在釜山、仁川两处集结登船。麦克阿瑟惊问道："何以进展如此迟缓？"参谋人员答道："西线进展迟缓，皆因金日成军纠集残部，依托山川之险节节阻截。韩国军攻击力不强，美军受华盛顿限制不能摆在第一线。第10军则因交通拥塞，不能及时赶到港口登船。"

麦克阿瑟闻报，颇是不快，摸出烟斗，将烟点燃，用右嘴角叼住，背着双手，在室内来回踱步。换过几回烟后，又来到作业沙盘边，比画半日，下达命令道："令沃尔克以第24师、第1骑兵师替下韩国第2军，担任主攻部队，强攻沙里院，并在19日前夺取平壤。"稍顿，又道："令阿尔蒙德第10军克日登船，19日前夺占元山。"

话完，回头看参谋人员，皆呆若木鸡，无有动静，便怒道："为什么不执行？"

参谋人员对道："将军，华盛顿参谋长联席会议有禁令，过三八线北进，不允美军打头阵。"

麦克阿瑟斥责道："参谋长联席会议远隔万里，知道些什么？朝鲜共军残部抵抗比预想强大，韩国军又不堪一击，如无美军投入第一线，何日能进抵鸭绿江，统一朝

近战歼敌

鲜全境。”稍顿又道:“将在外,君命有所不受。此虽是中国古话,却适合今日情势。诸位照令执行,华盛顿方面自有我应付。”

参谋人员闻令,方应诺转身,急致电沃尔克、阿尔蒙德二将,传达麦克阿瑟命令。

沃尔克奉命统美军第8集团军、韩国第2军及“联合国军”其余部队,共8个师1个旅25万人,沿汉城、开城、沙里院轴线向北进攻平壤,原以为朝鲜军主力已被消灭,只留残军数万,无足轻重,向北进兵只是扫荡战,不怎么在意。便照命令,以韩国军队为前锋,沿公路北进,美军随后跟进。未料越是北进,河川越多,山势越险,朝鲜军队虽是残部,却依托地势,节节抗击。第8集团军初时尚进展神速,一日能进十余公里。越往后,进展越慢,每攻一座山,过一条河,都有激战。

沃尔克因进军迟缓,恐麦克阿瑟责怪,心中不免焦虑,便请参谋长艾伦将军商议。艾伦宽慰道:“我军北进迟缓,非将军之罪,又何必耿耿于怀。”

沃尔克便问其详,艾伦对道:“我军进展迟缓原因,一是朝鲜共军困兽犹斗,其残部实力超过预想。二是北方江河纵横、山岳陡峭、道路崎岖,不利我机械化部队发挥优势。三是李承晚军队皆乌合之众,自保尚不能,何谈攻击?四是参谋长联席会议有禁令在先,不允我军在第一线主攻,只以韩国军队摆在第一线。”稍顿,见沃尔克正侧耳倾听,又轻声言道:“除此四端外,东京指挥也颇有不当之处。”

沃尔克知艾伦是想批评麦克阿瑟,颇觉意外,沉思一阵,问道:“东京指挥有何不当，请阁下试言之。”

艾伦答道：“仁川登陆后，阿尔蒙德部队正在汉城，隔三八线仅数十公里，只一日行程，且士气正盛。反观我第 8 集团军，困守釜山一隅之地，已苦战数月，将士疲惫，且距汉城有 200 公里，距三八线 250 公里。若依常理，本应令阿尔蒙德部队乘势北进，沿开城、沙里院、平壤轴线进攻，并遣 1 个师沿汉城元山铁路斜贯半岛而进，猛打猛冲，由陆路夺占元山，而以我部为后备。按此部署，我军此际不但已夺得元山、平壤，只怕已到鸭绿江边。”

稍顿，又分析道：“不料麦克阿瑟将军空有盛名，竟令阿尔蒙德部队离开汉城，分由仁川釜山登船，由海路攻元山，却令我部冒暑热行军，沿陆路长驱 250 公里，进至阿尔蒙德部队位置，再进攻平壤，如此不但舍近求远、坐失战机，且调动复杂。因阿尔蒙德部海军陆战队第 1 师在仁川登船，占用港口一周，第 7 师南下釜山，塞满公路，致我军北进迟滞，后援物资装备也无法送到，方有今日之局。”

沃尔克点头道：“将军之见，颇是精辟，我亦有同感。然麦克阿瑟因仁川一战，力排众议，大获胜利，已被视为军神，即令他说美军一营可从海面上步行到元山，也不会有人怀疑。将军敢于直言，实在令人钦佩。”

稍顿，又叹道：“问题还不止如此。阿尔蒙德是麦克阿瑟的参谋长，追随其鞍前马后已有多年，我沃尔克何人？来自欧洲战区，是后娘养的。是故在部署战守时，麦克阿瑟自然要优先考虑阿尔蒙德部队的去从了。”

二人正议论时，忽有电报送来，是麦克阿瑟从东京发来的，令以骑 1 师、步 24 师为前锋，克日夺占平壤。沃尔克见电文中允以美军为前锋；大喜。便把埋怨之词置于脑后，振作精神，召来骑 1 师师长盖伊，令速统所部，替换下韩国军队，强攻沙里院，然后沿大路向北进兵，务于 10 月 19 日夺占平壤。

美国骑兵第 1 师说是骑兵师，其实是机械化师，并无军马。该师成立于美国开国时期，是美军中历史最悠久的部队，因战功显赫，虽已更换装备、不再以军马为主，却仍保留骑兵师称号，官兵皆佩绘有马头的臂章。如今拥有官兵约 1.9 万人、卡宾枪 7210 支、步枪 6997 支、自动手枪 2685 支、冲锋枪 626 支、重机枪 316 挺、轻机枪 105 挺、狙击枪 243 支、榴弹炮 18 门、榴弹炮 54 门、迫击炮 160 门、步兵炮 120 门、步兵狙击炮 243 门、火箭筒 540 具、坦克 154 辆、装甲车 35 辆、军车 3718 辆，是入朝美军中的王牌部队。

骑 1 师师长盖伊接到接替韩国第 2 军担任主攻部队的命令，大喜。当即赶回部队，连夜部署。待到天明，令配属作战的美军空军部队，共百余架轰炸机，隆隆起飞，对朝鲜军阵地狂轰滥炸。空袭刚停，令全师 595 门大炮一齐猛射。经此两轮火力急袭，朝鲜军工事多被炸毁。然后，又令全师百余辆坦克成战斗队形散开，扑向人民军阵地，一边开动，一边发炮，以点射火力轰击人民军残存火力点，大队步兵随后跟进。人民军苦战多时，以寡敌众，指挥官料再守无益，只得主动撤离，另择地阻击。只一日，沙里院便被美军第 1 骑兵师攻占。

沙里院既失，平壤门户洞开。盖伊统第1骑兵师乘势猛进，每到一地，照例先以轰炸机轰炸、大炮密集射击、坦克点射、步兵跟随坦克冲锋。数日之内，连胜十几阵，进至平壤城外。然后重新部署，三面围城，先令数百架轰炸机轮番出击，将平壤城炸为废墟，又架炮轰击、坦克冲锋、步兵跟进，再以伞兵1个团在平壤城北空降，以断人民军归路。经一日恶战，平壤遂为美军攻占。

麦克阿瑟闻报盖伊骑1师攻占平壤，大喜。当即乘飞机飞往平壤，巡视战地。又有快报送来，是说韩国第1军各师沿东海岸北进，也在10月19日占领东海岸港口城市元山；阿尔蒙德第10军部队搭乘战船进至元山港外，等待登岸。便对众将道："既得平壤、元山，我军再无忧惧，统一朝鲜只需旬日便可大功告成。"又命令沃尔克、阿尔蒙德二将各统所部，分由东西海岸全速北进，一鼓作气，克日进抵鸭绿江、图们江南岸。二将领命，各将所部重新部署，照令全速北进。

彭德怀受命中国人民志愿军司令员兼政治委员后，便辞别毛泽东，连夜赶赴沈阳志愿军司令部到任。随行者是一年轻军官，年约20来岁，瘦高个，圆脸，浓眉大眼，十分神气，却是毛泽东长子毛岸英。

毛岸英乃毛泽东前妻杨开慧所生。毛泽东一生戎马，无暇顾及妻儿，毛岸英随杨开慧长大，曾与杨开慧一起坐牢受刑。杨开慧被国民党杀害时，岸英年仅8岁，带弟弟岸青、岸龙流浪经年，也算得受过人间至苦。后得中共地下组织设法寻找，送往苏联，考入苏联军政大学，毕业后获苏军中尉军衔，任苏联红军某坦克连党代表，参与过第二次世界大战苏军的大反攻，转战东欧各国。第二次世界大战结束后，回国参加人民解放战争。中华人民共和国成立后，到北京机器总厂工作，任党总支副书记。因见朝鲜战争爆发，中国即将出兵，便向毛泽东提出愿赴朝参战。毛泽东欣然应允，并将毛岸英托付给彭德怀，随志愿军出征。

彭德怀有毛岸英相陪，正好解旅途寂寞。彭德怀一生不食烟酒，全无其他嗜好，平日无事只喜下象棋，然棋艺却不甚高。旅途无事，便邀岸英下棋。二人在临窗的小桌上摆开棋局，你车我炮，来往厮杀，边下棋边说些闲话。岸英问道："老总，我军出国作战，保卫国家，堂堂正正，何必要打志愿军旗号，不说是解放军？"

彭德怀打趣道："这是机密，如何能告你？"岸英不依，以手盖住棋盘道："老总不说，这棋也别下了。"

彭德怀无奈，只得择要道："我军若以解放军名义参战，便是国家正式参战，还须发表战书，如此便是全面战争，美国势必按全面战争规则把战争扩大到我国，封锁我国海岸，轰炸我国城市，甚至派兵在我国登陆。"略歇一歇，又道："若以志愿军名义参战，便灵活得多。不但可避开宣战麻烦，而且可进可退，使战争规模受到限制。"

岸英沉思了一会儿，恍然若悟，道："我懂了。"便松开手，继续下棋。一老一少，这样边下棋边闲聊，不觉间已到沈阳。下火车后，早有车迎候，径直送往志愿军司令部。

志愿军司令部一班副职，是由东北边防军司令部原班人马组成。除彭德怀任司令员外，邓华、洪学智、韩先楚三将为副司令员，解方为参谋长，杜平为政治部主任。

毛泽东支持儿子毛岸英赴朝参战

邓华祖籍湖南郴县,公元1910年生,1927年加入中国共产党,任过红军师政委、八路军旅政委,解放战争时期任过第四野战军第44军军长、第15兵团司令员。洪学智祖籍安徽金寨,生于公元1913年,1929年参加湘南起义,任过红军军政治部主任、新四军副师长,解放战争时期任过第四野战军第43军军长、第15兵团副司令员兼参谋长。韩先楚是湖北红安人,也生于公元1913年,1930年加人中国共产党,曾任红军师长、八路军旅长,解放战争时期任过第四野战军第12兵团副司令员兼第40军军长、第13兵团副司令员。解方祖籍辽宁,生于公元1915年,曾留学日本,通英文、日文,与张学良一家交厚,在军中长期任参谋工作。杜平江西万载人,生于公元1908年,1930年参加红军,任过红军军政委、八路军旅副政委,解放战争时期任过第四野战军政治部组织部部长,全国解放后任第13兵团政治部主任。五将之外,彭德怀又任命毛岸英为司令部俄语翻译兼机要秘书。

彭德怀一到沈阳志愿军司令部,便召集众将开会,讨论军情,商议作战部署。当时与会者除司令部诸将外,另有志愿军前锋4个军军长、政委,分别是38军军长梁兴初、政委刘西元;39军军长吴信泉、政委徐斌洲;40军军长温玉成、政委袁升平;42军军长吴瑞林、政委周彪。另外,中共中央东北局负责人高岗诸人亦一并与会。

会议开始,先由志愿军副司令员邓华介绍众将一一与彭德怀相识,再照程序由高岗主持开会。高岗约略说明:出兵朝鲜,乃是重大决策。中央政治局开会研究时曾有不同意见,并称自己也曾反对出兵。如今多数同志皆同意出兵,既是中央已作最后决策,便唯有统一行动争取胜利一途。又手指彭德怀介绍说,中央原计划以林彪为将,统志愿军出征,因林彪染病,不宜征战,方拜彭德怀为将。末后,将彭德怀赞颂一番,不外乎是如何指挥第一野战军转战陕北、五战五捷、能征惯战之类。

高岗讲完,众将鼓掌请彭德怀讲话。彭德怀是爽快人,并不推辞,取下军帽,扫视会场一眼,道:“诸位都是四野名将,转战南北,军功卓著。四野在解放战争时期,三下江南,四保临江,攻锦州,夺沈阳,克天津,围北平,又南下两广,远征海南岛,一向为我军主力。今请诸位率先遣部队出国远征,料必能旗开得胜。”而后,话锋一转,又介绍说:入朝参战部队,除13兵团6个军(计步兵18师、炮兵3个师、步炮共21个师)30万人外,另有三野宋时轮第9兵团随后跟进。除宋时轮兵团之外,中央又令第3、第19、第20共3个兵团作准备,必要时投入战场。众将闻言,皆欢欣鼓舞。末后德怀又表示,从前虽然未指挥过四野,却愿与诸将同心协力,夺取远征胜利。说罢归座,场上掌声雷动。

未久,高岗等人离去,彭德怀便与诸将讨论军情。先由志愿军参谋长解方介绍军情。解方长期从事参谋工作,又在东北数月,敌我军情了如指掌,当时起身拿一根小指挥杆,面对军事地图解说道:“美军、‘联合国军’并韩国军队自9月30日越过三八线后,分两路北犯。西线敌军,由美将沃尔克指挥,拥美第8集团军所属第1骑兵师,第2、第24、第25步兵师,韩国第2军所属第1、第6、第7、第8师并英军第27旅,计有8个师20余万人,是敌军主力,沿开城、沙里院、平壤轴线北进,已占平壤。东线敌军,由美将阿尔蒙德指挥,计辖美第10军所属海军陆战队第1师、步兵第7师、第

重机枪掩护步兵冲锋

3 师，韩国第 1 军所属第 3 师、首都师，共 5 个师 10 余万人，分陆海两路，沿东海岸北进，策应西路敌军。如今东路敌军已占元山。察敌军意图，是东西两路并进，向中朝边境鸭绿江、图们江进犯。”

敌情介绍毕，解方又回头介绍志愿军部署，约略是说：志愿军第 13 兵团所属基干部队，计步兵第 38 军、第 39 军、第 40 军、第 42 军，共 4 个军 12 个师及 3 个炮兵师，已在中朝边境通化、辑安、辽阳、鞍山、海城、安东等地隐蔽待机。另有步兵第 50 军、第 66 军，计 2 个军 6 个师，正向东北开进，划归第 13 兵团序列，是故第 13 兵团共拥步兵 6 个军，总共 21 个师 30 万人，其中步、骑、工、炮 15 个师已部署完毕，可随时渡江。

彭德怀听军情报告时，暗思道：“这解方看去年岁不大，却头脑清楚、言辞简洁，只三言两语便把军情介绍得一清二楚，果然是将才。”待报告将完时，忽然想起离开北京时毛泽东有指示，为保险起见，令志愿军第一批渡江部队以 2 个军 6 个师为限，以探美军虚实，保持可进可退的态势。两相联系，料解方话中有话，便单刀直入道：“我离北京时，主席有指示，令先渡 2 个军、6 个师过江，在清川江一线，德川、宁远公路以南，平壤、元山铁路以北之间，构筑防线，阻敌进攻，掩护朝鲜人民军收容整编，再作计议。以参谋长之见，此种部署是否妥当？”德川、宁远、清川江皆在朝鲜境内，北距鸭绿江约 150 公里，南距平壤、元山约 100 公里。

解方见彭德怀问及毛泽东的渡江指示是否妥当，抬头扫视邓华、韩先楚、洪学智诸将，见皆有鼓励之色，便郑重报告道：“老总所提问题，我等实际上已作过讨论。”

彭德怀问道：“你们是如何讨论的？”

解方又望邓华等人一眼，答道：“敌军东西两路军有 40 万人，又有坦克千辆、飞机千架，装备优良，火力凶猛。据我军派驻朝鲜的武官报告，美军尤其重视以轰炸机攻击人民军后方供应线。每逢大战，人民军后方铁路、公路，皆被炸毁。是故我们判断，战局一开，美军必出动轰炸机炸毁鸭绿江大桥，阻我后援。我以 6 个师渡江，万一被敌军切断后方交通，便难以支持。不如一不做、二不休，将第 13 兵团 4 个基干军全部渡江，一则有力量与美军会战，二则万一鸭绿江桥被炸毁，也可在朝鲜境内结成重兵集团，独立作战，不怕美军围攻。”

彭德怀面对地图沉思一番，暗暗颔首，回头又问邓华、韩先楚诸将意下如何，邓、韩等人皆说同意解方意见。彭德怀拊掌道：“此是好计，就按此办理。令 38、39、40、42 军并 3 个炮兵师一齐渡江，到朝鲜境内集结待机，再令第 50、66 两军随后跟进，如何？”

众将一齐叫好，但又有疑虑地说：“毛主席那里怎么办？”

彭德怀道：“主席一向从谏如流，料无问题。你们先照计执行，主席处，我自会报告。”当时议定：将 4 个军 15 个师分左右两支同时渡江。左一支军由吴瑞林、梁兴初率领，从鸭绿江上游渡口辑安过江；右一支军以温玉成、吴信泉率领，从鸭绿江下游渡口安东过江。3 个炮兵师分插入左右两路，随步兵过江。又约定 19 日初开始偷渡，

志愿军跨过鸭绿江大桥

22 日夜渡完。各部过江后，立即隐蔽接近敌人，在清川江以北，云山、妙香山、宁远、姚德、新上以南诸要点占领阵地，准备与敌接战。

部署毕，众将领命正要辞出，彭德怀忽从座上起身，叮嘱道："兵法要诀讲究攻敌不备、出敌不意。如能保守我军渡江机密，开局获胜，就有了一半把握。是故渡江接近敌人，务必在夜间进行，决战前不得暴露行踪。"众将一齐应诺，各回部队。彭德怀又自思量一阵，提笔亲拟电稿，向毛泽东报告渡江计划，说明何以令 21 个师一齐渡江，然后交毛岸英发往北京。

金日成自向中国发出请援要求后,每日等待回音,等到10月8日方得中国驻朝鲜国大使倪志亮、临时代办柴成文的回答,说中国已议定出兵援朝。金日成大喜,呼道:“真是妙极!”

第十二章

彭德怀扎营大榆洞
沃尔克退过清川江

辽宁省安东市，背靠镇江、元宝二山，前临鸭绿江水。跨过鸭绿江，便是朝鲜边城新义州。安东城依山傍水建成，城内银杏树环抱，杜鹃花满街，向有东北小苏杭之称。如今因朝鲜战事，安东城已硝烟弥漫，散发出浓烈的火药味。大街上，到处是披着灰绿色伪装网的汽车、大车、骡马、部队，佩戴红臂章的纠察队员们或在街口，或在人群中指挥交通、维持秩序。马路上，不时见有大小弹坑，皆为美国飞机轰炸而成。每一栋楼房的窗口上，都贴有花花绿绿的纸条，以防美机空袭，震坏窗玻璃。

10 月 19 日黄昏，是中国人民志愿军大部队渡江的预定时刻，安东城又是一番景象。彭德怀心忧渡江秩序，夜幕刚落便来到鸭绿江边，看第一梯队第 40 军如何过江。透过夜色，见鸭绿江如一条缎带，幽幽泛光。鸭绿江大桥，如从两岸伸出的双臂，正在江中相拥。大桥长 1100 米，是钢铁结构，汽车、火车皆可通行。志愿军大队人马，悄无声息从城内开来，源源不断，秩序井然。一上大桥，便成六路纵队疾奔。纵队中央留有通道，供骡马、车辆通行。虽数万人行军，却不见一丝光亮。就连马达低沉的轰鸣声、战士的脚步声，也被鸭绿江的浪涛声和从江口吹来的风声遮盖住，不露一点形迹。

待到午夜，40 军 3 个师数万人马已有半数渡江，消失在鸭绿江对岸的密林中。彭德怀抬腕看表，心中暗喜，回头对陪在身边的 40 军军长温玉成道："照这样的速度渡江，22 日 6 个军皆可渡江完毕。"稍顿又道："务必在清晨 4 点天放亮前，停止渡江。已过江部队，千万隐蔽妥当，待明日黄昏时再向集结地开进。"

温玉成原籍江西兴国，1915 年生，1930 年参加红军，任过红军团政委，抗战时任新四军第 16 师第 18 旅旅长，解放战争时任第四野战军第 41 军副军长。

彭德怀交代完毕，便登上吉普车，带志愿军司令部人员插进队列，也乘黑渡江。司令部车队甫到鸭绿江南岸，便有朝鲜民主主义人民共和国副首相兼外相朴宪永带一班官员守在桥头迎候。桥头三岔路口，人民军女战士站立岗亭，以小旗指挥行人车辆通行。虽是夜半，仍有不少朝鲜民众守在街边，挥舞小红旗，低呼"毛泽东万岁！""金日成万岁！""中朝友谊万岁！"大街两旁，也贴有标语口号，皆是欢迎志愿军的内容。目睹此情此景，彭德怀十分感动。

朴宪永与彭德怀略作寒暄，便登车引路，带司令部车队沿盘山公路向南疾驶。因恐美军飞机追踪轰炸，虽夜里行车，亦不敢开灯。幸驾驶员皆训练有素，一路爬坡过涧安然无恙。待拂晓时分，到一个处所，正是选作司令部驻地的大榆洞，众人方将一颗悬着的心放下来。

车队一停，彭德怀从吉普车上下来，略伸伸腿脚，便打量大榆洞左右地势。见南北皆是东西走向大山，中间夹一条深沟，壁立千仞，林木丛生，一条刚修好的公路自东而西，穿沟而行。路边石壁下有一排木板房，像是简易工棚，已十分陈旧，木板房背后有一大石洞。朴宪永一边带彭德怀巡察地势，一边介绍说："大榆洞原是一处金矿，那石洞原是采金洞，木板房则是矿工住房。朝鲜原有黄金国之称，年产黄金 30 吨，居世界各国之首。大榆洞金矿又为最大金矿。如今金脉已绝，矿洞废弃，正好用为志愿军总司令部驻地。"

志愿军进攻长津湖美军机场

彭德怀打量完地势，又令毛岸英打开一幅军用地图，见大榆洞正当大宁江源头，北距鸭绿江水丰电站 50 公里，南距清川江要镇球场、熙川各 100 公里。西渡大宁江，可达龟城；东渡忠满江、秃鲁江，可达朝鲜民主主义人民共和国临时首都江界；不但位置隐秘适中，而且交通方便，便于直接掌握部队。心道：“这大榆洞果然是辟为司令部驻地的绝佳处所。”便传令司令部人员卸下行装，安营扎寨。

安顿完毕，彭德怀因一夜奔波，风尘仆仆，已十分疲乏，便令卫兵打来一盆泉水。经冰凉透骨的泉水擦洗后，立觉神清气爽。正要筹划军务，忽报有人求见，令卫士迎入。只见其人 30 来岁年纪，一身戎装，十分精神，似曾相识，又说不出姓名。正纳闷时，那人高兴叫道：“彭总，你不认识我了，我是柴成文。”彭德怀闻言，恍然大悟，道：“原来是柴参谋啊！”说时赶紧上前，拍拍柴成文肩膀，算是问好。

原来，抗日战争时期，彭德怀任八路军副总司令，在太行山八路军前方总部指挥华北八路军对敌作战，柴成文在总部任参谋，后又任情报股股长。一次日军扫荡，四面合围八路军前方总部，部队走散，柴成文带一个警卫班，护卫彭德怀突围，一路且战且走，连夜疾走数十里，突破日军重围，化险为夷。自此彭德怀便日益看重柴成文。

柴成文入见彭德怀，因是老部下，彭德怀为人又生性质朴、不摆架子，便觉自由自在。行礼问安毕，向彭德怀报过军情，大约是敌军兵力部署、进展情况、作战特点、人民军现有兵力、朝鲜山川地理之类。彭德怀听得十分仔细，边听边做笔记。

军情报告毕，柴成文又说道：“我来还有另外一件大事。”未待彭德怀回问，便接着言道：“金日成首相已到大榆洞，离此只一箭之地，欲与老总晤面。”

原来，金日成自向中国发出请援要求后，每日等待回音，等到 10 月 8 日方得中国驻朝鲜国大使倪志亮、临时代办柴成文的回答，说中国已议定出兵援朝。金日成大喜，呼道：“真是妙极！”待到 10 月 19 日，平壤、元山已为美军攻陷，军情紧迫，已是最后关头。志愿军恰恰于当夜渡过鸭绿江，进入朝境，彭德怀亦率志愿军总部进至大榆

彭德怀听取前沿阵地情况

洞安营。金日成得报，立即由柴成文相伴，乘专用小卧车，离开德川临时指挥部，不管天黑路险，一夜疾行百余里，抵达大榆洞，迎接彭德怀，以示谢意。因是一国首相，碍于礼仪关系，不便先来，便在大榆洞志愿军总部近侧临时安排一个处所，差柴成文来先会彭德怀，算是前往晋见。

彭德怀正听柴成文说话时，又报有人求见，却是金日成派来专使，请彭德怀前去相会。彭德怀未多言，只略整理衣襟，正了一下军帽，便由柴成文相伴，随来人前往晋见。因同在一条沟中，皆是小路，也不必驱车。彭德怀随来人爬过几道坡，又转过几道弯，来到一栋木板房前。抬头看时，见门前站立一中年军人，一身人民军将官服，正是金日成首相临门迎候。彭德怀大步上前，二人握手行礼，相邀入内。又照朝鲜风俗，各脱下鞋子，分宾主席地而坐。有服务员送上茶水，是上好红茶，用大榆洞泉水泡制而成，入口清醇，香浓四溢。

彭德怀边饮茶边打量房子，见是办公室兼卧室，外看虽是木板拼成、十分陈旧，室内四壁却皆挂白色布幔，洁白如雪，显是迎候贵客，临时装饰。金日成打量彭德怀，见一身黄呢军装已经破旧，袖口发毛，不知何时已截去一段。一脸短髭须，显见多日未曾修理，但愈显出一股虎将英武之气，顿生好感。便先说道："久闻贵国军中有一员虎将，雅号猛张飞，能征惯战，敢虎口拔牙，今日得见，实慰平生一愿。"

彭德怀对道："首相年不过而立，便转战长白山，远征欧洲。如今又与美国侵略军恶战，夺汉城，取乌山，大战洛东江，杀得美将沃尔克丢盔卸甲，彭德怀钦佩不已。"言罢，二人相视大笑。

少顷，转入正题。金日成先通报敌情，约略说明：敌军东西两路军，自占平壤、元山后，分兵北进，来势凶猛，照其速度，不出一周便能进抵鸭绿江边。稍顿，便询问志愿军入朝兵力共有几何,如何部署。

彭德怀道:“我军第一批入朝部队计为第13兵团所辖步兵6个军18个师及炮兵3个师,共30万人。第二梯队尚有宋时轮第9兵团,辖步兵3个军,每军4个师,计为12个师。除第9兵团外,另有第3、第19、第20兵团,正更换装备、补充兵员,以为后援。若5个兵团一齐开到,总数便不下百万。”

金日成闻言,拊掌道:“有贵国百万雄师助我,又有彭大将军挂帅,任他麦克阿瑟三头六臂,我国千万同胞亦再无忧。”

彭德怀又问人民军兵力,金日成告道:“我军虽屡受重创,仍有四个作战师。一个在东线,三个在西线,正据险防守。另有游击部队若干,正深入敌后,专攻敌军补给线。”

彭德怀略作沉吟,道:“我出国前,我国毛泽东主席曾作指示,令我军先配合贵军在贵国北部山地据险守御,再伺机反攻。贵军苦战数月,必已疲惫。为今之计,贵军各部先退往边境山地,予以休整补充,恢复战斗力。御敌之事,先由我军承担,如何?”金日成谢过。

商议军机毕,二人又说些闲话,彭德怀方起身告辞。金日成送出门外,互道保重而别。

彭德怀回司令部后,便探问军情,苦思应敌之策。饥则吃几口卫兵煮好的面条,渴则狂饮几口凉茶,困乏时,和衣打盹片时,醒来用凉水擦一把脸,再对图沉思。几日下来,两颊瘦削,眼圈发青。几个副司令员见状,皆暗中心焦,恐彭德怀支持不住,便召来毛岸英道:“彭总连日寝食不安,日见消瘦,可有办法让彭总歇息片刻?”

毛岸英闻言,一拍胸脯道:“这事包在我身上。”说完,摸出一副象棋,径奔司令室,大喊道:“老总,洪副司令说你的棋艺比我好,我不服,再与老总杀三盘。”

彭德怀一扬手,不耐烦道:“找别人下去,我正忙呢!”

若是他人,听这答复,早大气不出地走了。岸英是毛泽东长子,又被毛泽东托付给彭德怀,是故无所忌惮,也不管彭德怀是否高兴,便抱住他一只胳膊,往隔壁会客室

阵地防御战

拖。彭德怀正欲挣扎，门外数人一拥而进，是邓华、洪学智、韩先楚几位副司令员，皆道："老总已有数日不食不眠，不如杀两盘，换换脑筋。说不定制胜之策，就来自杀三盘。"

彭德怀无奈，只得由岸英拖到会客室，择一张简易桌子，以炮弹箱作椅，勉强坐下。毛岸英摆开棋盘，众人七手八脚，帮彭德怀把棋摆好。岸英偷望彭德怀，见仍然愁眉不展，便故意高叫一声，道："当头炮。"说时已把二路炮平拨到五路。彭德怀闻这声音，当时一乐，道："我虽然棋臭，赢你却绰绰有余。"说话时，便出二路马，说声："跳马。"众人见彭德怀肯下棋，都松了一口气。

不久，已下完两局，各胜一局。第三局是决胜局，开局不久，岸英便占上风，一旁洪学智连递眼色，意思是要岸英暗中让棋，让彭德怀赢。岸英少年心性，如何肯让。彭德怀棋势被动，急于挽回局面，忙乱中，把右路车送到了岸英马口下，岸英正要起马踩车，彭德怀回悟过来，赶紧伸手抢回右路车。岸英急了，叫道："老总，你怎么又悔棋?"彭德怀道："车还在我手上，不算悔棋。"

二人正争执时，却有急报送来，说敌东西两路军，自离平壤、元山后，皆以营团为单位，分兵冒进。西路敌军前锋，强渡清川江后，分为四支：左一支军以美24师第21团为前队，英军第27旅为后队，计1万人，由安州连渡清川江、大宁江，进至定州，距新义州鸭绿江桥只80公里；左二支军，以美24师第5团为前队，韩国第8师为后队，也由安州渡清川江，进兵龟城、泰川，距鸭绿江也约80公里。右一支军，以韩国第6师为前队，第7师为后队，由军隅里渡清川江，已进至鸭绿江上游江边重镇楚山，正隔江轰击中国江岸。右二支军，却是敌军主力，以美军骑兵第1师所属骑8团、骑5团为前队，韩国军第1师为后队，由军隅里渡清川江后，进驻云山，距大榆洞志愿军总部驻地只50公里。东路敌军则分为三支：右一支军，是韩国军第3师在前，首都师在后，沿摩天岭西麓北上，直扑图们江岸。中一支军是美步兵第7师，由利原登陆，投山间僻路，翻越赴战岭，由长津水库东岸北进，夺占鸭绿江上游小镇惠山。左一支军，是美海军陆战队第7师，由咸兴出击，沿狼林山与赴战岭之间隘道，出长津水库西岸，也向鸭绿江南岸推进。又有美第3师驻屯元山，为各军后备。

彭德怀读罢敌情报告，走近地图，见朝鲜全境平面图如一只巨大马蜂，头贴中国东北，尾对日本列岛，背靠日本海，腹依黄海。腹背处，左有西朝鲜湾，右有东朝鲜湾，两湾之间自平壤东至元山约200公里，恰如马蜂蜂腰，是朝鲜半岛东西海岸最狭处。由此往北，进入蜂头处，陆地突然呈扇形张开，自新义州到咸兴，东西海岸横向距离几为蜂腰处二倍。狼林山脉高2000米，自北而南，沿鸭绿江直下，与大峰山脉相接。狼林山脉左右，又有妙香山脉、赴战岭山脉，皆山接山、岭接岭，林深路隘，飞鸟难逾，把半岛蜂头劈为东西两半，在地势上相互隔离。再细看狼林山脉以西地势，清川江自狼林山主峰流出，沿妙香山北麓，与鸭绿江平行，自东北而西南，连接熙川、球场、价川、安州、新安州诸城，飞流直下，长流200公里，泻入西朝鲜湾。自清川江往北约行150公里是鸭绿江，两江之间亦是崇山峻岭、河川纵横，多南北走向。是故往北通往鸭绿江的大路皆沿河谷北上，不但两山夹峙，且也相互隔开。

看罢地图,彭德怀心中暗喜,却不动声色,向参谋人员询问志愿军各军位置。参谋长解方赶紧上前,如数家珍般告道:“到22日夜,志愿军前锋4个军计步骑工炮15个师,皆乘夜黑渡江完毕,均已到指定位置集结待命。”说时取出一份文件,照文件报告道:“39军主力,在龟城泰川正挡美24师去路;40军主力,在大榆洞东侧正挡美军骑1师去路;38军主力,在熙川附近正挡住李承晚军第6师、第7师之路;42军主力,则在38军侧后集结。”

彭德怀闻报,又问第50军、第66军位置,报告说皆已渡江完毕,正向战场开进。彭德怀闻报大喜,思忖道:“此是老天助我,首战必胜。”回头告众将道:“敌军分两路而来,中央为狼林山脉隔绝,两路军间距有200里,互不照应。每路敌军又各分作数支,间隔数十里,各自为战,皆以团营为单位,分散冒进,却不知已钻进我军罗网,是自寻死路。”

众将闻这一番话,皆大笑。少顷,又一齐问彭德怀战守之计。彭德怀肃然道:“为今之计,可令吴瑞林统42军两个师,向东开赴狼林山脉,死守赴战岭、黄草岭。”稍顿,又道:“料我军在西线一打响,东路美10军必然来援。由东线到西线,其间隔狼林山脉,只赴战岭、黄草岭两处隘口可供通行。可告吴瑞林,若能守住赴战岭、黄草岭十日,便是一桩大功。”

待机要秘书速记完毕,彭德怀又传令道:“令梁兴初统38军主力,配属42军步兵1个师,计步兵4个师,由战场东侧强行穿插,秘渡清川江,抢占清川江南重镇军隅里。”稍顿,又道:“料敌军受打击后,必渡清川江,夺路南逃。军隅里正当五路总口,敌军溃兵,必经军隅里通过,可告梁兴初,38军若能克日夺占军隅里,死守三日,更是大功一桩。”

众将纷纷走向地图,指指画画,皆暗中颔首。彭德怀又下命令道:“令第66军兼程进军,占领宣川,阻敌步24师。若敌军溃逃,可全速追击,强占安州。安州也是敌军南逃通路。若守住安州,也是一桩奇功。”然后,彭德怀提高嗓门令道:“其余各军、师,可乘敌分兵冒进之机,集中优势兵力,1个军打1个师,1个师打1个团,分头围攻敌军,务求全歼,不使漏网。”话毕,彭德怀回头问众将道:“如此部署,可有不当之处?”众将一齐拊掌叫好。

追 敌

司令部数十部大功率电台当时一齐启动,分别将命令传达至各部队首长,并报北京毛泽东。各部队受命,一齐清点人员装备,开赴战地,构筑工事,准备恶战。

大榆洞东去20公里,有一小镇,名温井。镇虽不大,却当交通要津。渡清川江,经云山,过温井,再经大榆洞,只三日行程便可达鸭绿江中游重镇碧潼。观温井地势,两山夹峙,壁立如削,林木遮天蔽日,可埋伏千军万马。两山之间,有一条土面公路,由云山伸过来,往北盘山而上,弯多坡陡,勉强可供轮式车辆通行。彭德怀料敌军北进,必经温井,故早令40军派步兵1个师在温井两侧山林构筑阵地,设伏待敌。

志愿军将士,在温井附近山林中隐蔽,日则以炒面饭团就生水为食,夜则和衣抱枪,在林中露宿,封锁消息,不生烟火。待到第四日,是10月25日,忽有急报送来,是说韩国第6师前锋约有千余人,以坦克为前导,携带炮队,由云山出发,正沿公路向温井开过来。将士得报,皆重新检查枪炮弹药,又仔细将阵地伪装一遍,注视来路,准备出击。

待到午时,太阳越过山头,正照在峭壁夹峙的小镇。云山方向,忽然尘头大起,汽车马达声、喇叭声、人声,偶尔夹杂枪炮射击声,远远传来。俄顷,远远望见一支车队,自南而北,疾驶而来。车队前面,是10余辆坦克,每辆坦克上皆搭载一二十名韩国士兵,荷枪实弹,悠然自得。坦克后面,有约百辆军车,或载士兵,或拖大炮,或装弹药补给,迤迤逦逦,绵延数里,望不见头尾。进至温井时,路窄弯急坡陡,两侧青山相逼,车队放慢速度,前队坦克偶向路边丛林发射几炮,或用机枪扫射一阵,见无动静,又放胆前进。

恰在这时,两侧高山丛林中,忽枪炮齐发,弹如雨下,射向车队。无数手榴弹也如下冰雹一样,从高崖上落下,在车队中开花,许多汽车立时中弹起火,腾起丈来高的烈焰,谷中立时烟火弥漫,枪声、炮声、哭喊声相互交织,燃烧的汽车轮胎、衣物、残肢断腿,在爆炸声中乱飞乱舞。韩国军死伤无数,余者纷纷钻入车底、丛林,或沟涧里、岩石后。头前引路的坦克,自恃甲坚炮利,立即掉头,一边发炮向两边山林乱射,一边夺路突围。眼见就要冲出重围,忽从山林中冲出一群志愿军爆破手,一个个手持爆破筒,从死角楔入,把爆破筒插入坦克轮轴,一拉火,便滚入路旁深沟。接下来是轰然巨响,坦克便被炸断履带,动弹不得。不到片刻,十余辆坦克皆被炸毁。余下一辆坦克以

美军开始撤退

志愿军通过长津湖大桥

为突围成功，坦克手十分庆幸，掀开盖口，向外探望，不知从何处忽飞来一枚手榴弹，正落入盖口内，但见火光闪过，又是一声闷响，最后一辆坦克也被炸毁。

恶战多时，山林中又响起冲锋号声，一处吹响，四面响应，志愿军大队人马不知几千几万，一齐平端带刺步枪，扑向谷底公路，搜寻残敌，与敌白刃格斗。志愿军不但人多势众，居高临下，且受过白刃战训练，个个以一当十，李承晚军不能敌，纷纷缴械投降。前后不过一小时，战斗便告结束。敌军前锋千余人，全部被歼。

彭德怀坐镇大榆洞司令部，电话中得报温井之战获胜，一面通令嘉奖，一面令志愿军各军立即出击，打击敌军。志愿军 20 余万人马，隐伏山林，蓄势已久，得令皆如猛虎下山，扑向敌军。自西而东，第 66 军在龟城围住美军步兵第 24 师，第 50 军在泰川盯住英军步兵第 27 旅，第 39 军围住李承晚军第 1 师，第 40 军围住李承晚军第 6 师，第 38 军盯住李承晚军第 7 师。一时间，清川江北岸数百里地，炮声隆隆，火光冲天，喊杀声日夜不绝。李承晚军各师丢盔卸甲，纷纷夺路向南溃逃。

美第 8 集团军司令官沃尔克中将在平壤司令部中闻报李承晚军第 6 师前锋一团在温井遇伏，尚不在意，及至所部各支军在龟城、泰川、熙川各处相继遇伏，方信遇到强敌。不免自思道："朝鲜共军主力，在三八线以南已折损七八成；夺平壤时，又折损一二成。如今其野战部队十不及一，如何有如此战斗力，能八面出击，同时伏击我四五支大军，敌军从何而来，莫非真能从天上掉下来？"

正把握不定时，忽有急报，称所遇敌军是志愿人员，皆来自中国，约有数万。沃尔克将信将疑。思量道："敌军虽凶，只以韩国军为对手，却不敢攻击美军各师。纵然真遇到中国志愿军，有美军步 24 师、骑 1 师为骨干，我亦不惧。"计议一阵，便致电东京麦克阿瑟，请派东线美 10 军各部，翻越狼林山脉，向西驰援第 8 集团军，抄袭中国志愿军后路。又致电第 1 骑兵师师长盖伊少将，令统其主力向云山方向进兵，接应各部，伺机与敌军决战。

盖伊得令，急令所部各团会合韩国第 1 师主力，进占云山。扎营未定，正遇上吴信泉统志愿军第 39 军数万人攻到。吴信泉湖南平江人，1912 年生，1930 年参加红

志愿军围攻美军陆战一师

军，曾为红军师政治部主任，抗战时任过新四军第3师第8旅政委，解放战争时任第四野战军第39军政委。

美将盖伊见吴信泉攻到，急将所部结成环阵，据险死守，以待东线美10军来援，好夹击中国军队。吴信泉见状，将部队分为三支，分别从北、西、南三面围住美军骑1师，日夜架炮攻打，再以步兵冲阵。两军短兵相接，白刃格斗，阵地得而复失、失而复得，反复易手。恶战数日，仍相持不下。

因连日攻打美军骑1师皆遇挫折，吴信泉心中焦躁，便召各师长检讨战斗。或说受挫原因是美军骑1师装备太强、火力太猛，不但有坦克百辆，且有飞机助阵，志愿军每在夜间攻入敌阵，白天便被美军凭火力击退，不能分割敌军。又有的说，敌阵北西南三面，由美军据守，是敌强点，东面是李承晚军第1师，是敌弱点，今只攻北西南三面，是战术失误，不合毛泽东十大军事原则。吴信泉闻言沉思良久，便重新部署，令北西南三面强攻，却暗调主力，乘夜黑偷袭东翼李承晚军第1师阵地，只一阵冲杀，便将李承晚军第1师击溃，攻破盖伊环阵。适逢第40军打垮李承晚军第6师后，追敌到云山。两军合力，奋勇穿插，将美军骑1师截成无数节。

盖伊初时还想纠合残部重新结阵固守待援。忽有报来，是说东线美10军各部被阻于赴战岭、黄草岭一线无法应援。又报说中国志愿军穿插部队正向军隅里后方进逼。盖伊情知不妙，恐孤军被歼，急传令各部，利用坦克冲阵、飞机掩护、各自为战，夺路南逃。

美军官兵苦战数日，早疲惫不堪，闻撤退令下，纷纷丢下枪械、大炮、车辆，三五成群逃出志愿军包围圈，渡清川江而去。骑1师一溃退，美24师、英27旅、韩国军各师残部，亦望风南渡清川江而逃。沿路遗弃车辆装备无数。

志愿军各部见敌溃逃，衔尾穷追。前锋渡过清川江后，又追赶一程。清点战果，两军数十万人，在清川江北岸恶战十日，志愿军一战温井、二战古场洞、三战两水洞、四战云山，连战皆捷，打垮敌军西路8个师1个旅20余万人，毙伤俘敌约1.5万人，缴获飞机4架，车辆、坦克、大炮皆以百计，枪械弹药、粮食被服堆积如山。

原来，中国出兵之前，与斯大林有口头协议，中国出地面部队入朝参战，苏联派空军师若干到中国东北帮助保卫东北领空，掩护志愿军作战，并供应飞机若干帮中国建设空军。中国决定派兵后，又派周恩来、林彪二人为使，赶赴苏联，请斯大林履约。未料斯大林竟食言而肥，以欧洲局势未明，苏联空军实力不足为由，予以拒绝。

第十三章

故意示弱志愿军回撤
盲目骄狂远东王中计

云山之战后，美军骑1师恐被消灭，赶紧夺路突围，“联合国军”其余各部队也一齐掉头南逃。志愿军各部衔尾穷追。刚过清川江，忽接到彭德怀命令，要各军回撤，退回清川江北岸。适有苏联驻朝鲜大使拉佐瓦耶夫到大榆洞志愿军总部访问，促彭德怀穷追敌军，乘势收复平壤，议道：“照兵法常理，既已打垮敌军，当勇猛追击，扩大战果。如今敌军连夜溃逃，却令停止追击，收兵回营，坐失战机，真不知是哪一家兵法。”

彭德怀淡淡对道：“这是彭氏兵法。如何战守，我自有计较，不劳阁下多问。”言罢，又问道：“我军入朝之前，贵国曾有向我提供空军助战之议，何以迄今战端已开，贵国仍无动静？既无空军助战，也不肯向我军提供飞机。”

原来，中国出兵之前，与斯大林有口头协议，中国出地面部队入朝参战，苏联派空军师若干到中国东北帮助保卫东北领空，掩护志愿军作战，并供应飞机若干帮中国建设空军。中国决定派兵后，又派周恩来、林彪二人为使，赶赴苏联，请斯大林履约。未料斯大林竟食言而肥，以欧洲局势未明，苏联空军实力不足为由，予以拒绝。周恩来、林彪皆知斯大林是怕志愿军在朝鲜失败，祸及苏联，没有多言。是故志愿军入朝作战，便无空军掩护，无论攻守都十分困难。

苏联大使拉佐瓦耶夫促彭德怀统兵穷追，被彭德怀拒绝后，只得怏怏离去。彭德怀送走客人，又回司令部作战室，对图思虑战局。不久，电话铃声接二连三响起，原来是各军军长请战，要求穷追敌军，向南扩大战果。彭德怀烦道：“诸位只须照令执行，将部队带回清川江北岸，补充兵员、弹械、粮饷，总结对美军作战经验。是否追击敌军，我自有计较。”

各军长无奈，只得照令将所部带回清川江北岸，又约退三五十公里，重新隐入深山密林，休整待命。

麦克阿瑟坐镇东京，初时闻报所部“联合国军”各国部队分东西两路向中国边境进军，一路畅通无阻，左路前锋一支军已进抵鸭绿江上游小镇楚山，可隔江炮击对岸。其余各支军也各沿纵向河谷向北推进，浩浩荡荡，隔鸭绿江、图们江只一二天路程。心中大喜，自思道：“数日之内，待我全师全线进抵鸭绿江、图们江，便是一件奇功。那时李承晚必尊我为统一朝鲜全境之父。”不料大凡世事，往往造化弄人、乐极生悲。10月25日，忽接沃尔克由平壤来电，报说韩国第6师前锋部队在温井遇伏，折损千余人。初还不以为然，认定不过是朝鲜残军困兽犹斗。继之又有报来，说“联合国军”各支部队皆遭伏击，清川江北岸数百里地皆陷入恶战，且报有中国军队介入。东京各大报纸也纷纷报道，称中国正规军已介入朝鲜战场。心中暗思道：“若承认有中国军队介入，必使政治局势复杂化，且华盛顿那帮官僚因恐惧事态扩大，防止与中国开战，必阻我继续向中朝边境进军，致统一朝鲜全境事业功亏一篑。”便传令新闻检查官严密封锁消息，不许报纸披露中国参战事实，亦向华盛顿隐瞒不报，又令新闻官辟谣，说虽有少量中国闲散志愿人员进入朝鲜境，却无中国正规部队介入。所谓中国正规军介入之说皆是新闻记者编撰的故事，用以哗众取宠。完后，又重新安排战守，令沃尔克将西路后备骑1师速调云山，支持各路部队，与敌决战。并令东线美10军

志愿军与敌人展开激战

各师强攻狼林山脉黄草岭、赴战岭两处隘道，向西翻越狼林山脉，支援骑1师作战。

不料美10军各师虽每日以飞机轰炸、重炮急袭、坦克冲锋，却无法冲过黄草岭、赴战岭隘道。素有王牌军之称的骑1师在云山四面被围，惨遭打击，只得放弃云山，星夜夺路南逃。西路"联合国军"阵势，顿时土崩瓦解。20余万大军丢盔卸甲，一齐渡过清川江，向南溃逃。统计损失美24师十成人马折去二成，骑1师折去三成，韩国师皆折去五成，装备损失更不计其数。方知遇到劲敌，相信是中国军队已经全面介入。只不知中国军队何时进入朝鲜？有多少军队？多少人员枪炮？又意欲如何？便向华盛顿发出急报，称遭遇中国军队袭击，请速调兵增援，并在联合国采取行动，向中国发出抗议。又请允出动空军飞机，轰炸鸭绿江桥，切断中朝交通线。华盛顿催问中国军队参战实力、参战意图，便胡乱报个数字，称中国参战部队大约有五六万人马，皆是志愿人员。

杜鲁门、艾奇逊并华盛顿参谋长联席会议成员、国防部长马歇尔，皆据麦克阿瑟乐观估计，以为美军进军中朝边境是一场扫荡战，只以金日成军残部万人为敌手，必寅发卯至，指日功成。未料从10月末起，连得东京急报，说美军在温井、云山、龟城、大场洞、黄草岭、赴战岭各要点遭遇中国军队，陷入恶战，损失惨重，尤以王牌骑1师为最。未久，又报说西路美军皆退回清川江以南，查明中国军队计约五六万人，不知何时过江，已介入战斗。是故皆坠入五里雾中。

因军情紧急，杜鲁门急召艾奇逊、马歇尔、布雷德利及其他一应文武大员齐集白宫总统办公室，举行国家安全委员会会议，分析形势，商讨应对之策。

众人刚入会议室落座，杜鲁门便急不可待，问布雷德利道："照麦克阿瑟报告，有一事我很不理解。我军参战部队有7个师10余万人，韩国军有6个师10余万人，另有英国、土耳其兵各1个旅并其余10余国军队支援，且有飞机、坦克、重炮优势，就算中国有五六万人参战，第8集团军亦不应望风而逃、丢盔弃甲。其中原因，将军可否略作解释?”

布雷德利是精细人,平日不乱发言,今见杜鲁门点将,沉思一会对道:“总统所问,我亦是不解。照我推论,我军进攻遇挫,大概有三个原因:其一,我军苦战数月,将士皆疲惫,归心似箭。闻报骑1师过清川江前已作好了归国准备。中国军队新投入战场,锐气正盛,一劳一逸,恰成对照。其二,我军向北进攻,兵力、火器、战术、行军路线、指挥官姓名全世界皆知,中国军队一向擅长昼伏夜行,朝鲜与中国只一江之隔,多崇山峻岭,中共五六万人隐于丛林中,不露首尾,再待机出击,享有战术优势。如此一明一暗,也成对照。其三,我军部署也颇是不当。”

布雷德利接着言道:“我军虽有10余个师20余万人,却未集中使用。第2师、第25师、第3师并韩国军几个师皆在后方,用于保卫交通线,清剿朝鲜游击队。其余部队又被狼林山脉分开,互不照应。西路清川江以北我军其实只五六个师,且各师又分散部署。中国军队却集中使用,形成局部优势。”

稍顿,布雷德利清清嗓门,归纳道:“是故敌逸我劳,敌暗我明,敌集中我分散,有此三个原因,我军遭挫,也是理所当然。”

杜鲁门边听边不住颔首。凝思一阵,又出言问道:“我军装备,有巨大优势。且不说坦克、大炮,只空军飞机就有千余架,何以不能阻止中国军队的攻势?”

布雷德利正要回答。一旁有人忽然接过话头,插言答道:“朝鲜山高林密,中国军队又长于山地战、丛林战、夜战,跋山涉水如过平川,空军飞机再多,亦不能发挥优势。欧战已证实这一结论,用之于朝鲜战场更是如此。”众人回视这人,见穿一身陆军中将制服,原是陆军副参谋长李奇微中将。

李奇微还准备再说,杜鲁门却不经意调转话题,问国务卿艾奇逊道:“照麦克阿瑟报告,中国过江部队约为五六万人。如果如此,中国出兵是何意图,为达何种目标,

志愿军在敌人纵深地区

我又应如何应对,请国务院方面拿出意见。”

艾奇逊见众人丢开主题,只顾议论军事受挫原因,颇不以为然,却苦于插不上话,见杜鲁门转题,正对心意,便答对道:“我以为中国出五六万人干涉是一步妙棋,足见毛泽东精明过人。”

杜鲁门闻言,便问其详。

艾奇逊接言分析道:“中国出兵若太多,如出兵数十万,便超出中国财力军力负担,一旦失败,便威风扫地。若出兵太少,如一二万,又不能产生影响。是以出兵五六万,不多也不少,可成也可败,在策略上十分灵活。”稍顿,又道:“据报,中国军队皆不戴领章帽徽,只以志愿军自称,是保留可进可退姿态。”

杜鲁门同意此分析。一旁马歇尔插言问道:“照国务卿阁下分析,中国出兵五六万人,数量适中,然其出兵欲达成何种目标?愿阁下进一步分析明白。”

艾奇逊又接着分析道:“照中国一向行止看,出兵五六万人到朝鲜,一为在朝鲜建立一道防线,保障边界安全;二为拯救金日成残军;但最重要的是第三,意欲保住鸭绿江水电站。”稍顿,又分析道:“据报,鸭绿江、长津湖、水丰等几处水电站,装机容量有70万千瓦,占中国东北电力用量的三分之一。如中国失去鸭绿江各电站电力供应,中国东北各工厂便有三成要停工。是故中国出兵,亦事出有因。”

杜鲁门正欲表示赞同,座中忽有一人出言反对,众人回视,见其人年约50,却是国务院中国科科长克拉布。克拉布当时出言驳道:“我以为,照中国一向行止看,中国要么不干涉,既已出兵干涉,就不会只出动五六万人,也不会只以保住鸭绿江电站或建立防线为目标。”

艾奇逊闻言,略一沉吟,便问克拉布道:“依阁下看来,中国会出兵多少?又以何为目标?”

克拉布似胸有成竹,不慌不忙对道:“照我看来,中国既然出兵,就要追求军事上的胜利。为此,最少会出兵数十万,最多可出兵百万。且中国有能力出百万地面部队在朝鲜干预。”稍顿,又接着说道:“至于说中国所追求的目标,我以为最少是要恢复三八线。如有可能,也可能会设法把‘联合国军’赶出朝鲜。”

克拉布虽职位不高,却在中国工作过二十余年,与中共领袖周恩来、叶剑英皆有交往,熟知中国民情风俗、社会心理、中共领导人个性。是故此言一出,举座皆惊,会场一时沉默。

半晌,艾奇逊又出言问道:“阁下的分析固然有理,然据麦克阿瑟分析,鸭绿江只两座大桥,有两条单轨铁路连接中朝边境,通行能力十分有限。朝鲜道路崎岖,公路网也不发达,中国汽车很少,照供应能力计算,中国在朝鲜维持五六万军队,已是极限。”

二人言来语去,一时争论不休。正相持时,忽有侍者送来麦克阿瑟电报,内称中国军队过清川江不久,便停止追击“联合国军”,突然自动全师回撤。空军出动数十架侦察机,飞遍朝鲜崇山峻岭,再不见中国军队踪迹,又出动无数支巡逻队成扇面四处

麦克阿瑟在朝鲜战场视察

搜索,亦是不见中国军队踪迹。电文又推断说:中国军队自动回撤,与“联合国军”脱离接触,正说明中国军队实力有限,目标亦有限,所求者无非是乘“联合国军”攻占朝鲜全境前,从沉船上大捞一把。云山之战,中国军队遭遇骑1师,必元气大伤,故知难而退。末后,电文又建议允出动飞机,炸毁鸭绿江桥,切断中朝交通线,并补充沃尔克第8集团军,令重整旗鼓,继续北进,进占中朝边境地区,统一朝鲜全境,务于圣诞节前结束战争。

杜鲁门先默读一遍电文,喜上眉梢,又当众朗诵一遍。艾奇逊见电文意旨,与自己分析略同,十分得意。克拉布见麦克阿瑟电文与艾奇逊见解相似,众人也多附和,自己人微言轻,便不再言。

众人又议论一阵军情政情,当时议定:批准麦克阿瑟要求,令沃尔克组织力量二渡清川江,再向鸭绿江进军,阿尔蒙德仍统东路各部队配合作战。

麦克阿瑟得知华盛顿允其二度北进,便令沃尔克、阿尔蒙德二将补充兵员装备,再循旧路向北进攻,克日会师鸭绿江、图们江岸边;又令空军司令官斯特拉斯迈耶中将动用重轰炸机群,不分昼夜,轰炸鸭绿江大桥,封锁朝鲜境内交通。

沃尔克得令,颇是焦虑,发电告麦克阿瑟道:“我东西两路军虽经补充,亦只20余万人。朝鲜地势是南部狭窄,约200公里宽,愈往北去愈是宽广。我军北进,又只能沿各河谷隘道进兵,兵力分散,互不照应。又不知敌军几何,伏在何处,继续北进恐为敌军各个击破。”建议暂不北进,各军在平壤、元山之间掘壕据守,与敌相持,再待机进攻。

麦克阿瑟回电斥道:“中国军队只能派五六万人进驻朝鲜,且装备陋劣,甚至不及朝鲜共军,不堪为敌。只消将鸭绿江桥炸断,中国军队后援被断绝,必失去战斗力,不足为惧。”又说已定妙计,可克日捣毁中国志愿军指挥机关,令沃尔克放胆进军,不必忧虑。

沃尔克虽将信将疑，无奈军令如山，只得统所部各师，再出平壤，沿大路北进。待过清川江，又分军为数支，沿河谷地带向鸭绿江边逼近。阿尔蒙德所部各师，亦在东线恢复攻势。

彭德怀坐镇大榆洞志愿军司令部，一面令各部队与敌脱离接触，退回深山密林，加紧休整，补充兵员、弹械、粮饷，准备再战。一面又派出会朝语、英语的侦察分队，潜入清川江以南敌军阵中，打探敌军动向。

不日，果有急报送来，称美军并“联合国军”各部队经过休整补充，又循原路，浩浩荡荡向北杀来。又听到“美国之音”广播，说麦克阿瑟夸下海口，必在圣诞节前统一朝鲜全境、结束战争。心中暗思道：“皆说麦克阿瑟善于用兵，号称‘远东王’，却不识我诱敌之计。”心中大喜，立即传令诸将，皆到司令部开会，部署战守。

不消片时，与会人员皆到。除司令部正副司令员、政委、参谋长外，另有各军军长、政委。彭德怀先出言道：“上次战役，40 军在温井打李承晚军第 6 师，39 军在云山打骑 1 师，42 军在黄草岭、赴战岭阻击美 10 军，皆英勇善战，立下奇功。尤以 40 军首战温井旗开得胜，如今得毛泽东主席批复，已将 10 月 25 日温井之战，定为中国人民志愿军开战日。”

众将闻言，一齐向 40 军军长温玉成示意致贺。正热闹时，忽听彭德怀话锋一转，叹道：“只惜 66 军，本该在龟城困住美 24 师，却坐失战机，任其逃跑。”稍顿，又说道：“尤其 38 军，本该不顾一切，直插清川江南咽喉要地军隅里，据险死守三日，阻敌南逃，会齐各路军，聚歼美军骑 1 师于清川江两岸，不料该军贪恋收缴韩军残部装备，致误战机，未及时赶到军隅里。致美军骑 1 师、步 24 师绝处逢生，逃出包围圈。”

志愿军在炒米面

66军并38军首长闻这一番话，暗含斥责之意，皆面红耳赤，众人亦是默然。副司令员邓华、韩先楚、洪学智见彭德怀出言批评66军和38军，恐成僵局，皆出言道："我军在异国作战，装备远不及敌军先进，又无空军掩护。所恃者，全在于纪律严明，将士用命，敢近战夜战，迂回运动。若失此法宝，便无以致胜，是故彭总批评恰到好处。"诸将又各作自我批评，对失误承担责任。

会议转入正题，照例又由参谋长解方报告敌情。约略是说，敌军经前次打击，损失惨重，退过清川江以南。如今敌军不但补充飞机、坦克，又调兵增援。西线敌军不但将李承晚军1师、6师、7师、8师，美军骑1师、步24师补充完毕，且又调来美2师、美25师一齐投入第一线。是故西线敌军拥兵8个整师又3个整旅，分作四支军。左一支军编作美1军，由米尔本任军长，计辖美24师、英27旅、李承晚军第1师，共2个师1个旅，约5万人，沿西海岸公路线，渡清川江，总攻新义州。右一支军，编作李承晚军第2军，计辖6师、7师、8师，共3个师，沿妙香山东麓渡清川江，向北总攻楚山。中央一支军是敌主力，编作美9军，由库尔特为军长，计辖美2师、25师，皆是生力军，从中央渡清川江，直扑云山、温井，北进水丰电站，寻我军主力决战。第四支军是骑1师，留守后方，为总预备队，准备随时支援左中右三支军。四支军统归第8集团军司令官沃尔克中将指挥。

至于东线敌军，新增援美军3个师，共拥兵5个师，也兵分四路：右一支军，是李承晚第1军，计辖第3师和首都师，分前后两队，沿东海岸进攻图们江口。中央一支是美10军所属步7师，沿长津湖东岸北进，仰攻惠山。左一支军，是美10军所属的海军陆战队第1师，沿长津湖西岸北进，再攻黄草岭，进攻鸭绿江重镇满浦。第四支军是美3师，驻屯后方，往来救应各军。四支军统归美10军军长阿尔蒙德节制。

总计敌东西两路共5个军13个师，3个整旅，共20余万人，另有飞机1600架、坦克1200辆助战。浩浩荡荡，比前次更凶，皆与志愿军前锋部队有接触。

众将闻报军情，一时寂静无声。半日，彭德怀方出言问解方道："据报敌军正在轰炸鸭绿江大桥，未知结果如何？"

原来，美军过三八线时，杜鲁门曾三令五申，要麦克阿瑟不得轰炸鸭绿江南岸近岸地区，以防误炸中国。云山一战，美军败绩，麦克阿瑟怒气冲天，把美军失败原因归之于华盛顿不允轰炸鸭绿江南岸地区。一日数电，请允派飞机轰炸鸭绿江大桥，切断中朝交通线。杜鲁门无奈，便允麦克阿瑟所请。是故连日以来，美军一面集结兵力重新进攻，一面每日派出轰炸机群，皆是巨型B—29轰炸机，或数十架，或百余架，不分昼夜，轮番轰炸鸭绿江大桥，又追炸车辆，凡火车、汽车、大车，甚至行人骡马，目力所及皆成为美机攻击目标。朝鲜清川江、鸭绿江之间，一时不分前方后方，不分天上地下，爆炸声日夜不绝。彭德怀恐美机炸毁鸭绿江大桥，致志愿军前线部队粮弹难以为继，便有此一问。

解方随彭德怀多日，知其心忧所在，便解释道："敌机连日轮番轰炸，已炸毁鸭绿江上四座大桥。"众人闻言，大惊失色。

志愿军司令员彭德怀在前沿阵地上

解方却不慌不忙,接着言道:“然我工兵部队,沿河上下已临时搭起七八座浮桥,可作替代。且暗潜水下,不易为敌察觉。”又报说冬季已到,鸭绿江不消时日便可封冻,届时人马车辆,皆可冰上过江。是故支持反攻作战,一时尚无大碍。

解方话语刚落,彭德怀又出言问道:“宋时轮第 9 兵团各部现在何处?”解方又答道:“第 9 兵团基干部队 3 个军 12 个师,已由集安渡江完毕,皆进入狼林山脉,正昼伏夜行,向战区开进。”

彭德怀听完报告,稍作沉思,便回头告众将道:“敌东西两路,共增兵 3 个美军师。这一仗如何打,请诸位出计。”

话音甫落,便有一将发言,众人回视,见其人看去只 30 来岁,身材略嫌瘦小,却十分精神,原来是志愿军副司令员韩先楚。

韩先楚幼时家贫,3 岁丧母,7、8 岁时便开始放牛、砍柴,帮助养家。12 岁发蒙读书,只读一年便因家贫辍学。16 岁时,父亲去世,遂成孤儿。为谋生计,作过篾匠、泥瓦工,受尽人间至苦。1930 年,韩先楚 17 岁,参加红军游击队,相继升任班长、排长、连长。后参加红军,在徐海东麾下红 25 军任职。抗战时期,任八路军团长、旅长。解放战争时期,统兵挺进东北,参加东北解放战争,任纵队司令员,曾率部参加辽沈、平津两大战役。以后又统军南征,解放海南岛。虽只 30 来岁,却身经百战,战功卓著。

韩先楚见彭德怀问战守之计,便将心中所想和盘托出,道:“从敌军进攻态势看,

文工团团员深入前线慰问部队

麦克阿瑟自恃新增3个美军师，又以为可凭空军飞机炸断鸭绿江大桥，割裂我前后联系，竟冒兵法大忌，仍照前次战术，将军分为数支，沿河谷北进，真是不知死活。这正利我重复上次战术，以分兵对分兵。”

众人闻言，皆笑了起来。韩先楚又道：“为今之计，可先派出小部队，与敌前锋交火，佯作失败，诱敌尽量向北方深入。再出动主力，分头迎战，正面截击，两翼分割，然后派出部队，下决心插入敌人后方，卡住敌军退路，前后夹击，关门打狗，必能全胜。”

众人闻计，皆拊掌道：“诱敌深入，两翼截击，侧后迂回，关门打狗，果然好计。”

彭德怀也出言称赞，道：“此计若要成功，关键是看迂回穿插部队能否成功，未知谁能当此重任。”说时，以目视38军军长梁兴初。

梁兴初江西吉安人，生于1913年，1930年参加红军，由班长、排长、连长、营长而升任团长。抗战时任过新四军独立旅旅长。解放战争时，由师长而升任纵队司令员，后任为第四野战军第38军军长。

梁兴初见彭德怀以目相视，暗自思忖道：“上次令38军迂回军隅里，因沿途贪恋战斗，未按时到达指定位置，致使美军骑1师绝处逢生，如今正好将功补过。”心中这样想，口中便出言道：“愿统38军，担任穿插任务，截断敌军后路。”

话音未落，第42军军长吴瑞林也表示，愿统第42军向敌后穿插。吴瑞林原名吴尚德，四川巴中人，1915年生，1932年参加红军，曾任红军干部大队大队长兼政委。抗战时期，任过八路军支队政委、警备旅长。解放战争时，任解放军独立师师长、纵队副司令员，后升任第四野战军第42军军长。

彭德怀见梁兴初请允统第38军担任穿插任务，吴瑞林也主动请缨，大喜，当即传令将西线13兵团6个军21个师分为三部：一部是诱敌部队，沿敌来路与敌军相持，只许败，不许胜，引敌军向山间谷地进攻。一部是主力部队，在清川江以北，以山林作掩蔽，择地设伏，待敌军攻到，立即反攻，一军打一师，一师打一团，皆集中优势，猛截猛杀。第三部是穿插部队，又分为两支，梁兴初统38军为左路，吴瑞林统42军为右路。绕道德川、宁远二城，克日攻占三所里，截断敌军退路。两路迂回部队，统由韩先楚指挥。又传令东路宋时轮兵团各部，亦照此法行动。

各将领命，皆返回驻地，准备统兵恶战。

众将去后，彭德怀对图仔细沉思半日，又召韩先楚告道："此战关键，是穿插部队能否及时赶到三所里，且死守数日。盼将军统穿插部队，下决心不怕牺牲，不怕疲劳，不惜冒险，克日进抵三所里。"韩先楚连声应诺。

计议完毕，已是25日清晨。彭德怀虽操劳一夜，仍精神抖擞，无一丝睡意。略用凉水擦一擦脸，匆匆用完早餐，便在司令部各科室间随处走动察看，偶尔也与人们闲聊几句。毛岸英见状，自思道："老总几日不睡不食，目下战斗即将打响，更不会睡觉，不如陪老总下几盘棋，帮他松松精神。"心中这样想，便凑到彭德怀面前，嬉笑道："老总，上次输你一盘棋，害得我这几天都辗转反侧，睡不好觉。今日再杀几盘，如何？"彭德怀也不推辞。二人一老一少，择一炮弹箱摆开棋局厮杀起来。

大火熄灭后,众人忍受着余焰烧灼,不顾一切冲上去,从余烬中找到毛岸英,已是体无完肤,早停止呼吸。彭德怀老泪纵横,悲痛不已。众人见状,皆来宽慰。彭德怀默然半日,方跌足叹道:“主席临行,把岸英托付给我,郑重其事。如今岸英牺牲,叫我如何向主席交代?如何交代?”

第十四章

毛岸英大榆洞捐躯
库尔特三所里受困

毛岸英与彭德怀摆开棋局，你车我炮，连杀两局，彭德怀皆输。毛岸英颇是意外，心道：“老总今日下棋，如何全不如平日虎虎生风。”便抬头看彭德怀一眼，见彭德怀两眼红肿，似有倦色。猛想起老总思虑战局，几日几夜未曾合眼，方才精神抖擞，是紧张所致。目下棋局一摆，略觉轻松，自然睡意顿生。这样想来，便有几分自责。连忙丢下棋子，告道：“老总，你已几天几夜未曾睡觉，不如先睡一觉，明日再下吧！”

彭德怀哼哼应了几声。毛岸英见状，赶忙起身，扶住彭德怀送入司令部作战室隔壁小木屋，安置在一张小行军床上，放平躺好。未过片刻，彭德怀果然鼾声大作，进入梦乡。

毛岸英见彭德怀入睡，自回作战室，整理文件，签收电文。正忙碌时，忽听头顶马达轰鸣，震得小木屋瑟瑟发抖。出屋观看，见四架美军B-29轰炸机排成战斗队形，轰轰隆隆，自南而北掠大榆洞志愿军司令部上方飞过。因美机经常飞抵大榆洞上空骚扰，遂不以为意，又回作战室照常工作。刚刚坐定，便有一人跟进室内，年约40来岁，瘦高个，脸上有几点麻坑。却是志愿军副司令员洪学智。

洪学智一入室，便告毛岸英道：“昨日美军侦察机一架，在大榆洞上空转悠，忽而钻进云层，忽而擦过树梢，足盘桓了一个多小时，有些蹊跷。适才这四架轰炸机，低空掠过，听其声音十分低沉，必满载炸弹。再往北去，并无重大目标，须特别提高警惕。”说话时，便进隔壁房间，推醒彭德怀，拖起就往屋外跑。彭德怀不耐烦道：“洪麻子，你干啥？”正说话时，毛岸英又跑过来，二人连推带拉，把彭德怀推出小木屋，拉进防空洞。

毛岸英重回作战室，登记发送完最后一份电文。正在这时，飞机马达声又起，这一回自北而南，那四架美军轰炸机又飞回大榆洞上空。众人心知不妙，正要喊毛岸英进防空洞，猛抬头，只见四架美军轰炸机已低空飞临作战室上方，翅膀歪处，无数银白色小光点从机腹舱门泻下，发出尖厉的啸声，直落司令部作战室所在的小木屋。紧接着，白色小光点变成一枚枚凝固汽油弹，砸在小木屋上，随着巨响声，立刻火光熊熊、烈焰腾空，小木屋在火海中崩塌。

从敌机返回、投弹，到炸弹爆炸、小木屋烧塌，皆在一瞬间发生，众人一时目瞪口呆。彭德怀听炸弹爆炸声和众人喧闹声，从防空洞大步冲出，见小木屋在火海中燃烧，又得知毛岸英尚在屋内，连连跺脚，急带人扑火救人。只可惜热浪滚滚，虽钢铁亦被融化，血肉之躯又如何能靠近？眼见小木屋化为灰烬，却无可奈何。

大火熄灭后，众人忍受着余焰烧灼，不顾一切冲上去，从余烬中找到毛岸英，已是体无完肤，早停止呼吸。彭德怀老泪纵横，悲痛不已。众人见状，皆来宽慰。彭德怀默然半日，方跌足叹道：“主席临行把岸英托付给我，郑重其事。如今岸英牺牲，叫我如何向主席交代？如何交代？”

一旁洪学智道：“此事纯为意外，如何能怪老总？”稍顿又道：“敌机此来，是蓄谋已久，志在必得，估计我志愿军司令部位置，已为美军侦知。”

韩先楚道：“司令部几十部大功率电台日夜呼叫，被美军探测出方位不稀奇。为

志愿军坚守阵地

今之计，须将司令部尽速转移到安全处。”众人皆以为然。

是夜，志愿军司令部迁往新址，是一处铁路隧道，四面皆山，较大榆洞更隐秘安全。彭德怀仍闷坐新司令部，一言不发。众将知是为毛岸英悲伤，皆大气不出。

未久，韩先楚欲奔赴前线，统穿插部队出击，来向彭德怀辞行，问道：“报告老总，我将启程，老总可有指示?”彭德怀道：“请告诉几位军长，务必一插到底，下决心不恋战，尽早占领三所里，切断敌军退路，为岸英报仇。”韩先楚应诺离去。

韩先楚去后，彭德怀闷坐小桌前，自思良久，提笔亲拟电文一封，向毛泽东报告毛岸英死讯，令机要员发回北京。然后亲拟命令，令志愿军各部立即出击，消灭当面之敌。

西战场美军中路部队由美 9 军军长库尔特率领，计辖美军步兵第 2 师、第 25 师，并配装甲兵、炮兵、后方勤务部队若干，有坦克 300 辆、大炮 1000 门、军车 7000 辆，兵员计约 5 万。照美第 8 集团军司令官沃尔克中将命令，库尔特须统中路部队由顺川出击，过三所里隘道，由价川渡过清川江中游渡口，再与左右两支军齐头并进，抢占云山，然后进取鸭绿江中游重镇碧潼。

临行，沃尔克执库尔特双手说道：“将军所部第 2 师并第 25 师，新从后方调往前线，装备精良，是全军核心，且负呼应左右两军之责。由云山北去，尽是山僻小路，中国人又擅长山地埋伏、夤夜穿插，是故北进之时须谨慎小心，务必日出进兵、日落扎营，每日以进兵 10 公里为限，步步为营，不予中国人以可乘之机。”

库尔特性格刚猛，长于冲杀，拙于用谋，又恃所部两个美军师新从后方调来第一线，装备优良，火力强大，对沃尔克所嘱颇不以为然，暗思道：“人说沃尔克年龄老迈，行事优柔寡断，不宜指挥第 8 集团军，果非空穴来风。”心中虽这样想，却碍于情面，顺口答道：“将军将令当谨记于心。”

回营后，库尔特将军分为两支，第 2 师为前队，数千辆军车、坦克，或载兵员，或拖曳大炮，或装满弹药补给，摆成一字长蛇阵，绵延数十里，迤逦前行，塞满一路，缓缓北进。

前锋才过清川江，便隐隐传来枪炮声。库尔特急到前方观察，见清川江北岸，林深路隘，山势险峻。美军第 2 师前锋部队挤在一条狭窄的公路上，人车相拥，进退失据。两侧高山阵地上，中国志愿军据险防守，凭交叉火力向谷中猛扫猛射，美军前锋部队立时人仰车翻，乱成一团。

库尔特观察良久，想起沃尔克临行所嘱，暗思道："沃尔克果然久经战阵，老谋深算，只这第一阵就说明北进多艰，不可冒进。"当即令美军前锋赶紧回撤。重新部署后，先令空军轰炸机群飞往志愿军所据山头阵地狂轰滥炸。机群所过之处，浓烟滚滚，火焰冲天。轰炸过后，又令随军大炮一齐急射。再令坦克冲锋，步兵跟进。只一轮攻击，志愿军阵地尽被摧毁，守军死伤累累，余部只有撤退一途。

志愿军战士冒着炮火渡过汉江

自此，库尔特果依沃尔克将令，每日大军日出启程、日落扎营。营塞皆依山势构成环状，环内是步兵、辎重、车辆，环外则将坦克炮口对外排成一圈，再在通道上密布地雷、铁丝阻，严密防卫。每日进兵，也只以 10 公里为限。途中每遇险要、隘道、密林，不论是否查明中国志愿军踪迹，照例先令空军轰炸机狂轰滥炸，大炮集中火力急袭，直待山头削平，林木燃起冲天大火，再令坦克冲阵，步兵跟进。数日之内，连胜十几阵，不觉间已距清川江百里，又进至云山附近，距云山只 20 公里。

库尔特随军北进，见美军连战皆捷，沿途所见尽是中国军队所遗枪械弹药，心下得意。又在作战室内对图思虑战守计划，自思道："皆说中国军队实力雄厚，勇敢顽强，能征惯战，其实不过如此。我军自渡清川江以来，所向无敌，连战皆捷，斩获无数，中国人却望风而逃，沿途遗弃枪械车辆堆积如山。若非沃尔克老儿胆小，强使我每日只以进兵 10 公里为限，只怕我此际已进抵鸭绿江边，占领碧潼了。"心中这样想，便传将令:“明日一更用饭,二更启程,出敌不意,加速进军,一鼓作气夺占云山,打开进军鸭绿江的最后通道。”

众将谏道:“右翼韩国第2军尚在德川、宁远,距我有百里;左翼米尔本所部美1军在博川、安州,距我也有百里。我军已经势孤。中国军队实力如何,迄今并未查明。倘再北进,恐蹈前次云山之战覆辙,误入中国人的圈套。不如仍依沃尔克将令,日出进兵,日落扎营,每日只进10公里,循序而进,与左右两支军连环呼应,以免被中国人各个击破。”

库尔特斥责道:“我有美军两个师5万人、大炮千门、坦克数百辆,又有飞机助阵,纵然无左右两支军接应,孤军深入亦不必惧怕,料中国志愿军还无此利牙,能吞噬我5万人马。”稍顿,又转口说道:“况观最近数日,中国志愿军虽据守险要,每日数阵,节节阻我进军,却无有不败。我军只消空陆协同,先用飞机轰炸,再用大炮急袭,后用坦克冲阵,中国人便只有丢盔弃甲而去。诸位在进军途中,随处可见枪械衣物,皆是中国志愿军遗弃。如今恶战十几阵,中国人元气已伤,我乘胜追击,直下碧潼,已是举手之劳。”

正议时,有侍从副官来报,说有百余名美军官兵前次被中国人生俘,如今被释放回队。问及中国人何以释放美俘,皆回报说中国人因鸭绿江桥被炸断,粮弹供应困难,只得释放俘虏,设法与美军脱离接触,撤回鸭绿江北岸。

库尔特得知这一消息,愈是坚持己见,众将无奈,只得照令执行。

朝鲜是高寒地带,虽是11月下旬天气,已初见霜冻。夜雾弥漫,铺天盖地,尺外不见人踪,汽车、坦克打开强光车灯,也只能朦胧照见丈远之地。美将凯泽奉库尔特之命,统美军步2师为前锋,向云山方向开进。部队果然一更用饭,二更启程,沿崎岖山路急进一夜,安然无事。待到五更,已近云山,寒气更盛,雾气愈重,官兵趱程一夜,早人困马乏,因见夜色将去,便松懈下来。

凯泽是沙场老将,观察地势,见两侧高山夹峙,可伏千军万马,道路却只有一条,宽不盈丈,仅可供轮式车辆单向行驶,且盘山爬坡,十弯九曲,虽一门炮、一挺机枪当路架设,也可阻截大队进军。心中自思道:“夜暗雾重,路狭坡高,正利敌军设伏。”暗叫不妙。正要传令前队戒备,忽然前方枪炮齐鸣,震动山谷,知遇中国军队伏击。便令后队加快进军,抢占两侧高地,支援前队。令刚发出,后队所在位置也是枪炮齐鸣。十几里山谷,立刻浓烟滚滚、火光冲天。美军第2师数万人枪车马挤在峡谷中,人挤车、车撞马、马踏人,乱成一团。正无计时,浓雾中又传来滴滴答答的军号声、喊杀声,两面高山丛林中的中国志愿军伏兵也不知几千几万如潮涌来,短兵相接,白刃格斗,美军一字长蛇阵被中国步兵截成无数节,浓雾中两军相混,一时竟分不清敌我战线。

原来,志愿军西战场6个军闻报美将沃尔克统敌军大队分三路来攻,也将军队分作三支迎敌。右翼一个军,左翼两个军,中央云山方面却有三个军。各路军皆奉彭德怀将令,只以小部队沿敌来路设伏,拉开架势,节节阻击,猛杀一阵后,便佯作不

抢占华岳山

敌,弃阵后撤,沿途故意遗下破旧枪械装备,作狼狈状。又将所俘美军官兵送到大路释放,说志愿军供应不足,只得后撤。如此连败十几阵,故意骄敌。库尔特不知是计,果然以为志愿军实力有限,便把沃尔克将令置之脑后,统大军夤夜穷追,一头扎进了志愿军20万人布下的口袋阵。

库尔特见美2师数万人枪车马被志愿军分割包围,便令各部赶紧相互靠拢,结成环阵,相互支援。又令后队美25师加快进军速度,前来救援。美军轰炸机也成群结队飞来助阵,只可惜漫天大雾,两军又短兵相接,战线犬牙交错,美军轰炸机虽多,亦不敢贸然狂轰滥炸。

入夜,志愿军轻装步兵皆穿胶底鞋,成排成连楔入美军阵地,或以刺刀捅,或以手榴弹炸,将美军环阵分割开。待到白天,美军又依仗火力优势,用坦克冲阵,夹击楔入阵地的中国轻装步兵,收复失地,合拢环阵。自此两军反复冲杀,日间是美军居上风,夜间又是志愿军占优势。阵地失而复得,得而复失。云山往南数十里地,炮声隆隆,火光映天,喊杀声日夜不绝。

恶战数日,库尔特见志愿军愈战愈猛,生力军源源开到,心中发虚,恐被全歼,急向沃尔克呼救,请令美军左右两支军速向云山中央阵地靠拢。

彭德怀自毛岸英捐躯后,数日闷闷不乐,有时思念岸英,有时思念主席,有时又思虑战局。这日忽有报送来,说美军中路部队5万人枪车马突进至云山重地,被志愿军优势部队团团包围。彭德怀闻报,长长出了一口气,心道:“也有为岸英报仇的日子了。”便把悲痛暂时放开,又对图思虑战局。半日,告众将道:“美军中路库尔特第9军在云山被围,沃尔克必令其左右两支军向中央靠拢,救援库尔特。可令我右翼军拼力守住泰川、博川,拖住美军左翼米尔本所部美1军各师,不使东援。”

稍待,又指图告众将道:“美军右翼是韩国军第2军各师,其中7师守德川,8师守宁远,距云山美9军约有百里,皆是敌之弱点。可令韩先楚统穿插部队夤夜出击,夺占德川、宁远二城,打垮第2军。若能获胜,中路库尔特所部美9军右翼暴露,必夺路南逃。穿插部队再乘势直插三所里,卡住敌军退路。我中路部队三个军由云山穷追,前后夹击,必能消灭美9军。”众将皆表同意,当即通过无线电将命令下达到前线各部队。

战役开始时,韩先楚奉命统志愿军穿插部队两个军6个师,计梁兴初所部38军、吴瑞林所部42军,由清川江源头,沿妙香山脉西坡南进。忽接彭德怀将令,顺路先取德川、宁远两城，便将军分为两支。梁兴初统38军取德川，吴瑞林统42军取宁远。二将得令，各统所部，天黑启程，穿林过涧，投山僻小路，一夜趱程百里。约在黎明时分到达德川、宁远城外。守军不知志愿军已到，皆在梦乡酣睡。二将令部队以营团为单位乘夜插入敌阵，将敌分割成无数块，再按约定暗号一齐发动攻击。德川、宁远二城立时枪声大作。守军从梦中惊醒，如炸了窝的马蜂，惊慌失措，乱冲乱撞。志愿军将士如虎入羊群，机枪横扫，手榴弹乱扔，待到天明，两城皆被攻占。守军两个师，三成死伤，三成被俘，余下三成一齐扔下大炮、车辆、辎重，甚至扔下随身枪械，夺路四散奔逃，只恨爷娘少生了两个翅膀。

德川、宁远二城既被攻占，将士皆十分高兴，或清点满街战利品准备请功，或组织部队四处搜索残敌，或因行军征战一夜准备歇息。韩先楚急传令众将告道："李承晚第2军既被打垮，中路美9军右翼失去掩护，必由云山渡清川江南逃。彭总令我等连续作战，立即赶到三所里，据险阻击，关住美9军南逃大门。"众将得令，一齐收拢部队，略吃了一些凉水加炒面，令少数部队清点战利品，搜索残敌，打扫战场，主力直接穿城而过，朝西南方向急进。

军刚出城，韩先楚又转来彭德怀命令，令各部不可恋战，不计较伤亡得失，务必在次晨赶到指定战场。

三所里在大同江畔，距德川、宁远二城约70公里地，虽是小村镇，只数十户人家，却在清川江主要渡口价川、球场与美军后方基地顺川之间，离清川江渡口与顺川各20公里。小村镇两侧都是高山，各高千米，悬崖壁立，林木遮天蔽日，一条双车道公路穿镇而过，向南北延伸。两座高山，绵延十余里，鬼斧神工，恰如一把巨锁，正锁住由清川江渡口经顺川直通平壤的纵向公路。若控制住三所里两侧高山，便能阻断南北交通。真是一夫当关，万夫莫开。

向敌人纵深穿插

志愿军各路穿插部队，得令进占三所里，令行禁止，果然不顾疲劳，夤夜急进，翻山越岭，穿林过涧，皆如履平地。于路每遇敌军阻击骚扰，皆一冲即过，绝少停顿。天明时分，已趱程百余里，离三所里不远。适有美军轰炸机群隆隆飞来，将士皆欲离开大路，隐入山林避弹。前锋一将抬腕看表，见时间无几，急中生智，令将士一齐撕去伪装，大摇大摆，投大路而行，美军机群见状，皆以为是己方部队，并不投弹攻击。又急进一程，前锋部队果按预定时间，一夜急行军70公里，赶到三所里指定阵地。

将士刚到三所里，喘息未定，远远由清川江方向传来马达声，轰轰隆隆，震动山谷。美军大队人马，搭乘汽车、坦克，也到达三所里。

原来，沃尔克坐镇美军第8集团军司令部，总揽西战场全局。初闻库尔特所部美9军在云山被围，还能镇定自若。隔日，忽闻报右翼李承晚第2军各师皆被打垮，德川、宁远二城已失，自思道："德川、宁远二城既失，库尔特第9军便成孤军，中国志愿军若乘势穿插，第9军必全军覆灭。"心中这样想，恐惧顿生，急令库尔特统所部美9军，立即由云山撤退，返回顺川美军后方基地；又令左翼美1军，一并由泰川、博川回撤。

库尔特统兵困守云山，日夜盼沃尔克发兵来救。苦苦支撑数日，却总不见援兵。这日眼见阵地将被攻破，忽接沃尔克来电，说德川、宁远二城已失，右翼李承晚第2军已被打垮，令库尔特速统美9军回撤。库尔特得令，如逢大赦。当时令所部各师，后队作前队，前队作后队，一齐转向，丢下枪械、弹药、营帐、被服，由数百架飞机掩护，夺路向南狂奔。美军虽较志愿军穿插部队后启程，却因有汽车、坦克，赶到三所里时，与志愿军穿插部队前锋只差一步。

志愿军穿插部队前锋约有千人，赶到三所里，喘息未定，闻马达声自北而南隆隆传来。登高望去，见自三所里往北的山间公路上美军车辆坦克满载溃兵，前呼后拥，挤满一谷，有几十里长。志愿军官兵见状，心知并未贻误战机，十分欢喜，齐冲上山头阵地，依据山险，架好机枪、小炮，布好阵势，待美军车队入伏。不一会，美军大队涌到阵前，皆以为脱离险境，大摇大摆，并不防备。库尔特也因美军进入三所里地界，暗松一口气。恰在这时，前方谷中枪声大作，志愿军将士犹如神兵天降，枪弹、炮弹、手榴弹一齐由山头阵地泼向谷中美军车队。美军猝不及防，立时人仰车翻，偌大一条山谷到处是燃烧翻倒的车辆、坦克、死尸、伤员，横七竖八，塞满一谷，公路一时阻塞。前队骤遭伏击，掉头回撤。后队不知，又如潮涌来，前后相拥，人马自相践踏，死伤者不计其数。

库尔特见状，大惊失色，告众将道："三所里乃是我军南撤必经之地，若不夺回，打开南撤通路，我军必死无葬身之地。"当即传令部队，一面以空军飞机轰炸，摧毁三所里中国志愿军阵地，一面令前队美25师派精锐部队猛打猛冲，强攻三所里两侧山头。又电请沃尔克派美军总预备队骑1师由顺川出击，从南面夹攻三所里，接应美9军出围。

自晨至晚，美军轰炸机以百计数，飞临中国志愿军阵地，炸弹、燃烧弹密如冰

中朝部队经过三八线向南挺进

雹,自天而降。美军炮队也密集狂射,森林起火燃烧,山头皆被削平,志愿军修筑的堑壕工事多数被毁。美军南北两支军各以营、团为单位,轮番向三所里两侧高山阵地冲杀,两军阵前肉搏、白刃混战,阵地得而复失,失而复得,反复易手。

恶战一日,志愿军前锋部队伤亡大半、弹药用尽,眼见山头阵地将失,忽然军号声从敌人背后传来,却是志愿军后队人马赶到,以秋风扫落叶之势,由北向南发动强大攻势。库尔特经这番打击,又折损不少人马,只得命令军队后退,以避志愿军锋芒。

入夜,库尔特部队刚扎营毕,忽从后队又传来枪炮声,密如爆豆。急使人打探,回报说是中国追兵由云山徒步穷追,已强渡清川江,咬住了美军后队,正猛冲猛杀。

混战一夜,天亮时,再看谷中,数万美军官兵死伤惨重,人车相拥,乱成一团。正无计可施,有人出计道:"如今前有阻截,后有追兵,已是绝地。不如弃大路,另投山僻小路绕行,或有生机,也未可知。"库尔特依其计,便派人打探,果有一条丛林小道,西去25公里可通往安州。库尔特大喜。令残部丢弃车辆、坦克、大炮并一应辎重,只带随身武器,投山僻小路,向西逃窜。

好不容易逃到安州,才遇上由泰川、博川狼狈回撤的米尔本第1军各师。两支残军合兵一处,立足未稳,志愿军各路人马又衔尾追来。美军各支军连番受创,已是风声鹤唳、草木皆兵,听到枪响,不待命令下达,便遗弃装备,不分昼夜向南狂奔。十余万残军挤在一条狭窄的公路上,死伤难计其数。待到平壤,仍收势不住。闻后队枪响,美军溃兵又发足狂奔,弃守平壤。后方勤务部队、预备队、沃尔克司令部人员也一并仓皇南逃,直撤到三八线方止。志愿军精兵数万衔尾穷追,直下平壤,直抵三八线。

自清川江到三八线数百里地，漫山遍野皆是美军遗弃的车辆、坦克、大炮、枪械、弹药、营帐、被服。清点战果，两战场志愿军恶战10余日，计歼美军、韩国军、“联合国军”其余国籍部队共3万余人，缴获汽车6000辆、坦克200辆、大炮1000门、其余枪械弹药等军用物品不计其数。

恶战一夜,到天明时分,美军第5陆战团总算南撤10公里,到达死鹰岭,与利曾伯格第7团会师。清点损失,一团人马已折去七八,车辆辎重尽失。

美军只得丢弃全部车辆、坦克,以步代车,踏着没膝深的积雪,且战且退。沿途又有一大批被打死、冻死、摔死。

第十五章

宋时轮设十面埋伏
史密斯闻四面楚歌

当西战场展开激战时，东战场也拉开了战幕。东战场纵横250公里，战场中央有盖马高原，号称朝鲜屋脊。长津江由狼林山起源，自南北流，中途汇合赴战江，浩浩荡荡拦中劈开盖马高原，长流400公里，直奔鸭绿江。两江上游皆筑有拦河大坝，形成两大水库，西为长津湖，东为赴战湖，相距约40公里。盖马高原四周，奇峰插天，林莽盖地，西是狼林山脉，主峰卧碣峰高2262米；东是赴战岭山脉，主峰赴战岭高1445米；高原中央，赴战湖东岸，有北水白山高2522米，是朝鲜第二高峰。战区人迹罕至，交通闭塞，十分荒凉。

自元山沿海岸北上，到咸兴有100公里，地势尚算平坦，有公路南北贯通。由咸兴北去，只一条砾石铺就的简易公路，爬坡盘崖向北延伸，经五老里、古土里、富顺里到长津湖后尾要镇下碣隅里。左路沿湖岸上行20公里，是柳潭里；右路沿湖岸上行20公里，是新兴里，皆是通往鸭绿江岸的要镇。

沃尔克统美军第8集团军二渡清川江，再向鸭绿江进军之际，麦克阿瑟也令阿尔蒙德统美10军及李承晚军5个师共10余万人马在东战场展开，向北推进，呼应沃尔克攻势。阿尔蒙德得令，将军队分作四支：李承晚第1军为右翼，沿海岸进军图们江口；海军少将史密斯统美海军陆战队第1师为左翼军，由咸兴沿长津江河谷北上，绕过长津湖西岸，经柳潭里夺占朝鲜民主主义人民共和国临时首都江界；巴尔少将统美步兵第7师为中路，由利原经赴战岭，取道长津湖东岸，进占鸭绿江上游重镇惠山；美军步兵第3师镇守海岸，呼应各路军。

中国人民志愿军第9兵团原归中国人民解放军第三野战军统辖，在福建沿海布防。兵团辖3个步兵军，为步兵第20军、第26军、第27军，每军辖4个步兵师，再配属炮兵、工兵、装甲兵若干。第13兵团入朝参战后，第9兵团便补充人员装备，由津

麦克阿瑟与李奇微一起视察朝鲜战场

浦路兼程北上，进入东北，再由鸭绿江上游渡口集安渡江，入朝待机。渡江刚完毕，便传来彭德怀将令，令第9兵团开赴东战场，迎战美第10军、李承晚第1军。

第9兵团司令员宋时轮，籍贯湖南醴陵，生于1907年。1929年参加红军，曾任红军师长、军长、八路军团长、纵队司令员。解放战争时期，任第三野战军第9兵团司令员。前后历大小数百战，军功卓著。如今正值盛年，统兵入朝，堪称人尽其才。

宋时轮接到将令，便召集各军长师长夤夜开会，告道："东战场敌军，虽拥有美第10军、李承晚第1军共两个军5个师10余万人，却分散作战，只以美第10军最靠近我军集结地区。美第10军又以史密斯所部海军陆战队第1师最有实力，若能一举将其消灭，其余敌军便土崩瓦解。"当时议定，各部队以师为单位，乘黑夜接近敌人。是夜，北风呼号，雪花纷飞，气温急剧下降至零下40度。东战场志愿军10余万将士分作10数支队伍，各投山僻小路，攀崖踏雪，悄然向战场进发。

美第10军海军陆战队第1师拥有1.5万人，装备齐全，训练有素，与西战场美军骑1师齐名，皆为美军王牌部队。师长史密斯少将，出身科班，屡经战阵，颇有军事经验。自开战以来，海军陆战队第1师登陆仁川，奇袭金浦，强攻汉城，战绩卓著。此次担任东战场主攻师，官兵无不踌躇满志。自出咸兴城后，便拉成一字长蛇阵，向北急进。车辆坦克迤逦数十里，塞满了河谷公路。

趱行数日，皆平安无事。这日，史密斯统军到一个村镇，见两面高山夹峙，只一条狭道穿山北去，便问是何地名。侍从参谋告说是古土里，南距咸兴100公里，北距下碣隅里20公里。史密斯闻报，便令停车，先打开军用地图审视半日，又下车登高四处打量，果然地势奇险。回告众将道："我观古土里地势，两山夹峙，锁住我军进退通道，不论成败，都不可丢失。"便令大军当夜在古土里冒雪屯扎。天明时分又迤逦北进，留一支军驻守古土里，令车队从咸兴赶运枪械、粮弹并一应装备，存放在古土里，以备急需。

史密斯统军冒雪北进，沿路所过村镇皆十分险要，或两山夹峙，或一面高崖、一面深渊，路宽皆不盈丈，且一路盘崖爬坡，愈是往北，愈是陡峭难行。每到一处，便要打量一番，要隘处均令分兵屯驻。当日前进20公里，到一个大村镇，是下碣隅里。因于路途数次分兵，待到下碣隅里时，一师美军，已不过七八千人。再打量下碣隅里地势，四面皆山，砾石公路由此分岔：右一条路投东北方向，沿长津湖右岸伸展，可通新兴里；左一条路投西北方向，沿长津湖左岸，可通柳潭里。

史密斯对图沉吟半日，方召集众将议道："这下碣隅里左通柳潭里，右通新兴里，后通古土里，离三地皆20公里，沿路尽是天险隘道，实为兵家必争之地。较古土里又紧要几分。目下敌情未明，中国志愿军究竟有多少军队摆在东战场，意图若何，皆是不解之谜。看眼下天色，彤云正重，北风寒气透骨，料今夜必有暴风雪。为今之计，是暂将大军屯驻下碣隅里，守好诸处路口，等暴风雪过去，天气转暖，查明敌情，再北进不迟。"众将连日冒雪行军，早疲惫不堪，求之不得，皆一齐称好。

入夜，下碣隅里果然北风转狂，鹅毛大雪夹杂鸡卵大的冰雹铺天盖地而来，不出

探索前进

两个时辰，平地积雪盈尺，营帐多被大雪压塌。史密斯凝视暴风雪，正庆幸未令部队北进，是决策英明。忽有侍从副官送来电文，是东京麦克阿瑟亲发电报，告说西战场沃尔克大军在博川、泰川、云山、德川、宁远被围，陷入苦战，令史密斯统所部海军陆战队第 1 师不惜一切代价，翻越狼林山脉隘道，向德川方向进发，包抄中国志愿军后路，救援沃尔克部队。又说东战场尚无敌踪，可放胆进兵。

史密斯读罢电文，抬眼望着天空，长叹一口气，召来一将，是前锋第 5 陆战团团长默里中校，先出示麦克阿瑟电文，待其读罢，方道："天寒地冻，风雪漫天，道路崎岖，地形复杂，且敌情未明，皆是兵家大忌。"稍顿，又叹一口气道："西战场沃尔克部队被围，亟盼救援，军令如山，不容迟疑不决。为今之计，只盼阁下统所部各营，立即拔营启程，抢占柳潭里，打开西援通道。我带大队随后跟进。"默里中校虽面有难色，也只得应诺。

第 5 陆战团有 2000 人，连日冒雪行军，冻伤者已超过一成。官兵先奉令就地扎营，皆大欢喜，睡至二更，鼾声正重，忽被唤醒，令即刻起床，是故多有怨气，一齐问道："如何朝令夕改？"默里中校只得据实相告。

吵嚷到三更，千余官兵勉强穿衣起床，用过早餐，便登车启程，投左路往柳潭里方向进发。那时暴风雪正在高潮，漫天雪雾遮住车灯，视线所及不过丈余。幸有坦克头前开路，辗平积雪，轮式车辆方可依次缓缓跟进。碰上陡坡，轮式车辆打滑，只得用坦克一辆辆拖带过去。挣扎一夜，到天明时分，勉强走完一半路程。官兵们借晨曦回看路径，右是深渊万丈，左是奇峰插天，其险令人胆寒。车队紧赶慢赶，前锋千辛万苦，约在午时进驻柳潭里，而后队却仍在半途。自下碣隅里到柳潭里间 20 公里山路上，尽是抛锚车辆、坦克歪在路边。

史密斯得报陆战第 5 团已占领柳潭里，未遭中国志愿军攻击，将心放下大半。回头又召来一将，是第7陆战团团长利曾伯格上校，告道："默里第5团虽已攻占柳潭里，却势单力孤，若受中国志愿军围攻，便难持久。"当即令利曾伯格率所部第7团，也由下碣隅里出发，开往柳潭里，支援默里。利曾伯格应声离去，统所部向柳潭里进发。

第7陆战团拥有2000人。因是日间行军，又有第5团已先半日通过，利曾伯格便有几分大意。一团美军，运兵车、拖炮车、坦克车共数百辆，鱼贯而进，乱乱哄哄，并不依战斗队形展开。官兵每到险处，皆狂喊乱叫。

午后时分，车队行至中途，见一峰插天，标高1519米，唤做死鹰岭，路左绝壁，绵延有十余里，路右是深渊，深不见底。适逢一处高坡，路面封冻，轮式车辆打滑，不能通过，只得停下来等履带车辆拖带。正在这时，左侧高崖上忽见人影幢幢，未待美军反应过来，高崖上已枪炮齐鸣，弹如雨下，手雷、集束手榴弹在车队中间连连开花。正急驶的车辆因刹车过急，在冰冻路面上打横，或因刹车不及，撞上前面车辆，引起连锁反应，山路上一时连人带车滚落深渊者不知多少。幸存者纷纷钻入车底或岩石背后藏身，欲举枪射击，不料卡宾枪及多数自动武器因严寒封冻不能发火，只半自动步枪及勃朗宁机枪耐寒，可以射击，也因士兵手脚冻僵，只能对天乱射。一支绵延数里的车队竟如一条困在山洞的巨蟒，头部被机关枪猛扫，中腹遭手榴弹乱炸，后尾遭迫击炮弹追射，被截成无数节。十里山谷，一时雪雾弥漫，枪声震天。

利曾伯格进退不得，无计可施，急向史密斯呼救。史密斯回告说：中国志愿军正乘雪天发动全面攻势，自柳潭里经下碣隅里到古土里几十里地皆有中国志愿军行踪，美军陆战第1师如一条长蛇，处处受到攻击，右翼步兵第7师阵地也被中国志愿军分割。令利曾伯格收拢部队，据险独立作战，等待救援。

原来，志愿军第9兵团各师料美军第1陆战师自恃装备优势，必向柳潭里进兵，

志愿军战士行进在三八线上

又因地形复杂、气候恶劣，美军大部队难以展开，只能沿途分散屯扎，分批北进，摆成长蛇阵。因此，各部照宋时轮将令，以师为单位，由朝鲜人民军士兵作向导，乘雪夜攀崖过涧，投山僻小路，向南运动，早占领柳潭里到古土里之间公路沿线各制高点。主要隘口要镇或埋伏 1 个师，或埋伏 2 个师；次要隘口关卡，或埋伏 1 个团，或埋伏 2 个团，只待美军队列拉长时，一齐发动攻击。另遣精兵渡长津江，插入长津湖东岸，割断美军步兵第 7 师与陆战队第 1 师的联络。史密斯未料志愿军能徒步冒暴风雪进兵，只顾照令北进，果然中计，统军钻进志愿军的伏击圈。

柳潭里虽是小镇，却北通鸭绿江，西通德川，美军无论北进还是西援，都必须占领柳潭里。是故志愿军有 2 个步兵师分据柳潭里四周高山阵地，设伏待敌。苦等一日一夜，到 11 月 27 日，美军前锋一团千余官兵果然冒雪开到。柳潭里志愿军伏兵乘美军新到、阵形混乱时，突然发动进攻，远用迫击炮轰、机关枪扫，近以手榴弹炸、刺刀捅。一些美军坦克、车辆、油箱被炸弹引燃，立刻引发大火。爆炸物与带火碎片漫天飞舞，落满一谷，烈焰腾空，血肉横飞。正混乱时，雪雾中又传出滴滴答答的军号声，志愿军将士皆平端带刺步枪，从高山阵地上顺坡滑到谷底，如虎入羊群，扑向美军阵地。

恶战半日，一团美军折损过半，余多带伤，只得由坦克开路，结队向来路溃逃。刚逃出一程，喘息未定，前方又传来枪声，是志愿军预先布下伏兵，拦头截杀。只延误片刻，志愿军追兵又到，衔尾攻打。如此反复，每过关隘，便有恶战。美军皆少爷兵，一向养尊处优，如今雪夜逃生，前有截杀，后有追兵，饥寒交迫，苦不堪言。

恶战一夜，到天明时分，美军第 5 陆战团总算南撤 10 公里，到达死鹰岭，与利曾伯格第 7 团会师。清点损失，一团人马已折去七八，车辆辎重尽失。

志愿军炮兵观察所

美军两支军会师后，又奉史密斯将令，由死鹰岭向下碣隅里回撤。志愿军各部又拦头衔尾，沿途截杀。因道路被毁，车辆无法通行，美军只得丢弃全部车辆、坦克，以步代车，踏着没膝深的积雪且战且退。沿途又有一大批被打死、冻死、摔死。又一日一夜，恶战十余阵，残部方千辛万苦逃回下碣隅里，与师部会合。

此时经数日混战，下碣隅里早面目全非。柳潭里残军刚到，喘息未定，东北方向又有一支残军约数千人接踵来到。新到的残军是美军步兵第 7 师一部，驻守新兴里，被中国志愿军两个师围攻，丢盔弃甲，弃守新兴里，夺路南逃，与陆战第 1 师会合。

午夜时分，各军刚安顿毕，又有第三支残军开到，却是第 1 陆战师驻古土里部队，奉史密斯将令携带粮弹被服前来下蝎隅里接应，未料也沿途遇伏，20 公里路，车队竟爬行了一天一夜。待到下碣隅里，人枪车马皆折损过半，粮弹被服尽成了志愿军的战利品。

史密斯收拢三支残军，连同原守下碣隅里部队，四部人马合计约有万余人。人数虽然不少，史密斯却面目阴沉、毫无喜色。三部残军半数带伤，未伤者也连日行军恶战成了惊弓之鸟。且各支残军皆丢光车辆、坦克、大炮，甚至丢弃了随身弹械，与徒手无异，并无战斗力。下碣隅里是一小镇，只数十户人家，一切供应俱无，不能久守。若统军南撤，中国志愿军必沿途截杀，亦是险棋。左思右想，仍无应对之策。

待到夜半，寒气加重，睡意顿生，心忧军情，又强打精神支撑。朦朦胧胧中，忽闻四下枪响，震动山谷。正欲呼人，副职进账报说中国志愿军五六万人尾追三支美军败兵，分从柳潭里、新兴里、古土里三处杀来，已团团围困下碣隅里，正架炮攻打。史密斯得报，说道："我军连日苦战，将士皆疲惫不堪，且粮弹皆缺，又不擅长夜战。各部结成环阵，只求自保，不求进攻，待天明再作计较。"两军混战半夜，美军又在混战中折损千人。

待到天亮，中国志愿军攻势稍缓。史密斯出营探看，只见四面高山阵地上皆有中国志愿军部队，正依险构筑工事、火力点，并不时向美军阵地发枪发炮。反观谷中，挤满美军残兵败将，数千伤员躺在雪地上，呻吟哭闹，惨不忍睹。目力所及，尽是燃烧的坦克、翻倒的军车、被积雪压垮的营帐。因连日暴风雪，飞机不能空投，将士无粮为食、无衣御寒，皆饥寒交迫，每日冻毙者极多。

巡察毕，史密斯回头问副职，其余美军各部在何处？报说西战场沃尔克部队已逃回平壤，东战场美 7 师、韩国第 3 师、首都师亦纷纷南撤，只陆战第 1 师仍驻屯下碣隅里，已成孤军。史密斯自思道："中国志愿军势大，占据地利，我已经势孤。若再死守下碣隅里，只待夜幕降临，中国志愿军发起夜袭，我必全师覆没。"这样盘算一阵，便令各部队扔掉辎重，强行冲破中国军队封锁线，向南沿大路往古土里撤退，以便死中求生。当即，半数坦克头前开路，半数坦克殿后掩护，伤员乘车居中，其余徒步，大呼小叫地拔营离开下碣隅里，向古土里进发。

志愿军各部队虽然连战皆捷，夺得柳潭里、死鹰岭、新兴里等要地，但因天寒地冻，与美军机械化装备拼人力，粮弹不继，冻死冻伤者也不少。本欲先凭险围住下碣

美军丢弃的武器装备

隅里美军残部,待获得粮弹补给再发动总攻,未料史密斯老奸巨猾,竟斗胆涉险,率残部冒死向南突围。志愿军只得集中能战之兵,抄小路截击,大队衔尾追杀。两军混战,自午到晚,又自晚到晨,从下碣隅里到古土里20公里杀声不绝于耳,一路尽是美军遗弃的车辆、装备、尸首。

混战到第三天,史密斯方率残军急如丧家之犬、漏网之鱼,逃到古土里。喘息未定,背后杀声又起。史密斯恐再被围,不敢在古土里久留,得美3师接应,率残部向南一气狂奔百里,到咸兴才喘了一口气。再搭乘海军舰船逃往釜山,与美7师等残部会合。清点损失,一师万余人折损十之六七,余皆有冻伤,或冻坏耳鼻,或冻残肢体。车炮坦克,尽皆遗弃。

东战场志愿军大队人马出古土里后,又沿海岸公路向南追杀,直下咸兴、元山诸城,全线进抵三八线东段。

朝鲜战事发生后，世界各国围绕朝鲜战事，分裂成三大群：一以美国为首，包括派兵赴朝参加“联合国军”的各国以及其他一些欧美国家，支持美国打着“联合国军”旗号武力进攻朝鲜。一以苏联为首，主要是欧亚各社会主义国家，反对“联合国军”北进，支持中国军队赴朝参战。一是中立国集团，主要是亚非国家。

第十六章

杜鲁门挥舞原子弹
艾德礼访问美利坚

东、西两战场美军全线溃败的消息传出后，麦克阿瑟起初犹然不信。稍后，快报接二连三送来，西战场沃尔克部在德川、宁远、云山、博川、三所里相继失败。东战场阿尔蒙德所部接连丢失柳潭里、新兴里、下碣隅里，两路军分别退出清川江和长津湖，皆夺路南逃，溃不成军，损失无算。尤其美2师、陆战队第1师、李承晚军第7师和第8师，皆折损过半，装备尽失。麦克阿瑟大惊失色。

正无计可施，忽报记者求见，打探军事新闻。麦克阿瑟起初不肯搭理，亲随副将惠特尼伸头看窗外，见门厅外吵吵嚷嚷，各报记者不下数十人，便劝麦克阿瑟道："我军在清川江、长津湖受挫，非将军之过。皆因华盛顿远隔万里，不了解战地军情，处处掣肘所致。舆论公众不明真相，新闻记者又有无冕之王的称呼，若不会见，说明真相，任其乱发报道，将败绩归罪于将军，反为不美。"麦克阿瑟闻这一番劝言，凝思一阵，方改变主意，召记者相见。

稍顷，门外记者一拥而入，各择席而坐。未坐定，便有一记者自称是《芝加哥论坛报》军事记者，率先问麦克阿瑟道："闻报'联合国军'东西两路部队在清川江、长津湖皆遭失败，正向南溃退，未知真假，请将军解说。"

麦克阿瑟手捏烟斗，两眼放出狼一样的光，盯住那记者，对道："皆是谣言。'联合国军'并未失败，更未溃逃，只是照原计划向南撤退。"

那记者见麦克阿瑟拒不承认失败，又绕弯子问道："按照常识，大凡军队撤退，或因遭遇强敌受挫，或因碰到难以克服的前进障碍。敢问将军，'联合国军'撤退基于何种原因？这撤退计划，又何时制订？'联合国军'既然未遭失败，又何以要撤退？"

麦克阿瑟无以为对，叼住烟斗，抽了一口烟，方对道："此是军事机密，我如何能告诉阁下？"

那记者知是耍赖，竟一时语塞。正无话时，《华盛顿邮报》记者接过话头问道："有消息说，'联合国军'在清川江、长津湖前线已折损过半，未知真假，愿将军证实。"

麦克阿瑟驳道："完全是一派胡说。'联合国军'第一线部队有5个军13个师40万人，战线绵延数百公里。只美2师在清川江、海军陆战队第1师在长津湖遭遇优势敌军伏击，损失过半，其余部队损失甚微，各部总损失累计不过二三万人，如何说折损过半？"

那记者又接着问道："据报'联合国军'西战场主攻点是清川江，美2师是主攻师。东战场主攻点是长津湖，陆战队第1师是主攻师。在主攻方向，两个主攻师皆折损过半，如何不算'联合国军'失败？愿将军解释。"

众人听过，知这位记者绕来绕去，仍是想套住麦克阿瑟，逼他承认"联合国军"遭到失败。便一齐回头，看麦克阿瑟如何回答。

麦克阿瑟当然也知其用意，扫视会场，见众人皆盯住自己，等待回答，便重新填好烟斗，打火将烟点燃，深吸一口，从容对道："诸位当知道，在军事行动过程中，侦察最重要。我军此次行动，主要是一次侦察行动，侦察部队受挫，无论如何也不能算战

志愿军战士收到来自祖国的慰问品

斗行动失败，此是常情，谅诸位能理解。”

此言一出，众皆哗然，一齐问：“‘联合国军’全军亦不过5个军13个师40万人，全部出击怎能算是侦察行动？古往今来，战史历数千年，又有哪一位统帅愿以全部军队投入一次战场侦察行动，愿将军举一例。”

麦克阿瑟只专注抽烟，再不搭理。众人皆知麦克阿瑟绝不肯承认“联合国军”已遭失败，便不再纠缠。

吵吵嚷嚷中，又有一位记者发问。这一次是日本《朝日新闻》记者。当时日本正由美军占领，日本人又因麦克阿瑟奉行宽大占领政策，皆敬慕麦克阿瑟，是以日本记者提问反不如美国记者尖刻。但闻日本记者问道：“据报此次清川江、长津湖之战发动前，将军曾许诺圣诞节前结束战争，让美国士兵回家，与家人团聚，共度圣诞节。将军令‘联合国军’回撤，是想让美军官兵回国过圣诞节吗？”

众记者听这一问，哄然大笑。原来，美军第二次北渡清川江向鸭绿江进军前，麦克阿瑟曾亲飞平壤，检阅美军，当场发表演说，宣称此次向鸭绿江进军是最后一次进攻行动。“联合国军”实力雄厚，又拥有飞机、坦克、大炮，北进只是一次扫荡战，必马到成功。并宣布只待美军官兵打到鸭绿江边，实现朝鲜统一，便结束战争，允官兵回美过圣诞节。报纸电台，皆转载麦克阿瑟演说，街头巷尾皆把“联合国军”进攻行动称作圣诞攻势。

麦克阿瑟见日本记者冒失提及美军回家过圣诞节之说，虽有些恼火，但为保持在日本人心中的形象，又不便发怒，便对道：“圣诞节前结束战争之说，皆是报纸杜撰，我其实未曾有此预言。”稍顿，又接着言道：“自开战以来，朝鲜共军损失三四十万人。只我军俘虏的便有20万人之多，皆在俘虏营中，诸位可以验证。如今金日成残部只二三万人，且多老弱病残和少年，其坦克、飞机、大炮亦多被我军缴获击毁。照此推来，我以40万大军齐头并进，在圣诞节前消灭金日成残部，进至鸭绿江边，统一朝鲜全境，亦不算是空论。未料我军向北进攻，眼见成功在望，中国人却不顾全世界人民的和平愿望，不宣而战，派出9个军30万人，突然介入，致我军不能克日完成统一朝鲜目标，结束战争。诸位应多写文章，谴责中国人无端侵略，阻挠朝鲜统一，破坏世界和平，不必拘泥于细枝末节。”

话未落，《朝日新闻》记者又问道：“听说中国人是派志愿军入朝，且按将军所言，亦不过30万人，只略与‘联合国军’数量相当。‘联合国军’既未失败，却全师后撤，是否因为中国人能征惯战？将军对中国军事力量如何估价？‘联合国军’能否在朝鲜打败中国人？”

麦克阿瑟又沉思片刻道：“先要说明，中国将其军队摘去正规军领章帽徽，按原整师、整军、整兵团建制偷渡鸭绿江，换上志愿军制服。是故其参战军队说是志愿军，实则是正规军。‘联合国军’不是与志愿人员作战，而是与中国的军事力量作全新较量，是与朝鲜军队恶战后又投入一场与中国的新战争。”

稍顿又道：“至于说中国军队战斗力如何，其实不难回答。近百年间，中国军队屡与各国作战，战无不败，向以军事力量薄弱著称。中国志愿军人数虽多，皆以过时步枪、手榴弹为主要武器，既无飞机、战舰，又无坦克、重炮及现代交通工具，行军征战，皆靠人力，国内工业能力不但不能与美国相比，且较俄、英、日、德、法、意各国也相距甚远。是故打败中国军队，可以说易如反掌。”

众记者一齐问道：“照将军所言，将军对战胜中国人已是成竹在胸了？”

麦克阿瑟点头称是，又接着言道：“打败中国人有现成三条计策：派轰炸机轰炸中国东北和沿海工业基地，此为其一；调用台湾蒋介石军队参加‘联合国军’开赴朝鲜，此为其二；允蒋介石军队渡过台湾海峡，在中国东南沿海登陆，开辟第二战场，此为其三。此三策若得贯彻，不但在朝鲜的中国军队死无葬身之地，中国新政权亦必土崩瓦解，届时远东局面便非今日可以比拟。”

众记者听完，又一齐问道：“将军既有此三条制胜良策，何不执行，却令‘联合国军’仓皇南撤？”

麦克阿瑟先耸耸肩，又摊开手，道：“我不知道。我奉命统‘联合国军’以武力打败金日成残军、统一朝鲜，这一使命已大体完成。中国介入是另一回事，是另一场战争。我奉到的指示是：一不允轰炸中国东北和中国沿海城市；二不允在朝鲜使用蒋介石军队；三不允改变第7舰队任务，放手让蒋介石军队在中国沿海登陆。作为司令官，我被夺走了武器，除令部队撤退外，别无选择。”

众人闻言大哗，吵嚷之中有人问道：“将军所说的指示，是来自杜鲁门总统吗？”

麦克阿瑟起身对道：“指示源于何人，我无可奉告。我只能说，‘联合国军’从清川江、长津湖撤退，不是由于军事失败，而是由于政治决策方面的原因。”说罢，作一个送客手势，便匆匆离座而去。

志愿军战士一把炒面一把雪

记者招待会就此散会。

次日，欧、美、日各大报纸皆出号外，报道麦克阿瑟在东京召开记者招待会的谈话。有说麦克阿瑟已有三条妙计，可即刻大破中国志愿军，消灭中共政权；有说麦克阿瑟认为美军从清川江、长津湖后撤，并非军事失败，而是华盛顿决策的需要。说长道短，不一而足。

美国总统杜鲁门正为美军溃败烦恼，忽读号外，大为震怒，欲立即下令解除麦克阿瑟各项职务，以正视听。国防部长马歇尔劝道："麦克阿瑟不承认自己有失，却把失败原因归之于政治指导。其所指者，不独说总统应对清川江、长津湖兵败负责，也指控国防部、参谋长联席会议亦有责任。此诚非君子所为。"

稍顿，马歇尔又道："然麦克阿瑟其人，在国内国外、军内军外颇有威望。现我军新败，军心不稳，若临败换将，不但动摇根本，且恐有人指责总统是落井下石，推诿责任于麦克阿瑟一人。不如暂且忍耐一时，先探寻办法，收拾残局。"

国务卿艾奇逊一向不喜麦克阿瑟，接着言道："虽如是说，然麦克阿瑟在东京记者招待会上的谈话，不独是推诿责任，且超越职权，乱议我国对外政策，尤其是其大谈轰炸中国东北，使用蒋介石军队，允许蒋军渡海进攻中国内地，不但将引起英、法等盟国担忧，还将引起中国、苏联误解我国意图，不可等闲视之。"

马歇尔欲再作答，杜鲁门忽转头问布雷德利道："麦克阿瑟所部'联合国军'有40万人，又有飞机、坦克、大炮优势。中国参战部队亦只与此数相当，何以'联合国军'就一败再败？愿听将军一言。"

布雷德利听这一问，知杜鲁门是想知道麦克阿瑟军事指挥上的错误所在，便对道："中国人突然参战，又擅长隐蔽行军、夜战、山地战。朝鲜气候酷寒，山川纵横，不

被撤职的麦克阿瑟及家人

利我军发挥机械化装备优势，此诚为我军失败的重要原因。然麦克阿瑟大意轻敌，将兵力分散，不但东西两支军相隔100公里，且东西两战场各师之间亦各隔数十公里，遂为中国军队各个击破。是故，麦克阿瑟对进攻失败确实难辞其咎。”

话未落，便有一人插言问道：“报纸报道东京记者问麦克阿瑟是否说过允美军士兵回家过圣诞节一类的话，麦克阿瑟一口否定，其中真相若何，未知参谋长联席会议是否知情？”

布雷德利回视，见是副总统巴克利，便点头答道：“据我所知，麦克阿瑟确实说过这样的话，我在威克岛时亲耳听过他这样说。”

巴克利道：“他从军五十年，如何说此种幼稚的话？”

布雷德利又答道：“此说诚为不妥。他近日宣称清川江、长津湖失败咎在政治指导，亦是不妥。以一军统帅，乱发议论，侈谈国家对外政策，更是不妥。然事已至此，与其追究责任，争论谁是谁非，不如集中精力找一个善后办法。”说罢归座，众人一时无话。

半晌，国务卿艾奇逊打破沉默，对杜鲁门道：“我军在朝鲜虽受挫折，局势并非无望。若兵力集中，指挥得当，或许能守住三八线也未可知。退而言之，纵然守不住三八线，退出韩国，我军还可退守日本。”稍顿，望一眼杜鲁门，又接着说道：“然朝鲜军事问题只是其次。犹为要者，是须总揽全局，切不可因朝鲜局部战事引发世界大战。也不可使我军主力在朝鲜一隅之地与中国人长期争战，致欧洲空虚，使苏联人乘机大占便宜。”

国防部长马歇尔插言问道：“听说印度等13国已向中国提交了一份呼吁书，要求中国发表声明，不派军打过三八线以南地区，不知是否能影响战局？”

原来，朝鲜战事发生后，世界各国围绕朝鲜战事分裂成三大群：一以美国为首，包括派兵赴朝参加“联合国军”的各国以及其他一些欧美国家，支持美国打着“联合国军”旗号武力进攻朝鲜。一以苏联为首，主要是欧亚各社会主义国家，反对“联合国军”北进，支持中国军队赴朝参战。一是中立国集团，主要是亚非国家，从前皆为欧美列强殖民地或半殖民地，第二次世界大战后获得独立，同情新中国，靠拢中苏社会主义集团，却又对美国等资本主义国家寄存幻想，是以在美苏两大集团和中美两国之间取中立立场。

亚非集团以印度为首。印度与中国为邻，人口4亿，仅次于中国，居世界第二。尼赫鲁领导印度独立后，颇想有所作为，使印度跃为世界大国，一方面与美国保持距离，一方面示好于苏联，奉行与中国友好政策。朝鲜战事初起时，印度担心中国介入，曾派官员在中美两国之间游说，劝美国不要扩大战争，刺激中国，又劝中国不必担心美国威胁，对美国北进鸭绿江采取克制态度，不要出兵朝鲜。清川江、长津湖战役后，志愿军全师进抵三八线。印度恐战事扩大，便出面串联亚洲阿富汗、缅甸、印度尼西亚、伊朗、伊拉克、黎巴嫩、巴基斯坦、菲律宾、沙特阿拉伯、叙利亚、也门、埃及并印度共13国，在12月5日向中国政府发书呼吁，要求中国政府发表声明，保证不将兵派往三八线以南。

艾奇逊听到马歇尔问话，略一沉思，对道：“亚非13国此时向中国呼吁，请不派兵到三八线以南地区作战，若中国果然响应，自然利于我军收拢残部，调整战线，稳住在朝地位。然政治外交从来是虚词，既然军事形势有利于中国，中国未必会响应亚非13国呼吁。”说话时，艾奇逊又转向杜鲁门，说道：“我以为目下之计，须三管齐下，方可挽救局势。”

打光子弹的志愿军战士用石头打击敌人

杜鲁门便问其详。艾奇逊扫视一眼众人，回答道：“可鼓励亚非13国，尤其是印度，继续对中共领袖做工作，劝其不将军队开过三八线以南地区。同时再令我国驻联合国代表，在联合国采取行动，推动联合国作决议，不但谴责中国侵略，还要警告中国，不得越过三八线。此为第一策，若能凭此外交政治手段阻止中国过三八线，是不战而屈人之兵，乃为上上策。”

杜鲁门颔首道：“那么，第二策呢？”

艾奇逊又说道：“由于目前中国人已在战场上居于优势，不大可能理睬亚非13国呼吁或联合国警告。是以军事部门须调整军事部署，准备在三八线以南地区与中国军队作战，尽可能守住韩国。此为第二策。”

说这话时，艾奇逊目视布雷德利。布雷德利微一颔首，表示会意。然后，艾奇逊回头看看杜鲁门，继续言道：“现在我军新败，人心惶惶，谣言四起。麦克阿瑟在东京记者招待会上的谈话，不但把我军受挫原因推给政治指导，且其鼓吹使用蒋介石军队、轰炸中国东北，皆与我国现行政策不合，恐引起中国人误解我国蓄意把战争扩大到中国本土，致其作更强烈预防性反应。届时局势将更难收拾。是以总统务必也举行记者招待会，解释美国政策，抵消麦克阿瑟谈话的负面影响，澄清局势。尤其要以适当的分寸，使中国人明白，麦克阿瑟谈话不代表美国政策，美国既不想使战争扩大，但也不惧怕中国。以此影响中国，使其不派兵过三八线。此为第三策。”

众人对这三管齐下之策，皆表同意，杜鲁门也大加赞赏，传令照三策执行，不再提解除麦克阿瑟职务问题。

次日，艾奇逊电令美国驻联合国代表奥斯汀，在联合国采取行动。布雷德利也电示麦克阿瑟，尽速收拾残军，补充兵员装备，在三八线以南地区掘壕据守，阻止中国志愿军南进。

12月7日，美国纠集英、法、厄瓜多尔等6国，向联合国第五届大会递交联合提案一份，要求中国从朝鲜撤军，并要求联合国保证中朝边境地区不受侵犯，以为中国撤军的回报。亚非国家亦表示愿继续在中国与联合国之间斡旋，促中国不越过三八线。同时，美国抓紧时机补充兵员，弹械粮饷也从美国本土、太平洋岛屿及欧洲各处基地源源运到朝鲜。为配合军事外交行动，美国商务部又下令对中国实施经济制裁和贸易禁运，凡美国货物（军品、纺织品、甚至螺丝钉、废橡胶）皆绝对不允许运往中国，若商家违令，必予严惩。

杜鲁门又按已定决策，在白宫招待欧、美、日各国新闻记者，解答疑问。记者们照例问一些有关朝战军事行动的细节，美军何以受挫、亚非13国呼吁书、美英等6国提案、如何看中国参战、中国是否会打过三八线等。

初时无事，杜鲁门对五花八门的问题皆能从容回答。不想问题越提越多，越提越刁钻，杜鲁门经不起车轮战，有些招架不住，内心窝火，又不能发作。待招待会将散时，忽有《芝加哥论坛报》记者问杜鲁门道：“二次大战期间，美国曾打败德国、日本共千余万大军，不想在战争结束不过数年后，竟对一向以贫弱著称的中国无可奈何，愿总统对此试作评论。”

《芝加哥论坛报》一向与民主党政府唱对台戏，攻击杜鲁门各项决策。这一问不外是说杜鲁门不及罗斯福，使美国国势日下，今不如夕。

杜鲁门本是牛脾气，早窝了一肚子火，又对《芝加哥论坛报》怀恨在心。再也忍不住，便脱口道："谁说我对中国人无可奈何？只因我国未倾尽全力而已。现在我已授权麦克阿瑟将军，采取一切措施打退中国人。"

记者接着问道："总统的措施包括一切军事措施吗？"

杜鲁门答道："是的。"

记者追问："包括使用各种武器吗？"

杜鲁门又点头。

记者便单刀直入地问道："也包括考虑使用原子弹吗？"

话至此，杜鲁门发现被记者接连而来的几个问题一步步引入圈套。若说不包括使用原子弹，与前言不合，必被记者们描述为前言不搭后语，若说包括使用原子弹，又恐引起非议。犹豫片刻，一咬牙，心道："索性一不做，二不休，吓唬吓唬中国人也好！"便答道："当然包括使用原子弹。"言毕，犹嫌不足，又补充道："我们设计制造一种武器，是为了使用它。我们设计制造原子弹，当然也是为了使用它。"

此言一出，会场突然静寂，随即是一阵喧哗。记者们不再对新问题感兴趣，纷纷离开会场，赶向报馆发消息，争发头条新闻。记者招待会顷刻散场。

次日，世界各大报纸又出号外，皆在头版头条用通栏标题刊载杜鲁门谈话，标题

麦克阿瑟最后一次检阅美军部队

是:杜鲁门宣布新招,授权麦克阿瑟使用原子弹。各国舆论沸沸扬扬,震惊之程度又倍于麦克阿瑟的谈话。

艾奇逊听说杜鲁门在记者招待会上宣布要使用原子弹,知道捅了娄子,跌足暗思道:“本指望总统发表谈话,抵消麦克阿瑟信口开河的负面影响,未料总统自己也信口开河,娄子越捅越大。”苦思无计,一夜无眠。

次日,各国报纸果然皆以杜鲁门谈话为题,大加议论。艾奇逊便与杜鲁门联系,建议采取措施,消除恶果。杜鲁门也自知失言,懊悔不已。

二人正商量时,忽有电报送来,是说英国首相艾德礼要求访问美国,与杜鲁门会谈,且已登机。艾奇逊道:“必是为总统的谈话而来。”

看见杜鲁门茫然的样子,又宽慰道:“等他来,我自有应对之策。”

朝鲜战争爆发后，英国虽同意联合国派兵杀入朝鲜，并派兵加入“联合国部队”，但却反对把战事扩大到中国领土，也反对美国出兵台湾海峡。是故，美英两国常为朝鲜战争决策发生分歧。

第十七章

艾奇逊为艾德礼释疑 伍修权在联合国控美

英国位于欧洲西端,国土面积约24万平方公里,有居民5000万。因率先进行工业革命,曾为世界头号强国,拥有海上霸权历三世纪之久。所占殖民地等于本土面积约150倍,有几千万平方公里,遍及全世界亚、非、澳、美诸洲,有日不落帝国之称。英国对外政策一向以维持均势为目标,尽力维持各国实力均衡,不允任何一国格外强大。英国政治领袖不变的信条是:在国际舞台上活动,既无永久盟友,亦无永久敌国。是和是战,或敌或友,皆须以是否符合本国利益作为判断的依据。

经过两次世界大战,英国因倾全力与德国抗衡,虽获得胜利,却元气大伤。一是殖民地尽失;二是工业生产停滞,不但落后于美国,也落后于苏联;三是军事实力亦远不及美国、苏联两大国。战后英国虽然畏惧苏联、亲近美国,却又恐美国过于强大,使英国在资本主义世界无立锥之地。英国还希望与新中国建立关系,发展贸易,常因对华政策与美国不和。新中国成立时,英国欲承认新中国,欲与新中国建交,欲赞同恢复中国在联合国的地位,欲与中国进行贸易,欲认可中国对"台湾"的绝对主权。而美国对英国立场却十分恼怒。

朝鲜战争爆发后,英国虽同意联合国派兵杀入朝鲜,并派兵加入"联合国部队",但却反对把战事扩大到中国领土,也反对美国出兵台湾海峡。是故美英两国常为朝鲜战争决策,发生分歧。美国对英国的表现虽然恼怒,却又无可奈何,因为英国虽国势日衰,却仍为资本主义世界第二号强国,若无英国合作,美国便难以贯彻其世界政策。

英国首相克莱门·理查德·艾德礼生于1883年,受过优良的教育,毕业于素有英国最高学府之称的牛津大学,当过律师、大学讲师,服过兵役,曾在第一次世界大战中作战负伤。后投身政界,相继为议员、大臣、工党领袖,1945年当选首相。

阻 击

艾德礼上任后，一心恢复英国经济，由于担心苏联向西欧扩张，威胁英国安全，要求美国以欧洲为战略重点，在亚洲取守势，未料美国不顾英国要求，在亚洲生事，引发朝鲜战争和中美对抗。是故，艾德礼对朝鲜战局发展十分忧虑。

这日读报，得知杜鲁门在记者招待会上有对中国使用原子弹的谈话，大是震惊，便召集阁员开会，分析美国意图。外相贝文道："日前麦克阿瑟在东京举行记者招待会，宣称用三策打败中国。我国恐此种挑衅行为将扩大战争，引发世界大战，便令驻美大使询美方意图，美方称此三策为麦克阿瑟个人意见，并非美国政策。今杜鲁门以美国总统名义在华盛顿举行记者招待会，宣称欲对中国使用原子弹，且察其言谈，似已将投放原子弹的大权授予麦克阿瑟，这不但与麦克阿瑟的谈话正相呼应，且有过之而无不及，决不可等闲视之。"

话音刚落，众人便议论纷纷，都说道："美国若轰炸中国东北，把战争引向中国本土，对中国使用原子弹，不但与联合国意图不符，且必然引起苏联作强硬反应，招致第三次世界大战。届时苏联坦克只消半月行程，便可直下西欧。尤其美国若对中国使用原子弹，必招致苏联在英国投掷原子弹。我国是弹丸之国，只20余万平方公里土地，人口多集中在伦敦等几大城市。只消几枚原子弹，便彻底完蛋。"

艾德礼端坐在主席位上，听众人分析，不住颔首，并问应对之策。贝文道："在朝鲜战场，我国参战部队有数万之众，仅次于美军，不能任麦克阿瑟胡乱指挥，致我国子弟白白送死。我国须参与朝鲜战争决策，约束美国的行为。为今之计，首相须亲飞美国，与杜鲁门会谈，阻止其任意妄为，把我国也拖入灾难。"

众人表示同意。隔日，艾德礼带一班文武大员，乘飞机离开英伦，飞越大西洋，径奔美国首都华盛顿访问。杜鲁门依艾奇逊意见，接连会谈，数日不歇。

第一轮会谈是在白宫举行。会议开始，杜鲁门先以会议主席身份，说些表示欢迎艾德礼率团访美之类的客气话，又表示两国同属英语民族，政治制度、历史传统、民俗、语言习惯皆大体相似，同文同种，如同兄弟，又经历两次世界大战，共同打败德国、日本，如今又担负在全世界反共重任，是资本主义世界的中流砥柱，须同舟共济。话毕，又命布雷德利将军介绍朝鲜最新军事形势。

艾德礼听杜鲁门、布雷德利二人话语似言词闪烁、不尽真实，心中有些不快，沉思一阵，出言道："近日朝鲜战事发展于'联合国军'方面不利，以致谣言四起。麦克阿瑟将军在东京宣称要对中国开战，总统又在华府宣称准备使用原子弹，皆使我国民众惊恐不安。是故我特率团西来，是想亲自面见总统阁下，弄清贵国是否真想对中国开战，真想使用原子弹？"

杜鲁门闻问，期期艾艾，不能回答。艾奇逊见杜鲁门面有难色，便赶紧接过话头说道："首相所虑其实不必。麦克阿瑟所论是对中国发动心理战，使其不致任意妄为，并不代表美国政策。杜鲁门总统使用原子弹之说，亦是为心理战目标服务。未与首相商议，我国断不会乱用原子弹，这是既定国策，首相大可放心。"

艾德礼听艾奇逊答话，心中暗思道："人说艾奇逊能言善辩，揽权多事，能代杜鲁

砥平里作战

门行使职权，果名不虚传。只见其三言两语便化解了两道天大难题，就非同寻常。”心中这样想，又出言道：“若麦克阿瑟将军及总统所论果是为心理战目的，确实不代表美国政府现行政策，我国政府和人民自然可将心放下一半。”

艾奇逊知其话中有话，微微一笑道：“首相另一半心似未曾放下，究为何事，愿闻其详。”

艾德礼早思虑成熟，正要这一问，当下不慌不忙，从容说道：“当初金日成越过三八线进攻大韩民国时，我国基于国际正义，曾在联合国带头支持贵国倡议，并出动精锐部队若干由贵国麦克阿瑟将军指挥，开赴朝鲜，抵抗朝鲜共军侵略。后又支持‘联合国军’越过三八线，武力统一朝鲜，此事诸位皆知。”

言及于此，回视众人，见杜鲁门、艾奇逊、马歇尔、布雷德利诸美方人员皆颔首称是，便继续言道：“然我国政府也有言在先，‘联合国军’在朝鲜须速战速决，且不可将‘联合国军’行动扩至朝鲜边界之外，尤其不可与中国发生冲突。是故我国政府特别倡议‘联合国军’务必在鸭绿江南岸60公里处止步，建立非军事区，以免与中国发生冲突。不意麦克阿瑟将军违背联合国宗旨，冒险向鸭绿江进兵，招致中国干预，引起中国与‘联合国军”对抗，造成今日之局。”

稍顿，又道：“且不说我国官兵在朝鲜捐躯数以千计，只说今日世界大势本是我英语民族与苏俄共产主义对峙，欧洲乃是对峙重点地区。现‘联合国军’却在朝鲜一隅之地与中国人争锋，致使欧洲空虚。若苏联红军乘势向西进攻，不消旬日，便能直下西欧，届时我英美民族唯有投降一途。”

言及于此，又环视会场，见众人全神贯注，场上鸦雀无声，便提高嗓门道：“是故目下我英美盟邦以重兵用于朝鲜、与中国人争锋，是不智之举。斯大林一定非常高兴,每夜都狂饮伏特加酒,以示欢欣。我以为眼下之计,无论如何要从世界大势出发,设法停止在朝鲜的军事行动,与中国人和平解决,以便腾出兵力用于加强欧洲防务才是正理。”

言毕,艾德礼捧过桌上的温热咖啡,刚呷过几口,旁边便有人问道:“首相之意,是说要设法与中国人作停火安排?”

艾德礼见是马歇尔,便答道:“正是。”

一旁布雷德利插言道:“‘联合国军’东线和西线部队皆受重创,已全部退过三八线,此时若能谋求与中国人实现停火,军事上自然对‘联合国军’大是有利。”稍顿,又叹道:“怕只怕中国人新近获胜,踌躇满志,不肯在三八线停火。”

艾德礼道:“我以为,三八线是朝鲜南北双方的固有分界线,我方若有诚意,经过努力,与中国人谈判,沿三八线停火,并非天方夜谭。”

志愿军官兵在冰天雪地里宿营

艾奇逊道:“我以为,若以三八线为停火线,实现停火,中国人最少会提两个条件。”

众人问其详。艾奇逊答道:“其一,是要求取代“中华民国”政府代表进入联合国及各附属组织。其二,是要求美军第 7 舰队退出台湾海峡。”

艾德礼假意称赞道:“国务卿高见,一语道破天机。”稍顿,又问道:“国务卿阁下是否以为我方可以接受中国人的条件,争取沿三八线停火?”

艾奇逊不答,却反问道:“首相以为如何?”

艾德礼深知美国决意阻挠恢复中国在联合国的席位,亦不愿美国海军第 7 舰队退出台湾海峡,因此是明知故问,本不指望艾奇逊立即回答。见艾奇逊果然不答,且接踵反问,正中下怀,便顺水推舟道:“我以为,接受中国人的条件,允其进入联合国,允其恢复对台湾的主权，乃情理使然，于我方并无损失。”

未待众人插话，继续言道：“其一，中共政权统治中国内地，辖区面积占全中国99%，辖区居民占全中国98%。台湾蒋介石政权辖区面积只占中国总面积不足1%，居民不足2%，如今却硬以台湾蒋介石集团代表中国，据有联合国席位，却将中共政权排斥在外，此不但不合法理，且在实际上有诸多不便。中国因未加入联合国，不但愤怒，且不受联合国决议约束。如不是这样，则中国虽不同意由‘联合国军’进攻朝鲜，也必不愿出兵朝鲜，与‘联合国军’打仗。”

言及于此，又饮一口咖啡，接着说道：“其二，台湾本来是中国固有领土。1943年，贵我两国与中国政府在开罗有约，承认中国对台湾拥有主权，且允一俟大战结束便将“台湾”由日本交还中国。今年1月5日，杜鲁门总统亦有声明，承认中国对台湾拥有主权。如今撤出第7舰队，使台湾顺利回归中国，只不过是承认现实、履行诺言而已。于美国和西方并无大碍，却可以换取中国同意在朝鲜停火，又何乐而不为?”

艾德礼大发宏论时，艾奇逊早已不快，出于礼貌关系又不便插言打断，开罪盟友。回视会场，见马歇尔、布雷德利、腊斯克等人皆面色阴沉，杜鲁门更是一脸怒意。是以艾德礼话刚落，艾奇逊便起身议道：“首相之意，我已明白，是以联合国席位和台湾作为礼品，换取中国在朝鲜停火。我以为，这与当年牺牲捷克斯洛伐克，绥靖希特勒德国并无二致。”

此言一出，会场哗然，众人皆交头接耳、议论纷纷，认为艾奇逊提及绥靖一词，是把韩国、台湾、联合国席位比作捷克斯洛伐克，把中国比作希特勒德国，不伦不类。

艾奇逊见会场哄然，以为一语击中要害，心下得意，继续说道：“联合国是由合法主权国家组成的国际组织，“中华民国”政府是联合国创始国，又是联合国常任理事国，一直忠实于对联合国的义务。中共却是凭暴力取得权力的政权，迄今不为全世界

志愿军战斗小组在布置任务

多数国家承认。而且中国新政权一向无视国际法,攻击英舰‘紫石英号’在前,收夺美国兵营地产、扣留在华美国公民在后,而今又策动金日成侵略大韩民国,又直接出兵在朝鲜攻击‘联合国军’,致‘联合国军’大量官兵身亡。此时若允中国新政权进联合国,无异于鼓励侵略,万万不可。此为其一。”

稍顿,又道:“至于说到台湾归属问题,当年美国在开罗确实表示愿将台湾交还中国,但美国的意思是交给蒋介石的“中华民国”,绝不是交给中共“政权”,这二者有本质区别。如今中共追随苏联,反对美国、英国和资本主义阵营,又在朝鲜与‘联合国军’作战。若听任其夺占台湾,无疑是为虎添翼,亦是断不可为的。”

言及于此,环视会场一周,又提高嗓音叫道:“如为谋求停火,允中国新政权进入联合国并得到台湾,美国决不同意。”

因艾德礼、艾奇逊二人意见相左,言词皆十分尖刻,会谈形成僵局,场上一时沉寂。半日,英国陆军元帅斯利姆率先打破静寂,隔桌问对座的布雷德利道:“将军是否确实认为‘联合国军’已经疲惫,需要尽快停火,以便有机会恢复元气?”

布雷德利虽知斯利姆用意,仍据实答道:“关于这一点,会议开始时我已作过说明,我仍坚持同样立场。”

斯利姆又问道:“依据将军的政治经验,如不允中国进联合国、恢复对台湾的主权,中国人会停火吗?”

布雷德利虽性情温和,对斯利姆反复问这些老问题也颇不耐烦,答道:“关于这一点,我的观点仍然是,中国人若无政治利益,便不会放弃军事优势,同意停火。”

众人本以为话到此可以打住,正要转题,斯利姆却又问出了第三个问题,是问如不立即停火,中国人一旦发动新进攻,“联合国军”能否守住韩国。

布雷德利沉思半日,方说道:“‘联合国军’各部队多则损失过半,少则损失十之二三,重武器多数丢光,且士气低落、军心不稳,若中国人连续进攻,从军事观点看,若不使用原子弹,韩国的确难以守御。”

斯利姆接着说道:“既如此,何不在联合国问题和台湾问题上做些让步,以便争取停火,保住在韩国的地位。”

话音未落,艾奇逊从座上霍然站起,大声说道:“纵然不能停火,纵然‘联合国军’被赶出韩国,也要在日本坚持,无论如何也不能允许中国进联合国,不能允许中共夺取台湾。”

斯利姆与布雷德利对话时,众人已知斯利姆是有意用提问入手打破僵局。艾奇逊一席话无疑使会谈局面进一步僵化,众人无计,便一齐抬头看着杜鲁门。杜鲁门也知艾德礼、艾奇逊二人相争,不但个性使然,也反映出两国政策立场的对立。再争吵无益,当时宣布散会。

此后数日,美英官员又接连会晤,争论如旧。无奈之下,只得妥协,发表了一份《联合公报》。英国表示,要进行外交努力,争取中国同意在三八线停火。美国对英国的外交努力不公开反对,但不允在联合国席位和台湾问题上让步。同时决定向朝鲜调兵员装备,调整战线,准备抵抗中国军队的新进攻。但美国也向英国表示,不使战

横城反击战

争扩大到中国，如无英国同意，不对中国使用原子弹。

艾德礼访美之际，中国出席联合国会议的特派代表伍修权也到了美国纽约。伍修权祖籍湖北大冶，通俄文，红军时期担任过当时共产国际驻中国代表的翻译，以后又长期从事对外事务，长于外交。

美军越过三八线前后，不断有美国飞机飞过鸭绿江，轰炸中国东北，兼之美国又出兵台湾海峡，中国一方面指控美国侵略，同时又表示不愿坐视朝鲜被美国灭亡。英国、印度等国也担心中国出兵朝鲜，便出面周旋，提出邀请中国派代表赴联合国，陈述意见，为缓解危机创造政治环境，美国虽不乐意，也不便反对。中国政府便派伍修权为代表，到美国纽约成功湖联合国总部，控告美国侵略中国台湾。

1950 年 11 月 28 日，联合国安理会专门开会听伍修权代表中国政府控告美国侵略中国。伍修权从台湾历史沿革到中国拥有台湾的证据；从日本侵略台湾到中国人民的抵抗；从开罗宣言到杜鲁门的两个对台政策声明；从美国海军入侵台湾海峡到中国人民决心解放台湾，侃侃而谈，洋洋洒洒万余言，并无一丝倦意。许多国家代表因伍修权一席话，对台湾的主权归属更了然在心，愈信中国受到美国侵略，出兵朝鲜只是防御行为。

以后，伍修权又接连出席联合国有关会议，或举行记者招待会，或会晤各国外交代表，阐述中国有关台湾问题、朝鲜问题、联合国代表权问题的立场。在联合国内一时刮起中国旋风。

毛泽东身兼中共中央主席、中央人民政府主席、人民革命军事委员会主席三职，是党政军首脑，却只管大政，政务尽交周恩来等人，党务尽交刘少奇等人，军务尽交聂荣臻等人，自己将精力倾注于朝鲜战场，关注有关朝鲜战场的一切军事、外交动向，一心要夺取朝鲜战争的军事、政治和外交的全胜。

第十八章

周恩来约会潘尼迦
彭德怀晋见毛泽东

周恩来虽任中华人民共和国政务院总理，总揽全国政务，却又兼任外交部长，主持国家对外事务。解放战争时期，又任过人民解放军总参谋长，协助毛泽东指挥全国解放战争。朝鲜战争爆发后，周恩来虽主持政务，日理万机，却也用半数时间筹划军略外交，协同毛泽东总揽全局。驻华各国外交官深知周恩来在中国决策层中一言九鼎，能代表毛泽东发言，每有急事，便与周恩来联络。

1950 年 8.9 月间，美国在出兵侵占台湾海峡后，又屡派飞机轰炸中国东北边境城市，致使中国边境人民的生命财产遭受重大损失。周恩来在一个多月时间七电联合国，代表中国政府谴责美国入侵台湾海峡，并以飞机空袭中国东北，要求联合国安理会主席并秘书长允中国派代表到联合国，控诉美国侵略中国台湾及派飞机空袭中国边境城市。11 月 8 日，联合国安理会复电，邀中国派代表到联合国，参与讨论"联合国军"司令部的特别报告，那报告却是谴责中国侵略朝鲜。周恩来当即致电拒绝，说明"联合国军"司令部是非法组织，中国不予承认，又说明中国之意是派代表到联合国控告美国侵犯中国台湾及其他领土。

几经交涉，联合国秘书长终于致电周恩来，同意中国派代表到联合国控告美国侵略中国台湾及空袭东北。美国虽不乐意，但其时美国军队在云山等地遭志愿军痛击，狼狈溃败，也无可奈何。周恩来接复后，当即选派伍修权为特派代表，飞赴美国纽约联合国总部，控告美国侵略台湾和空袭中国东北。

伍修权临行，周恩来召见伍修权，彻夜长谈，审阅伍修权在联大的发言稿，设想在联合国时可能碰到的各种难题和应对措施。伍修权赴联合国后，果然唇枪舌剑，游刃有余，在联合国刮起中国旋风，不但使美国在审判席上受控，也显出具有五千年文明的中华泱泱大国风范。喜报传回，周恩来大是欣慰，自信用人得当。当即驱车到毛泽东住所，一则报喜，二则商议下一步谋略。

毛泽东身兼中共中央主席、中央人民政府主席、人民革命军事委员会主席三职，是党政军首脑，却只管大政，政务尽交周恩来等人，党务尽交刘少奇等人，军务尽交聂荣臻等人，自己将精力倾注于朝鲜战场，关注有关朝鲜战场的一切军事、外交动向，一心要夺取朝鲜战争的军事、政治和外交的全胜。伍修权在联合国的活动，早通过无线电被毛泽东知悉，亦是欣慰无比。正欲召周恩来议论，筹划新行动，忽报周恩来吉普车已到门前，便亲自迎到门外，握着周恩来的手迎入屋内。

二人不拘形式，一边品茶点，一边侃侃而谈。毛泽东大赞伍修权在联合国不卑不亢、从容应对，有强者之风，长了中国人的志气，灭了美国佬的威风，又赞周恩来慧眼识珠、功不可没，因问起伍修权经历。周恩来如数家珍，将伍修权出生年月、籍贯、家庭背景、教育、个性一一详述，又说起当年如何为共产国际代表作翻译，如何从事军务，如何转向外事。

话毕，毛泽东问周恩来道："报纸电台皆大量报道了英首相艾德礼访美的消息，关于艾德礼访美背景、英美会谈情况有无特别消息。"

毛泽东所说的特别消息是指内部情报。周恩来会意，说道："正为此事来报告。"

志愿军战士坚守坑道阵地

遂详述道:“若论艾德礼访美原因,表面上起于麦克阿瑟在东京、杜鲁门在华盛顿对记者的谈话。一个叫嚣要起用蒋介石军队,把战争扩大到中国本土,一个叫嚣要使用原子弹,挽救败局。这在英国朝野引起震动。英国下院数日辩论不止,反对党坚决反对艾德礼工党政府在朝战问题上追随美国。”

毛泽东接着问周恩来道:“你说的只是表面原因,那么什么是艾德礼访美的真正原因?”

周恩来对道:“二次世界大战结束以来,英美对外政策无论是出发点,抑或是策略手段,都矛盾百出。英国因受战争重创,国势日衰,已在远东地区收缩力量,退保欧洲,认定欧洲是唯一战略重点。美国却在战争中大发横财,成为战争的暴发户,向全世界扩张,既以欧洲为重点,也在亚洲做文章。英国担心美国陷入朝鲜和远东,无力顾及欧洲安全,希望早日结束朝鲜战争,此为其一。在战略上,英国地处孤岛,人口和主要工业集中于伦敦等几个大城市,最怕原子弹攻击,英国担心美国如在朝鲜使用原子弹,或对我国进行原子打击,苏联必以英国作抵押品,以牙还牙。所以英国要美国保证不使用原子弹,此为其二。”

谈到这里,回视毛泽东,见其正全神贯注闷头抽烟,便接着说道:“再论对华政策。自1949年以来,英国为维持其在香港的地位及在华船运、商业利益,屡有友好表示。英国承认了我国政府,实际上愿意承认我国在联合国拥有代表权,愿意与我国进行外贸;承认台湾是我国领土,大体断绝了与蒋介石集团的政治关系。英国也反对美国把战争扩大到我国领土。而美国正相反,拒不承认我国政府的合法地位,坚持承认蒋介石集团代表中国;反对恢复我国政府在联合国的席位;宣称“台湾”地位未定,禁绝与我国进行贸易。”

毛泽东听完沉思一阵，归纳道：“你的意思是说，英国从自身利益出发，力图通过艾德礼访美，约束美国，使之不能放手扩大朝鲜战争，不能乱用原子弹。”

周恩来点头道：“正是。不但如此，料英国从欧洲安全出发，必定会要求美国设法在朝鲜停战。从美英会谈最后公报看，英相艾德礼与美国总统杜鲁门、国务卿艾奇逊必定有过激烈交锋。”

毛泽东颔首道：“那份联合公报已在12月8日正式发表，我仔细读过那上面说，英国已承认我国政府并认为我国政府应在联合国拥有席位，美国仍反对我国进联合国。”

周恩来接言道：“英美两大国围绕中国代表权问题，在联合公报中公开说明政策分歧还是第一次，实在是旷古空前。”说罢，二人会心而笑。

接着，毛泽东又询问周恩来道：“我记得杜鲁门发表关于使用原子弹问题的讲话是11月30日。12月4日，艾德礼到达华盛顿。12月5日，亚非13国联合致函中国，要求志愿军不要开进三八线以南地区。6日，英、美并法国、挪威、古巴、厄瓜多尔等6国，向联合国提交6国提案，要求中国从朝鲜撤军。8日，英美发表会谈公报，表示愿意谈判解决朝鲜问题。今日报间又公布说，第5届联大根据13国提案，决定成立一个三人停火小组，确定在朝鲜停战的基础。在此期间，美国商务部在12月4日又发布命令，宣布对我国实行贸易禁运。十余日内，大事接踵而至，绝非偶然。”

彭德怀司令员视察前洞阵地

周恩来听毛泽东侃侃而谈，对事态进展了如指掌，且观察入微，着实佩服不已，心道：“毛泽东当世豪杰，确实名实相符。”这样想时，陷入对往事的追思，一时竟未答话。毛泽东话毕，也在烟灰缸里按灭烟头，室内一时沉寂。

半晌，周恩来从静寂中回过神来，回看毛泽东，正拿着一支烟，打量自己，忙集中精神说道：“主席总揽全局，判断精细。”稍顿，又继续言道：“主席所列诸般事端，确有内在联系。我以为亚非国家无疑希望尽快结束朝鲜战争，实现远东和平。英国也有此意。美国在军事上遭到失败，如能停火，可以乘机喘息，休整部队，以便再战。但美国是世界头号强国，历史上从未打输过战争，主动要求停火，自然有损国家体面。英国人老奸巨猾,洞悉其中奥秘,便乘机鼓动13国提出停火倡议,又以杜鲁门在记者招待会上的谈话为由,派艾德礼访美,促美国同意停火。美国方面如能不失体面实现停火,争取喘息时机,亦有好处,自然不会反对。是故13国便登上前台,高唱停火调,越唱越欢。"

毛泽东沉思一会儿,问道:"照此说来,13国停火倡议,是以美英华盛顿会谈为背景了?"

周恩来道:"不但如此,这份停火倡议,还有利于美国,不利于我国。因为此时我军新胜,享有战略优势,利于继续进兵,美军新败,士气低落,难以再战。是故停火无异于捆住我军手脚,使我国主动放弃军事优势,并解除美军危局。"

毛泽东点头道:"这分析有理。"然后一边抽烟,一边说道:"若不能迫美国海军从台湾海峡撤退,不能恢复我国在联合国的代表权,不能保证朝鲜永久和平,志愿军几十万将士在朝鲜流血牺牲便是竹篮打水,停火便不值一分钱。"言及于此,烟正抽完,便缓缓按灭烟头,又缓缓抽出一支,打火点燃,接着说道:"与其这样停火,窝窝囊囊,不如乘胜再打一仗,杀过三八线,好好教训一下美国佬,迫其老老实实坐到谈判桌前,一劳永逸地解决朝鲜问题、台湾问题和整个远东问题。"

稍顿,又说道:"只是亚非国家大多对我国友好,虽受美国蒙蔽,但其渴望结束战争、实现和平却是出于至诚,如何既说明其停火倡议不可取,又不影响他们与我国现存关系,这是一个难题。"

周恩来会意,接着说道:"主席的意思我已明白。一是不理睬美英求和要求,乘胜进军,争取远东问题总解决。二是要对亚非国家做解释,使其不至误解我国意图。"

毛泽东点头道:"刚才收到电报,彭德怀已离朝鲜回国。能否再打一仗,待我亲自和他细谈。如何向亚非国家做解释,就赖你操劳了。"

周恩来应道:"如此最好。"

二人又议一阵细节。待谈话结束时,已夜阑人静。服务员适时送上晚餐,是牛肉面并几样湖南小菜。毛泽东请周恩来一起用餐。二人边吃面条边说些闲话,是当年美国调停国共谈判的旧事。餐毕,周恩来抬腕看表,已是夜12时,便歉然道:"不知不觉竟谈了五六个小时,影响主席休息了。"

毛泽东却笑道:"讨论痛打美国野心狼的策略,这比当年辽沈战役获胜的战报送来时还要让人开心。"言罢,二人相视大笑。笑声中,周恩来告辞,毛泽东送至门外,待周恩来登车,又挥手告别。

周恩来回到住宅,看过几份内部外事通报,方解衣就寝。清晨醒来,洗漱毕,用过早点,便到政务院办公楼办公。忙碌半日,已是上午10点,忽报印度驻华大使潘尼迦来访。周恩来心道:"必是为13国提案和朝鲜停火问题而来。"当即命迎客入室,分宾主坐定,奉上茶点。

潘尼迦先说道:"贵国立国不过一年稍多,便能消灭积年匪患,禁烟禁赌禁娼,

志愿军在前进

实行土地改革,解决粮食饥荒,使国家日新月异。总理阁下日理万机,总揽政务,功高盖世,我辈实在钦佩。"

周恩来知是寒暄话,约略谢过,说道:"我国经济、政治重大进步,一赖全国军民努力,二赖兄弟国家帮助。然与欧美先进国家相比,仍十分落后。"说话时,招呼潘尼迦用茶点。

潘尼迦因时常拜会周恩来,已是熟人,便单刀直入地问道:"12 月 5 日,我国政府并亚非阿富汗、缅甸、埃及、印尼、伊朗、伊拉克、黎巴嫩、巴基斯坦、菲律宾、沙特阿拉伯、叙利亚、也门共 13 国政府,曾联合致函贵国政府,请贵国政府发表声明,表示无意令贵国军队开赴三八线以南地区。昨日,联大又通过决议,同意 13 国提案,决定成立一个联合国三人停火小组,促成朝鲜停火,未知贵国政府对此是何立场,愿总理阁下明示。"

周恩来严肃地说道:"贵国政府并亚非友好国家为朝鲜和平奔走,其诚可嘉。"潘尼迦谢过。

周恩来又道:"然阁下须转告各国明了,中国并未派遣正规军赴朝鲜,现在朝鲜者是志愿人员。中国政府对他们的行止只能劝说,不能以命令强迫。"

潘尼迦笑道:"话虽这样说,但各国皆知,中国志愿军其实是解放军出国参战部队的别称,指挥系统并无二致。"

周恩来不理,继续说道:"中国人民志愿军入朝参战,是气愤美国出兵我国台湾海峡,又百般阻挠恢复我国的联合国席位。如美国和联合国方面保证美国海军撤出台湾海峡,保证我国对台湾的主权,并恢复我国在联合国的合法席位,我国政府负责劝说志愿军回国。”

潘尼迦闻言，沉思半日，方对道：“贵国政府有关台湾问题和联合国席位问题的立场，我国政府一直深表同情。贵国政府一定了解到，我国政府对美国海军在台湾海峡巡逻一事一直持批评态度。我国政府也一直为恢复贵国在联合国的代表权百般周旋。”

周恩来凝神倾听，颔首表示谢意。潘尼迦又道：“然双方鏖战数月，已折损无数。目下双方百万大军在冰天雪地中对峙，任其下去，战事必然扩大，一发不可收拾。13国呼吁书是希望贵国政府利用影响力，约束贵国志愿军不越过三八线，以便促成战场停火，再寻机解决问题。”

周恩来闻言，忽插话道：“阁下并13国之意，是要求先停火，再谈判？”

潘尼迦对道：“正是。”

志愿军战士在坑道小憩

周恩来正色道：“13国倡议为什么不要求先谈判再停火？”稍顿，又续言道：“13国现在要求志愿军不越过三八线南进，当初美国越过三八线北进时，13国在哪里？为什么不呼吁美国勿越过三八线向北进攻？13国的呼吁和提案为什么只谈停火，不谈中国代表权问题，不谴责美国侵略台湾？”略歇一歇，又补充道：“还有，13国中为什么有菲律宾？大家都知道，菲律宾‘麦格赛赛集团’一直追随美国，亦步亦趋。这次所谓‘联合国军’向中国边境进犯，其中就有菲律宾军队。”

潘尼迦见周恩来声色俱厉，连续几问，环环相扣，真理在握，便一时慌乱，半日不能答话。周恩来见其面色忽红忽白，很是尴尬，便转圜请潘尼迦用茶。

气氛稍微缓和，潘尼迦回过神来，又出言劝道：“对贵国政府立场，我等十分同情。然贵国新近立国，百废待兴，若战争扩大及贵国本土，即使美国不使用原子弹，只以飞机、舰炮对贵国沿海作常规攻击,贵国便可能万劫不复。若能见好即收,乘胜收军,再争取政治解决,对贵国、对亚洲都有利无害。愿总理阁下三思。”

周恩来略带激动地说:“若非阁下来自友好国家,我几乎认为阁下是为美国做说客,以美国武力逼我国就范了。”

潘尼迦忙道:“不是这个意思,切勿误解。”

周恩来也道:“我也知阁下和贵国政府是出于和平意愿。然目下美军新败,停火只利于其收拾残军、重整旗鼓,利用韩国基地伺机再向北进攻,若不能铲除美国北进祸源,一揽子解决朝鲜问题、台湾问题、联合国代表权问题,停火便无意义。中国政府不会在这种情况下,劝告志愿军回国。就是劝告,志愿军也未必听从。”稍顿,又告潘尼迦道:“中国目前百废待兴,以经济建设为重心,最渴望和平,但也不怕战争。请阁下转告贵国政府及有关国家政府,不要误解了中国的意图。也请阁下转告亚非兄弟国家,在大是大非面前务必擦亮眼睛,不要被美帝国主义利用,以致阴错阳差误入圈套,成为美帝侵略的帮凶。”

言及于此,潘尼迦知如不恢复中国在联合国席位、美军不从台湾海峡撤退,中国军队就不会在三八线止步。再劝无益,便起身告辞。周恩来见意思已到,也不强留,客客气气地送潘尼迦到门外,握手作别。

清川江、长津湖大战毕,志愿军全线进抵三八线。将士多主张乘胜进军,杀过三八线,将美军和“联合国军”杜出韩国。读毛泽东电示,亦有此意。彭德怀因总揽战局又临前线,对过三八线作战颇有疑虑。想到毛岸英新死,毛泽东一定悲伤,自己虽无直接责任,但临行时毛泽东曾有过嘱托,颇觉不好向主席交差。便决定乘战斗间隙,回国一行,当面向毛泽东汇报战局,请示下一步行动,顺便宽慰毛泽东几句。

彭德怀是性急人,得毛泽东允许回国一行的回电后,将军务暂交邓华代管,连夜乘

志愿军战士在阵地上

火车回国。因是志愿军司令员专列,沿路车辆一概让道。只两夜一天,便到达北京。彭德怀下车后,径奔毛泽东住所。因不知彭德怀回来得这么快,毛泽东正卧床小憩。卫兵拦住,告以毛泽东正歇息,请其稍候。彭德怀不耐,推开卫兵,径自推门直入毛泽东卧室。

毛泽东这几日心念彭德怀和朝鲜战事,不能入眠,闻门外有喧闹声,仿佛听到是彭德怀的吼声,便翻身起床,刚坐在床头,彭德怀已经闯入。毛泽东大喜,握住彭德怀手说了些寒暄话,然后说道:“志愿军一战云山,二战清川江、长津湖,杀得‘联合国军’闻风丧胆,令我痛快无比。彭大将军这一奇功,实在无与伦比。”

彭德怀谦让道:“是主席指挥得当,将士效命,我个人无足轻重。”又问过毛泽东健康情况,毛泽东一一作答。

毛泽东靠床头坐定,彭德怀拖过一把木靠椅,依床边坐下。毛泽东先问敌情。彭德怀掏出小记事本,对照记录约略说明,清川江、长津湖战役自 11 月 25 日开始,恶战十余日,打垮美军、“联合国军”、韩国军计 40 万人,歼敌 3.6 万人,缴获不计其数,并乘胜追击,连得朝鲜境数十城,全线进抵三八线。又说美军残部,皆利用空军、海军掩护,轮式车辆运送,逃往三八线以南休整集结。美国政府又从后方调来新锐部队,如今韩国境内敌军计约 34 万人,其中有 5 个军 13 个师另 3 个旅,计约 20 万人,部署于第一线,在 38 度线到 37 度线之间依次构筑成 5 道防线,编号为 A、B、C、D、E,据险防守,准备抗击志愿军进攻。

问过敌情,又问志愿军情况,彭德怀也据实报告。

听完报告,毛泽东点燃一支烟,沉思半晌方问道:“依你之见,志愿军可否乘新胜余威,发动第三个战役,直下三八线,将‘联合国军’赶出朝鲜?”

彭德怀知道毛泽东有意令志愿军发动新进攻。因行前已有过仔细筹思,又是直性子,便直言道:“依我之见,目下只宜以静制动,不宜发动新攻势。”抬头望毛泽东,只闷头抽烟,并不置可否,便详细解释道:“我军方面,在异国高寒地带以劣势装备对抗强敌,已持续征战两个月,南进数百公里。经过前两次战役,共歼灭敌军数万人,战绩巨大。然古人有云,杀敌一万,自损三千。我军将士英勇善战,战斗减员确实少于敌军。但在异国作战,又遇酷寒,后勤不继,将士常无衣御寒、无米为炊,冻死饿死者不少。据志愿军总部统计,部队减员已过半数,其中非战斗减员约有七成,多为冻饿或美机轰炸造成,战斗减员其实只有三成。如今志愿军虽全线进抵三八线,却因长途追敌,早已疲惫。东线第 9 兵团,因在高寒地区恶战,又无防寒准备,将士已冻伤过半,失去进攻力。西线 13 兵团虽然有力量进攻,但后勤补给线已延长 400 公里,铁路、公路皆被破坏,美国飞机又日夜轰炸。如不能保证后勤补给,进攻必不能持久。”

稍顿,又补充道:“敌军方面,虽受过沉重打击,仍有相当实力,且其防区内河川纵横,临津江、汉江皆是天险。况敌军退过三八线后,供应线缩短,海空兵力集中,战斗力实已加强。是故敌军进攻固然不能,防守却有余力。”

毛泽东听彭德怀这番分析,沉着脸闷头抽烟,一言不发。思虑半日,方按灭烟头,缓缓言道:“你在前线统兵,对前线敌我情形了如指掌,对此我从来深信不疑。你有关

志愿军战士向敌阵地运动

目下宜以静制动、不宜再发动新攻势的看法,也确有道理。”

稍顿,又点燃一支烟,边抽边说道:“然目下政治大局却要求我军乘势进行第三个战役,不可以止步于三八线以北地区。”未待彭德怀插言发问,毛泽东又说道:“清川江、长津湖战役结束时,国际上云波诡谲、风高潮起,先是杜鲁门宣称要扩大战争、使用原子弹;次是艾德礼访美,英美密谋对付中国;然后是印度等13国发出停火倡议,要我军在三八线止步;然后是联合国大会决议成立三人停火小组,貌似公正,其实是由美国操纵。所提停火条件,是沿三八线往北10公里划停火区,却绝口不提台湾问题和恢复我国在联合国代表权问题。此无疑是未视我为胜利者,以停火为名剥夺我胜利果实。今日印度驻华大使潘尼迦又访恩来,重述13国倡议,要求我军在三八线止步,已被恩来据理驳回。如今伍修权作为我国代表,正在联合国活动,努力把军事胜利变为政治胜利,争取乘势恢复我国代表权,从台湾海峡赶走美国海军。”

言及于此,毛泽东把话打住,一边招呼彭德怀用茶点,一边继续言道:“13国倡议和联合国决议,名为中立,实则受美国操纵,反映了美方要求。如我此时当真在三八线止步,停止向南发展攻势,国际上必以为我惧怕美国原子弹,接受13国倡议,愿意无条件停战,而认可美军侵占台海、蒋帮窃据联合国席位的现状,这在政治上极为不利。且美国并未承担义务,一旦其喘过气来,还可以继续越过三八线北犯。反之,如此时杀过三八线,再打一两个胜仗,即使不能把美军赶出朝鲜,也可壮大我国声威,加强我国政治地位,伍修权在联合国更能高声发言。台湾海峡问题、我国在联合国席位问题也可望一揽子得到解决。”

毛泽东这番分析,由浅入深,丝丝入扣,彭德怀听罢,顿觉心中雪亮、眼界大开,心道:“毛泽东文韬武略,高瞻远瞩。我国有此英明领袖引路,是国家之幸,民族之幸,志愿军之幸。”

毛泽东道:“战争总是要死人的。为了打败美国侵略者,志愿军将士在朝鲜已牺牲逾万,他们皆有父母,皆为人之子。岸英也是战士,别人的儿子能血洒疆场,毛泽东的儿子也照样能血洒疆场。我为有这样的好儿子备感骄傲。”这番话,悲壮激越,令彭德怀十分感动。

第十九章

彭德怀部署新攻势
韩先楚大战临津江

毛泽东会见彭德怀，纵论国际大势，说明志愿军不可在三八线止步的政治原因，由浅入深，丝丝入扣。彭德怀听罢大受启发，心中感慨万千，说道："主席这番分析，博大精深，入情入理，令我茅塞顿开。我之所以提出暂以静制动、不越过三八线，是出于对军情现实的分析，并非畏敌怯战。"稍顿又补充道："只是我不能像主席那样高瞻远瞩，从全球战略高度看朝鲜战局。"

彭德怀话落，毛泽东又点燃一支烟，议论道："现代战争，不仅是两军相争，也不仅是两国相争，而是经济、政治、宣传、心理、外交及各种国际政治力量相互撞击、相互作用。为将者，不但要懂用兵，还要通观国际全局，通经济战、政治战、心理战、宣传战、外交战，方能百战不殆。"稍顿，又说道："只眼下这场朝鲜战争，便与当年解放战争大有区别。在朝鲜前线，是中国志愿军和朝鲜军队与美军、'联合国军'并韩国军队对阵。蒋介石军队亦跃跃欲试，想介入战争。然在政治领域，却涉及美苏关系、两大阵营关系、南北朝鲜关系、中国内地与台湾关系、中英关系、中印关系、中苏关系、中国在联合国的代表权问题。还有亚非国家，也有通过朝鲜战争提高国际威望的意图。其中涉及中国与亚非国家关系处，亦不可等闲视之。正所谓牵一发而动全身，若一步有错，便全局皆输。"

见彭德怀不住颔首，若有所悟，便指着彭德怀道："你在军中雅称彭大将军，又有猛张飞的美称，一向以敢打硬仗、能破强敌闻名全军，当年守井冈山、过黄河东征、指挥百团大战、五战陕北，皆功高盖世。就是这次出兵朝鲜，也多亏你投关键的一票。若非所遇困难太大，你决不会主动要求暂在三八线止步，以静制动。"

说这番话时，彭德怀几次欲言，皆被毛泽东以手势止住。待毛泽东话落，彭德怀忙道："我所虑者，是我军连番苦战，攻击力削弱。敌军战线缩短、兵力集中，适于联合兵种协同作战，我军强攻，必牺牲重大，恐得不偿失。主席既从战略高度，认为需要打这一仗，德怀当效死从命。"

毛泽东见彭德怀正式表态，大喜道："彭大将军有此决心，我再无忧。"稍顿，又道："我以为不但应打这一仗，而且一定能打赢。"又对美军、"联合国军"、韩国军弱点作进一步分析，与彭德怀商定战守细节。

此次彭德怀回国目的之一，是向毛泽东说明毛岸英牺牲经过。自见毛泽东起，仔细观察，始终未见毛泽东有一丝痛失亲人的悲壮，很是惊讶。思虑半日，声调低沉地告毛泽东道："主席，我没有保护好岸英，使他在敌机轰炸中牺牲，这事我有责任，我请求受罚。"话毕，半晌未听到回答。抬头看毛泽东，见他面色惨白，眼圈发红，口中喃喃道："岸英牺牲了吗？什么时候牺牲的？"彭德怀见状，方知毛泽东还未知毛岸英牺牲的消息。

原来，毛岸英牺牲的消息传到北京后，周恩来恐毛泽东难过，便指示暂扣住消息，不让毛泽东知道，待适当机会再婉言相告，以减缓毛泽东的悲痛。彭德怀回国仓促，不知就里，只一心请求处罚，想说清楚岸英牺牲经过，不料此时毛泽东仍未得知毛岸英牺牲消息。一时说破，见毛泽东悲痛万分，竟不知所措。

毛泽东骤从彭德怀话语中得知毛岸英牺牲的消息，虽悲痛不堪，仍能自制。闷头抽烟，默然无语。半晌，方抬起头来，告彭德怀道："战争总是要死人的。为了打败美国侵略者，志愿军将士在朝鲜已牺牲逾万，他们皆有父母，皆为人之子。岸英也是战士，别人的儿子能血洒疆场，毛泽东的儿子也照样能血洒疆场。我为有这样的好儿子备感骄傲。"这番话，悲壮激越，令彭德怀十分感动。

用轻机枪击落美军飞机

彭德怀知毛泽东是伟人胸襟，无需旁人安慰。只心中暗思："务必打好第三个战役，以捷报告慰领袖。"默然半日，起身告辞，欲连夜回前线。毛泽东忍住悲痛，为彭德怀送行。

彭德怀回朝鲜前线后，立即召集诸将开会，传达毛泽东指示精神，部署第三次战役。会址在志司总部一处大山洞中。洞高、宽各盈丈，皆是石壁。虽是白日，点起电灯仍嫌昏暗。洞壁上挂满三八线附近的军用地形图。洞室中央是一个大沙盘，呈长方形，亦是三八线附近地形微缩。沙盘两长边为南北方，两短边为东西方。沙盘中央有一道蓝线，纵贯东西两短边，标明是三八线。沙盘西北有一高地，标明是阿虎飞岭山脉，东端亦有一高地，标明是太白山脉，标高皆千余米。两高地之间，有几道曲折深沟，自西而东，依次标明为礼成江、临津江、北汉江、昭阳江，皆自东北而西南，斜贯三八线。山川之间，星星点点，散布几十个小木屋模型，代表城池市镇。自三八线西端往南一列，依次为开城、东豆川里、议政府、水原；中央往南一列，依次为上红碛里、下红碛里、加平、春川、洪川、横城、原州；东端往南一列，依次为襄阳、注文津、江陵。其间皆有大路相通。山川之间，除标志城池村镇的小木屋外，另插有数十面彩色小旗，表示敌对双方兵力分布。蓝线以北近侧，自西而东，依次插有三面小黄旗，各代表朝鲜人民军一个军团。六面小红旗，各代表中国人民志愿军一个军。蓝线以南近侧，自西而东，依次插有八面小白旗，各代表一个韩国师。四面小黑旗，各代表一个美军师。一面小蓝旗，代表一个英国旅。一面小棕旗，代表一个土耳其旅。三八线南北后方，另有彩旗若干，代表双方第二线部队。所有彩旗，皆标有部队番号。虽是外行，只看沙盘，顷刻之间也能将双方态势弄个一清二楚。

因是战地，一切从简，便在沙盘四周靠洞壁位置临时摆了一些空炮弹箱，权当座椅,供与会者用。诸将奉召开会,皆由志司参谋人员导引,在说笑声中进入石洞,先围住沙盘指指点点,熟悉敌我态势,乘间说些闲话,皆是在不经意中讨论战术问题。俄顷,邓华、韩先楚等人也入内,招呼诸将择炮弹箱坐下,道:“诸位都是第一线军长、政委,劳苦功高,难得一聚,没有东西招待,只有请大家先尝尝美国食品。”

众将回头,果见身旁空余炮弹箱上,另放有大堆原装牛肉、火腿罐头、啤酒、香烟、巧克力、奶糖之类,皆是正宗美国货,显系来自战场缴获,哄然大笑,在笑声中敲罐头、开啤酒,边用边乐,嘻嘻哈哈,说些战场笑话。

这样乐了一阵,彭德怀方由志愿军参谋长解方陪同,大步入洞。众将本已吃足喝够,见主帅到,赶紧丢下食品,起立致敬。彭德怀扬扬手,示意免礼,便走上主座,也是炮弹箱垒成,只是座前安放有一张小木桌,桌上铺有一条军用毛毯,算是台布。彭德怀大马金刀坐定后,也招呼众将坐定。

会议开场,先由邓华以主持人身份宣布开会,说几句开场白,约略是总结清川江、长津湖之战的战绩,表彰有功部队,也谈了一些经验教训,然后说明会议宗旨,是部署新战役,准备杀过三八线。

邓华话毕,由解方说明敌我两军兵力、态势、意图,我军作战部署。解方身为参谋长,对军情了然在胸。当时大步走到沙盘前,以指挥杆指沙盘告众将道:“敌军原先拥地面部队计 40 万人,经前次清川江、长津湖之战,已溃不成军,阿尔蒙德所部美 10 军折损过半,已退往釜山休整,眼下沿三八线部署的敌军,有美第 8 集团军残部、韩国军残部、英国旅和土耳其旅、一个美军伞兵团,总计 13 个师另 3 个旅,约 20 万人,统由美将李奇微指挥。”

志愿军掩护部队前进

众将闻言，有所不解，一齐问道："美第 8 集团军本由沃尔克指挥，如何又冒出个李奇微？"

解方正要解释，一旁邓华插言道："沃尔克已阵亡，美军参谋长联席会议已任李奇微接替沃尔克，指挥美军第 8 集团军。"

原来，美军在清川江前线失败后，向南急退，第 8 集团军各师残部与韩国军残部竞相争道。黄海沿岸几条山间公路尽是溃军，道路为之阻塞。沃尔克想挽回败局，背一枝大号左轮，持一枝冲锋枪，几度堵住路口要道，阻遏溃军，无奈兵败如山倒，溃兵皆不理睬，只顾逃窜。沃尔克只得登上吉普车，也随溃军南逃。车行如龟，几日几夜亦不过南行百余里。这日千辛万苦，总算逃过三八线以南，正暗松一口气，不意从右手路口突然冲出一辆李承晚军的大卡车，快如闪电，径向沃尔克座车撞过来。司机躲闪不及，眨眼之间两车相撞。吉普车吨位小，轰然声中在路中央打了一个滚，然后如断线风筝翻落深谷，油箱也在连续撞击中爆炸，腾起冲天大火。待侍卫赶到，沃尔克已遍体伤痕、鲜血淋漓、奄奄一息。急救起向医院运送，未及半途已然毙命。沃尔克死后，华盛顿先密不发丧，待局势稍稳，方播发沃尔克死讯，又令李奇微接任沃尔克之职。

众将听邓华解说沃尔克死亡经过，皆欣然欢呼。欢呼声未息，解方又继续言道："李奇微上任后，收拾残军，在三八线与三七线之间 100 公里地，连设 A、B、C、D、E 五道阻击线。第一道阻击线是 A 线，西起临津江，经东豆川里、上红碛里抵北汉江上游，大体与三八线一致。第二道阻击线是 B 线，西起议政府，东经加平、、上下南淙，抵春川，接昭阳江。第三道阻击线是 C 线，西起仁川，经汉城，沿汉江下游江岸往东抵横城。第四道阻击线是 D 线，西起水原，中经利川、骊州到原州。第五道阻击线是 E 线，大体与三七线重叠。五道阻击线各隔 20 公里地，皆依托山势河川，深沟高垒，凡紧要处一律筑有碉堡、地堡和火力点，又有带刺铁丝网、地雷场，20 万敌军分成梯队，据阵密集防守，企图阻挡我军南进。"

谈到这里，见众将屏息静听，便以指挥杆指着沙盘北沿三八线以北的红黄旗，告众将道："我军参战部队，有志愿军第 13 兵团所属各部，为第 38 军、第 39 军、第 40 军、第 42 军、第 50 军、第 66 军，辅以朝鲜人民军第 1 军团、第 2 军团、第 5 军团计 3 个军团。中朝参战部队总计九个军约 31 万人。"随即传达总部作战意图，即将部队分为东西两支，西一支军由志愿军副司令员韩先楚统领，计辖志愿军第 38 军、第 39 军、第 40 军、第 50 军并人民军第 1 军团，共 5 个军，由战线西端突破临津江，向汉城进逼。东一支军由第 42 军军长吴瑞林统领，计辖志愿军第 42 军、第 66 军并人民军第 2 军团、第 5 军团，共 4 个军，由战线东端辅攻，沿上下红碛里、上下南淙、春川、洪川、横城、原州轴线向南挺进，牵制敌军援兵。两支军在除夕发动，东西呼应，务求全胜。

解方介绍军情完毕，众将皆议论纷纷，会场活跃起来。彭德怀端坐主席位，观察众将言语动静，不置一言。半日，众将议论已到火候，一齐把目光转向彭德怀，会场突

彭德怀在前线观看志愿军部队的墙报

转寂静。彭德怀知是等最后命令,便不慌不忙,从炮弹箱上站起来,告众将道:“敌军布下五道阻击线,看似森严壁垒,其实是信心不足,徒使兵力分散配置。且敌军兵力配置图中,是将韩国军 8 个师摆在第一线,美军靠后部署,更利我军突破。”众将闻此分析,皆有笑意。

彭德怀又道:“我军虽苦战数旬,但得后方努力,兵员粮弹已经补足,各部突破敌军第一道阻击线后,务必乘胜扩大战果,向纵深猛插,尽量多消灭敌军主力。”言罢,宣读了正式作战令。下达命令后,各将欲行,彭德怀大步上前,与众将一一握手告别。

韩先楚受命指挥志愿军西路部队,由临津江向汉城方向进兵,自知责任重大,不敢懈怠,辞别了彭德怀及志愿军司令部诸将,星夜驱车,兼程赶往临津江前线,组建西路部队前进指挥所。又召集 4 个军长、政委,并人民军第 1 军团司令官,共同研究突破临津江细节。当时议定,吴信泉统 39 军担任主攻,择李承晚军第 1 师、第 6 师两师结合部突破,夺占汉城门户议政府,直插汉城。38 军和 40 军为左右翼助攻,人民军第 1 军团各部在侧翼佯动,50 军为后备。各军务必在进攻前 24 小时乘黑夜进入出发阵地隐蔽待机,除夕夜 5 时一齐发动。各将领命而去。

韩先楚待众将离去后,又在作战室独自对图沉思,将作战部署反复思量,唯恐有疏漏之处。待到午夜,万籁俱寂,刚生睡意,电话铃声骤起,抄起听筒,但闻一口浓重湘音,知是彭老总电话,赶忙应答。

原来彭德怀因西路部队为全军主力,关系整个战局成败,也放心不下,便来电话问讯。韩先楚当时如此这般地把部署细节一一作了报告。彭德怀听罢,连声说好,又嘱韩先楚道:“此次突破三八线之战,在政治上关系重大,毛主席十分关心,一日数电,反复指示,是故只许成功,不许失败。”韩先楚在电话中道:“愿立军令状。”彭德怀大喜，又嘱韩先楚道："告诉主攻军吴信泉，务必选好主攻师和突破口。"先楚一一应诺，方搁下听筒。

接过彭德怀电话，韩先楚睡意顿消，恐主攻军有失，又令驱车赶往 39 军指挥所。车到时，已是拂晓，夜色中见吴信泉正在登车，准备出发。吴信泉见是韩先楚驱车来到，颇是意外，以为军情有变，忙下车问讯。韩先楚不答，问吴信泉行止，吴信泉告说准备去主攻师。韩先楚喜道："正想看主攻师如何突破。"便邀吴信泉共乘一车，去主攻师视察。

登车后，二人就便交谈，韩先楚先问主攻师的情况，吴信泉告道：主攻师是 116 师，师长汪洋，虽接任师长不久，却久经战阵，颇有临战经验，云山、清川江两战指挥 116 师突击，屡立奇功。又说 116 师已于夜间运动到临津江北岸，正隐蔽待机，等候攻击令下达。这样边说边行车，不觉间曙光初现，已抵达 116 师指挥所。

二人刚下车，便有一年轻将领，看去约摸 30 岁年纪，中等身材，黑红脸膛，精神抖擞，跑过来行礼迎接。吴信泉刚要介绍，韩先楚料是 116 师师长汪洋，抢先上一步，握住汪洋手道："汪师长，辛苦了！"那将恭敬回道："副司令员辛苦。"说话时，众人大步走进师指挥所。

志愿军第 39 军第 116 师指挥所筑在临津江一处河曲北岸的天然石缝中，位置隐秘，视野开阔，不怕飞机轰炸。韩先楚由众人陪同，来到指挥所观察，举起望远镜，打量临津江地势。晨曦中，见临津江自东而西，如巨蛇翻滚，江面弯弯曲曲宽有百来米，两岸如刀削，高有约 10 米，极难攀援。便随口问临津江资料。吴信泉目示汪洋，汪洋忙道："临津江源出元山以西、阿虎飞岭山东坡，自东北而西南，流经马转里、城北里等数十村镇，汇合 10 余条大河，长约 300 公里，由江华湾入海。因江流自北部山区泻下，是故河床陡峭，河岸高耸，不利强渡。"

夜 袭

韩先楚回望一眼，似有赞许之色，又问部队编制装备情况，汪洋又报告说："116 师进攻部队计有步兵7个营、炮兵6个营另8个连，共7500人，拥有火炮155门、骡马500匹，皆进入预设阵地隐蔽。”又说师后勤已提前筹措粮秣10万公斤，除平时食用，还保证战士出击时每人能携带三天干粮；军械部门为每门野炮补充了45发炮弹，为每门山炮、步兵炮、迫击炮准备了60发炮弹，轻机枪每枪备弹13000发，重机枪每枪备弹5000发，冲锋枪每枪备弹300发，步枪每枪备弹100发；战士每人备手榴弹4枚；后勤医院补齐了救急器材药品，担架队修制了大量担架。又说将士群策群力，用土法自制了大量渡江器材，每团计有攀登用云梯24架，皆10米长；每人用雨布自制防水袜一双、防滑草鞋一双、另准备有大批门板、谷糠，以防江面冰层被敌炮火毁坏时，临时填塞。”

韩先楚闻报，心中暗思：“几日内完成诸多准备，尤其是一支万人大军，在敌军眼皮底下隐蔽，竟无一丝痕迹遗下，也算是训练有素了。”心中这样想，便说道：“我刚才过来，一路皆未见人车痕迹，这说明隐蔽工作出色，只这一点，胜利把握就有了六七成。”汪洋谦逊地说道：“平时多作准备，隐蔽行动方可收奇袭之效，这是前两战留下的经验教训。”又说为防美机侦察轰炸，所有部队装备皆放在地下工事内，是故一路之上并不见痕迹。说话间，江面上忽有人影晃动。韩先楚便指江面问众人道：“江面上如何有人影？”

众人望去，果见有两人正在临津江冰面上，弯腰向北奔跑，因为冰滑，不时摔倒，摔倒又爬起，爬起又摔倒，跌跌撞撞。旁边一参谋报道：“可能是侦察兵过江侦察返回。”汪洋也解释道：“眼下气温是摄氏零下20度，临津江已经封冻，因水流缓急不同，各处冰层厚度亦不同，水急处不易封冻，水深只齐腰，可以涉水过河。水缓处冰层较厚，可由冰面过人。这一处湾大江宽，又当风口，气温最低，冰层最厚，或许能过炮车，便令侦察兵冒险到江心作侦察。”话未落，一参谋人员已将两个侦察兵领进指挥所。众人围过去，见两个侦察兵各约20岁年纪，棉衣已被冻结，眉发上皆挂冰霜，头前一人怀抱一块冰，报说是从江中心取来。

汪洋表扬了侦察兵几句，令下去换衣休息。韩先楚正用手丈量冰样，见厚约5寸，回头说道：“依据当年在东北作战的经验，5寸厚的冰层，能过轻型卡车和轻榴弹炮、山炮、步兵炮。”汪洋道：“若如此，突破成功又有了一分胜算。”韩先楚凝思一阵，回头告众将道：“西路部队是全军主力，39军又是西线主攻军，116师则是尖刀部队，此次突破临津江之战能否成功，是全局的关键，诸位务必用心。”吴信泉也嘱汪洋道：“隐蔽意图十分重要，要告诉战士，克服霜冻冰雪，再冒酷寒隐蔽一日，待天黑时按时发动攻击。”又令汪洋统116师过江后，先占东豆川里，下决心不怕孤军深入，猛穿猛插，再强攻议政府、汉城、水原，为全军开路。”交代毕，韩先楚偕吴信泉与众将告辞。

出指挥所时，正北风呼号，鹅毛大雪漫天飞舞、纷纷扬扬。山川、河谷、林木、荒野皆被白雪覆盖，真个是银装素裹、漫天皆白，四下寂静，杳无人踪，全然不似战地。韩先楚望一眼吴信泉，二人对视，一齐道：“好雪。”说罢会心而笑。

韩、吴离开116师指挥所后，暴风雪一日不绝，待到午后，平地积雪半尺，气温陡

志愿军战士准备出去

降至零下摄氏30度，江面冰层又加厚一寸。守江的李承晚军队以为天寒地冻，又是新旧换岁之夜，中国志愿军决不会来攻，便有些松懈，一些军官偷离部队，或与家人团聚，或到汉城作乐；士兵亦离军营，到处找酒御寒。

1950年12月31日下午5时，临津江两岸，夜幕低垂，狂风怒卷，暴风雪愈下愈急。志愿军116师照作战部署，率先发动进攻。全师155门火炮瞄准临津江对岸敌阵一齐发射，临津江两岸立刻炮声隆隆、烟火映天。顷刻间，江南敌阵多数地堡、碉楼、火力点、战防炮皆被击中起火，砂石、砖瓦、木料、土块夹杂着兵器部件、敌军残肢断体，被爆炸气浪掀上高空。随着信号枪声，三发红色信号弹直上云霄。在雪地中潜伏一日一夜的116师战士，纷纷平端枪械，携带渡江器材，从堑壕、掩蔽部、石洞中钻出来，或从厚厚的冰层上冲锋，或跳进刺骨的江水中泅渡。前后左右，不时有敌军炮弹落下，炸翻冰层，溅起水花。志愿军将士全不畏惧，只十几分钟，前锋已冒着枪林弹雨进抵南岸。又架起云梯，爬上江岸，冲进敌阵。李承晚军新败未久，对中国兵心有余悸，发一声喊，纷纷弃械狂逃。回望江面，志愿军大队人马车炮，正沿冰面源源渡江而来。只两个小时，临津江天险便被中国军队攻克。

116师发动之际，中国人民志愿军并朝鲜人民军东西两支军30万人，亦沿200公里战线同时发动，向当面敌军猛攻。皆先以重炮轰击，再令步兵楔入敌阵，猛冲猛杀。三八线沿线,炮声隆隆,杀声不绝。恶战一日,中朝军队早全线突过三八线,连占东线修德山、上下红碛里,西线东亚川里诸城,敌第一道阻击线尽被摧毁。彭德怀便令东西两支军乘胜穷追。将士领命,以一当十,不怕疲劳,不怕酷寒,向南急进。

斯大林获悉苏联大使拉佐瓦耶夫同彭德怀谈话后，当即严辞批评拉佐瓦耶夫：不懂军事外交，胡乱发言，影响中苏两党两军两国关系大局，将其撤换。称赞彭德怀在打过三八线后，停止追击，断然收兵，是处置得当，不愧为当代大军事家，表示愿向志愿军赠送大卡车2000辆，供前线军事运输之用。

第二十章

李奇微接替沃尔克
斯大林赞誉彭德怀

李奇微生于1895年3月，美国西点军校毕业，曾在西点军校任教，第二次世界大战时，因指挥一师美军在西西里大规模空降作战而崭露头角。后指挥一个空降军在欧洲转战，屡建军功。朝鲜战争爆发时，任美国陆军副参谋长。初时，麦克阿瑟违背华盛顿命令擅令美军为先锋，闯过三八线，直接进逼鸭绿江，参谋长联席会议数次开会讨论都不敢决断，李奇微大怒，在会上吼道："诸位必须停止空谈，尽快行动，对士兵的生命负责。"会散后，李奇微对空军参谋长范登堡道："参谋长联席会议既不同意麦克阿瑟的部署，何不传令，令其改弦更张？"范登堡对道："亦是徒然，因麦克阿瑟决不会从命。"

李奇微怒道："如其不从，可以将其撤职。"范登堡目瞪口呆，一时竟无以置答。李奇微的性格以此可见一斑。

1950年12月25日，李奇微正在华盛顿朋友家做客，边呷威士忌酒，边闲聊朝鲜战局。朋友说起沃尔克老迈，缺少魄力，致有清川江之失，听说麦克阿瑟欲撤换沃尔克，任李奇微为第8集团军司令官。李奇微说："若论清川江之败，原不怪沃尔克，盖因麦克阿瑟刚愎自用、骄傲轻敌，将军队分散部署，分兵冒进，以致被敌军各个击破。幸沃尔克谨慎，刻意放慢进军速度，又令骑1师在清川江以南死守，掩护各军，方未全军覆没。麦克阿瑟欲解除沃尔克职务，其实是为失败找替罪羊，非君子之所为。"

正说话时，参谋长联席会议通过电话来找，要李奇微速回参谋长联席会议办公大楼。待李奇微赶到，始知沃尔克在往南撤退中遇车祸身亡，麦克阿瑟提议李奇微继任沃尔克之职，到朝鲜指挥美军第8集团军，参谋长联席会议已经批准。李奇微得令，也不推辞，简单打点行李，辞别众人，乘专机飞赴战地赴任。

李奇微先飞到东京，面见麦克阿瑟，算是与直属上司见面。麦克阿瑟先道："将军昔年在欧洲转战，凭一支空降兵，忽东忽西，常令德军胆寒，很令人敬佩。"李奇微回道："将军功高盖世，更是我辈所望尘莫及。"麦克阿瑟见李奇微赞语空洞，绝口不提仁川登陆之功，心中有些不快，却不表露。

麦克阿瑟告李奇微道："'联合国军'虽在清川江、长津湖受挫，然主力尚存。目下阿尔蒙德第10军各师正在釜山集结，补充兵员枪械，不日即可恢复战斗力。三八线以南，自汉城往东100公里尚有美军、韩国军及另外15国部队，计13个师另3个旅，约20万人，沿半岛东西海岸构成A、B、C、D、E五道防线，虽不是金城汤池，却能阻敌攻势。阁下受任于危难之时，若能长期守住汉城，稳住阵势，便是一件奇功。"

李奇微闻言，凝思半日，方问道："据我所知，在历次作战中，中国志愿军数量虽然稍多，其实并不占压倒优势，而我军拥有飞机、坦克、大炮，又有海军助战，装备远较对方占优，如何竟一败云山，二败清川江、长津湖，其中原因，请将军试析之，以利我接受经验教训，免重蹈覆辙。"

麦克阿瑟是刚愎性格，本不肯承认失败，因李奇微已把话说死，又在密室，只二人商谈，便不再在是否失败问题上做文章，只简单归纳道："中国人所以暂占上风，皆因其以全国军事力量一并投入朝鲜战场，其以全国之力对抗远东一支美军，自然占

美军在研究作战地图

有优势。如我亦以全国军力投入朝鲜战场,不消旬日,必攻守易势。再从战术观点看,中国军队装备水平低,武器系统简单,作战主要靠徒步士兵,每兵只带步枪一枝、子弹百发、手榴弹四枚、干粮一包,钻山过涧,十分灵活,尤擅夜战、山地战,皆来无影、去无踪,正好充分利用朝鲜多山地势,是以占尽便宜。”

稍顿,又说道:“反观我军,部队机械化程度高,将士多乘轮式车辆沿公路活动,将士一离公路便束手无策。朝境交通闭塞、公路稀少,每逢下雨或被游击队破坏便不能通行,是以部队机械化程度虽高,反不及中国步兵灵活。且以前对长期作战缺乏准备,将士只得穿单衣御寒,棉手套、棉鞋皆不敷用。不但如此,早先对空军作用亦估计过高。朝鲜多山,空军并不能有效封锁敌军供应线。是故我军每天虽出动上千架次飞机,侦察轰炸,敌军供应线仍是炸不烂、拖不垮。”“更有甚者,华盛顿不接受我的建议,不肯任用蒋介石军队到朝鲜作战,不准支持蒋介石军队进攻中国沿海地区,亦不准我动用空军袭击中国沿海工业基地”。稍顿,又提高嗓音道:“若能克服这些障碍,准我自由行动,则我决不会遭挫折于朝鲜半岛。”

李奇微沉思道:“从我离开华盛顿时所得印象看,华盛顿想限制朝鲜战争,以免长期与中国人纠缠,致苏联坐大、欧洲危殆,是以华盛顿决不会同意启用蒋介石军队参加朝鲜战争,或任何使战争扩大到中国领土的建议。”稍顿,又询问道:“依将军之见,如华盛顿拒绝批准将军三条建议,战局又会如何发展?”

麦克阿瑟答道:“两军相逢,须全力相拼,方能取胜,若瞻前顾后,便惟失败一途。华盛顿若固执己见,不肯听我忠言,仍不肯打破不使用蒋介石军队和不攻击中国领土的限制，则我军惟失败一途，届时第 8 集团军亦只有撤回日本。”

李奇微对麦克阿瑟之言将信将疑，又找不到理由反驳，思虑片时，又说道：“我有一个预感，中国人虽然勇猛，却装备落后、供应不足，若远离基地到三八线以南作战，必造成供应困难，暴露弱点。若出现这种情况，将军是否同意我反攻?”麦克阿瑟脱口答道：“第 8 集团军已归你指挥，你想进攻还是想防御，皆由你定夺。”李奇微大喜道：“我已有计较。”

李奇微辞别麦克阿瑟后，便驱车到东京羽田机场，乘专机飞赴朝鲜前线。专机由羽田机场北飞，途经朝鲜海峡时，正遇大风，飞机左摇右摆，不时上下颠簸，似要坠入大海，众人惊恐万状。李奇微虽是出色军人，临变不乱，却不免思及沃尔克之死于车祸，手里也捏了一把汗。待专机一过风暴区，便令致电前线，一则对沃尔克之死表示哀悼，二则说明自己已经赴任，接管第 8 集团军。

电报发出不久，专机已到韩国大丘机场降落。李奇微下飞机时，是下午四时，正阳光灿烂。未及休息，便驱车直奔第 8 集团军司令部。参谋长艾伦接住，见李奇微一身戎装，斜挂一枝特大号手枪，腰系两颗手榴弹，威风八面，心道：“人说李奇微勇猛精干，果与沃尔克不同。”当时对着地图将军情作了介绍，又说些人员情况。李奇微仔细倾听，始终不插一言。待艾伦话毕，只嘱一句：“先设法守住各道防线，再论其他。”

次日，李奇微清晨起床，把军务一并交付艾伦，自己只带几个参谋，乘一辆中吉普到前方视察，挨个会见前线军长师长，询问战况。车上另载有大批军用手套，每到一处，便分发士兵，以便抗御风寒。

数日无事。到除夕之夜，李奇微正在汉江边搭帐篷露营，忽有急报送来，是说中

志愿军战士爆破敌人火力点

国志愿军约30万人，沿三八线中段和西段发动全线进攻。李奇微得报，一夜无眠。待到天亮时分，又有快报送来，报说西线中国志愿军已突破临津江，夺占了东豆川里，正向议政府进兵；中线也突过三八线，攻占上下红碛里，正向春川进兵，“联合国军”第一线阵地已经解体，守军正向南溃退。

李奇微大惊失色，急驱车向战区进发。吉普车沿汉江公路向北行驶，沿途果见有溃军车队仓皇南去。愈是往北，溃军愈多。待到汉江渡口，放眼看去，汉江两岸、大路小路尽是溃军，人车相拥，不下十万之数。南岸有已渡江部队约数万之众，皆如漏网之鱼、丧家之犬，丢下枪炮弹药，设法攀上炮车、卡车、牛车，只顾逃生，把一条双车道公路挤得水泄不通。北岸未渡江部队亦有数万之众，挤在北岸桥头堡地带，等待渡江。汉江中央只一座浮桥，也被败兵塞满，人车争渡，落水者不计其数。再看三八线方向，炮声隆隆，火光映天，中国志愿军官兵衔尾追来，红旗漫山遍野。

李奇微见壮大急，弃车冲上公路，立在中央，挥舞那枝特大号手枪不断嚎叫，意思是大家不要慌张，赶紧占领汉江南岸高地，掩护撤退，阻击中国志愿军进攻。第一辆卡车上满载李承晚军官，虽不认识李奇微，但见其年纪、军阶、神采，知非同常人，勉强停车应酬几句，找了一个理由又扬长而去。第二辆车干脆不管李奇微嚎叫，加速绕道而行，后续车辆亦如法炮制。李奇微方知“兵败如山倒”之说是至理名言。

适有几发炮弹远远从汉江对岸飞过来，落在人堆中开花，炸死一群败兵。放眼向北看去，原来中国追兵已占领汉江北岸。李奇微料不能挽回败局，又恐被中国追兵捕获，只得回到吉普车，掉头挤进溃军车队，也向南急奔。溃军一路向南，又冲散后方自家守军，亦竞相南逃。只数日时间，A、B、C、D各线不战自解，仁川、汉城、春川、议政府、加平、洪川、横城等37度线以北数十城，尽为中国志愿军所得。水原、原州二城也受中国志愿军围攻，不断告急。

李奇微随溃军南逃，神情十分沮丧。思及当年指挥所部在欧洲各处转战，每战皆捷，何等荣耀。今受命接替沃尔克，在朝鲜与一向以贫弱著称的中国志愿军作战，竟开局受挫，实是平生奇耻大辱。参谋长艾伦虽从前与李奇微交往不多，却深知其为人好胜心重，便出言安慰道：“此次A、B、C、D四道阻击线为敌所破，又连失汉城、春川、横城等数十城，乃是清川江、长津湖之战余波，势在必然。将军接管第8集团军不过数日，未参与此战部署，并不对失败负责，不必自责自怨。”

李奇微道：“话虽如此，然从今往后若再丢城失地，便是我李奇微之罪。”李奇微这话无异于为自己解脱，意思也是说自己不对丢失汉城负责。稍顿，又说道：“我所虑者，不是谁对失败负责，而是如何破敌。观前线将士，皆士气低落，一闻枪响便丢枪弃阵逃命。若要夺取胜利，便须恢复将士信心。若要恢复将士信心，又必须打进攻战，不能老是防御撤退。然观现时两军态势，力量对比和士气又确实不利于我发动反攻。”

艾伦闻言，心道：“这李奇微果与沃尔克不同。兵败之后，只想如何振兴士气，恢复进攻，真正是军中猛将。”心中这样想，口中便道：“将军不必忧虑，我有一计管保

骡马大车运输队

将军可在旬日内发动大反攻，以恢复士气。”

李奇微请问其详。艾伦道：“自古用兵，讲究兵马未动，粮草先行。现代战争，尤其如此。朝鲜一隅之地，又屡经破坏，农田被毁，工厂被炸，两军作战所需皆从各自本土运来。中国军队一应作战物资皆经鸭绿江运来。然朝鲜境公路、铁路尽被破坏，运输能力有限，靠人力畜力驮运亦不能持久。是故后勤供应是中国军队作战解不开的难题。且越沿半岛往南，困难越大。”

谈到这里，见李奇微不断点头，便又说道：“观云山之战、清川江之战和长津湖之战，中国志愿军皆发动快捷、进攻凶猛，然其攻击力只能持数七天左右，到第八天，不论我军情况如何糟糕，如何不堪一击，中国志愿军必停止进攻，而不乘势扩张战果。其状犹如农夫，在收获期不去收获，眼看熟透的果子落地而不管。最初我亦十分不解。后审讯中国志愿军战俘，方知中国志愿军作战，因恐我空军轰炸封锁，后勤供应无保障，将士作战皆随身携带一周作战物资，每人 100 发子弹、四枚手榴弹、三四天干粮，供一周食用。作战一周，正好弹尽粮绝，便无力再战，即使已成功突破，也只好收兵回缩，不能追击。”

李奇接着问道：“照此说来，前次第 8 集团军和第 10 军能各自从清川江和长津湖绝处逢生，顺利回撤，是幸亏中国志愿军已弹尽粮绝了？”

艾伦道：“正是。”稍待，又补充说：“照当时情形看，中国志愿军若还有两天的粮弹供应，我东西两支部队必片甲无存。”

说话时，李奇微起身走到军用挂图前，对图沉思，口中喃喃道：“照此说来，中国志愿军只能维持一星期攻势，是礼拜攻势。”又自言自语将礼拜攻势重复数遍。然后突然回头，问艾伦道：“中国志愿军发动进攻已有几日？”艾伦屈指道：“中国志愿军队 12 月 31 日夜 5 时开始进攻，到今日正好一星期，料其连破我四道防线，占数十城，南进100公里，正好弹尽粮绝。”李奇微又问中国志愿军态势。艾伦道：“其前锋部队，正分为两支，一支在西，进攻水原。一支在东，进攻原州，因到弹尽粮绝之期，必已是强弩之末。”

李奇微犹然不信，邀艾伦一同驱车到水原观战。果见水原城外雪野中，中国军队虽拉开进攻架势，人数其实不多，只几发轻型迫击炮弹偶落城内，士兵多以步枪点射，并不闻机关枪速射声。再看远方公路上，中国援兵虽不断加入攻城部队，却零零落落，皆不成建制，更无攻城重武器。方信艾伦所言不假，便与艾伦计议。

议毕，连发四道电文，一道电令美军第2师速由后方调往原州，据城死守。一道电文令西路水原守军，佯作败退，每日以退30公里为限，不能多，亦不能少。一道电文令工程兵，沿洛东江构筑防线，准备恶战。一道电文致麦克阿瑟，请令阿尔蒙德所部美10军作好临战准备，随时候命登船出战。

志愿军自强渡临津江成功后，乘势大破敌第一道阻击线，又以摧枯拉朽之势，向南猛进百余公里，接着摧毁敌B、C、D三道阻击线，夺占汉城等数十城，西路直逼水原，东路直逼原州，又抢占城外高地。彭德怀坐镇志愿军司令部总揽全局。数日内，捷报接二连三送到，彭德怀大喜。到第七日，仍有捷报送到，报说志愿军东西两支军，已分头进至原州、水原城外。心道：“我军后勤供应，一向只能满足七天进攻战的需要。根据以往经验，攻势头几天，我军进攻猛烈，能大踏步前进，到后几日，敌靠拢供应线，我却远离供应线，双方战斗力对比开始不利于我，敌抵抗便渐次加强，我进攻速度便渐次减慢。如今我发动进攻已是第七日，各军粮弹告罄，如何仍一日猛进二三十公里？”

把爆破筒放在树干内，推下山去杀伤敌人

彭德怀放心不下，便召志愿军参谋长解方商议。不消片时，解方应声而至。彭德怀也不客套，劈口便问最新敌情通报，解方告道：“根据侦察得来情报，美2师已增调原州。洛东江方面，美军已出动大量工兵，并征集民工，构筑环形工事，作防御状。釜山美10军亦处在临战状态。”

彭德怀沉思片时，又问水原方面敌军情况，解方报说尚无敌军增兵消息。彭德怀得报，走向壁上挂图，仔细丈量，继而回头问解方道："依你之见，李奇微目的何在？"

解方知彭德怀已有成算方有此问，便不回答，只说道："愿听老总分析。"彭德怀头也不回，只吐出四个字："诱我冒进。"

解方闻这四字，便问其详。彭德怀道："我军进攻一周，虽战绩巨大，却只打垮李承晚军8个师，美军主力尚存。如今我军南进百余公里，粮弹用尽，后勤不继，将士饥寒交迫，十分疲惫，美军后备近在咫尺，若下决心，必能挡住我军继续进攻。然适才有报送来，我军今日又进30公里，进抵原州、水原二城。"

言及于此，解方忽插言道："老总是怀疑李奇微故意示弱，引我军深入南方？"

彭德怀道："正是。"稍顿，又分析道："水原连接汉城、釜山，是南北主要交通孔道，李奇微不令美2师增援水原，却令其开往原州，其用意显然是诱我夺占水原，再向洛东江冒进。那时我军前锋在洛东江，后队在三八线，后勤不继，力量削弱，李奇微便可重演几个月前的旧战局，令一支军死守洛东江，拖住我军主力，却令美10军仿麦克阿瑟仁川登陆战旧例，再在仁川登陆，美2师则由原州西进，两军合力，再占汉城，切断我军退路，将我前线部队一口鲸吞。"

解方对这一段分析，心下折服，便问应对之策。彭德怀正要回答，译电员送来快报，说志愿军西线部队恶战半日，已夺占水原，正穿过水原城，向南尾追敌军后队。彭德怀读完快报，递给解方。待解方读完，便令解方速问原州前线情况。

解方会意，接通原州前线电话。那边42军军长吴瑞林报说：原州美2师新从后方调来，战力正盛，东路部队猛攻半日，仍不能克敌，正调用总预备队，作最后总攻。彭德怀得报，思虑半日，方告解方，速令东线部队从原州撤围；令西线部队停止追击，赶紧撤回水原以北。并令各部队撤回37度线以北后，占领有利地形，构筑工事，准备迎战美军反攻。

解方便接通前线电话，东线各部皆奉命回撤，独西线不肯回撤，道是再苦战旬日，便可夺占釜山，结束战争。彭德怀大怒，扯下军帽，抄起话筒吼道："谁不撤军，我撤谁的职。"说完，不待对方回话，便"哐当"一声，重重搁下话筒。

当夜，志愿军各部果然撤回原州、水原以北，依托山川河谷构筑野战工事，待敌反攻。隔日，美国报纸电台皆发表报道，称李奇微重振军威，反败为胜，已收复水原，正乘势反攻，朝鲜战局又攻守易势。彭德怀知悉后，并不理睬。

这日午后小憩刚起床，忽报有客求见，彭德怀令接人，见那客人身材高大，穿一身笔挺的西装，原来是苏联驻朝鲜大使拉佐瓦耶夫。彭德怀见其又来访，心道："必是为我军从原州、水原回撤而来。"这样想时，已有计较。便请拉佐瓦耶夫在炮弹箱上坐定，又令勤务兵送上清茶一杯，自己也倚坐在另一炮弹箱上。解方因初通俄文，便兼作翻译。

拉佐瓦耶夫乘车长途旅行，早已口渴难当，便不管茶水是否泡好，捧起边吹边喝。喝毕，便说道："将军雪天用兵，一战云山，二战清川江，三战汉城，连战皆捷，不但恢复朝鲜全境，且夺占汉城等三八线以南数十城，威震敌胆，不独是我，连斯大林同

朝鲜老乡把鲜嫩的蔬菜送往志愿军前线阵地

志亦称将军是用兵天才。”

彭德怀是直性子人，一向不喜人恭维，况这恭维又不诚恳。若换是其他人，早被轰出。因是苏联客人，不便发作，只虚与委蛇，说道：“我军能雪天获胜，一赖毛主席、党中央英明，二赖将士用命，三赖全国人民支持，我彭德怀大兵一个，不足挂齿，谈什么用兵天才。”

若照常情，彭德怀本应提及苏联和社会主义阵营各国支持亦是胜利原因，彭德怀偏偏不说，拉佐瓦耶夫闻言有些不快，二人言语便有些不投机，一时沉默。

适有勤务兵进来续茶。拉佐瓦耶夫借机捧杯再饮，摆脱窘态。又沉默片时，苏联大使出言问道：“听说贵军日前主动停止追击美军和联合国军残部，退出水原，未知真假？愿听将军一言。”

彭德怀答道：“实有其事。”

苏联大使追问道：“却不知为何？”

彭德怀虑及中苏关系大局，便耐心解释道：“主要是我军长途追击，供应线拉长，粮弹不继，难以再战。”稍顿，又补充道：“前次长津湖之战，第 9 兵团因过鸭绿江太急，未作防寒准备，将士多穿秋衣抵御零下 40 度严寒，虽打败了美军王牌海军陆战队第 1 师，我却损失严重，主要是霜冻所致，不少将士或冻掉耳朵鼻子，或冻坏手脚，或被冻死。如今气温仍有零下 20 度，我军将士自渡临津江以来，一直在冰河雪野中打滚，衣无干衣，食无饱食，若再冒进，必得不偿失。”

那苏联大使不以为然，道：“中国兵书上有句话，叫做慈不掌兵，将军南征北战数十载，血战过不知多少阵，如何婆婆妈妈起来？当年卫国战争，苏联军民牺牲了两千余万，斯大林同志仍谈笑自若，并未以伤亡太重为由放弃胜利。”

彭德怀听到这些话，勃然作色，解方恐弄僵中苏关系，急以眼色制止。拉佐瓦耶夫大使不识眼色，仍自顾自地道：“朝鲜人民统一祖国，既是社会主义阵营的事业，亦是中国自己的事业，只消咬紧牙关坚持旬日，便可打到釜山，解放朝鲜全境，将军如何以牺牲太重为由停止追击，放弃扩张战果，致统一朝鲜良机坐失？这不但不是兵家所为，亦不合无产阶级国际主义精神。”

彭德怀再也按捺不住，驳斥道：“美帝国主义发动战争时，你们的3000顾问为什么撤离朝鲜，你们的无产阶级国际主义精神在哪？美军越过三八线，向鸭绿江、图们江进兵时，你们为什么不出兵，你本人在哪？你们的无产阶级国际主义又在哪？我们的将士，啃炒面、吃雪团、爬冰卧雪、流血牺牲，岂容你红口白牙，信口诬蔑？”说话间，大步走出客室，把拉佐瓦耶夫晾在一边。

解方见状，只得出来打圆场，对彭德怀言词或翻译或不翻译，只说彭德怀对贵大使不理解中国将士牺牲精神十分不满，草草将拉佐瓦耶夫送走了事。

此事以后被斯大林获悉，斯大林当即严辞批评拉佐瓦耶夫不懂军事外交，胡乱发言，影响中苏两党、两军、两国关系大局，将其撤换。称赞彭德怀在打过三八线后停止追击、断然收兵，是处置得当，不愧为当代大军事家，表示愿向志愿军赠送大卡车2000辆，供前线军事运输之用。

志愿军战士用缴获的火箭筒打击敌人的坦克

原来,朝鲜人民军得中国帮助,经休整补充,已恢复战斗力,有10余万人,编作4个军团。为协同作战方便,中朝两军已成立联合司令部,彭德怀任联司司令员兼政委,副司令员由人民军名将金雄出任,副政委由人民军名将朴一禹出任。虽名为联司,因作战皆以志愿军为主,人民军辅攻,是故战守决定,仍多由彭德怀一锤定音。

第二十一章

贪奇功李奇微兴兵猛进
效孙膑彭德怀西顶中放

李奇微故意在西线示弱，让出水原，令西线美军，沿汉城釜山铁路向南撤退，每日以撤30公里为限，诱志愿军主力南下洛东江。意欲在志愿军主力南下洛东江后，再仿麦克阿瑟仁川登陆之法，调美2师由原州沿原州－汉城铁路西进汉城，美10军由仁川登岸，沿仁川－汉城铁路东进，两军对进，切断汉城往北的铁路、公路，卡住志愿军退路，聚而歼之。不料彭德怀久经战阵，一眼看穿，知李奇微弃守水源必是圈套，便采取应对措施，令志愿军前锋赶紧回撤，停止进攻，收拢兵力，并沿山川天险构筑工事，防备美军反攻。

李奇微见彭德怀不肯上当，心下暗中折服，叹道："彭德怀能攻能守、知己知彼、用兵如神，确已掌握东方兵法要诀。幸中国工业、军队装备落后，若其工业能力、现代化水平能及美国一半，则其所统中国军队必无敌于天下。"无奈之下，便召艾伦另谋对策。

李奇微对艾伦说道："原拟让开水原、釜山大道，诱中国志愿军攻我洛东江防线，再出奇兵，断其归路。未料彭德怀老奸巨猾，到水原便退军，停止进兵，我计不得实现，实在让人心烦。"

艾伦对道："将军不必多虑。"稍顿，又说道："自去年10月下旬以来，三个月间，我军与中国志愿军恶战三场，一战云山，二战清川江、长津湖，三战汉城，虽受折损，却也摸透了中国的战术。"

李奇微便问其详，艾伦道："中国志愿军作战，因其供应不足，每进攻一周，便需数周与我脱离接触，择地休整，补充兵员粮弹。休整毕，又进攻一周，又休整数周。如此进攻休整，循环往复，已成规律。前次长津湖之役，中国宋时轮第9兵团，虽打败我军陆战第1师，却损失惨重，冻死冻伤者甚多，迄今未能恢复元气。此次汉城之役，中国志愿军以6个军之众，远离自己基地500公里，只靠牛车人力，越过我空军阻击线运送粮弹被服，冒零下摄氏30度严寒强渡临津江、涉水过汉江，七日内连破我四道堡垒防线，南进百余公里，其兵员损失必过半数，一时难以恢复。我军虽败，主要是大韩民国军队受创，美军各师建制完整，并无重大损失。阿尔蒙德所部第10军新近整补完毕、士气正盛。若集中我军主力，乘中国志愿军正疲惫时全线出击，必能大胜。"

李奇微闻言大喜，道："将军之议，很合我心意。"当时急调后方各师开赴水原、原州一线集结，计得米尔本第1军所属步兵第24师、第25师；库尔特第9军所属骑1师、步2师；阿尔蒙德第10军所属海军陆战队第1师、步3师、步7师；空降兵第187团；两个英国旅；一个土耳其旅；几个法国营、加拿大营并其余参战小国的军队，或一连，或一排，合计也约为一旅；李承晚军9个师，共23万人。李奇微与艾伦对着地图计议半日，又将军分作三支，库尔特统美9军在右，辅以李承晚军若干，沿东海岸北进，占领东海岸各城；阿尔蒙德统美10军居中，辅以李承晚军若干并法国和加拿大部队，由原州出击，沿原州、横城、洪川、春川、华川轴线，渡洪川江、昭阳江、北汉江北进；令米尔本统美1军各师，辅以英国旅、土耳其旅、李承晚若干师居左，沿水原－汉城铁路，向汉城方向进攻。又令以1月25日为期，各部一齐发动进攻，三路呼

临津江南岸阵地争夺战

应，到三八线会师。

部署战守完毕，李奇微将集团军司令部移驻骊州。骊州虽是小镇，却居汉江中游，西通水原，东接原州，正便于指挥调度前方各军。且骊州城又依山带水、林深路隘，十分隐秘。李奇微到后，令倚一处陡峭崖壁安置司令部营帐，自己却由侍卫帮助，从吉普车上取出两顶折叠帐篷，各长 12 英尺，宽 8 英尺，以头尾相连，构成一两居室。内作睡房，安置一张帆布床、一张小桌、一把折叠椅，另放了一个汽油取暖炉。外作办公室，亦放一张小桌、两把折叠椅，挂一张高质量战区地形图。

李奇微扎好营帐，艾伦便进账报说左路米尔本第 1 军、右路库尔特第 9 军，皆照令执行，进入出发阵地，只中路阿尔蒙德第 10 军尚无消息。李奇微沉吟半日，方出言说道："米尔本、库尔特二将，一向令行禁止，只这阿尔蒙德第 10 军新近划归第 8 集团军指挥。阿尔蒙德原是麦克阿瑟参谋长，自视甚高，除崇信麦克阿瑟外，目中再无他人。中路连接东西战线，北去横城、洪川、春川，皆是要津，若中路有失，必影响全局。将军可速往原州一行，面见阿尔蒙德，传我将令，观其动静，务必督其执行。"

艾伦得令，带侍从警卫若干，分乘两辆中型军用吉普，离骊州，往原洲进发。

志愿军撤回原州、水原以北地区，隔 37 度线与敌对峙，战线暂趋稳定。彭德怀偕解方并志愿军司令部诸将到前方视察，见志愿军阵地多倚河川山险构筑，工事坚固，视野开阔，连接成线，又互为犄角，心中稍安，又令各部守军，按兵力前轻后重、火力前重后轻的原则部署；为防敌军飞机轰炸，炮兵将大炮炮位分散，约定轰击目标，开战时，使火力集中，既减少损失，又能发挥炮火威力。各部皆照令执行。

视察时，解方说道："我军此次汉城之战，虽减员甚多、部队疲惫，敌军亦一败云山，二败清川江、长津湖，三败汉城，其各师损失，虽能补充，却多为新兵，战守不及从前自如，料其亦必休整若干时日方能全面反攻。估计敌我两军将在三七线附近僵持若干时日。彭德怀听其话音已知其意，却不说破，只闷头倾听下文。

解方又道："听说中央已与苏联谈妥，苏联将向我军提供若干个师的陆军装备——坦克、火箭炮并各种先进武器，又将提供飞机若干架，供我组建空军师。眼下东北军区正举办高级干部培训班培训高级军官，学习多兵种联合作战。又值春节，不如利用这段时间，派部分军官回东北参加干训班，学些多兵种协同作战法，以免到时措手不及。"

彭德怀依其意见，令各部加紧补充兵员、粮弹、枪械，恢复战斗力，又令各部团长、师长、军长分批次回国，到东北参加高级干训班，学习现代协同作战战术。恰国内派来慰问团，有工农青妇各界代表，带来慰问品，到司令部慰问。彭德怀热烈欢迎，以礼相待。自此凡国内送来慰问品，一律送交前方。文艺团体亦多到前线，在战壕堡垒中演出慰问。

诸事妥当，又值新春佳节来临和战斗间歇，闲暇稍多。彭德怀兴发，便拉主管志愿军后勤供应的副司令员洪学智下象棋，道："今日无事，杀两盘过年，如何？"洪学智道："老总呀，我是臭棋，下不赢你，饶我一回吧！"彭德怀不管，拖住洪学智，取出象棋，在炮弹箱上摆好棋盘，布好棋子，不由分说，当先架起中炮。洪学智不再推辞，也跳马相迎。二人你车我炮，大杀大砍，众将亦围拢观战。正杀得难分难解时，警卫报告有人来访。众将皆怨警卫不识时务，老总好不容易高兴、放松一回，又来相扰。警卫卫道："是联合司令部的金雄副司令员，正在客室相候。"

彭德怀到前线看望志愿军战士

原来，朝鲜人民军得中国帮助，经休整补充，已恢复战斗力，有10余万人，编作4个军团。为协同作战方便，中朝两军已成立联合司令部，彭德怀任联司司令员兼政委，副司令员由人民军名降金雄出任，副政委由人民军名将朴一禹出任。虽名为联司，因作战皆以志愿军为主，人民军辅攻，是故战守决定，仍多由彭德怀一锤定音。

彭德怀闻报金雄来访，料有军机大事，推开棋子，起身大步来到客室，见果是金雄，便执手问候。金雄略寒暄几句，便从怀中掏出一个精致记事本，一看即知是美国货，递给彭德怀。彭德怀打开，只翻几页，知是机密。又翻到最新记事处，见是敌军最新战守计划。解方通英文，接过记事本一面看一面翻译，记事本所载，约略是说美军、韩国军及其他“联合国军”，计约5个军16师另3个旅1个团，共23万人分为三路，利用中国志愿军过春节之机，一齐发动，向北进攻，克日会齐三八线。其余细节，包括美军多少、英军多少、李承晚军多少，飞机、大炮、坦克多少，如何部署、如何协同作战等等，亦有详细记载。

彭德怀看完记事本后，心里暗惊道：“原以为敌军损失惨重，一时无力来攻，不料其竟利用我过春节部署总攻。”又有些怀疑，便问金雄道：“此是最高机密，将军如何得到？”

金雄告道：“此是我军一名女侦察员化装深入敌后，与敌一高级军官巧妙周旋，乘间窃来。”

彭德怀思虑一阵，当即令赴东北干训班的军师团长速返回部队，各部队提前动员，做好战斗准备。又召开中朝军队联合司令部会议，商议战守，人民军各军团长、政委，志愿军各军长、政委，皆一并与会。

会议开始，彭德怀先说道：“原以为前次战役刚结束不久，将士皆已疲惫，人员粮弹亟待补充，又值春节，想让大家边过春节、边休整，未料李奇微因我利用元旦除夕发动攻势吃了哑巴亏，心中不服，也企图利用春节除夕，以为我军必不防备，调动重兵，向我突然袭击，故虽临近年关，也只得召拢大家，商讨战守之策。”

彭德怀讲话后，照例由解方介绍军情。解方如数家珍，告众将道：“敌军新败以后，又从美国、日本、欧洲和太平洋各基地调来大批生力军和武器装备，补充被打垮的部队，战斗力已经恢复。如今李奇微第一线部队，计有美军8个师，其他各国联军约1个师，再加上韩国军，合为5个军，共16个师另3个旅、1个伞兵团，23万人，辅以飞机约1600架、坦克千余辆。依据密报，敌军分三路来攻，东路以美9军为主力，辅以韩国军若干，计约5万人，沿东海岸，向襄阳方向进攻；中路以美10军为主力，也辅以韩国军及其他国家杂色部队若干，约5万人，沿原州、横城、洪川、华川轴线进攻；西路以美1军为主力，辅以英国旅、土耳其旅、韩国军若干，约10万人，沿釜山－汉城铁路，先占水原，再夺汉城，向北突进。其余3万人为预备部队。敌三路军，约定在除夕发动攻势，克日会齐三八线。”

军情介绍毕，气氛又紧张起来。众将皆不发一言，只目视彭德怀。彭德怀见状，便从席上起身，从容说道：“敌军虽人多枪多、装备优良、来势凶猛，其实并不难破，大家

志愿军战士在激战中

不必担忧。”稍顿，又道：“中央根据朝战发展，已令陈赓第3兵团、杨得志第19兵团、杨成武20兵团集结待命、改换装备，准备入朝参战。第9兵团在元山附近休整，也已恢复元气。这些生力军一到，李奇微23万军，只怕只够作早点。”众将闻言，皆哄然大笑。

笑声未落，彭德怀又说道：“然眼下后备各兵团还开不到，抗御李奇微进攻，还赖我13兵团6个军和人民军部队。好在各位一战云山，二战清川江、长津湖，三战汉城水原，早摸透了美军长短。各位务必发扬我军之长，利用地形优势，积极防御，节节抗击，争取时间，掩护后备兵团入朝，届时再与李奇微会战。”这一番话，虽然朴实无华，却把总部意图说个一清二楚。

与众将商议毕，彭德怀方下命令，将志愿军和人民军参战部队混合编组，也分为三支，迎战敌军。西一支军以志愿军副司令员韩先楚为将，统志愿军第38军、第50军、人民军第1军团，共10万人，在水原－汉城之间设防，依托山川险要，节节抗击，死守汉城，以半月为期；东一支军以人民军参谋长金雄为将，统人民军第2军团、第3军团、第5军团，共3个军团，在东海岸依托山川险要，节节抗击，守住襄阳以南阵地，也以半月为期；中一支军是全军主力，以志愿军副司令员邓华为将，统志愿军第39军、第40军、第42军、第66军共4个军15万人，在横城周围地区机动作战，或攻或守，依情势决断。各将领命离去。

众将去后，彭德怀仍放心不下，单独留在作战室沉思，正到深处，忽然门口一暗，抬头视之，是西线指挥韩先楚去而复返。彭德怀猜中其来意，必是为西线部队太少而来，佯作不知，问道：“眼下敌军进攻在即，如何不速去西线指挥部，却去而复返?”

韩先楚道:“老总,我有一事不明。”未待彭德怀未开口,韩先楚继续说道:“中路敌军不过5万人,老总却摆下4个主力军,兵力是敌3倍。西线敌军有10万人,老总却只给我2个军,何其不公?”

彭德怀笑道:“西线部队以阻击敌军进攻为要,东线部队亦是如此。既是如此,当可依山川险要,节约兵力。中央部队,意在取攻势,机动作战,伺机消灭敌军一二个师,瓦解敌军攻势,当然需用兵力较多。”稍顿,又道:“这一战法,概而言之,叫做顶两头,打中间,也叫两顶中攻,与孙膑赛马以上马对中马、以中马对下马、再以下马对上马之法如出一辙,你久经战阵,如何不知?”

韩先楚原意也不是反对部署,只是要求彭德怀再为西线增兵若干,见如此一说,不便再开口。彭德怀知其心意,道:“西线以2个军,辅以人民军1个军团,用以阻击李奇微10万虎狼之师和海空军联合进攻,困难确实不小。然欲破坏敌军攻势,便需打击敌军较弱的中路,歼其一部,故中路必须强大。”稍顿,又嘱韩先楚道:“请告诉西线将士,务必发扬敢打硬战、敢斗强敌的传统,压住敌军攻势,为中路歼敌创造机会。”韩先楚知再磨无益,便应诺离去。

中国志愿军各部队，亦按既定战术，与敌周旋。恶战数日，志愿军阵地多被美军炮火摧毁，阵中所储粮弹饮水，亦将用尽，再守无益，便乘夜黑悄然撤出，退往第二道既设阵地。

第二十二章

骄纵敌将韩先楚弃守水原
大发淫威米尔本炸毁汉城

从志愿军司令部到西线指挥部,隔百余里,有全天候公路相通。美机不分昼夜,轮番守候在公路线上,追袭过往行人车辆,狂轰滥炸。沿路所见,尽是被美机炸成的弹坑、烧焦的房屋、炸烂翻倒的车辆。韩先楚性急,令司机不管美机轰炸,大白天驱车猛进,强闯美空中封锁线。于路几次遇美机追袭,炸弹在吉普车前后左右不时炸裂,腾起烟雾,车篷被飞机发射的子弹打穿数处,一枚枪弹打进了车内座椅靠背。幸喜有惊无险,吉普车赶到西线指挥部时,韩先楚竟未损毫发。待进指挥部,室内已烟雾腾腾,人声喧哗。原是韩先楚离开志愿军司令部时已算定时间,令召志愿军、人民军西线部队师以上将领到指挥部开会。各将领命,皆按时到达,韩先楚因途中几次遇敌机追袭,或绕道而行,或躲闪避弹,以致延误行程,反比众将后到。

韩先楚见众将早到,自己虽满脸满身尘土,也不收拾,便大步走上首座,宣布开会。然后以目扫视会场一周,告众将道:“敌军 10 万人,我亦 10 万人。敌军所优者,是拥有飞机、坦克、大炮,火力较我军强大,还有可能利用海军,运送登陆兵在仁川登陆,抄我后路。然我取守势,比较节约兵力,敌军正相反。彭总令我军死守水原、汉城,以半月为限。我立军令状说,水原到汉城是 30 公里,如彭总下令,我保证守 30 天,一天只准李奇微得 1 公里,却要他死 1000 人。”众将哄然大笑。

韩先楚又道:“彭总说,守 30 天损失太大,不需要守这么久,我便保证,以守 20 天为期。”众将又笑。说到这里,韩先楚正色道:“然守 20 天之约,须诸将一齐努力才能实现,靠我韩先楚,身材小个子矮,纵然浑身是钢,也打不成几颗钉。”当即传令,以人民军第 1 军团,在金浦、仁川、汉城三角地区展开,负责守备汉城、海防,防止敌军由侧翼海路偷袭,重演 9 月仁川登陆旧戏;令 38 军和 50 军各师,分左右并列,在水

开赴前线

原以北，占领高山阵地，建立阻击线，西迄海岸线，东抵南汉江西岸，阻敌北进，由于敌军拥有火力优势，如在水原城内死守，必遭敌炮火猛袭，徒增损失，不如虚守水原，以空城诱敌进攻，在城外高地与敌争锋。

众将去后，韩先楚又对图沉思，检讨战守，夜半方和衣上床休息，却辗转反侧，不能入睡，一时担心前线衣食不足、工事不固、炮位火力点配置不当；一时担心美军立体进攻，陆海空火力交叉对射，我军死守阵地难免损失；一时又担心将士恋城，不肯弃守水原。一夜无眠。

清晨早起，草草洗漱用餐毕，便令司机驱车往前线进发。约行半个小时，车到水原城东侧一处高地，正是38军与50军接合部。两个军长从电话中得知韩先楚前来视察阵地，已恭候多时。众人见面，略作寒暄，便攀援上山。因是38军右翼阵地，便由38军军长梁兴初引路。

攀援之间，梁兴初告韩先楚道："原按地图计算，我军防线西起金谷堂里，东至南汉江西岸，直线距离30公里，待到实地察看，却有40公里，是故我每师须守13公里阵地。全军编制火炮198门，因战斗损失二成，现存160门，概算下来，每公里正面只4门炮。"

韩先楚道："我所不安者，正在于此。"稍顿，又道："敌方仅美1军各师就有火炮1400门，另加韩国军各师并英国旅、土耳其旅所装备火炮，约3000门。是故敌我兵力，虽人数相当，敌方炮兵力量却10倍于我，且有数百架飞机助战。敌海军沿海巡弋，亦能用舰炮轰击我50军阵地右翼和仁川后方。是故进攻战固然困难，防御战亦不容易，当前要务是加固工事、分散炮位、减少伤亡，以利持久作战。

梁兴初道："已按总部兵力前轻后重、火力前重后轻要求，令各师团利用山险，构筑阵地，固守制高点，封锁敌军进兵通路，不但在正斜面构筑堑壕、火力点，也在山背面反斜面构筑掩蔽部。只以少量兵力据守正斜面堑壕阵地，主要兵力则隐蔽于反斜面掩蔽部中。大炮亦分散安置，野炮射远距目标，山炮射中距目标，追击炮射近距目标。"韩先楚闻言，不断点头称好。

原来，志愿军初入朝作战，虽知美军拥有装备火力优势，却不知双方悬殊在十倍以上，并无充分准备。部队打运动战，大踏步进退，还有机会避敌炮火。打防御战，需固守阵地，便被动挨打。清川江、长津湖作战时，有几支部队打穿插，楔入敌后，封锁敌军退路。将士无防御战经验，一拥而上，纷纷冲到阵前，只构筑简单工事，与敌硬拼，不料敌军先出动飞机作地毯式轰炸，又集中炮火进行密集轰击，阵地被炮火深翻一遍，人员装备皆无处可藏，损失十之八九，致使敌败军死里逃生。此后志愿军总部总结教训，下令凡防御战，务必按火力前重后轻、兵力前轻后重原则部署。意思是在前沿阵地，只部署少量兵力，以免在敌优势炮火下徒增损失。大炮弹药，却要在距前沿阵地不远之处隐秘安置，因大炮笨重，开战后难在敌优势炮火面前转移。自此志愿军各部皆按此原则部署防御战，果然伤亡减少，防守威力倍增。

众人说话间，已进入一处堑壕。梁兴初告道："这是一处主阵地，高程有400米，

彭德怀、邓华、陈赓、甘泗淇、李贞、王政柱等在朝鲜合影

部署一个营，前沿留一个加强排，营主力却在山后反斜面掩蔽部中，准备随时应援。"韩先楚边听边走，见堑壕依山势挖成，顶盖覆以圆木，圆木上覆以沙石，沙石上插有常青树枝，与周围林木一色。心道："伪装果然出色。"又见堑壕内有侧洞，满储弹药、饮水、干粮。两米一步枪射口，10 米一轻机枪射口，50 米一重机枪射口，由值班战士监视敌方动静。韩先楚面露赞许之色，又拿起望远镜向山下望去，见有公路、铁路，绕山北去，直通汉城，果然扼住南北交通要冲。几千米外有一城池，料是水原，便指城问二位军长，对水原如何部署战守。

梁兴初道："部署了一个营，只带轻重机枪，虚守一阵，略阻滞敌军进兵速度，便赶紧回撤。"

韩先楚思索一阵，道："一个营太多，最多派一个加强连。重机枪也不要带，以免撤退不便。"稍顿，又道："要告诉将士，只虚守水原，不可恋战，以免徒招损失。"梁兴初应诺。

在前沿巡视完毕，又视察山背后反斜面掩蔽部。掩蔽部也依山势筑在隐蔽处，顶盖覆以圆木沙土，插上树枝，不同之处是内部空间较大。韩先楚一行到时，一营将士正集中一处看军文工团演出文艺节目。上演的剧目是"小女兵捉俘虏"，内容是说一个文艺兵上前线演出，途中碰到一个美国兵，便巧施小计将美国兵俘获。剧情虽然简单，却笑话不断，妙趣横生。因正演到精彩之处，战士不断喝彩，并不知韩先楚一行来到。梁兴初正欲开言，韩先楚急摆手制止，在战士身后择地坐下，众人亦依次而坐。演出结束，梁兴初方介绍韩先楚与战士见面。欢呼声中，韩先楚说了几句勉励的话，说防御战最要机智勇敢，希望大家为祖国争气，为亲人争光。

1951 年 1 月 25 日夜，正值中国农历除夕，朝鲜半岛三千里江山，云幕低垂，朔风怒号，伸手不见五指。美将李奇微以为东方国家皆看重农历除岁、都要团圆守岁、隆重庆祝，志愿军前线将士必疏于防范，便令发动偷袭。先是1600架美军飞机满挂炸弹、汽油弹，或从朝鲜、日本各处基地，或从泊于东西海岸的航空母舰甲板，分批次起飞，轮番飞过两军对峙线，对朝鲜37度线以北中朝军队阵地狂轰滥炸。第一批飞机正投弹时，第二批飞机又到，第三批飞机也挂弹起飞。待第二批飞机飞临目标投弹，第三批飞机又到，第一批飞机却已返航，又加油装弹，准备二度出击。如次轮番循环不已，三七线与三八线之间数百公里，立时烟尘弥漫、火光冲天，爆炸声一夜不绝。

飞机轰炸过后，李奇微又令三路美军地面部队集中几千门火炮，猛轰中朝军队前沿阵地。炮击过后，又令坦克冲阵，步兵跟进。中朝将士亦冲出掩体，占领阵地，举枪应战。三七线东西200公里战线，一时炮声隆隆，双方数十万大军陷入混战。

西线美1军军长米尔本一直统兵在侧翼作战，未与志愿军主力交锋，是故云山、清川江、长津湖、汉城之战，美9军、美10军皆折损过半，唯美1军却建制完整，所属各师皆损失不大。对此米尔本颇为得意，常嘲笑库尔特、阿尔蒙德不会用兵，不善临阵应变，致使所部在清川江、长津湖诸处受创，因此不把志愿军放在眼中。此次奉命沿水原、汉城轴线进攻，以为麾下有精兵10万，又有3000门大炮、数百辆坦克，尚有海空军助战，不消一周便可直下水原，夺取汉城，重占三八线。便统军沿大路向水原急进。

到达水原城外，遥见城头红旗招展、人影浮动，以为志愿军是以主力守城，心中暗喜道：“中国人欲以血肉之躯守城、抗我炮火，是自取死路，看我一鼓而下水原，打开北进通道。”心中这样想，便令空军飞往水原城区投弹，又令炮兵瞄准轰击。顷刻之间，水原城便在隆隆炮声中烟尘四起、火光冲天、化成废墟。

炮击完毕，米尔本料城中守军必无生还，便令大队步兵入城。不料刚到城边，迎面忽有枪弹急射过来，密

把缴获敌人的炮弹运往前线

如冰雹,美军官兵不防,立时死伤无数,余皆逃回。原来是梁兴初依韩先楚将令,只派一个加强连百余人枪,虚打旗号,诱敌来攻。敌军轰城时,守军皆择地藏身。待敌停止轰城、步兵冲锋时,却从藏身处爬上城头,占领阵地,挥枪猛射,果然杀敌无数。

米尔本进攻受挫,判断城中有志愿军主力,便令炮兵二度轰城,千门大炮一齐发射,不消片时,便有数万发炮弹落入城内。炮击完毕,又令坦克冲阵、步兵跟进。这一回进攻顺利,大队进入城内,皆平安无事。米尔本坐一辆美制谢尔曼式坦克,也随大队入城,巡视一周,城内并无志愿军尸体,居民亦早迁居一空。心中大奇,暗道:“如何不见中国人战场留尸?”却不知守城的志愿军部队见好就收,早已全师回撤。米尔本也不深究,便先向李奇微告捷。

既得水原,米尔本便召集各师长、旅长告道:“中国人惧我炮火,已弃城北去,可乘胜追敌,不使喘息。”当即令美24师为前锋,沿大路向北进发,其余各师跟进。

次晨日出,美24师各团官兵饱餐过后,便按行军序列,坦克在前,步兵乘车居中,炮车在后,向北进发。出城数里,见两侧青山相连,寂静无声,并无战地景象,不免松懈下来。待到一处隘道,忽闻前方轰然一声巨响,打破山谷寂静,急问讯,却是前队坦克压发地雷,被炸成一堆废铁。正不知所措时,两侧山头阵地上的中国人民志愿军突然掀开伪装,瞄准谷中美军,枪炮齐发,谷中立时弹如雨下,手榴弹、炮弹从空中飞来,在车队中开花。美军前锋猝不及防,伤亡过半,余皆弃下车辆装备,夺路回窜。

米尔本闻报前锋进攻受阻,大怒,便令炮兵架炮,向两侧中国守军阵地乱轰乱射,又召来空军飞机投弹轰炸,炮击未停,便令坦克掩护步兵向两侧山头阵地冲锋。山上中国守军按既定部署,在敌炮轰击时,隐入防炮洞中藏身,待炮击停止,便爬上阵地,爆破手怀抱爆破筒,摸爬翻滚,奋不顾身地冲向美军坦克,专炸坦克履带。枪手则远用机枪步枪横扫,近用手雷、手榴弹乱炸,专打美军步兵。美军步、炮、坦协同,恶战一日,反复冲锋,阵前遗尸无数,仍不能夺占中国志愿军阵地。

米尔本无计,调来后队各师旅向两翼展开、绕道进攻。不料凡进兵通道皆被中国志愿军事先占领,两翼便越绕越远。东讫汉江西南岸边,西讫海岸,数十公里,日夜炮声隆隆,硝烟滚滚,陷入混战。美进攻部队皆按陆、空、步、坦、炮协同战术,每进攻时,皆先出动飞机大炮,猛烈轰击中国守军阵地,眼见山头削平,树枝乱飞,阵地起火,方令坦克掩护步兵冲锋。一个冲击波未成,又是一个冲击波。

中国志愿军各部队亦按既定战术与敌周旋。恶战数日,志愿军阵地多被美军炮火摧毁,阵中所储粮弹饮水亦将用尽,再守无益,便乘夜黑,悄然撤出,退往第二道既设阵地。

次日晨起,美军照例先以炮轰,再令步兵坦克冲阵,待攻上山头,志愿军守军早无踪影。美军虽北进数里攻破志愿军第一道阵地,却折损了大量人员装备。再北进不远,又遇志愿军阻击线。待攻破其第二道防线,又折损无数,志愿军却又已退入新防线,掘壕据守。

米尔本因夸下海口,七日内必击败志愿军西线部队,直下水原、汉城,占领三八

志愿军战士涉渡昭阳江

线。不料七日之期早过，美军大队仍行龟步，在志愿军阵前挨打，便心浮气躁，部署战守更不成章法。美军官兵亦是苦战多日、疲于奔命，多有怨言。待费尽千辛万苦进至汉城近郊，已是2月中旬，总算下来，美军、韩国军及其他“联合国军”10万人，苦战20日，只进兵20公里，平均每天只进兵1公里，却折损万余官兵，弹药装备损失更是不计其数。

志愿军退到汉城郊外后，众将多以为汉城是韩国首都，且是朝鲜铁路枢纽，十分紧要，一定要以重兵死守。韩先楚告众将道：“米尔本向北进兵，屡受重创，正欲寻机报复，我以重兵守汉城，是在敌炮口下自寻死路。”遂不依众将计，仍照守水原之法，只以人民军轻装部队虚守，令主力退出汉城，夤夜渡江，到汉江北岸。据江岸构筑阵地固守，待敌来攻。又令梁兴初统38军主力，仍在汉城以东、汉江西南山地打运动战，威胁米尔本侧翼，与之周旋。

米尔本到汉城郊外，大喜过望。心道：“汉城是兵家必争之地，中国军队必将据城死守。两军在汉城攻防会战，正利于我优势装备发挥威力。”便令三面围城，派数百架飞机轮番轰炸，三日三夜不歇，又令集中3000门大炮，作饱和轰击，再令坦克开路、步兵冲锋。待冲进汉城，却不见志愿军和人民军踪迹。偌大一座城市，浓烟四起，火光冲天，已被美军陆空火力炸成瓦砾场。200万市民流离失所，苦不堪言。汉城遂为美军二度攻占。

此后，两军隔汉江对峙。米尔本空有火力优势，既难以渡江进攻，又不敢全师向东。西线自此又成僵局。

邓华原名邓多华，表字实秋，后嫌多字累赘，方改单名邓华。此次会战，邓华奉彭德怀将令，统志愿军中路主力15万人，迎战美将阿尔蒙德5万人，虽拥有人力优势，却缺乏进攻装备，若论防守，自万无一失，若论进攻，便须仔细筹思。

第二十三章

邓多华用兵横城外
李奇微得意砥平里

邓华原名邓多华，表字实秋，后嫌多字累赘，方改单名邓华。此次会战，邓华奉彭德怀将令，统志愿军中路主力15万人，迎战美将阿尔蒙德5万人，虽拥有人力优势，却缺乏进攻装备，若论防守，自万无一失，若论进攻，便须仔细筹思。

得令之后，邓华计议良久，料敌必由原州出击，投大路夺占横城、洪川、春川，进逼三八线。若迎击太早，敌必退回基地，形成攻坚战，反为不美，不如诱敌北进，待其势孤，再半途截击。计议已定，便令所属各部以洪川为中心阵地，沿洪川江谷地集结，66军居左，39军居右，40军和42军居中，在洪川江谷地休整兵马，备足粮弹，隐蔽待机。另令偏师一支，由一得力战将指挥，前往原州城北，挡敌北进通道，或战，或不战，以为疑兵，引敌投大路向洪川进发。

中路美军，名义上以阿尔蒙德第10军为核心，其实部队班底已然改变。原来，李奇微因西路米尔本第1军并其他各部共10万人、3000门大炮，并以坦克、飞机、战舰助阵，却每日进展不过1公里，损失逾千，料定志愿军主力必在西线，便临时调整部署，暗令阿尔蒙德主力海军陆战队第1师退往釜山，登上战舰待命，却将骑1师、步2师调往中路，先在中央突破，占领横城、洪川、春川，再沿原州－汉城铁路西出汉城；又令海军陆战队第1师在仁川登陆，沿仁川－汉城铁路东进。两支军协同封住西线志愿军退路，米尔本再乘势北进，三军会合，消灭志愿军主力。

新部署一出台，李奇微亲令骑1师万余人沿原州－汉城铁路向西进发，李承晚军第8师万余人由原州向北进兵，美2师万余人机动。

李承晚军第8师立功心切，又见志愿军在西线与美军恶战，便出原州，往北向横城进发。初时谨慎，步步为营。出城不远，便遇志愿军沿公路阻截。第8师展开部队，先令炮轰，再以坦克冲锋，步兵跟进，不消一个时辰，便将中国志愿军堑壕全部摧毁。守壕士兵丢下枪炮若干，仓皇北逃。如是者一日数阵，连战皆捷。官兵皆以为中国志愿军实力不过如此，把一丝谨慎早丢到爪哇国去，一鼓作气，直下横城。得手后，略歇一夜，又衔尾穷追中国溃军后队，向洪川进发。

却说邓华坐镇洪川志愿军中线指挥部，时刻等待前方消息。先报李承晚军第8师万余人出了原州，又报第8师占了横城，接着又出了横城向洪川进兵，已至半途，距洪川只有20公里。邓华仔细看地图，见洪川在洪川江中游，北离春川40公里，南离横城40公里。洪川、横城之间，山峦起伏，林深路隘，只一条沙面公路穿过崇山峻岭连接二城。此地势利于步兵作战，却不利于机械化部队活动，空军苦于林木掩蔽，更难发挥威力。大喜。便召众将谈道："李承晚军第8师一军冒进，向洪川进攻，正好比猪羊进屠夫家，一步步自寻死路。"

众将闻言大笑。邓华又正色道："不过，据侦察，美2师已进驻横城，可为第8师后援。美骑1师也出原州，西进砥平里，亦可随时与第8师联络。我军正面一有动静，第8师必往南撤回横城，横城美2师亦必北援。若任其会合，便难再打。是故我军取胜关键是消灭第8师，实现彭总的战役设想。要消灭第8师，关键又在于切断其退路，不使其退回横城，或与美2师合兵。"

发 报

计议半日，便令左翼66军出兵一个师，右翼39军也出兵一个师，分从左右两翼强行穿插，抄至第8师与横城之间，占据险要，割断其与美2师的联系，断敌归路。以正面4个军计10个步兵师、1个炮兵师，夤夜正面强攻，前后夹击，务必全歼第8师。会毕，众将回营统兵出征。

却说39军奉命调派步兵1个师向敌后穿插，众将议道："穿插部队须轻装急行军百里，再据阵死守，阻敌南逃北援，需派能攻善守的部队。通观3个师之中，独张竭诚117师装备齐全、士气旺盛，正好担此重任。"当时便令117师打穿插，由吴瑞林第42军指挥。

117师计有3个团，是为第349团、第350团、第351团，共7000人。张竭诚为师长，李少元任政委。命令到时，师长张竭诚因与军长吴信泉等一道回国参加干训班，虽接急报，星夜兼程，但关山千里，又有美机沿途扫射轰炸，是故仍在途中。副师长韩曙暂代张竭诚师长职务，到42军军部接受命令。吴瑞林单刀直入道："我正面部队4个军，已定于今夜发动总攻。正面一动，李承晚军第8师必然南逃，美2师必然北援。"稍顿，又顺手拿起一根指挥杆，指着军用地图说道："横城北10公里处有一小村，名鹤谷里，是敌南逃北援必经之路。你师的任务是今夜强行军60公里，务于明晨抵达鹤谷里，构筑工事。不论敌是南逃还是北援，都要顶住，为正面部队消灭李承晚军第8师创造条件。"韩曙听明白后，说道："我代表全师将士，保证完成任务！"随即立正敬礼辞去。

从42军军部到117师营地约25公里，皆是山间小路，不通汽车。韩曙骑马代步。那马高大俊美，通体雪白。韩曙性急，策马飞奔，不消一个时辰，早到营地。众将照约定，已在师部等候多时。韩曙入室与众将一一点头，算是招呼。接过政委李少元递来的一杯温茶一饮而尽，用衣袖擦一把嘴边水迹，便三言两句，把吴瑞林军长的命令说个清楚明白。

众将略一计议，便将军分作三支，行军时351团为前卫，349团为中军，350团为后队。到鹤谷里后，再并为两支，351团和349团阻第8师南逃，350团在侧后机动，阻美2师北援。如美2师不动，则作全师后备。又议定将士白天休息，备足五日干粮、弹械、药品，提早用晚饭。行军作战时，师长随前卫团出发，团长随前卫营出发，营长随前卫连出发，如此类推。约定全师上下一律在左臂缠白色毛巾一条，以资夜黑辨识。

将士歇息一日，皆精神抖擞。等至下午4点，已太阳落山，夜幕低垂。有新补充来的战士以为计时有误，疑道："国内天黑当在5点半以后，这里如何4点天便黑了，莫非有误?"老兵笑道："朝鲜冬天，太阳出山早，落山也早。况今天残阳无力，彤云遮天，西北风刺骨，夜间必有暴风雪，故4点天黑不足为怪。"说话时，集合号音骤响。将士俱进餐完毕，又携足粮弹，各按序列整队，鸦雀无声。

前卫团正要启程，夜空忽传来隆隆马达声，两架美军夜航侦察机贼头贼脑地飞过来，沿山谷投下两长串照明弹，把山谷照亮，如同白昼。将士多久经战阵，知敌侦察机投下照明弹后，轰炸机必接踵而至，便赶紧散开，脱离大路，钻入山林、沟渠隐身。俄顷，又有马达声传来，一群美军轰炸机，有十数架，约为一个中队，自南而北飞到，谷中立时弹如雨下，爆炸声四起，村庄、山林，皆燃起大火。幸将士们隐蔽转移快，伤亡不大。

敌机去后，将士从隐身处钻出来，重到大路集合。这时，路上突有急骤的马蹄声传来。众人回望，火光中只见一人一骑飞驰而至。正惊疑时，却有战士喊道："是师长回来了!"待到近前，果是师长张竭诚。

原来张竭诚刚到东北便得报前线战事紧张，当即驱车回营，不料道路难行，美机又沿途扫射轰炸，车辆白天完全不能行驶，晚上冒险行驶，又须防敌夜航机偷袭，只得行一程，停一程。先停车察看前后左右，见无敌机踪影，便打开车灯飞驰前进。十数分钟，又要停车，再察看有无敌机踪影。如是者循环不已，若有敌机至，便不能行。是故一夜兼程，亦不过百里。到前线后，先到39军军部问明情况。又到42军军部，领受任务。待赶回营地，部队正要出发。

众将见张竭诚到，大喜。韩曙简略说明部署情况，张竭诚无异议，接过指挥权，直接命令前卫团启程，中军、后队跟进。军行不远，西北风愈急，天上纷纷扬扬下起鹅毛大雪，五步之内不见人踪。因气温骤降，道路封冻，人马皆沾冰花，战士各负20公斤行囊赶路，一步三滑，速度大减。张竭诚心焦，暗道："若风雪不止，便难按时抵达鹤谷

突 围

里设伏。”正想时,前方传来枪声,急使人打探,报说遇到敌军侧翼搜索部队一个排,前卫团派一连部队正面冲击、两翼包抄,已将敌军消灭。报告未毕,正东远方又传来隆隆炮声,有排山倒海之势,映红了半边天。料是正面主力已经发动主攻,便令前卫团加快进军速度,遇敌小股部队能避则避、不可恋战,以免失去先机。

将士趱程冒风雪急进。半夜时分到一处小村落,只二三十户人家,地图上标明是都仓村,离出发地约40公里,离目标地鹤谷里还有20公里。张竭诚告众将道:“余下里程虽只有三分之一,但皆是险路,且近敌军腹地,随时可遭遇敌军,不可大意。”话未落,一参谋从前方跑回来,匆匆报告说:“前卫团可能已走错方向。张竭诚大惊,急迈开大步赶到村口,果见雪地中有左右两条小路。左一条路,迤逦向北,已被前卫团踩烂;右一条路,迤逦向南,一片寂静,未有人踪。问朝鲜向导,告说左路通石子洞,右路才通鹤谷里。

张竭诚为求稳妥,在雪地上展开地图,蒙住手电筒光,对图细看,又用指北针定位,一切果与向导所言相同。心道:“前卫团迷路,最少耽误两小时行程。”这样想时,愈加心焦。回头问向导道:“此去鹤谷里有无近道可抄?”向导看一眼队伍,道:“近道是有。”稍待,又指迎面大山,一字一句道:“山背面便是鹤谷里,翻过这座山便到,可节省两小时行程。只眼下大雪封山,道路难行,队伍携枪拖炮,万难通过。”

张竭诚闻言,心中稍安,手抚向导道:“你能过我们就能过,请前头带路。”便令中军349团为前卫,随向导强越迎面大山,抢占鹤谷里。又令骑兵通讯员投左路追赶351团。

且说迎面大山,高有700米,冰封雪裹,只一条樵夫、猎户踩出的小径通向山顶。

奉命转移

一上一下,共15里。将士知时间紧迫、山路艰险,皆在山下轻装,扎紧枪械粮弹,你推我拉,相互帮扶,随向导攀山而行。约行一个更次,爬上山顶,一个个早精疲力竭。欲稍歇息,遥见东北方面马达轰鸣、汽车大灯乱晃乱射,却是敌军败兵抢乘车辆、坦克,沿公路向南溃逃,也投鹤谷里而来。便不待令下,抖擞精神,争相下山。因路狭坡陡,将士皆背好枪支、扎好腰带、裹紧大衣,就坡滑雪而下。这样连滑带滚,不消一刻,早到山下。再一阵猛冲,便抢在敌军之前,占领了鹤谷里两侧高山。立即构筑工事,架设枪炮,封锁公路。

李承晚军第8师各部骤遭志愿军主力攻击,损失惨重,便搭乘坦克、战车,雪夜向南急退。待到鹤谷里时,以为距横城美2师不过10余公里,将心放下一半,有所松懈。志愿军349团将士在鹤谷里公路两侧山林隐伏未久,敌军前锋车队已到面前。将士发一声喊,一齐叫杀,各以枪炮猛射,手榴弹乱炸,烟尘起处,头车早被炸烂,横亘路中央,把一条山谷公路堵死。前队无路可去,后队又源源涌至,钻入志愿军火网。正混乱时,背后枪声又起,又有志愿军部队由路东冲来,将敌军冲成无数节。又越过公路,冲上鹤谷里两侧高地,与先到志愿军部队会师。

张竭诚坐镇师指挥所,从望远镜中见谷底有志愿军部队如风卷来,正在纳闷,不知是何处人马,忽有参谋来报,说是351团已经赶到。原来,351团出都仓村不久,忽见前头灯火通明,有敌大部队驻扎。团长展开地图细看,方知迷路,不觉间已把部队带到敌军腹地。料原路退回,必贻误战机,不如将错就错。便问向导,通鹤谷里是否另有道路。向导告说须从灯火通明处强行通过。那团长出身八路，历抗日战争、解放战争，又历云山、清川江、汉城之役，大小数百战，机警勇猛。当时略一计议，便召拢营连长，三言两语说明军情，令一鼓作气，冲乱敌军主力，再以营连为单位各自为战，到鹤谷里集中。

各部得令，果然发一声喊，冲进敌军营地，乱炸乱射一阵，又乘敌混乱，迅速通过，向南急进，沿途遇敌大队则避开，遇敌小股便顺手牵羊。且战且走，竟在天明时分赶到鹤谷里，正遇两军混战，便乘间冲上公路，又大杀一阵，与主力会师。

349 团与 351 团会师后声势大振。两支军犹如两扇铁门，死死封住了李承晚军第 8 师的退路。横城美 2 师闻第 8 师南撤受阻，急派军自南而北杀来，却被 350 团据险截住。第 8 师前有阻截、后有追兵，插翅难逃，便作困兽之斗。调集火力火炮，猛攻鹤谷里两侧山头阵地。美军飞机亦如蜂而至，狂轰滥炸。然山头虽被削平，树木虽皆烧焦，志愿军将士却据阵死守，寸步不让。两军恶战一日，阵地得而复失，失而复得，阵前敌尸不计其数。

战至黄昏，117 师将士伤亡过半，弹药将尽，敌又发起冲锋。将士各清理弹药，上好刺刀，收拢石块，准备最后拼杀。正危急时，正东方向枪声大作，暮色中有一支队伍，以红旗为导，如潮而至，却是左翼 66 军穿插部队赶来增援。两军合力，再次打退敌军冲锋。

至夜，志愿军正面 4 个主力军赶到，10 万大军铺天盖地而来，鹤谷里北 5 公里内火光冲天，杀声不绝。第 8 师恶战数日，早折损过半，士无斗志，纷纷缴械投降。美 2 师见势不妙，也后队变前队，前队变后队，向横城急退。志愿军主力又夤夜冲过鹤谷里，衔尾追杀美 2 师后队，到横城城边方止。天明清点战果，第 8 师万余人并美 2 师一部尽被消灭，只 117 师据守鹤谷里，伤亡 3000 余人。回看鹤谷里南北数十里地，漫山遍野尽是敌军遗尸、伤兵、俘虏；汽车、大炮、坦克、枪械、弹药，更塞满山谷，不计其数。

中路敌军一败，东路敌军势孤。金雄统东线人民军各军团乘势反击，亦打垮李承晚军两个师，尽复失地。

邓华在洪川指挥部中闻前方捷报大喜。一面通令嘉奖穿插作战有功部队，一面电告彭德怀。彭德怀告说东线、中线虽然胜利，西线压力仍十分巨大。李奇微不但令米尔本率部进取汉城，且令中线美 2 师、骑 1 师各部，在原州－汉城铁路线机动，欲沿铁路移兵汉城，夹击志愿军西线部队。便令邓华审时度势，引中路得胜之师，相机西取砥平里，解除西线部队侧翼威胁。

邓华得令，打开地图，见砥平里虽是小镇，却扼交通要冲，沿铁路西行 50 公里跨越汉江，便达汉城；再沿铁路向东南行 50 公里，便是原州。正东方面，距横城只 30 公里，有公路相通。北去 50 公里，左跨洪川江，可通加平；右跨洪川江，可通春川。敌军据砥平里，西可威逼汉城，东可屏护横城、原州，北可直取加平、春川。我若得砥平里，便可将敌中路、西路两支军分开，使敌西路孤立，中路横城亦成孤城，那时出两支军，

激战中的志愿军战士

左一支军取原州，右一支军取水原，敌西路、中路10余万人，便插翅难逃。

这样思虑半日，又唤参谋询问砥平里敌军兵力。参谋报说砥平里守敌有法军1个营、荷军1个营、美军1个营，总兵力约1个团共2000人。邓华闻报，喜道："此天助我成功。"便令调第39军115师、第40军119师、第42军126师，3个师合打砥平里。其余部队监视横城、原州之敌，阻敌增援。

各将得令，依计而行。119师距砥平里最近，天黑未久已到城外，料敌不备，虽只有3个营，便不待其余部队抵达，架炮轰城，又令步兵冲锋。城内敌军据住要点，用炮兵火力猛轰中国志愿军阵地，又令坦克出城，迎战中国步兵。双方短兵相接，厮杀至半夜，119师徒折二三成人马却不能越城池半步，知遇强敌，只得撤退人马，休整待援。

119师刚退走，126师闻得砥平里方向枪炮声轰轰隆隆，响了半夜，料兄弟部队已发动进攻，便加速前进赶到城外，也架炮攻打。战至半夜，亦无功而退。

到下半夜，115师又赶到砥平里城外，不知前两支军进攻受挫，又架炮攻城，亦遭城内守军优势炮火回击。恶战至天明，同样损失惨重。

邓华闻报3支军进攻受挫，料是未约齐进攻时间，3个师先后出击，致被敌集中兵力各个击破。便引咎自责指挥不当。待天明日出，各师会齐，令一齐出击，三面攻城。邓华告众将道："我以3个师攻城，三面强攻。敌只3个营防御，顾此失彼，必不能持久。"

将士夜间进攻受挫，正觉窝囊，待进攻令下，一齐奋勇争先，未料冲到城边，又有弹雨扑面而来，立刻死伤无算。三路皆如此。邓华得报，方知遇到强敌。适有115师将士捕获战俘数名，押来指挥部一问，告说守城敌军不但有法军、荷军、美军骑 1 师等部各 1 个营，另有美 2 师 1 个团，并坦克兵、炮兵若干，总兵力在 6000 人以上。

原来，李奇微见中路李承晚军第 8 师被志愿军消灭，东路亦受挫折，料志愿军必回师西路，且又势必先夺占砥平里，便暗将美 2 师第 23 团密调至砥平里，加强防守力量。又令原州美军骑 1 师、横城美 2 师随时准备支援。若志愿军不攻，便令砥平里部队向西进攻，呼应美 1 军；若志愿军来攻，便令美 1 军向东，骑 1 师、美 2 师向西，向砥平里靠拢，与志愿军会战。志愿军不知砥平里守敌有 6000 人，只以 3 个师强攻，又未协调攻势，竟使李奇微得计一回。

志愿军将士进攻砥平里受挫，见伤亡甚众，一时性起，皆欲拼死攻进城内以泄怨恨。邓华告众将道："敌军守城部队不但有 6000 之众，且有空军援助，横城、原州、汉城之敌亦跃跃欲试，企图诱我在砥平里会战。我 13 兵团各军自渡鸭绿江起，迄今已苦战近半年，没有休整，粮弹俱缺，眼下之计是与敌脱离接触，择地休整、补充粮弹，待后续兵团增援，那时再会战不迟。"当时令各部夤夜后撤脱离战场。

中路一撤，东西两支军亦主动北撤。在三八线南北开城、涟川、华川、杨口一线占领阵地，依托山势建立新防线。李奇微统军追击，却因春季来临，冰雪消融，机械化部队行动困难，志愿军又适时打开华川水库水闸，水淹七军，美军被迫在议政府、加川、春川、县里一线，沿北汉江、昭阳江一线构筑防线。两军又隔三八线对峙，再成僵局。

这一场混战，自 1 月始，到 4 月止，历时近三个月，李奇微挥军由 37 度线进至 38 度线，虽北进 100 公里，重新夺占三八线以南数十城，却折兵七八万，损失装备无数。志愿军以空间换时间，不但大量杀伤敌军，又为新兵团开赴前线争取到数月时间。

彭德怀司令员在阵地上小憩

布雷德利报告毕，杜鲁门便提出问题，请众人讨论：美军和“联合国军”，是应再度越过三八线，赶中国志愿军出朝鲜，实现李承晚统一朝鲜的目标，还是应就地止步，与中国人谈判，和平解决朝鲜争端。众人沉思，场上鸦雀无声。

第二十四章

远东王又出狂言
美总统临战换将

李奇微统美军进至三八线后,便致电华盛顿,请示是否允许再次跨越三八线向朝鲜境内推进。美国总统杜鲁门得李奇微电报,便召集国家安全委员会成员开会商议,国务卿艾奇逊、国防部长马歇尔、国防部副部长洛维特、参谋长联席会议主席布雷德利、三军部长、参谋长并中央情报局局长史密斯,共十余人,一并与会。

会议开始,杜鲁门先请布雷德利报告朝鲜战况。布雷德利约略说明,因李奇微指挥得当,美军将士努力,又占装备优势,美军和"联合国军"已摆脱被动局面,收复汉城并韩国全境,隔三八线与中国军队对峙。众人闻报,皆有喜色。

布雷德利报告毕,杜鲁门便提出问题,请众人讨论:美军和"联合国军",是应再度越过三八线,赶中国志愿军出朝鲜,实现李承晚统一朝鲜的目标,还是应就地止步,与中国人谈判,和平解决朝鲜争端。众人沉思,场上鸦雀无声。

半日,艾奇逊率先发言道:"我以为,我军应在三八线止步,停止进攻,争取与中国人谈判,和平解决朝鲜争端。"众人问其理由。艾奇逊解释道:"首先,朝鲜这场战争已使我国元气大伤。只八九个月时间,我军伤亡便几近10万,物资损耗以千万吨计数。眼下因朝鲜战事,军费开支已达450亿美元,明年还将增至550亿美元。常备军亦成倍扩充,达200余万。若战争持续下去,或扩大到中国全境,消耗还会增加。然我国虽付出重大代价,迄今却只与苏联阵营第二梯队交手,苏联却在一边看热闹,安然无事。我与中国恶战,不论胜负,徒损耗我国实力、徒使苏联坐大。"

稍顿,又分析道:"其次,我军虽近日略占上风,收复三八线以南失地,却是在三八线以南作战,该地区地势平坦,又靠近我方基地,利于我海空军活动,也利于我机械化部队发挥优势。若战线北移,在朝鲜境内作战,则山高林密、地形复杂,并靠近中国东北,敌方供应线缩短,我方供应线拉长,必攻守易势,那时我军重蹈清川江、长津湖之战覆辙,亦未可知。"

众人闻艾奇逊分析,皆道有理。布雷德利说道:"国务卿阁下的分析固然说理透彻,却忘记一条,谈判需交战双方皆有诚意,是故须分析中国人是否愿意停战。须知去年12月,我国便通过亚非13国,通过英国、印度,向中国人发出信息,表示愿意停战,谈判解决问题,中国人却严词拒绝,以向三七线推进作答。"

艾奇逊闻言大笑,告道:"将军忧虑固然非空穴来风,然岂不闻古语说此一时也,彼一时也。"布雷德利问其详。

艾奇逊正色答道:"去年12月,中国人之所以不肯谈判,是因为其时他们在清川江、长津湖侥幸获胜,骄狂气十足,以为中国士兵无敌于天下,可以把我军赶出朝鲜。如今幸李奇微将军指挥有方,反败为胜,夺回战场优势,打回三八线,中国人再不能妄谈解放全朝鲜。此外,中国一向以贫穷落后著称,本以恢复发展经济为主要任务,朝鲜战争却像无底洞,耗去中国大量金钱物资。"

有人插言道:"苏联不是向中国提供了武器装备吗?"

艾奇逊大笑,道:"苏联确实向中国提供了武器装备,但那都是售卖,而不是赠品,每一枝枪、每一枚炮弹、每一架飞机,或是每一门大炮,中国人都必须连本带利偿

联合国军总司令克拉克

还。”稍歇，艾奇逊又道：“中国人力牺牲也远超过我军。不但在前线死伤于我军密集炮火者甚多，在后方死伤于我飞机轰炸者亦以万计。更有甚者，据报去年长津湖之战，中国参战部队 3 个军，虽打败我海军陆战队第 1 师，却冻死冻伤十之六七。若战争长期僵持，中国人力物力必难支撑。是故我以为中国人虽唱高调，说什么不达目的决不收兵，其实比我国更希望举行政治谈判，结束战争。”

艾奇逊分析时，杜鲁门侧耳倾听，不置一言。艾奇逊话落，众人料杜鲁门将发表意见，便一齐转望杜鲁门。杜鲁门却抬起头来盯住左侧一人问话。那人却是新任中央情报局局长史密斯将军。

中央情报局是美国主要间谍和反间谍机关，成立于 1947 年，其前身是第二次世界大战时期的战略服务局。中央情报局的任务，主要是向国家安全委员会提出有关国家安全的情报意见、协调政府各机构情报活动、核实和估价各类情报。第一任情报局局长是杜诺万，因未能及时估计到朝鲜战争爆发，致美国被动，在朝鲜战争爆发不久便被撤职，另代以史密斯。

史密斯生于 1895 年，出身于行伍，参加过第一次世界大战。第二次世界大战时期任艾森豪威尔麾下参谋长，曾代表同盟国与德、意谈判投降条件，并接受德意投降。战争结束后，当过美国驻苏联大使、美军第 1 军军长。因出身军人，在欧洲作过战，是故得到参谋长联席会议支持。

杜鲁门听完艾奇逊分析，回头问史密斯道："与第三方会谈情况进展如何？"这话问得众人莫名其妙，除艾奇逊知道内幕外，众人皆如坠五里雾中。

原来，清川江、长津湖战役结束不久，有一帮身份不明的神秘人物忽然与中央情报局和国务院联系，表示愿在中国与美国政府高层之间搭桥，促成中美举行谈判，结束朝鲜战争，并说能代表中国高层领袖周恩来说话。其时美国因在清川江、长津湖惨败，急欲与中国谈判结束朝鲜战争，却苦于无法与中国高层联络，因此，情报局和国务院便派高级官员，以情报局和国务院为第一方，替中国传话的神秘人物为第二方，中国方面代理人为第三方，在绝密状态下，通过中间人与中国方面会谈。会谈不定期举行，每次会谈，总是清晨开始，夜深方止，有时内容太多，次日又继续会谈。会谈记录常数万言，内容无所不包。

美方在会谈时，反复探询中国是否愿结束朝鲜战争，结束战争的条件是什么？并询问中苏关系如何？中国是否受苏联控制？又说中国介入朝战并无好处，苏联对中国亦居心不良。第三方答称周恩来、毛泽东并不亲苏，亦不受苏联控制，中国参加朝鲜战争是独立行动，中国愿意结束战争。又反问美国能否承认新中国？能否赞同恢复中华人民共和国在联合国合法席位？能否使第7舰队撤出台湾海峡？并说美方如做到这些，中国将从朝鲜撤军。美方对以上问题未作直接回答，只说如中国撤军，不亲近苏联，其他问题都能解决。

会谈虽然频繁，却有一条，所有会谈皆由第二方神秘人物传话。这种会谈历时已逾半年。

史密斯见杜鲁门问与第三方会谈情况，扫视周围一眼，欲言又止。杜鲁门知其

志愿军部队研究作战方案

意，道："不碍事，今日是国家安全委员会开会，决定朝鲜战争政策，这情报关系重大，须使国安会成员皆知，好作决策。"

史密斯遂将与第三方会谈情况介绍一番，又总结道："根据第三方所传信息，中国与苏联在贷款问题，苏联侵占新疆、东北领土问题上皆有矛盾。参加朝鲜战争是中国的独立行为。中国参战，是因为联合国席位得不到解决；第7舰队介入，不能解放台湾；朝鲜战火燃烧到鸭绿江边，严重威胁到中国的安全。眼下中国刚发生水旱大灾，粮食歉收，经济有困难，只要承认其联合国席位，允其解放台湾，中国就愿意举行谈判，结束朝鲜战争。"

众人闻史密斯报告颇觉意外，场上一时沉默。半日，马歇尔有些怀疑地说道："这第三方都是些什么人？是否真能代表周恩来和中国高层？我表示怀疑。"稍顿，又道："中国国民党刚刚垮台，中国人一向又迷信合纵连横之论，这第三方或许是国民党内的失意政客，因国民党垮台而招摇撞骗、混政治饭吃，也未可知。"

史密斯道："中央情报局初时也怀疑其是否可靠，但情报局专家们作过鉴定，尤其是推算在美第二方与在香港的第三方通讯联络时间，似无异常。由第三方传来的中共内部情报和中苏关系情报，也与情报局从其他渠道得到的情报相一致。"

马歇尔又问道："事情既如此，何不派人到香港与第三方联络，直接打开与中国方面联络渠道？"

史密斯道："已派国务院情报官以国务院官员身份去了香港，设法与第三方建立联系。"稍顿，又道："为检验第三方是否可靠，我们故意提出了两项要求：一是要求释放在中国梧州被捕的美国传教士；二是要求中国军队撤出汉城。"

众人一齐问结果如何？史密斯对道："未过半月，在梧州被拘捕的美国传教士果然被释放，中国军队也确实在上月退出了汉城。"

马歇尔道："梧州传教士被释放一事，我不太清楚，然中国军队退出汉城是因为李奇微指挥有方，中国军队苦战数月，已经疲惫，因而是军事较量的结果，不能看成中国主动退出，是对情报局两大要求的答复。"

史密斯又对道："我无意贬低李奇微将军有功。但根据情报，中国有400万地面部队，尽可用于朝鲜战场。据报中国已决定派陈赓第3兵团、杨得志第19兵团、杨成武第20兵团开赴朝鲜战场。李奇微进兵汉城时，中国第63军、第64军等4个生力军，新从本土入朝，在平壤待机。宋时轮第9兵团也驻在元山一带，补充人员装备完毕。这两支部队皆只需数日行程便可抵达前线，但却按兵不动。是故我以为，中国弃守汉城是出于政治需要，并非军事上不能守。"

史密斯出身军人，又是情报局长，拥有各种情报来源，这番分析，愈令众人相信中国愿意谈判解决朝鲜问题。艾奇逊趁机向杜鲁门建议道："眼下我已进抵三八线，恢复韩国全境，隔三八线与中国人对峙，军事上已挽回声誉。中国人也确愿意谈判，况沿三八线进行停火谈判，双方都不失体面。是故我以为此时由总统发表声明，呼吁停火谈判正当其时。"杜鲁门回头问众人意见，众皆同意。

志愿军部队实施反击,巩固上甘岭阵地

会散后,艾奇逊根据杜鲁门指示,召国务院、国防部、参谋长联席会议代表开会,共拟总统声明初稿,择日发表。那初稿大意是说愿以三八线为界实现停火,由交战双方谈判解决朝鲜问题,暗示放弃由"联合国军"武力统一朝鲜的计划。并致电麦克阿瑟,通报即将发表的总统声明精神,暗示其为在朝鲜举行停战谈判预作准备,美军将不越三八线进攻。

"联合国军"总司令麦克阿瑟坐镇东京,得报李奇微收复汉城,又在砥平里获胜,亦是欢欣若狂,对众人道:"我一向认为中国人不过如此。我军拥有现代化装备,中国人即使用1个军围攻我1个团部队,也未必能胜,是故我军乘势北进、武力统一朝鲜依然大有希望。"

适有美国众议院共和党领袖马丁致信麦克阿瑟,先吹捧麦克阿瑟如何能征惯战,是世界名将,然后询问麦克阿瑟有关使用蒋介石军队到朝鲜作战的看法,并表示希望看到蒋介石军队在朝鲜发挥作用。

马丁身为共和党领袖,一心与杜鲁门唱对台戏,千方百计欲取民主党政府而代之。此次致信麦克阿瑟,询麦克阿瑟对蒋介石军队参战问题的立场,亦是为攻击杜鲁门政府准备材料。麦克阿瑟身为现政府重臣,本应与政府保持一致,小心慎言,未料麦克阿瑟一向大大咧咧、好出风头,以为马丁吹捧,正说明自己是当世伟人,况又对清川江、长津湖失败耿耿于怀,始终想动用蒋介石军队用于朝鲜战场,或支持其在中国沿海登陆,把战争扩大到中国,报清川江、长津湖战败之仇。便信笔挥毫,回书答复。回书大意是:亚洲较欧洲在战略上更重要。美军在朝鲜作战,既是为保卫亚洲,也是为保卫欧洲,必须以军事胜利为作战目标。而要胜利,就要最大限度地使用暴力,不可自缚手脚。胜利高于一切。又说利用台湾的蒋介石军队到朝鲜作战、在中国沿海登陆,皆符合胜利原则和最大限度使用暴力原则。

这信言辞虽然堂而皇之,实际是批评杜鲁门政府不准使用蒋介石军队、不准把战争扩大到中国、也不准使用一切战争手段,夺取战争胜利。

给马丁的回信刚刚寄出,华盛顿的电报便到东京。麦克阿瑟读罢电文,见其中大意是说美军和"联合国军"将在三八线止步不再北进,又说总统即将发表声明准备与中国方面谈判,心中大是不满,暗忖道:"如任总统声明发表,我军便不能重新跨越三八线进攻,则我清川江、长津湖之战中所蒙羞耻如何能雪?不如设法使谈判不成。"心中这样想,便亲笔起草了一份声明稿,以"联合国军"总司令名义在3月24日的报纸上发表。声明约略是说:中国没有现代工业,没有海空军,单凭人海战术,绝难与美军抗衡。美国既拥有精良装备和海空军优势,又有原子弹,打败中国只是举手之劳。如今美军已挫败中国人海战术,稳操胜券。若中国不识时务,继续在联合国问题和台湾问题上扯皮,而不接受"联合国"统一朝鲜的正当要求,美国将使用海空军和一切武器,把战争扩大到中国沿海和内陆,直到中国在军事上全面崩溃、束手投降。

当日下午,杜鲁门在白宫总统办公室正伏案审阅拟定发表的总统声明初稿,思虑政治谈判的诸般细节,忽有人敲门求见,且敲门声甚为急促。便叫一声"请进"。门开处,国务卿艾奇逊,国防部副部长洛维特等人急步走了进来。杜鲁门料有急事,起身相迎,招呼众人就座。艾奇逊却趋走上前,递上一份报纸,指着头版位置道:"请总统看看这篇报道。"

杜鲁门略一浏览,见是麦克阿瑟的声明全文,便仔细阅读。未读一半,已是嘴唇发紫、面色转白。回头问洛维特道:"国防部和参谋长联席会议可知麦克阿瑟发表这份声明?"洛维特摇摇头,道:"不知。"

又问道:"各国如何反应?"艾奇逊告道:"英、法两国政府已向我国提交抗议书,抗议麦克阿瑟未经英法同意,便乱发表不合联合国精神的声明,堵死谈判之路。又问麦克阿瑟声明是代表个人还是代表政府?美国外交政策是由总统决策还是由麦克阿瑟决策?"

杜鲁门又问中国方面如何反应。艾奇逊说中国方面谴责麦克阿瑟威胁要直接进攻中国,称美国在为扩大战争作舆论准备,因而把麦克阿瑟的话算在我国政府账上。

杜鲁门闻言沉思半日,方声音低沉地问道:"诸位以为应如何善后方为妥当?"

众人一齐道:"麦克阿瑟目无政府,乱发政策声明,胆敢与国策挑战,致使我国失去与中国谈判的政策弹性,又招致盟国抗议,不解除其职务便不足以抵其罪。"

杜鲁门沉吟半晌,方长叹一口气道:"解职之事,容以后再议。目下要务是请参谋长联席会议再电告麦克阿瑟不得乱发政策声明。"众人应诺。艾奇逊又问道:"拟定发表的总统声明是否停止发表?"杜鲁门从提问方式中已知艾奇逊的立场,道:"此时再

志愿军战士接石缝渗水解渴

发表总统声明，岂非是自我嘲弄，让人以为我国政府出尔反尔、决策乱成一团？”众人会意，一齐告辞离去。

当夜，参谋长联席会议奉杜鲁门命令，又致电麦克阿瑟，不可再乱发声明，以免干扰国策。原拟发表的总统声明只得作废。

众议员马丁得麦克阿瑟复信如获至宝，以为可凭麦克阿瑟复信，为抨击民主党政府有关朝鲜战争政策提供依据，乘机破坏民主党威望，为共和党入主白宫作准备。便在 4 月 5 日的众议院会议上宣读了麦克阿瑟复信。当读到麦克阿瑟主张使用蒋军反对中国、不惜一切夺取战争胜利时，全场哗然。

消息传开，共和党控制的报纸电台更是推波助澜，或夸麦克阿瑟敢向总统挑战、是民族救星，或批评杜鲁门政府不接受麦克阿瑟意见、不全力以赴夺取胜利，致美国青年在朝鲜徒作牺牲。任政府大员如何解释，却难扭转舆论取向。

杜鲁门得知麦克阿瑟致马丁信件的内容及马丁发表这封信后造成的影响，怒不可遏，急召艾奇逊、马歇尔、布雷德利、哈里曼等大员开会，讨论如何处置。众人皆说应解除麦克阿瑟职务，方能收回影响，独马歇尔劝谨慎从事。

杜鲁门思虑一阵，便请马歇尔仔细研究最近两年麦克阿瑟发往华盛顿的电报，再发表意见。当日未作决定。

接下来两日，正逢周末，便未开会碰头。4 月 9 日是星期一，杜鲁门又召集众人开会讨论处置麦克阿瑟问题。马歇尔道："我已研究过最近两年麦克阿瑟拍给华盛顿的电报，我以为两年前就该解除他的职务。"一旁哈里曼点头道："我亦赞成应在两年前解除他的职务。"

杜鲁门又问参谋长联席会议意见。布雷德利告道："参谋长联席会议全体成员皆同意解除麦克阿瑟职务，并建议令李奇微替代，再令范佛里特将军担任第 8 集团军总司令。"

布雷德利话音甫落，艾奇逊等人也相继正式表态，同意解除麦克阿瑟职务。众人表过态，便把目光一齐转向杜鲁门，等待最后决定。

杜鲁门环顾四周，清清嗓门，说道："就我个人而言，最少有三次想解除麦克阿瑟职务。第一次是去年 8 月 1 日，麦克阿瑟不经允许，擅飞台湾访问，又写信给全国海外作战退伍军人协会，鼓吹使用蒋介石军队于朝鲜。因考虑到他年届 70，已从事公职 50 年，在国内外颇有影响，便临时作罢。"

众人又问第二次。杜鲁门道："第二次是去年 12 月清川江、长津湖战役期间，他不肯承认指挥不当，把失败责任推给政治指导，鼓吹把战争扩大到中国，致在盟国引起混乱，艾德礼亲来华盛顿质问。当时我想解除他的职务，以布雷德利将军代之。"说时望了布雷德利一眼，继续言道："但想到他在清川江、长津湖新败，虽有过失，亦可原谅，我若解除其职务，世人以为我是落井下石、因其战败而解除其职务。是故又临时作罢。"

言及于此，杜鲁门略作停歇，呷了一口座前咖啡，又说道："第三次，是他发表 3 月 24 日声明之时。"

艾奇逊道："当时如何不见总统表态？"

杜鲁门对道："解除麦克阿瑟职务是我作为美利坚合众国总统和武装部队总司令的权利，我不希望大家为此承担责任，故只在心中盘算。这次马丁发表麦克阿瑟信件，我已下定最后决心，撤销其职务，挽回影响。众位既都赞成，我再无忧虑。"

当时议决解除麦克阿瑟职务，以李奇微替代。又令正在朝鲜访问的陆军部长佩斯将军负责传达。未料电报线路发生故障，命令内容不能及时送至朝鲜。正发急时，忽有消息传来，报说解职令已经泄露，《芝加哥论坛报》正连夜赶排新闻，准备次日见报。

杜鲁门大急，无奈之下，只得动用陆军电报线路，将电报直接发往东京麦克阿瑟司令部，以免报纸抢先发表消息，造成政治被动。同时又议定在 4 月 11 日凌晨由杜鲁门举行记者招待会，宣布解职令。

解职令约略说明，因麦克阿瑟不能全心全意支持美国政府政策和联合国政策，决定以合众国总统资格解除麦克阿瑟各项职务，即远东盟军总司令、远东美军总司

志愿军在朝鲜的防御地带

令、远东美国陆军总司令、“联合国军”总司令。又令李奇微接替麦克阿瑟职务,任“联合国军”总司令,兼任远东盟军总司令、远东美军总司令、远东美国陆军总司令。李奇微所遗美军第8集团军总司令一职,由范佛里特将军担任。

朝鲜三面环海，利于美国海军活动。志愿军深入三八线以南作战，最担心美军派兵在侧后登陆。是故前次作战，志愿军13兵团各军，在三八线以南与美李军恶战，防线几度告急，彭德怀却令2个军驻平壤、3个军驻元山，皆按兵不动，意在防美军在平壤、仁川登陆。

第二十五章

彭德怀袭取加平城
杨得志奋战临津江

志愿军司令部位置，自开战以来，每随战线推移，不断变动。如今志愿军司令部已迁至临津江西岸空寺洞。空寺洞其实不是洞，而是一个小村名字。朝鲜习惯，小村为洞，大村为里。空寺洞虽只十数户人家，却四面环山，位置隐秘，又靠近前线。远看空寺洞，四面空山，林深叶茂，全无设有重要军事机关的迹象。及至近前，林木掩映中，亦只见一排破旧木板房，约有数间，立在崖前。木板屋旁边的山坡上，有数处掩蔽部，依山势由人工挖成，支以木柱，覆以青枝，这便是志愿军司令部所在。

志愿军司令员兼政委彭德怀年事渐高，身体欠佳、不宜久居山洞，便住在木屋内，以办公室兼卧室。室内布置十分简单。木屋壁上挂满地图。正中地上安一张笨重的大方桌，桌上置一笔筒，是用高射炮炮弹壳制成，另放两瓶墨水、一个墨盒。桌子四周摆一些简易木凳，又粗又宽又厚。房子另一头，摆一张行军床，铺一条白床单，搁一床军用棉被，已洗得发白。床头放一个炮弹箱，权当书桌。

彭德怀这日正在办公室内筹思反攻作战计划，几个参谋人员如风而至，叫道："彭总，好消息，麦克阿瑟下台了。"彭德怀闻这消息，面有喜色，便问详情。参谋们正要见告，邓华、解方并司令部诸将一齐入室。解方接过话头，道："是刚才东京电台广播的，说杜鲁门已在9日下令解除麦克阿瑟本兼各职，理由是他违抗命令、不执行美国政府和联合国决策。"

彭德怀闻报，笑道："你是军中秀才，懂得俄、日、英诸国语言文字，亦精西方政治，依你之见，杜鲁门究竟为何下令解除麦克阿瑟职务？"

解方沉思道："未及细想。"稍待，又分析道："想是杜鲁门想推诿美军在朝鲜失败责任，以麦克阿瑟作替罪羊。"

彭德怀闻言点头道："是大狗咬小狗。"又问道："除推诿责任外，杜鲁门与麦克阿瑟在朝鲜战争决策上究竟有无分歧？"

解方又沉思一会儿，对道："我想，二人策略分歧自然是有的。"稍顿，又说道："麦克阿瑟一向主张在朝鲜使用蒋介石军队，把战争扩大到我国，不惜采取一切手段夺取军事胜利，反映出一个战场司令官的狂妄自大。杜鲁门身为总统，需总揽全局，更多地从全球战略观点看问题，还要受英法等盟国制约，难以轻易下决心把战争扩大到我国。扼要地说，杜鲁门是主张打有限战争、想限制战争规模，麦克阿瑟是要扩大战争，不但要打过三八线，还想打过鸭绿江。"

彭德怀沉思一阵，询

这是志愿军装备的苏制火箭炮

问道:“照你这样分析,麦克阿瑟解职后,美军不一定越过三八线进攻了?”

解方知彭德怀必是为部署下一步军事行动搜集情报,才有此问,便认真答道:“从麦克阿瑟被解职一事看,美军越过三八线进攻的可能性不大,但也不能排除其在形势有利时,在我侧后登陆的可能性。”

原来,朝鲜三面环海,利于美国海军活动。志愿军深入三八线以南作战,最担心美军派兵在侧后登陆。是故前次作战,志愿军13兵团各军,在三八线以南与美李军恶战,防线几度告急,彭德怀却令2个军驻平壤、3个军驻元山,皆按兵不动,意在防美军在平壤、仁川登陆。如今见解方这样分析,便将忧虑放下一多半。

彭德怀待解方分析麦克阿瑟解职原因后,又问谁接替麦克阿瑟。解方告说是以李奇微接替麦克阿瑟本兼各职,以范佛里特接替李奇微任美军第8集团军司令官,并介绍了范佛里特的履历。

议论半日,不觉入夜。彭德怀兴起,毫无倦意,对众将道:“麦克阿瑟解职,说明敌方营垒混乱,范佛里特新到任,必不熟悉军情。我军宋时轮第9兵团各军已休整补充完毕,斗志正旺。中央又派来杨得志第19兵团、陈赓第3兵团,各有3个军,皆是生力军。连同13兵团各军、人民军部队,我军就有4个兵团共15个军,另加人民军5个军团,共120万大军。乘敌混乱,集中使用,必能全胜。”遂与众将又议一阵部署细节,便传令召各兵团首长到志愿军司令部开会,领受作战任务。

不消一日,各兵团首长驱车乘马,皆按时赶到,只第3兵团司令员兼政委陈赓因病尚在国内,由副司令员王近山、副政委张楠生与会。众将到时,会议尚未开始,便相约参观彭总卧室兼办公室,见陈设简陋,大是感动。彭德怀不以为然,洋洋得意道:“怎么样,还要参观吗? 可比你们的司令部豪华多了。”

19兵团政委李志民瞅一眼室内几条简易木凳,嚷道:“彭总吹牛哩,我那司令部好歹还有两把旧木椅,就你这几条屠夫凳,还说豪华呢!”彭德怀笑道:“屠夫凳有什么不好,又宽又厚,可以当卧榻使用。”说话时,三下两下解开胶鞋鞋带,翻身躺在木凳上,双手垫住后脑勺,道:“就这样,一觉能睡到天亮。”众将大笑,战前紧张氛围一扫而空。

说笑过后,便正式开会。众人倚长条木凳坐定。解方介绍军情,告众将道:“前次战役结束后,敌在西线占据临津江东岸,中线占据涟川与华川,东线战据杨口、昭阳江上游,直至三八线以北东海岸重镇高城,大体隔三八线与我军对峙。敌方兵力原有16个师另3个旅、1个团,现韩国军队已有扩充,‘联合国军’所属英、法、荷、澳、加等各国军队皆有增加。尤其是美国,不但从美国本土、太平洋各处基地、欧洲方面调人补充前线损失,又调国民警卫队第40师、第45师、步兵第34团组成美16军屯驻日本,看其架势,是欲乘我军向南突进之机在我侧后登陆。目下美军陆军计有4个军、9个师另2个团,约40万人;海军计有200艘战舰、400架舰载机、7万水兵;空军计有18个联队、1400架飞机、10万官兵。韩国军队亦约40万人,编为3个军。其余15国军队,共约4万人,编作4个旅、1个团、10余个营。是以敌军17国军队之和,陆海空三军共有101万人、1800架飞机、200艘战舰,人力与我军相当,装备仍占优势。”

停战后，彭德怀视察非军事区

彭德怀接着说道："敌虽有百万之众，然其地面部队只有80万，较我军少三分之一。第一线部队只有60万，且沿300公里战线平均部署，每公里战线只有2000人，只有战术纵深，没有战略纵深。我国虽无军舰运兵在敌后登陆，却能以精兵夤夜穿插，只消进百余公里到横城、砥平里一线布阵，便强于在敌侧后登陆。况我军4个兵团，有3个兵团是生力军，士气正盛，后勤供应已有改善，空军已有飞机参战，打胜这一仗，应有十分把握。"

分析军情毕，彭德怀将作战意图，约略陈述一遍，便下达命令，将军分为左中右三支，全线出击。右一支军由19兵团司令员杨得志统领，计辖3个军、1个军团、炮兵营若干，共15万人，由汶山、涟川之间强渡临津江，夺占议政府，强攻汉城；左一支军由第9兵团司令员兼政委宋时轮指挥，计辖19兵团各军，13兵团所属第39军、第40军，炮兵若干，计5个军25万人，由华川、杨口、昭阳江上游一线阵地，往南向春川、县里方向突击，左路第40军先于各部行动，由金化突破，直取敌中央阵地加平；中间一支军由第3兵团副司令员王近山指挥，计辖3个军，炮兵营若干，共15万人，由中央阵地涟川、华川之间突破。右与19兵团合力，在加平以东袭击美3师，李承晚军第1师、第6师，英29旅、土耳其旅各部，左与9兵团合力在县里地区决战，合围美24师、美25师。又令42军驻防东朝鲜湾元山，38军驻防西朝鲜湾肃川，47军驻防平壤，外松内紧，防美新编第16军各师在侧后登陆。其余各军为全军后备。人民军各部皆配合作战。

部署完毕，彭德怀对众将道："敌军既然无战略纵深，我军只要粮弹供应允许，便可放胆穿插，分割敌军，务要全歼，不可满足于击溃战。"

1951年4月22夜5时，朝鲜半岛中央金化至加平一带山区阴云四合，林深路隘。志愿军13兵团第40军军长温玉成奉命统所部向南穿插，袭占敌军重镇加平。将士日间休息，黄昏饱餐，带足粮弹，扎紧行装，每人在左臂缠一条白毛巾，以为黑夜联络标志。天一落暮，大军便拔营启程，投山僻小路向南急进，悄无声息。

半夜时分，大军急进35公里，正到加平城外，忽然背后出发地响起炮声，排山倒海，惊天动地。将士回望，见北边三八线方向火光映红半边天际，知是志愿军各主力兵团已向敌军发起总攻，便一声呐喊，分头冲进加平城内。城内守军闻远方炮响，皆披衣观看双方炮战，不料志愿军穿插部队已到城内，立刻惊慌失措，在枪炮声中哭爹喊娘，死伤无数，余皆弃城而逃。加平城遂为志愿军攻占。

加平乃是“联合国军”阵线枢纽点，位置适中，沿铁路线西去百里是议政府和汉城，东去30公里是昭阳江江口重镇春川，南去有洪川、横城，北去是华川、金化。是故加平得失关系全局。

美将范佛里特时年59岁，虽新到朝鲜，却与李奇微同为西点军校高材生。曾转战欧洲，屡经战阵。不消李奇微耳提面命，便知加平一失，全盘皆输，当时急调美3师救援加平。双方数万军在加平左右地区，各以枪炮猛轰猛射，厮杀一夜，阵地得而复失，失而复得。阵前尸横遍野，车马狼藉。

40军各师与强敌恶战一夜，损失过半，眼见不支，正北方向忽然红旗招展，军号齐鸣，杀声震天，却是志愿军大队人马如潮卷到。两军会合，内外夹击，敌军不支，纷纷四散奔逃。敌军东西阵线被志愿军中央突击部队一夜割断联系。王近山得报40军穿插成功，加平已照计划袭占，大喜，便令各部乘胜进军，照彭总将令，分一支军守加平，令主力向西出击，配合西线杨得志19兵团作战。

志愿军第19兵团，下辖3个步兵军，计为步兵第63军，军长傅崇碧，政委龙道权；第64军，军长曾思玉，政委王昭；第65军，军长肖应棠，政委王道邦。兵团司令员杨得志，原籍湖南醴陵，1910年生，时年41岁，出身行伍，任过红军师长，参加过长征，抗日战争时期任过八路军旅长。兵团政委李志民，湖南浏阳人，1906年生，亦是红军干部出身，参加过长征，久经沙场。19兵团原归华北野战军，后划归第一野战军建制转战大西北。志愿军入朝不久，彭德怀便电请中央调杨得志率19兵团入朝。中国人民解放军总司令朱德又亲到19兵团驻地作动员报告，号召将士英勇杀敌，为国争光。总理周恩来亦在百忙中抽出时间会见杨得志、李志民二将，对入朝各项军政事宜详作指示。

1951年2月3日，10余万将士满怀必胜斗志，搭火车由山东北上，一路经天津过沈阳到中朝界河鸭绿江边，再辞别祖国亲人，渡过鸭绿江，进入朝境。一面行军，一面训练，一面熟悉环境。待到三八线时，正是四月春暖花开，赶上一场大战。

杨得志、李志民二将，从志愿军司令部开完会后，便分乘两辆吉普车连夜赶路，急返兵团司令部部署战守。杨得志坐头车在前，李志民坐尾车紧随。夜黑如墨，道路弯多坡陡，尽是弹坑，十分难走，杨得志想早回兵团部，便令司机加大马力以50迈速度飞车前进。行至半夜，空中忽传来马达轰鸣，是美军夜航飞机飞到，杨得志侧耳倾听，告司机道：“此是导航飞机，必先投照明弹照射目标，待后续飞机赶到选定目标攻击，有10分钟间歇，正好借照明弹亮光赶路。”

话未落，山谷上空果然亮起一长串照明弹，像点天灯般，把一条山谷公路照得如同白昼。仔细察看，吉普车正在空旷处，前后皆无遮蔽。司机大急，踩油门、挂满档，驱车全速飞奔，到一弯道，正要转向，迎面高坡上一辆大卡车满载军品风驰电掣般直冲而下，霎时两车相撞，轰然一声巨响震动山谷。李志民在后车借照明弹光亮，

志愿军西海岸边的炮兵阵地

眼见两车相撞,大急。未待座车停稳,便跳下车上前救护,见那吉普车前杠已被撞弯,歪在一边,车上两个警卫员被甩出车外10多米远,打个滚,又翻身爬起,奔向被撞车辆,杨得志已被撞昏。救护半日,方悠悠醒转,略活动筋骨,好在尚不碍事,问众人皆无重伤,不免松了一口气。那肇祸司机见状甚是惶恐,警卫员亦不住嚷嚷:"我毙了你,毙了你。"

杨得志挥手止住警卫员,笑问司机道:"是哪个部队的?"司机行礼答道:"19兵团的。"众人问道:"你知道被撞的是谁?"那司机道:"不知。"众人皆笑了起来。杨得志说道:"检查一下车辆,快回部队,准备战斗吧!"稍顿又补充道:"以后开车可要小心。"司机见未提处分的话,道:"谢谢首长不见罪,我回连队一定检查。"说罢行礼离去。警卫员道:"就这样放他走?"杨得志道:"不放他走还怎么样? 都为打美国鬼子而来,还等他多为前方送炮弹呢!"说话时,由人扶上李志民座车,告几名警卫道:"我搭政委车先走,你们在此等车来接。"说罢又驱车上路。

途中,二人议起车祸,李志民笑道:"杨司令大难不死,必有后福哇!"杨得志道:"这次只怕比上次火车脱钩事件还惊险几分。"火车脱钩事件,是19兵团入朝不久,杨得志率兵团司令部人员乘火车南进,到定州时,正遇敌机轰炸,火车便到一个大山洞避弹。挨到傍晚,敌机飞走,听得火车头隆隆发动,接下来"哐当"一声,火车驶出山洞,行不多远,众人见车速陡然加快,车身向前急速倾斜,小桌上的茶缸、水壶,丁当作响,乱蹦乱跳,人在车上,亦是左摇右晃,前跌后撞,仔细打量,那车不是前进,而是倒退。正不知所措时,前面有人来报,说列车并无车头牵引。原来是敌机走后,列车换车头。新车头未挂上车厢,猛撞了一下,列车因恰恰停在斜坡上,便向下自动滑行,越滑越快。众人得报,愈是慌乱,眼见失控车厢借惯性冲进定州车站,就要撞上站台上一列重载列车,忽从站台上跳下一个朝鲜小男孩,约十二三岁年纪,箭一般冲上来,迅速扳开道岔,把失控列车引上另一条上坡轨道,列车才缓缓停稳,避免一场大祸。

二人说起列车脱钩事件,念及那勇救失控列车的小男孩,竟迄今不知姓名,更感慨不已。不觉东方破晓，小车已回到司令部。二人下车，抖擞精神，稍稍洗漱，便召各军长、政委来司令部开会，部署战守。

早饭刚过，众将皆到。说是司令部，其实是依山挖成的防炮洞，洞前支几根木柱，搭一个顶棚，遮风避雨。正面洞壁，照例挂一幅地图，是临津江到汉城之间的大比例地图。众将进洞，便择木凳坐定。杨得志三言两语，扼要将战场态势、敌我兵力分布、志愿军总部作战意图、19 兵团任务叙述一遍，然后下达命令。也是将军分作三支，傅崇碧统 63 军居左，曾思玉统 64 军居中，人民军第 1 军团居右，肖应棠则统 65 军为全军后备。约定三支军合力一齐突破临津江天险，直捣议政府，威逼汉城，先消灭李承晚军第 1 师、英 29 旅，再呼应中央战线第 3 兵团各军，围攻美军第 24 师和第 25 师。各将得令，皆回营统兵向临津江西岸进发。

为和平起舞

众将去后，杨得志在司令部中对图沉思，放心不下，便把指挥任务交政委李志民，自己带上司机、警卫，乘车到前沿巡视。先到 63 军，傅崇碧军长接住。站在高处看临津江，见江面宽阔，波浪汹涌，对岸各山连绵，如九龟下海。山上敌军堑壕层层相叠，铁丝网横七竖八，明碉暗堡星罗棋布。沿江只一座浮桥沟通南北，也在敌军炮火控制圈中。再看天空，美军飞机或三架五架成群，或十架八架结队，沿临津江左右翻飞，不时扫射轰炸，并不吝惜弹药。便告傅崇碧道："前次 13 兵团过临津江，因是冬季，江水较浅，江面又被封冻，且敌军防御不如现在严密。如今冰雪融化，江水陡涨，江面开阔，敌又加强火力封锁，须用心组织，方能一举突破。"傅崇碧道："已组织南方会水战士组成突击队，避过敌机侦察，在江边潜伏。只待进攻令下，不消一个时辰便可过江。"

离开 63 军，又到 64 军检查渡江准备工作。见一切皆准备妥当，方稍觉心安。临别又嘱曾思玉道："中路是全兵团主要突击方向，务必及时过江，勇猛穿插，将敌军分割包围，为全歼敌军提供保障。"曾思玉保证完成任务。

彭德怀视察高炮阵地

4月22日入夜，杨得志下令总攻。全兵团野炮、山炮、榴弹炮，迫击炮，计有1000余门，隔临津江瞄准敌军阵地一齐猛射。对岸敌军也发炮回击。双方数千门大炮，你来我往，对射半日。临津江两岸数十里，烟尘滚滚，山摇地动。志愿军有的放矢，只一轮炮击，便将对岸敌军堑壕、地堡、铁丝网、火力点摧毁大半。前锋三支军10万将士冒着敌军火力封锁，乘夜黑沿几十里江岸强渡，南方战士游泳，北方战士或抱木桶，或划门板，争相竞渡，不到一个小时已纷纷渡过临津江，架云梯登上江岸，冲进敌军堑壕阵地与敌短兵相接。敌军不支，死伤累累，余皆弃阵溃逃。将士又照预先部署，衔敌后尾穷追。

傅崇碧63军一马当先向南急进15公里，连破残敌十多道阻击，夺占绀岳山制高点，又乘势连占汶山、直川里、中牌里、七峰山，皆是要镇，将李承晚军第1师、英29旅分割开来。只一夜便歼敌4000余人，缴获车辆、火炮弹械不计其数。

63军南进后，曾思玉统64军渡江，也从中央南进。起初顺利，连占敌军长坡里、高士洞一线阵地。未料再要南进却遇阻碍。原来是范佛里特见汉城危急，急调美军一个主力师携带百辆坦克，赶来堵口。又出动空军飞机数百架，分从陆地机场和航空母舰起飞，对志愿军进攻部队实行地毯式轰炸。曾思玉令一个师正面冲击，两个师侧翼迂回，恶战一日，反复冲杀，仍不能突破，各师折损甚大。杨得志在兵团司令部中得报64军进攻受阻，大急，令后备65军速派两个师，紧急渡江，增援中路。曾思玉得两师生力军支援，声势大振。5个师并力，左冲右突，不顾牺牲，恶战三日三夜，终于突破敌军阵地。敌军主力争先恐后逃过汉江，西起仁川、汉城，中经北汉江南岸，东到昭阳江南岸，构筑起新防线，连绵有200公里。志愿军各部在敌后追赶一程，终因恶战一周，粮弹用尽，只得暂时收兵，隔岸与敌军对峙。

杨得志亲到前沿会见傅崇碧,便问道:“郑副司令说63军上阵数日,从未讲困难,你们究竟有无困难?”傅崇碧听过,哈哈大笑,道:“困难有一大堆,不过,军领导已经商定,就是一条也不提。”

第二十六章

以十当一彭德怀县里得手
以一当十傅崇碧阻敌成功

彭德怀统志愿军第13兵团、第9兵团、第3兵团、第19兵团共4个兵团15个军并朝鲜人民军5个军团,炮兵师若干,共120万大军,分三路沿200公里战线出击,猛攻“联合国军”各处阵地,与美将范佛里特所统“联合国军”百万大军恶战。自1951年4月22日发动攻势到29日暂停,历时一周。志愿军东路宋时轮第9兵团,连破敌五道阻击线,插入敌纵深,打垮美24师、李承晚军第6师,进至三八线以南地域;中路陈赓第3兵团,直下加平,割袭敌军中央战线,打垮美3师、土耳其旅;西路杨得志兵团,突破临津江,迫近汉城,打垮英29旅、李承晚军第1师。各部作战一周,累计歼敌2万余人,缴获大批军械物资。美将范佛里特新接任美第8集团军司令职,便遭失败,只得且战且退,由汶山、涟川、华川、杨口一线南撤50公里,退回三八线以南,在仁川、汉城、昭阳江一线构筑阵地,再与志愿军对峙。

志愿军各部恶战一周后,休整半个月,粮弹被服俱已补足,部队减员也补充完毕,将士体力也多恢复,皆跃跃欲试,向彭德怀请战。彭德怀自思前次作战,倾百万大军沿200公里战线出击,虽击溃了敌军,却未能整师整旅歼灭敌军。尤其对美军,虽整团包围过几处,却因装备落后,不能一夜全歼,在白天被敌救援逃生,是故只有几处消灭美军整营部队。若不能整师整旅消灭敌军数支,便不能改变战局。思及此,有意再发动进攻,便召集众将讨论。

彭德怀先道:“前次作战,我出兵百万全线出击,虽打了胜仗,却是击溃战,只打垮敌军5个师2个旅,并未整师整旅歼灭敌军大部队。是故战役结果并不理想。”

参谋长解方说道:“若论前次作战部署并无不当。皆因3兵团和19兵团64军未能完成预定任务。若3兵团再向南插进一日行程,及时迂回,64军能尽早冲破敌军拦截,向敌后穿插迂回,不但美3师插翅难逃,只怕美24师和25师也早成瓮中之鳖。”

彭德怀与志愿军后勤部司令员洪学智(前排右一)、政委周纯全(前排右二)等在一起

彭德怀摇摇手道："说来说去，我身为司令员有措置不当之处。如今64军两个担任穿插任务的师长皆受降级处分，我也痛心。部队在异国作战，与国内战争情况不同，一时不能适应，本是常情。"

大家议了一阵，彭德怀便询问军情。解方报告道："范佛里特退回三八线以南后，虽在仁川、汉城、汉江、昭阳江一线布阵，却未平均用兵。"彭德怀侧耳倾听。解方又报告道："范佛里特将其核心兵团，包括美3师、骑1师、美24师、25师等主力师，皆部署在汉城、仁川、议政府三角地区，布成口袋阵，察其意图，显是企图诱我西线第19兵团南取汉城，再聚而歼之。"

彭德怀插话问道："东线敌军有多少兵力？"解方道："东线敌军主要是韩国各师，其中以县里地区第3师、第9师最是孤立。"彭德怀细看地图，见县里在春川以东、襄阳以西，距二地各约一日行程，北隔昭阳江，也有一日行程，大喜，道："范佛里特以重兵驻屯汉城地域，在东线县里地区形成弱点，正利我突破。"当即下令将军分成两支，杨得志统第19兵团在西牵制美军主力，不使东移，宋时轮第9兵团和陈赓第3兵团在东围歼县里地区李承晚军第3师和第9师，务求全歼，不使漏网。

5月16日黄昏，汉城气温逐渐升高。杨得志统志愿军第19兵团3个军乘敌不备突然发动攻势，千余门大炮一齐开火，敌阵立即成为火海。美军赶紧开炮回击。两军混战，各有伤亡。范佛里特以为志愿军中计，真欲强取汉城，心下大喜，急忙向西线增兵调将。恰在这时，彭德怀令东线两个兵团数十万军一齐出击，各部队如离弦之箭，向南猛进，正面强攻，侧翼迂回，背后穿插，只一夜时间皆到县里周围地域，四面围住李承晚军第3师和第9师，架炮猛攻。第3师和第9师急向范佛里特求救。范佛里特却以为志愿军虚攻县里，实取汉城，便不睬李承晚军救援要求，只一心在汉城设置圈套，等志愿军主力来钻。

东线恶战数日，李承晚第3师和第9师粮弹俱尽，折损过半。志愿军各军乘势总攻，先集中炮击，再从四面八方冲锋，到第五日夜，志愿军将士势如潮涌攻进县里敌军核心阵地。两师敌军全部被歼。既得县里，彭德怀又令各部扩大战果，向敌后大胆穿插迂回，欲合围李承晚军第5师、第7师。此时范佛里特方知上当，急调美军各师向东增援。美3师一马当先，一夜横移150公里抵达东线，切断志愿军各部前后联系。志愿军第3兵团第60军第180师向南穿插过远，回撤不及，竟被美军包围。

彭德怀得报，急令第3兵团设法救援。第3兵团却因电台被炸与180师失去联系。180师师长等救援不及，又粮弹俱尽，便令部队破坏电台，烧毁密码，人自为战，分散突围。美国却以优势兵力，四面围定，各个击破。恶战一夜，180师6000官兵半数死伤，余皆被俘。180师一败，志愿军锐气受挫，又因恶战一周，粮弹俱缺，便中止进攻向北转移。范佛里特见机会难得，又统"联合国军"衔尾追击，志愿军且战且走，退至汶山、金化、杨口、高城一线据阵死守，又与敌形成僵局。

西线杨得志第19兵团虚攻汉城，掩护东线志愿军主力围攻县里。县里之战结束，彭德怀令19兵团留一个军在议政府、清平川一线建立防线阻敌北进，掩护涟川、

火箭炮在向防守敌军射击

铁原后方阵地，其余部队皆调往后方休整。杨得志得令，与政委李志民商议道：“64军和63军皆连续苦战，损失颇大，只65军因为全兵团后备，故损失不大，可执行阻击任务。”当时便令肖应棠统第65军在议政府、清平川一线防御，务必死守20天，不允敌军进取涟川、铁原。

铁原在临津江、北汉江两江之间，南距议政府80公里，是志愿军屯兵重地，也是粮弹被服枪械仓库所在地，志愿军各兵团前线一应所需，皆由铁原转运过来。美将范佛里特深知铁原重要，曾派美国轰炸机群日夜轰炸，仍无可奈何。正无计时，得报美3师横向机动，截断志愿军东线部队后尾，合围中国志愿军第180师，迫志愿军北撤，十分得意。又调4个军13个师，皆以坦克、汽车装备组成快速部队，分三路向北猛追。三路之中，东路中路皆是偏师，独以6个主力师集中西路，出汉城，过议政府，欲沿汉城元山铁路北进，直取铁原，捣毁志愿军屯兵基地，再分兵进击，西渡临津江，迂回开城，东渡北汉江上游，包抄杨口，迫志愿军主力撤往平壤、元山。

6个美国师奉令携枪拖炮，由空军掩护，坦克开路，渡过北汉江，向北突进。待到议政府、清平川一线，正碰上肖应棠统65军拦截。双方10余万大军，在议政府以北，临津江、北汉江之间数十公里恶战，远以炮轰，近则短兵相接、白刃格斗。血战数日，65军阵地先遭美军几百架轰炸机轮番轰炸，又遭范佛里特地面炮兵数千门大炮轰击，堑壕工事多被摧毁，将士死伤甚多。许多阵地丢失，守军无一生还，军主力全线后撤25公里。眼见不支，肖应棠急向兵团告急请求救援。杨得志得报，一面令肖应棠务必拼死阻击，一面令傅崇碧统63军不顾疲劳、火速增援，务必不使敌军夺占铁原。

63军因连番恶战，减员严重，未及补充，仅存2.4万人。将士得令救援65军、保卫铁原、阻击范佛里特北进，便带足粮弹，抖擞精神，夤夜拔营启程。急进一夜，赶到前线,接过65军大部分防线。65军将士见援军赶到,士气大振。两军合力,奋勇反冲击,只一阵便将敌军击退5公里,毙敌无数。

63军军长傅崇碧奉命增援65军,守卫临津江、北汉江之间百里陆桥,屏护铁原,阻击范佛里特北进,知责任重大,虽初战小胜,并不敢掉以轻心,便亲到第一线指挥作战,见敌军飞机成群结队,上下翻飞,狂轰滥炸;地面上敌坦克横冲直撞,狼奔豕突;敌炮火更是密如冰雹,到处开花。凡敌军集中攻击的目标,平地翻土三尺,山头皆被削平,林木皆被烧焦,志愿军阵地多被摧毁,守军死伤累累。观看多时,傅崇碧回头告众将道:"我正面25公里阵地,范佛里特有4个师来攻,平均每公里700人,而我全军2.4万人,每公里只370人。范佛里特有1300门火炮、180辆坦克,还有数百架飞机助战,平均每公里有50门炮、7辆坦克。我军每公里只10门炮,且多是迫击炮。飞机坦克,更是尽付阙如。若死打硬拼,不但不能完成阻敌半月任务,且不消三五日,便会赌光老本,全军覆没。"

志愿军将红旗插上老秃山

当时召集各师师长开会,决定先派战术部队,以班排为单位,多带轻兵器、反坦克手雷,潜至前沿阵地占据要点、隘道,机动作战,设法迟滞敌军进攻速度,争取一二日时间;又令各师主力依托山险河川构筑工事,堑壕多依崖挖成,覆以原木,原木上覆以沙石土层,再严格伪装,以挡敌炮火。火力点位置射角亦严格计算安排。在阵地背面修筑掩蔽部屯集兵员、粮弹、饮水。第一道阻击线背后一二公里处,又依托山险河川,如法炮制,筑第二道预备防线。作战时,照总部规定的防御战原则,兵力前轻后重,火力前重后轻。在第一线堑壕阵地只部署班排战术部队与敌周旋,尽量保存自己,杀伤敌军。山背后掩蔽部屯集主力,适时由秘密通道救援前沿,或随时发动反冲击,以最小伤亡换取最大胜利。每道防线阻敌一二日,或三四日,待阵地被敌连续炮火毁坏、伤亡增大、再守无益时,便将主力主动撤回第二道预备防线,再按前例守御,且在第二道防线背后再筑第三道防线。

19兵团司令员杨得志自63军去后，仔细权衡双方战斗力对比，放心不下，便与众将商议道："按现代战争规律，向来是进兵易，守御难。况敌军天上有飞机轰炸，地上有坦克冲撞，炮火更是铺天盖地，能平地翻土三尺，63军以劣势装备固守山头阵地，是明知挨打也要挨，困难定然不少。"

副司令员郑维山是河南新乡人，1915年生，只36岁，年纪最轻，平时说话幽默，当时半真半假接言道："可傅崇碧统63军开上去几天，打了好几阵，并未叫困难呀？"政委李志民道："必是不愿叫困难，可我们得想办法，主动帮助他们解决。"当时议定，从兵团直属部队抽调500名老兵支援63军作战。又因志愿军改组，撤销兵团后勤部，并入志愿军后勤司令部，便商请李志民亲到后勤司令部，争取多向63军供应粮弹补给。

议毕，杨得志亲到前沿会见傅崇碧，便问道："郑副司令说63军上阵数日，从未讲困难，你们究竟有无困难？"傅崇碧听过，哈哈大笑，道："困难有一大堆，不过，军领导已经商定，就是一条也不提。"

杨得志闻言，沉吟一阵，便问道："这却是为何？"傅崇碧道："若论困难，首先是兵员不足。经过连续苦战，我军减员不少，如今全军官兵只有额定编制的六七成，不过2.4万人，老兵和班排连长，尤来不及补充，多以战士代班排长，班长代排连长。范佛里特却令4个师来攻，是我军的2倍。我们想向兵团要补充，可兵团从哪抽兵补充？64军和65军皆经过苦战，比63军损失更重。再从全局看，19兵团如此，9兵团、13兵团在朝鲜作战已逾半年，岂不更是如此？这样一想，便不提补充兵员了。"

杨得志闻言，微微点头，又问道："这是首先，还有其次，其次是什么？"傅崇碧道："若说其次，便是装备和供应问题。敌有1400门大炮，我只240门，敌有飞机坦克，我

美军飞机在实施轰炸

军完全没有。可这困难怎么提？兵团总部变不出飞机和坦克，志愿军司令部也变不出。中央若能拿出飞机、坦克、大炮，我想，毛主席决不会吝惜。再说补给，兵团总部和志愿军司令部必会主动全力供应，不必我们催促。如供应不及，只能归之于运输困难，敌方空军严密轰炸封锁。这样一想，就什么都不提了。”

杨得志道：“你们能体会到兵团总部的困难，不将矛盾上交，这很令人感动。只是该报也要报，以便让兵团总部和志愿军司令部正确估计战局。”稍顿，又道：“虽然你们不提困难，兵团总部已经研究决定，从兵团部直属部队抽500老兵支援你们。请好自为之。”傅崇碧大受感动，道：“虽只500人，说明首长挂记63军，我一定把兵团部的决定通报每一个战士，请奋勇作战，决不让范佛里特进至铁原。”说完，傅崇碧又约略告以部署细节，杨得志连声称赞。临别又嘱咐傅崇碧道：“要珍惜将士生命，不可争一地得失，要在防御战全过程中算总账，计算得失。”傅崇碧应诺，二人方依依辞别。

美将范佛里特动用6个美军师、千余门大炮，由飞机掩护，强渡汉江，沿临津江、汉江之间陆桥向北突进，初时顺利，连破志愿军65军几道防线，只数日时间，便北进25公里，距铁原直线距离不过百里，以为铁原指日可下。正得意时，不料志愿军突然发动反冲击，又夺回5公里。大惊，急设法打探，方知志愿军又调63军参加阻击。便调整部署，留2个师攻65军阵地，却集中4个主力师进攻63军。

每日晨起，成百架美军飞机隆隆飞到战场，对63军阵地狂轰滥炸，1000余门大炮也一齐轰击。眼见志愿军阵地烟尘滚滚，烈焰腾空，树枝、木头、石块，漫天飞舞，料守军必无生理。美军大队，或一连一群，或一营一队，由坦克导引，沿山梁向志愿军阵地冲锋。待到山腰，以为功成，不料志愿军将士魔术般从被炸烂的堑壕掩体中钻出来，缠满绷带，抖落尘土，或三五成群，或人自为战，瞄准美军大队，机关枪横扫，手榴弹乱扔。阵上守军，虽每不过三五人或十余人，却麻雀闹林，游动开火，打得进攻美军鬼哭狼嚎，仓皇回撤。

再重新组织火力，又是飞机轰炸，炮群齐射，打得志愿军阵地尘土飞扬，再令美军成连成营冲锋，又被志愿军打得狼狈逃回。如是者一日数阵，或十数阵。每夺一处阵地，都要阵前肉搏，反复冲杀，折损无数。待夺占志愿军第一道防线，再向前进兵，迎面又遇弹幕，是志愿军已筑好的第二道防线迎战美军。恶战半个月，范佛里特虽冲过志愿军数道防线，北进数十里，却仍距铁原甚远，且连番苦战，进攻部队皆折损三四成人马，疲惫不堪。又逢雨季来临，道路泥泞，多被炮火毁坏，车辆不能行，炮弹供应不及。志愿军主力却得半月时间休整，正粮弹充足，兵强马壮，准备反攻。范佛里特仔细权衡，料再北进是自投罗网，夺占铁原时机已失。便停止进攻，在汶山铁原、金化以南，依托山险河川，构筑阵地，转入防御。

63军阻击范佛里特北进，恶战半个月，也折损过半。将士从第一线阵地撤回后方时，皆满脸髭须，十分疲惫，或头裹绷带，或臂缠救急包，身上衣衫更如丝如缕、破烂不堪，但一个个脊梁笔挺，精神抖擞。彭德怀及司令部一班将领亲到路口迎接。见队列中有三名战士，身上满缠绷带，赤着上身，只穿短裤，便上前问候。军长傅崇碧一

志愿军雷达部队

旁介绍说:“这便是特功排死守3号阵地仅存的三位同志。”彭德怀闻言,轮换紧握三人的手,道:“你们是功臣,我向你们致敬。”说罢便向三人立正行礼。

特功排是63军188师563团1营1连2排。这个排因在解放战争时期有功,被授予特功排称号。所守3号阵地是一座孤立高山,伸出志愿军防线之外,正屏护63军中央阵地,得失关系全局。美军为夺占3号阵地,动用了两个步兵营,辅以坦克群和飞机,三面围攻。每进攻前,便出动飞机轰炸,再炮击半小时,树木皆被烧焦,山头皆被削平。特功排将士却沉着应战,远用枪扫、炮轰,近用手榴弹炸,待敌冲进堑壕,便与敌白刃格斗,短兵相接,恶战三日三夜,打退美军无数次冲锋,阵前敌军尸体横七竖八。特功排也仅存8人,弹尽粮绝,半数带伤。排长料突围无望,战又有枪无弹,且众人力已耗竭,不但难挡敌军新攻势,且可能被敌俘虏,便相约跳崖,临死不降。其中三人,得崖边树枝绊住,侥幸生还,历尽艰辛返回部队,未及解甲又继续投入战斗。因特功排英勇作战,为中央阵地持久防御争取了宝贵时间。

彭德怀向三人敬礼后,又立正向全体将士行礼,高声道:“同志们,你们打得英勇,打出了志愿军的威风,祖国和人民将永远记住你们,感谢你们。”将士皆热泪盈眶,相拥抱成一团,高呼祖国万岁,其声震山谷,经久不息。

国务卿艾奇逊展望战争前景,心中忧虑,告杜鲁门道:“目下我军在朝鲜与中国志愿军拼杀,牺牲惨重,欲求军事胜利已是无望。苏联却利用我用兵朝鲜之机,在欧洲坐大。如今苏联在欧洲所拥师团数量已数倍于我与欧洲盟军的总和。长此以往,欧洲必失。欧洲若失,便危及我国安全根本。是故从大局出发,须设法与中国人谈判,争取尽早从朝鲜抽身摆脱危局。”杜鲁门表示同意,并令其负责寻找途径,与中国方面接触。

第二十七章

解方向毛泽东汇报战况
凯南请马立克出面调和

中国人民志愿军自1950年10月入朝，到1951年6月上旬，八个月时间，大小历数十战，主要有1950年10月温井之战、古场洞之战；11月云山之战；12月清川江之战、长津湖之战；1月汉城之战、加平春川之战、突破临津江之战；2月横城之战、砥平里之战、二破临津江之战；3月水原-汉城防御战；4月汉江南岸阻击战、加平之战；5月县里围歼战；6月铁原保卫战。国内报纸杂志，多按时间顺序，把志愿军八个月作战划分为五次战役。第一次战役在清川江以北展开，自1950年10月25日发动，到11月5日结束，历12天，歼敌1.6万人。第二次战役在清川江、长津湖之间进行。自1950年11月25日发动，12月24日结束，历29天，歼敌3.6万人，全线进至三八线，收复朝鲜民主主义人民共和国全部失地，只襄阳一城除外。第三次战役在三八线与三七线之间进行，自1950年12月31日发动，1951年1月8日结束，历时8天，杀敌2万，全线南进100公里，夺占大韩民国首都汉城。第四次战役在三八线与三七线之间进行，自1951年1月25日发动，4月21日结束，历87天，杀敌8万。第五次战役在三八线南北进行。自1951年4月22日发动，6月10日结束，历50天，歼敌8.2万人。累计五次战役，志愿军共歼敌23.4万人，缴获敌军坦克、大炮、车辆、枪械、弹药、粮食、被服，不计其数。两军战线自此在三八线附近，西迄汶山，中经铁原、金化、明波里，东到杨口一线稳定下来。双方据线防守，偶作反击，再不能大踏步进退。

毛泽东坐镇北京，每日都要阅读有关朝鲜战场的敌情通报，关注战场态势和世界政治风云变化。凡军事部署、后勤供应，皆一一关照。第五次战役发动后，初时闻报西路杨得志第19兵团强渡临津江成功，中路第40军奇袭加平大捷，又闻报东路志愿军牛刀杀鸡，在县里围歼李承晚军第3师、第9师成功，甚是快慰。后有报送来，称第3兵团60军180师在敌后被围，未能突围归队，便十分忧虑，一日数电朝鲜前线问讯。

5月27日，忽报志愿军参谋长解方回京求见。毛泽东大喜，亲自迎出门外，执解方双手道："你是大功臣，如何还在外面等候？"便携其手入室，令其上座。卫士送来茶点，毛泽东一面请解方用茶，一面说道："这是湖南君山新茶，乡人上京送来，味道不错。"解方端起茶杯慢啜细品，道："果然是好茶，清香可口。我在前线半年多，只今日这杯茶最沁人肺腑。"

毛泽东大笑，道："果然是军中诸葛，品茶说话，一副儒将风度，难怪彭老总提到志愿军有个一等参谋长时，便眉飞色舞。"解方忙起身道："是主席和彭老总夸奖，其实不敢当。"毛泽东连忙挥手，请其归座。

解方先将第五次战役时的敌我兵力、态势、志愿军部署、作战过程、结果叙述一遍，言简意赅。然后说道："此次大会战，我出动4个兵团15个军，并得人民军配合，共120万大军，虽突破敌军战线，歼敌8.2万人，皆是击溃战，只有五六处歼灭美军整营部队，无一处一次歼敌一团，虽是胜仗，却未达到预定目标。况第180师到敌后穿插，被敌机械化部队包围，遭到损失。彭总恐主席放心不下，电报又说不清，故令我

志愿军政治部主任杜平向毛泽东主席敬酒

回来报告详情。”

毛泽东听解方报告,沉吟半晌,方说道:“不管是否整团消灭美军,第五次战役用兵百万,声威浩大,且我军渡临津江,攻占加平,会战县里,皆势如破竹,大快人心。与世界上最现代化的美国军队作战,一战能歼敌8万人,无论如何都很了不起,都是胜仗。我谨向志愿军全体将士深表敬意。”稍顿,又转口问解方道:“你刚才说起志愿军在此次战役中,只消灭美军营级部队,却未能整团消灭美军,却是为何?”

解方身为参谋长,又以军中儒将著称,对战术问题了如指掌,报告道:“在战役过程中,我军包围美军团级部队有十处之多。然我军所长是在夜战。美军所长是机械化程度高,诸兵种合成作战,火力猛、机动快、补给增援能力强。我军每包围美军整团部队,因装备落后,火力不足,虽凭将士勇猛,将其分割,却不能一夜全歼。待到白天,美军便凭坦克突防能力强、机械化部队运动快及空中优势,冲破我军包围线,救出被围部队。”稍顿,又道:“是故彭总总结说,根据双方装备的差距,我以1个军一夜可围歼美军1个营,但不可张大口围歼其1个团。朝鲜战争恐是持久之局,敌不能将我赶回三八线以北,我亦不可能速胜,凭一两个战役将敌军赶下海。”

毛泽东思虑一阵,道:“朝鲜是半岛形阵地,三面临海,适于美军陆海空军合成作战,且越是往南,地势越是平坦,我军供应线越是拉长,能打成这样,我已经满意。既不能速胜,便求个缓胜。1个军一次不能消灭美军1个团,那就一次围歼他1个营。我第一线部队有8个军,1个军一次消灭美军1个营,8个军就消灭8个营,也等于消灭1个美军师。用这种敲牛皮糖的战术,不消时日,必能大获全胜。”

又议及第180师损失的原因。解方告毛泽东道:“若论客观原因,是美军装备好、机械化程度高、机动能力强。我军插至敌军战线后方后，美军立时调其主力第 3 师横向机动，只 15 个小时便运动 150 公里，由西线调往东线，截断我穿插部队归路，这是我等始料未及的。”稍顿，又说道：“若论主观原因，志愿军司令部在部署时，未正确估算我军围歼敌军能力，过分强调勇猛穿插，越远越好。穿插部队则因 64 军在议政府作战时穿插不力，两个师长受处分，也有越远越好的观念。第 3 兵团司令部在具体部署穿插时，也未遵志愿军司令部命令。本应派两个军向南插，却只派出 1 个师，后来又救援不力。”

言及于此，见毛泽东闷头抽烟，一言不发，便又继续说道：“虽然志愿军司令部和第 3 兵团司令部皆有责任，但主要责任仍在于 180 师师长措施和处置不力。”

毛泽东插言询问详细情况。解方屈指数道：“其一，该师在敌后被围以后，师长未组织突围，却将部队化整为零，分散突围，致被各个击破；其二，该师被围时，粮食已然用尽，尚有 300 余头驮马可为食粮，以解无米之炊，该师长却将驮马赶进山林，任其四散奔走；其三，当时第 3 兵团司令部电台被美军飞机炸毁，致指挥中断三日与该师无法联系，该师长却坐等命令，未能断然处置。”

稍顿，又道：“在同样情况下，东线 9 兵团 1 个军也被围在敌后，却突围成功。3 兵团另有 1 个团，被敌困在更南面，也突围成功。可见主要责任仍在 180 师师长本人。是故该师长返回后，彭总已令将其撤职。”

议过 180 师损失的原因后，又议论志愿军后勤供应、防空及一些战术问题，不觉已经夜深。解方起身告辞，毛泽东又执其手，亲送至门外。临别时解方又问毛泽东有何指示，毛泽东沉吟道：“还是刚才所言，请转告彭老总，朝鲜战争能速胜便速胜，不能速胜便缓胜，要作持久战准备。既一次不能消灭美军 1 个团，就 1 个军打他 1 个

朱德、周恩来接见志愿军归国代表团

营，敲牛皮糖，积小胜为大胜。”又道：“根据国际形势和美国动向，美国有可能求和，如其求和，不妨看看其求和条件，先不要拒绝。”解方一一应诺，又行一个军礼，方登车离去。毛泽东眼见其在夜色中消失，才转身回室。

志愿军第13兵团第38军军长梁兴初、第39军军长吴信泉、第40军军长温玉成、第42军军长吴瑞林，乃是统志愿军首批部队入朝参战的四位前锋军长，皆统所部参加过五次战役，战功卓著，经验丰富。自解方赴京后，彭德怀思及这4个军长参加过入朝以来的各次大战，若向毛泽东当面汇报，可能比解方的汇报更加具体，使毛泽东更能了解朝鲜战场实际情况。时逢第五次战役已近尾声，正是战斗间歇，一时料无大战，便令志愿军第一副司令员邓华统四位军长一齐回国，向毛泽东汇报朝鲜战争情况。

听说是向毛泽东当面汇报，众将皆大欢喜，便连夜启程，坐汽车、转火车，渡过鸭绿江，经丹东，转沈阳，不日便到北京。在北京饭店略歇一夜，便由中南海派车接入，到中南海颐年堂停下。

众人先由秘书导引，向朱德汇报。朱德字玉阶，四川仪陇人，1886年生。曾参与领导八一南昌起义，后与毛泽东一起创立井冈山根据地，为红四军军长，红一军团总指挥，红一方面军总司令。抗战时期，任八路军总司令。解放战争时期，任中国人民解放军总司令。德高望重，与毛泽东亲密无间，军中向有朱毛朱毛，毛不离朱，朱不离毛之说。二人办公室也紧靠在一处。毛泽东办公室在里，朱德办公室在外，只一墙之隔。

众人入室，见朱德的办公室，布置陈设虽然简陋，却古朴厚重，不摆沙发，只摆中式桌椅，皆红木制成，一式土漆，古色古香。再看总司令本人，穿一身灰色中山装，红光满面，体态雄健。因众将从前方来，朱德格外高兴，请众人坐定，亲自布置烟茶，然后问各人姓名，哪个部队，邓华在旁一一介绍。然后便议朝鲜战事。

朱德便问初与美军交手，有何作战经验？部队供应有无改善？如何对付美军飞机轰炸？四位军长争先恐后，一一作答。谈得正起劲，秘书请众将去见毛泽东。众将方依依不舍，与朱德告辞。

辞别朱德，众将又由秘书导引，来到毛泽东办公室外小院。院中央树荫底下，早摆好一张圆木桌，几把藤椅。众将刚坐定，便见一人从室内出来，身穿灰中山服，身躯伟岸，步履矫健，正是中共中央主席、中央人民政府主席、中国人民革命军事委员会主席毛泽东。众将见毛泽东到，一齐起身敬礼。邓华在旁，将众将姓名一一介绍。毛泽东伸出大手与众将逐一握手。

众将坐定之后，毛泽东便与众将议论朝鲜战争。议及第二次战役时，毛泽东指梁兴初道：“第二次战役，38军打得不错，三所里一仗，关住美军后退通道，为战役胜利作出了大贡献。”梁兴初谦逊道：“虽然如此，第一次战役却未完成穿插任务，致美军第2师逃脱。”毛泽东笑道：“从战争学习战争，这是法则，38军第一次没有打好，受到老彭批评，第二次穿插三所里成功，不是被老彭称作万岁军么？”众将皆笑了起来。这样随意闲聊，气氛轻松，众将紧张的心情逐渐松弛了下来。

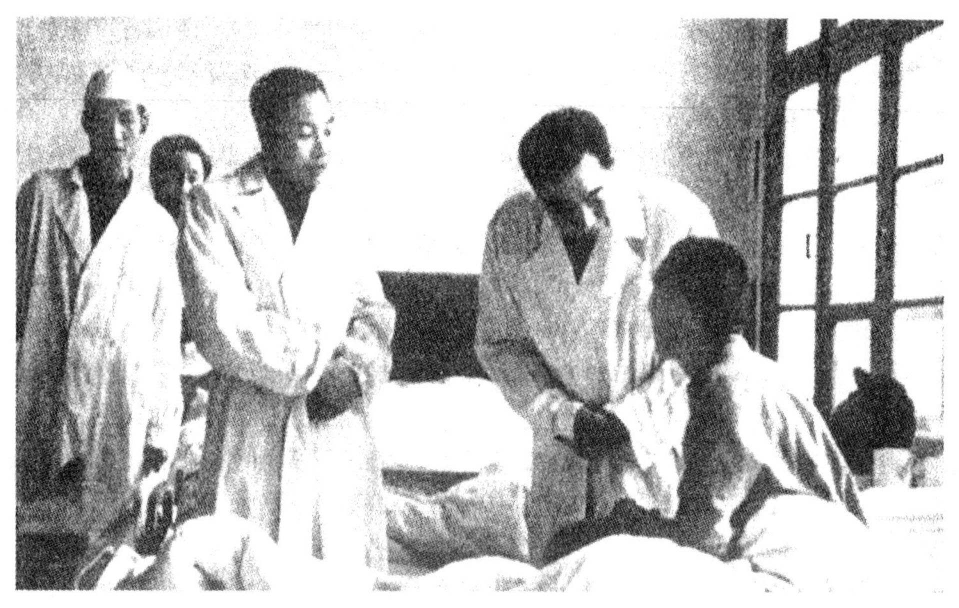

周恩来总理在医院看望志愿军伤员

毛泽东问众将有何经验教训，有何实际困难，众将众口一词地说主要是装备落后，不但缺乏海空军，且地面交通工具亦落后。又说若有轮式车辆运送、有飞机助战，第二次战役时，必能将美军第8集团军和美10军消灭于三八线以北，结束战争。

众人议论时，毛泽东微笑不语，待众将说完，方道："装备问题即将解决，已向苏联订购100个陆军师的全套装备，现大部运到。高炮部队也在训练，另又购买几千辆汽车，可望缓解后勤供应。"众将闻言非常高兴。

末后又议及停战谈判问题。毛泽东告众将道："美国正通过外交官与苏联驻联合国代表马立克接触，试探与我会谈结束朝鲜战争。中央已经决定作两手准备，如能在三八线停火，恢复战前状态，各方都不失面子，当然也是一途。但也要防止美国以和谈为缓兵之计，须作长期作战准备，边打边谈，边谈边打。"

说话间不觉过午，毛泽东便邀请众将一起进餐，江青和李讷作陪。

虽是主席宴请，其实十分简单，只四菜一汤：一盘回锅肉，佐以豆豉、辣椒、蒜苗，一盘煎豆腐，一盘竹笋炒肉，一盘炒菠菜，再就是一钵酸辣汤。毛泽东举起筷子，招呼众将道："四菜一汤，是家常便饭，诸位用菜，不必客气。"又道："诸位有谁是湖南人？"邓华介绍道："我与吴信泉是湖南人，吴瑞林是四川人，梁兴初、温玉成是江西人。"毛泽东道："这正好，加上我，湖南人就过了半数，四川人也喜辣味，今日这菜，都是湖南口味，样样皆辣。"边说笑话边用餐，气氛十分融洽。

餐毕，众将辞行。毛泽东与江青、李讷一起送众人到门外，临别又嘱众将务必作长期战守准备，不可因和谈放松警惕。众将一一应诺，行礼离去。

美国自1950年6月25日出兵朝鲜，已苦战一年，前后折兵几近10万，耗去战争物资数千万吨，又遭世界舆论谴责，英、法等盟国亦有怨言，将士厌战心理日增。国务卿艾奇逊展望战争前景，心中忧虑，告杜鲁门道：“目下我军在朝鲜与中国志愿军拼杀，牺牲惨重，欲求军事胜利已是无望。苏联却利用我用兵朝鲜之机，在欧洲坐大。如今苏联在欧洲所拥师团数量已数倍于我与欧洲盟军的总和。长此以往，欧洲必失。欧洲若失，便危及我国安全根本。是故从大局出发，须设法与中国人谈判，争取尽早从朝鲜抽身摆脱危局。”杜鲁门表示同意，并令其负责寻找途径，与中国方面接触。

次日，正逢麦克阿瑟听证会，是美国国会辩论麦克阿瑟被解职原因，请艾奇逊出庭作证。艾奇逊在出席作证时说道：“美国和‘联合国军’到朝鲜作战是为了恢复和平，防止再度发生侵略。至于统一朝鲜，并非战争目的，且不可能凭战争实现，须待战争结束后通过和平手段达成。”世界舆论多以为艾奇逊此议是放出试探球，试探与中国人和谈的可能性。

未久，艾奇逊便到处寻找线索，试图与中国建立联系。因恐失体面，只暗中进行，是故一一碰壁。正无计时，腊斯克出计道：“苏联是社会主义阵营魁首，何不请苏联出面，从中周旋？”艾奇逊叹道：“已试过数次。”稍顿，又道：“先是驻法大使波伦，与苏联驻德国外交官接触，请斡旋在朝鲜停火。后又令我国驻联合国官员格罗斯与苏联驻联合国代表马立克接触，也作同样试探，皆被拒绝。”

腊斯克道：“必是苏联人不相信我方诚意。现在当务之急，是使苏联对我方建立信任，若得凯南出面，必能取得苏联人信任。”艾奇逊恍然若悟，道：“若非阁下提及，我几已忘记凯南原是苏联通。”稍顿，又道：“凯南若出面，或能解开死结，也未可知。”当时便令与普林斯顿大学联系，接通凯南电话。

志愿军工兵和二线部队在抢修公路

凯南因与国务院政见不和，已离职到普林斯顿大学任教。闻艾奇逊召见，料必为朝鲜停战事，便驱车赶往华盛顿，与艾奇逊相见。只寒暄几句，艾奇逊便将心中所想，如此这般，尽告凯南，请其利用老朋友身份，与苏联驻联合国代表马立克商谈。凯南是好功之人，当时欣然应诺，亲自修书一封，令人送往纽约马立克公寓。信中表示希望探访，如蒙允许，请回电话。马立克身为外交官，消息灵通，思维敏捷，见凯南请允探访，亦料必是为朝鲜停战事而来，佯作不知，只以平常口吻同意凯南来访，又约定会见地点时间。

凯南获允，大喜，以为功成一半。便在约定时间，驱车直奔长岛马立克乡间别墅。长岛在纽约东南，面积约数千平方公里，环境幽雅，气候宜人，是旅游胜地。马立克每逢周末便到长岛的别墅度假。凯南到时，马立克已照礼节在门口迎接，携手相拥，请入客室，奉上茶点，分宾主坐定，先寒暄道乏，说些闲话。

凯南是俄国通，精俄语，马立克则通英语。二人以俄语交谈，偶尔也夹杂几句英语。凯南先称赞马立克别墅面临海湾，叶绿花红，风景如画，马立克只打哈哈一笑带过。说到身体天气，马立克亦只打哈哈不置一词。凯南渐将话引向正题，试探道："自去年6月25日朝鲜战事爆发，迄今几近一年。双方各以百万大军鏖兵，为争夺几处山头、隘口，枪击炮轰，以将士性命相搏，已尸横遍野，血流成河。长此以往，或酿成新世界大战，亦未可知，愿阁下对结束战争的前景、方式发表高论，为尽早停止杀戮、结束战争尽一份责任。"

马立克见凯南接触正题，且未如从前美国官员说话，开言便不顾事实地指控中、苏、朝发动战争侵略大韩民国，料其诚心而来，只不知是否代表最高层，便轻描淡写道："朝鲜战争双方，一方是朝鲜民主主义人民共和国与中国志愿军，一方是美国、联合国并李承晚政权。苏联只是中立旁观者，不是交战方，即使想结束战争，也无能为力。美国是世界头号强国，不但陆海空军皆强大，且拥原子弹，国力可谓无限，是战是和，底牌尽在自己手中，阁下如何请我尽责，岂非是拜神错进了庙堂？"

凯南知马立克话中带刺，是半打哈哈，半逼自己亮出底牌。心中暗骂马立克是狡猾的老狐狸。因急于弄清马立克对朝鲜停战的态度，装作不介意，又出言试探道："就美国而言，不希望使朝鲜变成杀戮场，更不希望朝鲜战争扩大。自去年12月以来便呼吁停火、谈判解决朝鲜冲突。无奈中国人并不理睬，不断调兵遣将，向南进攻，致局面不可收拾，希望贵国能发挥影响，劝中国人和朝鲜人停止战争行为，谈判解决问题。"

马立克道："我已说过，苏联不是参战方，不能劝中国人和朝鲜人如何如何。"凯南接言道："但贵国与中国朝鲜有联系。"马立克闻言大笑，道："苏联与很多国家都有联系，与贵国亦有联系，能否劝美国如何如何？贵国是否能接受苏联劝告？"

凯南一时语塞，沉默片时，正待开言，马立克却继续言道："至于说中国人不理睬去年12月贵国停火呼吁，并不是事实。"

凯南便问其详。马立克分析道："请阁下不带偏见地从中国人的立场，或最少从中立者的公正立场替中国人想想看。朝鲜战争突然爆发，并不干中国人的事。美国却因中国与朝鲜民主主义人民共和国相邻，又意识形态相同，便断定是中国支持发动战争，几乎是立即出兵占领中国台湾，并否认中国对台湾拥有主权。又出动飞机轰炸中国领土。又不允恢复新中国在联合国的席位。阁下试想，如中国占领夏威夷，或占领长岛，美国政府会怎样反应，会无动于衷吗？"

美国五星上将麦克阿瑟坐在飞机上

凯南不答,依然照自己的思路道:“美国以为,现在危险趋势必须得到制止。是以美国希望就地停火,结束战争状态,谈判解决纠纷。”

马立克闻言,沉吟道:“就地停火,就地停火。”然后问道:“阁下说的就地停火举行谈判的意思,是否表示贵国愿意恢复战前状态?”

凯南闻问,怔一怔,忙对道:“正是。”又补充道:“各方应回到各自战前位置,这是美国立场。希望贵国能劝中国谈判解决问题。”

马立克道:“此事恐须贵国与中国、朝鲜直接接洽为宜。”

凯南道:“可是中国声称其在朝鲜的军队是志愿军,不受政府管辖。”

马立克道:“虽然如此,但中国志愿军受他们的司令官管辖,贵国可与他们的司令官商谈。”

凯南仍不罢休,道:“与他们的司令官谈,恐也需贵国政府牵线搭桥。”

马立克至此已吊足凯南胃口,方摊开两手,耸耸肩,装作无可奈何的样子,道:“既然阁下如此认为,待我考虑几日,如何?”凯南知考虑几日是向苏联政府请示的代言,说明马立克已同意出面牵线搭桥,心中暗喜,便出言道谢。

乔冠华是外交界新秀,虽然年轻,却文思敏捷,才华横溢,精于国际问题研究。二次世界大战时因常发表时评,切中要害,引人注目。伍修权在联合国指斥美国侵略台湾,多得乔冠华出计相助。如今乔冠华任外交部政策委员会副主任委员兼国际新闻局局长。

第二十八章

马立克倡言论和平 李奇微下书议停战

马立克送走凯南后，知所议之事不但涉及朝鲜战争前景，亦关系世界和平大局。回到室内，把与凯南谈话过程仔细思虑数遍，尤对凯南有关停战条件所说的话，反复回忆，笔录为备忘录。确信凯南之言反映美国政府高层意图，方赶紧起身，离开别墅，回到办公地，急与莫斯科联系，将凯南来访过程、所谈内容，及对其可靠性的判断，一一报告。又说凯南来访表明美国确实希望在朝鲜停战，建议速与中国、朝鲜方面联系，找一个应对之策。

不久，莫斯科便收到马立克电文，知悉凯南访马立克经过和美国政府的请和意图。苏联政府便将电文内容转告中国、朝鲜两国政府。毛泽东得凯南访马立克消息，便连夜召集周恩来等人商议对策。告众人道："从凯南主动访问马立克情形及二人所谈内容看，美国杜鲁门政府似愿在朝鲜停战，谋求政治解决纷争。苏联政府转来消息，虽未正面表态，察其意向，是赞成谈判。然在朝鲜是战是和，关系我国军事荣誉、边疆安全和在远东地位，亦关系几十万将士的鲜血是否空流。是故须仔细计议。"

毛泽东话音甫落，周恩来说道："朝鲜战争，赖主席决策英明，彭老总指挥果断，我前线百万将士和朝鲜人民舍生忘死，全国同胞万众一心，方有今日胜局。然因中美两国经济实力、军队装备对比悬殊，我军虽胜，却胜得十分艰难，将士伤亡数十万，其中多为在前线或后方炸死炸伤或冻死冻伤。如今战线南移，运输线拉长，美军陆海空军集中使用，合同作战，我军纵然新得苏联出售100个师的陆军装备，仍不能打破美军海空优势。是故再战下去，虽不会失败，但若获全胜必万分艰难，且势必旷日持久，牺牲加倍。"

稍顿，捧起桌上凉茶，轻呷一口，见毛泽东正闷头抽烟，众人亦正襟危坐听他发言，便继续言道："况朝鲜战争，已耗用我国大批人力物力财力。因为参加朝鲜战争，去年我国军费开支占国家总支出的41.5%，经济建设费用只占25.5%，今年经济建设费虽有增加，达到29.5%，但军费支出却占国家总支出的42.5%。长此以往，必影响国家经济建设，影响国民经济的迅速恢复和发展。是故我以为应见好就收，趁美方主动要求停战之机推动谈判，促成政治解决纷争，尽早结束战争，以便能集中力量，进行国家经济建设。"

毛泽东闻言，沉吟半晌，才说道："我也知朝鲜这一仗胜得十分艰苦，若再打下去，争取全胜，还会付出新代价，且为了国家长远经济利益，也要求尽快结束战争。"

稍顿，望一眼周恩来，又扫视全场，继续道："然从凯南、马立克会谈内容看，美方似只提在三八线停战，恢复战前原状。原状是什么，并不清楚，且凯南绝口不提我国在联合国席位问题和台湾问题。若出动百万大军到朝鲜作战，流血牺牲，却不能使台湾问题和联合国席位问题得到解决，实在让人心中不舒服。"

周恩来思虑片时，对道："美国敌视我国，反对我国亲近苏联、走社会主义道路，故承认台湾蒋介石政权，承认其占据我国在联合国席位，而不肯承认我国。此与朝鲜战争虽有联系，却也有其自身原因，未必能完全归因于朝鲜战争。我今见好就收，把美国军队从鸭绿江边打到三八线以南，逼其谈判，若谈判成功，这胜利便足矣。台湾

中朝谈判代表团成员。首席谈判代表:朝鲜人民军南日将军,中国人民志愿军代表邓华、解方

问题和我国在联合国席位问题,可留待日后找机会慢慢解决,不必急在一时。现时寻求一揽子解决,可能使世界舆论认为我国为停战设置障碍,并使战争拖延,损害长远经济利益。”

毛泽东环视会场,问众人意见,皆以为周恩来所言有理。毛泽东当场拍板,按周恩来的意见办。

6 月 3 日,朝鲜民主主义人民共和国首相、人民军总司令官金日成元帅乘火车密访北京。原来金日成也收到苏联电报,告说凯南求见马立克,请牵线搭桥,促朝鲜停战一事,便到中国与中国方面商议对策。

毛泽东与周恩来以国宾礼接待,逐日密谈,周恩来告以中国方面的立场。金日成闻报,亟是赞成。两国又将意见告知苏联方面,三方电讯往还,达成共识,议定接受美国谈判要求。

又隔 20 日,是 6 月 23 日。苏联驻联合国代表马立克应联合国秘书处新闻部邀约,欣然在纽约发表演说,题为“和平的代价”。马立克侃侃而谈,先以第二次世界大战牺牲人类数千万生命为例,说明和平如何宝贵;又批评美国战后奉行侵略政策,扩军备战,缔结北大西洋公约组织,在海外建立军事基地,扶植德国和日本军国主义,又发动朝鲜战争,侵占中国台湾,轰炸中国城市,成为和平的敌人。又说苏联和社会主义国家如何希望和平,反对战争;又批评联合国与美国狼狈为奸,成为美国发动侵略战争的工具,颠倒黑白诬指中国是侵略者,并非法决议对中国实施经济禁运。末后,又专谈朝鲜战争,称苏联赞成交战双方谈判,实现停火,并把双方军队撤离三八线。演说洋洋洒洒,有数千言。各国报纸、电台,纷纷全文转载转播,附加评论,皆说马立克演说是表示中、苏、朝方面愿意在朝鲜停战，与美国和“联合国”谈判。

隔二日，正是朝鲜战争爆发周年纪念，中国第一大报《人民日报》发表社论，称马立克的提议公平合理，表示中国人民志愿军和中国亿万人民愿与美国和“联合国”谈判，和平解决朝鲜问题。欧美各国报纸电台皆称《人民日报》社论是中国政府的非正式表态，能否实现朝鲜停战，要看美国如何反应了。

美国国务卿艾奇逊自遣凯南约访马立克、传递谈判停战意向后，便等回复。数周无消息，心下不安。正欲再觅途径向中、苏、朝试探，却从电视中看到马立克的演说；又读报纸，获悉中国《人民日报》6 月 25 日发表社论。仔细拜读，透彻研究，断定中、苏、朝方面，不但愿意停战，且停战条件，皆未提及台湾问题和中国在联合国席位问题，心中暗喜，便告杜鲁门道：“马立克讲话和中国《人民日报》社论，说明中、苏、朝方面亦愿停止朝鲜战争，谈判解决问题。且从马立克声明和中国《人民日报》社论内容看，中、苏、朝三国立场一致，似较我国更加急迫。总统若于此际发一声明，必有奇效。”

杜鲁门依其计。未久，适逢美国田纳西州土拉霍马城一处航空工程研究中心落成，杜鲁门为工程落成剪彩，乘间发表演说，先自吹自擂，称美国自第二次世界大战以来，如何如何热爱和平、捍卫和平。又指责苏联在战后如何保持庞大战力、到处扩张共产主义。末后说美国政府愿意停止朝鲜冲突、和平解决纷争。

自田纳西州返华盛顿后，世界舆论纷纷评议马立克在纽约的演说、中国《人民日报》6 月 25 日社论和美国杜鲁门总统在田纳西的讲话，皆说中、美、苏三大国既然表态，朝鲜停战已指日可待。杜鲁门思及总统换届大选在即，若果能促成朝鲜停战，可

联合国军谈判代表团成员。首席谈判代表美国海军中将特纳·乔埃(中)

为竞选连任多得选票，亦是欢喜，便每日召国防部、国务院文武大员商议如何促成停战早成事实；如何谈判，才使美国获取最大利益。

艾奇逊会间出计，由双方战地司令官出面举行军事会谈，促成停战局面。众人知艾奇逊智计百出，必有理由，便仔细探问。艾奇逊道："美国政府从未承认中华人民共和国政府和朝鲜民主主义人民共和国政府，若举行政府间谈判，会造成承认中、朝两国的事实，不但使美国政府尴尬，且不合美国国策，此为其一。"

众人闻言，皆以为有理，又问其二。艾奇逊又道："中国《人民日报》社论和马立克演说，虽只提朝鲜停战，未提台湾问题和中国联合国席位问题，然一揽子解决朝鲜问题、台湾问题和中国在联合国席位问题是中国一贯立场。如谈判由双方军事司令官进行，便可只谈朝鲜停战问题，拒谈台湾问题和联合国席位问题。"

空军参谋长范登堡仍有所不解，便问道："为何由军事司令官会谈便可拒绝谈台湾问题和中国在联合国席位问题?"

一旁布雷德利插言答道："台湾问题和联合国席位问题，属于政治问题，须由政府会谈解决。由双方战地司令官会谈，便可说只谈军事停战问题，不谈政治问题，防止中、苏、朝节外生枝。"

众人又问其三，艾奇逊再对道："中国是与'联合国军'作战，若举行政治谈判，须由联合国派政治代表与之对等谈判，而联合国在朝鲜问题上四分五裂，不但苏联、东欧国家反对联合国有关朝鲜问题的各项决定，就是印度、阿拉伯集团亦不尽力支持我国和联合国。故若不由军事司令官谈判，便只能由联合国派政治代表。不论这代表是否由美国人出任，都有利于中国，不利于美国。此为其三。"

众人又问其四，艾奇逊犹疑一阵，方道："至于第四，是因为中国人一直声称其入朝参战部队是志愿军，不由政府负责。苏联方面却表示志愿军司令官可对志愿军负责。既然如此，会谈自然只能由双方战地司令官举行了。"

众人闻艾奇逊第四条理由，不禁发笑。当时议定，令李奇微以"联合国军"总司令名义致函中国人民志愿军司令官和朝鲜人民军司令官，接洽停战谈判。又令李奇微在与中、朝举行军事会谈时，只谈军事停战问题，不谈政治问题，尤不得谈台湾问题和中国在联合国席位问题。

李奇微得令，果在 1951 年 6 月 30 日，以"联合国军"司令官名义致函中国人民志愿军司令员和朝鲜人民军司令官，约略说明愿以"联合国军"司令官名义与中、朝军队司令官举行停战会议，讨论在朝鲜如何停止敌对行动。又说如中、朝方愿意举行停战谈判，美方将派代表与中朝方洽商会谈日期，并建议会谈可在一艘丹麦国拥有的医护船上举行，那船正泊于元山港内。

中、朝方面得知杜鲁门在田纳西州演说全文，料是美国政府公开表态，愿意举行停战谈判。未久，李奇微果在 6 月 30 日正式发出停战谈判倡议，便照商定办法，由金日成和彭德怀二人分别以朝鲜人民军司令官和中国人民志愿军司令员名义，于 7 日 1 日联名复函李奇微，表示愿意举行军事停战谈判，提议双方代表在 7 月 10 日至 15

毛泽东为志愿军战士签名

日会谈,只不同意以丹麦船为会谈地点,另建议以开城为会谈地点。

李奇微得金日成、彭德怀联名复文,大喜过望,在7月3日复函金、彭二人,同意以开城为会谈地点。又提议7月5日以后,双方先派联络官在开城举行预备会议,为正式会谈作准备;提议"联合国军"联络官赴开城时,乘非武装吉普车前往,车上悬挂大白旗一面,以为识别。

双方这样函电往来,最后达成协议,共为五条,一曰,双方战地司令官各派代表在开城举行停战谈判;二曰,7月8日上午9时,双方各派联络官三人,翻译两人,在开城举行预备会议,为双方代表正式会谈作准备;三曰,双方代表正式会谈日期定为1951年7月10日;四曰,中、朝方面保证美方和"联合国军"联络官及其随员安全;五曰,双方代表团在赴开城与会时,各在车上覆盖一面大白旗,以为安全识别标志。

根据杜鲁门发表田纳西州讲话及李奇微6月30日致函中朝战地司令官等事态,毛泽东断定朝鲜停战谈判已是势之所趋,一面频与志愿军司令部联络,指示如何复文,一面又考虑调派得力干部负责谈判。周恩来出计道:"有现成二人可负责停战谈判。"正要说那二人名字时,毛泽东挥手道:"且不要说破,我二人各写他们的名字,看能否对上。"说完,毛泽东以左手半遮,右手提笔,在白纸上写了几个字,周恩来也取过一支笔,写几个字。两张纸条并拢,毛泽东的字龙飞凤舞,不拘一格,周恩来的字,雄浑遒劲,方方正正。风格虽然迥异,内容却全一样,皆是上写李克农三字,下写乔冠华三字。对罢纸条,二人相视大笑。

李克农祖籍安徽巢县,1899年生,1926年加入中国共产党,红军时期先任中央苏区国家政治保卫局执行部部长、红一方面军政治保卫局局长、红军工作部部长，后任中共中央联络局局长。西安事变时，任中共赴西安谈判代表团秘书长。抗日战争时期，任八路军驻上海、南京、桂林办事处处长，中共中央社会部副部长、情报部副部长。解放战争时期，任北平军调执行部中共方秘书长、中共中央社会部部长、军委情报部部长，如今又兼任外交部常任副部长。因长期从事情报工作，且与国民党举行多次政治谈判，故思维敏捷，能言善辩，长于机变，是谈判的高手。

乔冠华是外交界新秀，虽然年轻，却文思敏捷，才华横溢，精于国际问题研究。二次世界大战时因常发表时评，切中要害，引人注目。伍修权在联合国指斥美国侵略台湾，多得乔冠华出计相助。如今乔冠华任外交部政策委员会副主任委员兼国际新闻局局长。

毛泽东、周恩来见所择人选相同，不禁大笑。当即召来李克农、乔冠华二人，面授机宜，令即刻组织一班精干人员，携带大功率收报机两部，前赴朝鲜，主持停战谈判。

二人得令，雷厉风行，只数日，便挑好人选，带好器材装备和一应材料，于7月5日启程，乘火车赶赴朝鲜。进入朝境，早有中国驻朝鲜代办柴成文迎住，带领车队，避开美机轰炸，沿林间密道，径直开往朝鲜民主主义人民共和国首都平壤，谒见朝鲜民主主义人民共和国首相金日成。

金日成的新驻地在平壤东北，面朝大同江，背靠牡丹峰，风光如画，有“天下第一江山”的盛名。为防美军飞机轰炸，金日成住所掘地修成，隐于地底，旁边另修有学校、居民区和政府、军队、劳动党中央各首脑机关驻所，连为一座地下城，十分隐秘，亦颇为壮观。李克农一行到时，是7月6日上午，中、朝、美三国两方战地司令官正函电往来，商议谈判时间、地点。

他们正在交谈时，忽有秘书给金日成送来紧急电文，却是毛泽东自北京发来，

志愿军官兵在构筑混凝土工事

请金日成指派人民军一上校为中朝方首席联络官，另指派一名人民军中校为人民军联络官，志愿军方面亦指派一名中校联络官代表志愿军。金日成当即依毛泽东意见，令金昌满为中朝方面首席上校联络官、金一波为中校联络官，代表人民军。李克农提出柴成文为志愿军中校联络官。

金昌满乃朝鲜人民军最高司令部动员局局长，军衔少将，因谈判需要，降格使用，化名张春山。三人即刻启程，带上随员，速赶往开城，准备与美方联络官举行联络会议，商讨正式谈判细节。

三人离去后，李克农又与金日成商谈中朝代表团正式代表名单。议定中朝方面代表团由人民军派代表一员，为首席代表，再派两人代表人民军。中国方面派二人代表志愿军，由这五人组成中朝方代表团。金日成当时也不谦让，令南日为中朝方面首席代表，李相朝、张平山代表人民军。并向李克农介绍了朝鲜人民军三位代表的情况。

又问及志愿军代表名单。李克农告说一是邓华，一是解方，皆由志愿军司令员彭德怀提名，中共中央批准。金日成闻答，大喜，道："这二人一个是志愿军第一副司令员，一个是志愿军参谋长，不但最早入朝协助彭老总指挥五次战役、熟悉朝鲜军情政情、与我国党政军高级干部皆有深交，且从前亦久经战阵。尤其是解方，被彭老总誉为军中诸葛亮，英文、日文皆通，在这一代将领中，实在凤毛麟角，令人钦佩。"稍顿，又说道："得此二人参与谈判，不怕美方或李承晚方面再阴险狡猾。"李克农也称赞南日大将风度儒雅，是中朝方首席代表合适人选。二人又讨论了谈判时中朝方面的谈判底线，约定坚持以三八线为停战线；保证实现停火；争取使美国军队和"联合国军"从朝鲜撤退；使战俘问题合理解决。

自7月26日达成谈判议程协议后，开城谈判又历时一月，再无进展，却纠纷不断。先是8月4日，会场区外志愿军第47军一支新到警卫部队，对会场区内和双方代表团所经公路沿线不得驻军的规定不甚明确，因事路过。乔埃便小题大做，指控中朝方违背中立区和会场区规定，借故休会。

消息传至北京，毛泽东亲自批示：既有协议，便须遵守，如有违反，便承担责任，以示新中国外交风格。

第二十九章

来凤庄初议和李克农呕心血
松谷里祭英雄乔冠华题挽联

张春山、柴成文、金一波三人奉命先去开城，为交战双方举行停战谈判作准备。便带随员，各乘一辆吉普车，夤夜启程，欲避开美军飞机轰炸，赶在拂晓前抵达开城。不料夜黑如墨，公路又七拐八弯、弹坑遍布，来往车辆多如虫蚁，司机又要会车，又要防美军空袭，不敢开灯，只得驾车走走停停，停停走走。

待到午夜，行程未半，张春山座车发生故障，便挤上柴成文的座车。又行不多远，柴成文座车也中途抛锚，前面金一波座车又已去远。正无计可施时，适有人民军第1军团一辆运粮车过路，众人挤上运粮车，颠颠簸簸到一处人民军营地，得营地指挥官相助，另派一辆吉普车，抄近路紧赶慢赶，方按时抵达开城，会合金一波。

各人正在谈旅途波折，又有车队开到，却是志愿军总参谋长、志愿军代表解方也带随员赶到。众人便到开城市区巡察，选择会址。

开城是一座中等城市，有30万人口。位在三八线南侧，礼成江与临津江之间，背靠松岳山，面临沙川江，南渡临津江、汉江经汶山、议政府，行数10公里，可达汉城，北渡礼成江、载宁江、大同江，经金川、沙里院，直线160公里，可通平壤，铁路、公路交通皆十分便利。

开城旧名松都，曾为古高丽国故都，城墙皆用巨石垒成，筑有四门，城内有故宫、王陵、善竹桥、朴渊飞瀑、松岳山等名胜古迹，庙宇亦满城皆是。开城人参，人称高丽参，更是世界名产，远销中国及东南亚各国。是故开城虽小，却居要津，世人皆知。中朝方面提议以开城为朝鲜停战谈判地点，美军总司令李奇微亦欣然同意。

众人驱车在开城市区巡视一周，见市区因屡遭轰炸，到处是断垣残壁，不但不雅，且不利于安全警卫。车队来到城区西北距市中心约两公里处，见一小村，问明是高丽里广文洞，居民稀疏，环境幽雅，周围开阔。小村中央有一花园别墅，名来凤庄，似为富家所有。别墅坐北朝南，进大门是一过厅，由过厅进去，是三间正厅，皆有屏风，十分宽大。将里间的旧屏风撤除，宽广皆盈丈，安上桌椅，便可为会议室。别墅花园内，当大门有一石砌花坛，中间有一棵古松，精心修整，若龙若凤，古松周围，另植一些花卉草木，因逢盛夏，五彩缤纷，花色正艳。来凤庄西南是松岳山，山上竹木相间，青翠如画。山边有一幢别墅式平房，距来凤庄正宅不远，可为志愿军代表团驻地。附近另有南山中学，亦是平房，可为人民军代表团驻地。来凤庄西北400米远近，另有一幢小楼，高有两层，青石垒成，装饰成白色，原是教堂，与来凤庄正宅有便道相通，略加平整可通汽车，堪为美军代表团驻所。

众人勘察完毕，一齐道："来凤庄虽比不得日内瓦倚山带湖，然而在战地能得此为停战谈判会址，亦十分难得。"便议定择来凤庄为会址，当即与开城市人民委员会联系，动员军民铲除杂草，修整道路，粉刷墙壁，打扫房间，安置桌椅。又召来一队工兵扫雷排弹。又令志愿军驻军第47军布置警戒，消除一切安全隐患。辛苦一日，果然使来凤庄焕然一新，愈加幽雅如画。

入夜，解方由众人陪同巡视一周，见来凤庄会址、各代表团驻地、安全警卫布置妥当，对众人道："如今好比是周瑜战赤壁，是万事俱备，只待东风乍起，好戏便可开

志愿军火箭炮部队在猛烈射击

台了。”众人皆放声大笑。

次日，是7月8日，双方联络官照事先约定在来凤庄举行首次联络会议。“联合国军”方面派来联络官三人：肯尼、穆莱、李树荣。肯尼是美国空军上校，任“联合国军”首席联络官；穆莱是美国陆军上校，代表美军；李树荣是韩国军中校，代表韩国军。除联络官外，另有两员翻译，一负责朝语翻译，一负责汉语翻译。中朝方面亦是三名联络官、两员翻译与会，对等谈判。

双方联络官依照预定程序，交换代表团名单、约定通读方式、商谈安全保障。肯尼上校代表“联合国军”方面发言，称开城为中朝部队控制，安全不能保证，请划开城为中立区，另在双方代表团驻地之间划中立走廊，以保证安全。张春山心知肯尼本意不是担心安全，而是对在中朝军队控制区举行停战谈判心有不服，便对道：“择开城为谈判地点，乃是‘联合国军’总司令李奇微中将与人民军司令官金日成、中国人民志愿军司令员彭德怀三人往来信件中商定，我方军民按事先商定，日夜辛劳，清除瓦砾，辟出会址，贵方何能出尔反尔？至于说贵方代表安全问题，我方可绝对保证。划分中立区和中立走廊之议，实在不必。”

二人正言来语去，唇枪舌剑，争得面红耳赤之时，忽听得场中轰然一声巨响。众人惊回头，却见韩国联络官李树荣中校所坐靠背椅四脚不稳，兼之李树荣个大体重、过于紧张，一时坐空，竟连人带椅摔倒在地，四脚朝天，半日爬不起来。几个美国军官一向大大咧咧，不拘小节，虽是己方联络官出丑，亦哄然大笑。中朝方联络官出于礼貌，反勉强忍住。

隐忍半日，见对方代表团仍大笑不止，李树荣面红耳赤，尴尬至极，终于噤声不住，也掩面偷笑。因这一打岔，肯尼上校无心再争吵另设中立区、划中立走廊之议，暂时作罢。双方约定7月10日为正式谈判日期，再谈一些细节，联络会议便告结束。

7月10日，开城阳光灿烂，蓝天如洗。松岳山因阳光映照，备添翠色。沙川江亦是金波万顷。清晨日出未久，中朝代表团便派安全军官和翻译人员在沙川江畔小村板门店设立联络站，接引“联合国军”代表团。

候至8时，南方公路上，一列吉普车队越过临津江，由汶山方向飞驰而来，扬起漫天尘土。头车上插着白旗，司机座旁端坐一位美国将军，打着领带，一身海军中将服，一尘不染。见是“联合国军”谈判代表团车队，中朝安全军官便接住，导引车队过板门桥，渡沙川江，穿越开城市区，径奔来凤庄。一路之上，岗哨林立，中国志愿军和朝鲜人民军卫兵持枪守住路口要道，皆穿凡立丁棕绿色新军服，左胸佩红色布徽，上用中朝两种文字，大书“中朝停战谈判代表团”几个字，个个膀壮腰圆，精神抖擞。

“联合国军”代表团到来凤庄后，先到石砌小白楼略事休息，洗去尘土，再由中朝安全军官导引，步入来凤庄会址。在门厅，双方代表依礼节，略作寒暄，便入会场。会场果按早先计划设在里间西厅，厅中央放一张长条桌，横头对东西，长边对南北。桌上铺一张绿呢台布，十分庄重，长条桌南北两边各置一排靠背木椅，虽然陈旧，却式样古朴，十分结实。靠背椅后，又靠墙各置一排桌椅，只桌子稍窄，供双方随员使用。

红旗插上轿岩山

双方代表在门厅见过面后，便进会议室就座。南日将军先行，入室便走向条桌北方，择正中靠背椅，座北面南坐定。邓华、解方二人依南日右手而坐，李相朝、张平山二人依左手而坐。“联合国军”代表团由安全军官导引走向条桌南方，坐南朝北，也依次而坐。正中央端坐“联合国军”代表团首席代表、美国远东海军司令官乔埃中将。乔埃右手二人，一名白善烨，乃是韩国第1军少将军长，代表韩国军；一名霍治，乃是美国第8集团军少将副参谋长，代表美国第8集团军。乔埃左手二人，一名克雷奇，乃是美国远东空军少将副司令，代表“联合国军”空军；一名勃克，乃是美国远东海军少将副参谋长，代表美国海军。代表背后，双方翻译、助手、记录人员，亦各依次坐定。

虽是对等谈判，不设会议主席，但因会议是在中朝军队控制区举行，本应由中朝方面先发言。未料南日将军正要代表中朝代表团开言，“联合国军”首席代表乔埃中将却抢先发话，先说一番停战谈判如何重要，若不及时达成停战协议，将徒增双方伤亡之类的套话,然后提议道:"'联合国军'希望停战谈判只涉及朝境军事问题,余者概不论及。若贵方无异议,可签署第一个协议。"

中朝代表团见乔埃抢先发言,知是先发制人,以为有何见解,待听其讲完,只限定谈判专谈朝鲜军事问题一条,并无其他,便不搭理。乔埃话一落,南日将军便代表中朝方面发言,先说中朝方面如何希望尽早停战、减少生命损失,又说赞成马立克6月23日讲话中提出的三项建议。然后提出三项原则建议:

一、双方通过议程,停止一切军事行动;

二、确定三八线为军事分界线,双方军队应同时撤离三八线10公里,恢复1950年6月25日以前民政原状,并立即进行交换战俘问题商谈;

三、尽快从朝境撤退一切外国军队。

南日话落后,邓华代表中国志愿军发言,约略说明,进行停战谈判是迈向和平的重要一步,志愿军完全支持南日将军提出的三项建议,尽早停战,恢复三八线原状,从朝鲜撤退外国军队。

乔埃中将果然是谈判高手,老奸巨猾。抢先发言,意在争回面子,抢政治主动。提限谈朝境军事问题,也是虚晃一枪,诱中朝方面先提建议。现见南日提了三项建议,与美国设想相距甚远,便接着发言,提出反建议,共是九条:一是通过议程;二是允许国际红十字会探访俘虏营;三是会谈只议朝境军事问题;四是商定停止军事行动条款;五是划定非武装区;六是停战监督委员会之组织、权力、职司;七是协议设立军事观察组;八是各小组之职司;九是关于战俘之处理。

乔埃话毕,天已至午。众人争吵半日,早已饥肠辘辘,便暂时休会,各回住处用餐。中朝代表团用餐时聚在一处,边用餐边讨论上午会谈情况,分析美方意图,寻找对策。皆以为乔埃提出的九项建议,第一项是例行公事;第二项是应付国内舆论,表示美国政府关心"联合国军"被俘士兵;第五六七八项是停战监督,皆无实质性内容。只第三项限谈军事问题、第四项停止敌对行动、第九项处置战俘,具有实质性内容,说明美方担心我方提出台湾问题和中国在联合国的席位问题,所关心的是停火和战俘问题。

众人议论时,乔冠华闷头吃饭,并不插言。李克农问乔冠华道:"你是外交界后起之秀,精于国际问题研究,文思敏捷,请抒己见,也好拓我等眼界。"

众人闻言,一齐把目光转向乔冠华。乔冠华半日不言,是在沉思,见李克农点将,先谦虚几句,方分析道:"根据原苏联方面转来马立克、凯南会谈详情通报,凯南曾表示同意恢复朝鲜战争前的状态,这战前状态,自然包括恢复三八线为南北分界线、外国军从朝鲜境内撤退。凯南还曾说明,撤退外国军队、台湾问题和我国在联合国席位问题,可在停战后再作讨论。"

稍顿,乔冠华夹一口菜入口,边嚼边说道:"然今日乔埃两次发言反复强调只谈朝境军事问题,绝口不提以三八线划分停火线,说明美方立场已经变化,不再像上月那样迫切要求停战。"

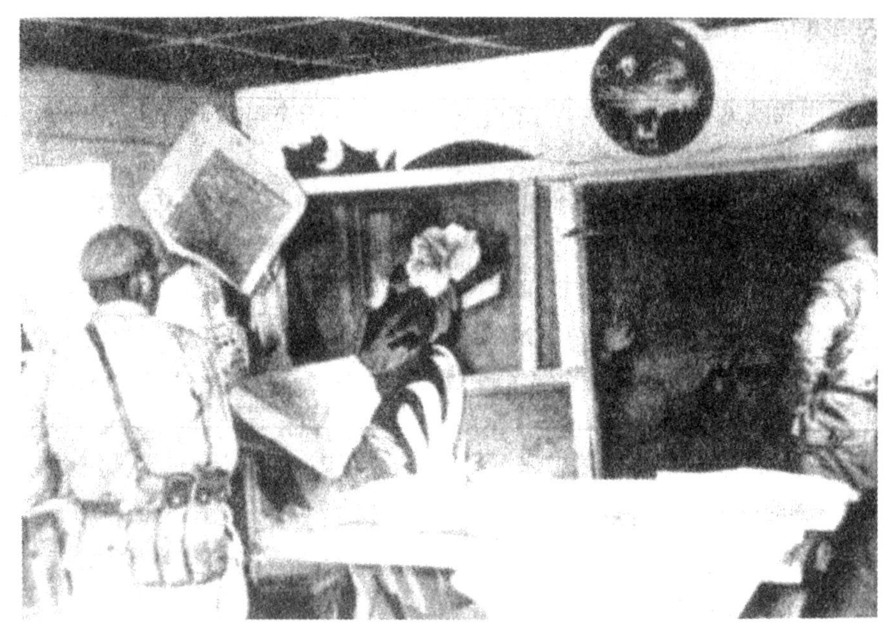

志愿军侦察分队奇袭白虎团团部

话未落，一工作人员插话问道："乔埃何以两次提到谈判只谈朝境军事问题？"另一工作人员答道："很明白，是怕我方要求美军撤离台湾海峡，亦怕我方提联合国席位问题。"

乔冠华接口道："这话说得对。"稍顿，又说道："乔埃的发言不只是先发制人，防我方提出台湾问题和联合国席位问题，且有伏笔，如我方提外国军队从朝鲜撤退，美方也可说撤退外国军队是政治问题，予以拒绝。"

李克农说道："我很是赞成冠华的见解。和6月相比，美国立场已明显后退。若其坚持不以三八线为军事停战线，这谈判只怕会成为马拉松会谈，旷日持久，诸位须作准备。"然后又转头问乔冠华道："然依你之见，何以为时不过一个月，美国谈判立场会有如此变化？"

乔冠华又分析道："依我看来，一种可能是当时凯南急于促成谈判，故意松口，其言并不代表美国政府本意。但凯南是老外交官，未必如此，故这种可能性不大。"稍顿又分析道："第二种可能是乔埃故意漫天要价。"

一旁解方插言道："从今日乔埃两次强调只谈军事问题看，不像是要价，倒像真是其所追求的谈判结果。"

乔冠华忙道："若果然如此，则美国立场变化，便应归结于第三种可能。"

众人便问何为第三种可能。乔冠华道："凯南、马立克会谈时，双方作战线正在三八线上，美方并不占军事优势，故美方同意恢复战前状态。如今经一个月作战，美军恃其海空优势、多兵种合同作战，在临津江以东越过三八线最远点达60公里，占三八线以北领土约有1万平方公里，且仍保持攻势。我军虽拥有百万之众，然装备不如人，仍不能夺取战略主动而将敌打回三八线以南，故美方以为优势在握，不肯以三八线为停火线，其谈判立场便陡然强硬。”众人皆同意乔冠华的分析。

半晌，李克农又问乔冠华道：“若如此，我方当以何策应对？”乔冠华沉思一阵，道：“目下我方可按主席、总理的指示，先不提台湾问题和联合国席位问题，以免横生枝节。但以三八线为停战线，恢复战前原状，这是原则，不能让步。撤退外国军队，也应照提不误，是否能达到目标，则要相机行事。”稍顿，又道：“然不论谈判桌上进展如何，我军前线部队都必须严阵以待，寸土不让。前线部队若打得好，能大量消灭美军，甚至把美军打回三八线以南，则美方会自动让步，我等在谈判桌上便不谈自成。前线部队若打不好，甚至继续北撤，则美方立场会进一步强硬，谈判条件会继续加码，我等在谈判桌上便困难倍增。”

李克农闻言若有所思道：“彭总果有先见之明。”众人未解其意，一齐问其详。李克农对道：“我刚入朝，彭总便有十个字指示，叫做‘打的坚决打，谈的耐心谈’。这不正与适才乔冠华的分析合拍吗？”当时议定，下午谈判时，尽依乔冠华之计。

午餐毕，双方代表按时返回会场，依序坐定，继续会谈。南日将军果依午间休会时中朝代表团所议，将上午三项建议改为五项，重新提出：一是通过议程；二是以三八线为军事分界线，并作为停战基本条件；三是撤退一切外国军队；四是实现停战的具体措施；五是战俘遣返安排。五项建议中，第一项和第四项是表示采纳美方建议，并无实质内容。第二、三、五项则是中朝方谈判条件，尤以第二项中以三八线为停战线最重要。只对美方限谈军事问题，不作承诺。

乔埃中将接着发言，坚持美方九项原议，指责中朝方坚持以三八线为界，是将谈判结果列入议程，又说撤退外国军队是政治问题，不能列入议程。一切果与乔冠华的预计相符。双方代表当时言来语去，唇枪舌剑，互不让步。争吵一下午，达不成协议。不觉天黑，只得草草散会。

这是被志愿军空军击落的美机残骸

7月12日上午7时,开城又是晴空万里。"联合国军"代表团车队又由汶山驻地出发,渡临津江,沿公路向来凤庄驶来。车到沙川江板门桥,中朝卫兵见"联合国军"代表团车队比前日增大,人员几近百人,便仔细检查证件,发现有20名美、英等国记者杂入其中,便依据中朝方指令,只对"联合国军"代表团放行,不允新闻记者过境。乔埃当即大声抗议,亦无济于事,大怒之下,令"联合国军"代表团车队原车返回汶山,宣布休会。

原来,"联合国军"总司令虽驻屯东京,却时时关注开城谈判。李奇微这日读报,见日本报纸头版位置皆有一幅巨大黑白照片,照片是一辆美式中吉普,车头插一面白旗,司机座旁边端坐一美国海军将官,虽衣冠楚楚,却神情沮丧,赫然竟是"联合国军"首席谈判代表、美国远东海军司令官乔埃中将。照片题字是说乔埃将军打白旗,在中朝卫兵枪口下通过,前往开城与共产党议和。所附文章又说中朝卫兵一色凡立丁军服,身材高大,精神抖擞;来凤庄会议室席座设置是中朝代表团面南高居,"联合国军"代表团面北俯首。

初看还不在意,有副职深通东方文化,告李奇微道:"所摄乔埃将军打白旗照片和会场席座安排,皆是对美方羞辱。"

李奇微不解,便问其详。那副职道:"东西方文化、宗教信仰各不相同。西方丧葬,皆披黑纱哀悼,东方人却一身皆白,以示悲哀。乔埃插白旗去开城,照东方习俗是承认失败、向敌方投降,况沿途中朝卫兵林立、刀枪并举。谈判室内,我方代表坐南朝北,对方坐北朝南。"李奇微插言道:"这又有何不同?"

那副职道:"按东方习俗,面南为君,面北为臣。古时中国皇帝接见外番使臣,便面南称君,使臣们则面北叩拜。"李奇微闻言已愤然作色。那副职不管,继续道:"从打白旗到谈判桌坐席安排,再到沿途岗哨林立,都造成一种印象,好似我国不是与中朝对等谈判,而是败后求和,缔城下之盟。"李奇微至此再按捺不住,拍案道:"彭德怀、金日成欺我太甚。"那副职却道:"择开城谈判,虽是对方提议,将军却欣然同意。让乔埃打白旗去开城,更是将军在致彭德怀、金日成信中主动倡议,怪不得他们。"

李奇微闻这话愈怒,道:"我同意开城为谈判地点,是以当时开城未被共方占领。至于插白旗,是作为安全标志,防止车队遭误击,如何知道其中有许多荒诞文化背景。中国人既然知情,就该说明,显见其有意设圈套。"

那副职却道:"也未必。闻报中国人去开城,车队也插有大白旗作为标志。"李奇微闻这话,气稍平。便问计道:"事已至此,当以何策挽回影响?"二人正在议论,一群记者在外面吵吵嚷嚷,要求允许到开城采访停战谈判。那副职灵机一动,心生一计,附李奇微耳边告道:"只消如此如此,便可解除尴尬。"

李奇微闻计大喜。当即令乔埃与中朝方交涉,允带20名西方记者到开城现地采访停战谈判。交涉未成,乔埃私带20名记者冲关,被中朝卫兵挡回,便依李奇微将令,以中朝卫兵阻拦"联合国军"军队通过为由,借故休会。

乔埃宣布休会后,李奇微便在7月13日致函中朝方面,称"联合国军"代表团在

设在中国境内的志愿军空军机场

开城受到不公平待遇，双方人员不能同等自由出入，中朝方记者可采访现场，“联合国军”代表团随团记者却不许入内。凡此种种，说明气氛压抑，不宜对等谈判，要求允许记者自由采访，又要求以开城为圆心划一中立区，半径5英里，东以板门桥为界。中立区虽仍由中朝军队警卫，却不得从事敌对行为。会议区和代表团人员所经过的公路不得驻扎武装人员。各方代表团人员以150人为限，人员构成由各方司令官指定。又说如同意各条，便可复会。

金日成、彭德怀二人先得报因记者采访问题发生纠纷，美方借故休会。接着又接到李奇微来信，要求划中立区，改变谈判氛围。恐谈判破裂，金日成、彭德怀二人议道：“美方虽以记者采访为由借题发挥，然我方记者既有采访先例，不允对方记者采访也确不公平。况不划中立区，使我方对其代表团安全负全责，压力太大。”便联名复信李奇微，同意各方皆互派记者自由采访会场，且同意划开城中立区，供双方作谈判场所使用。

因有金、彭、李三人信件往来，达成开城中立区协议，乔埃便率“联合国军”代表团重返来凤庄复会。双方反复争议，在7月26日达成谈判议程协议，共是五项：一是通过议程；二是停战，确定军事分界线，建立非军事区；三是停火安排监督；四是安排战俘问题；五是向双方政府建议的事项。

自7月26日达成谈判议程协议后，开城谈判又历时一月，再无进展，却纠纷不断。先是8月4日，会场区外志愿军第47军一支新到警卫部队，对会场区内和双方代表团所经公路沿线不得驻军的规定不甚明确，因事路过。乔埃便小题大做，指控中朝方违背中立区和会场区规定，借故休会。

消息传至北京，毛泽东亲自批示：既有协议，便须遵守，如有违反，便承担责任，以示新中国外交风格。金、彭二人联名致信李奇微表示歉意，并保证调查处理，再不发生类似事件。

志愿军、人民军警卫部队因发生8月4日事件，愈是小心谨慎，中立区巡逻部

中朝军队官兵共庆战争胜利

队，经会场区和公路沿线时，皆绕道而行，以免又被无端指控。一连半月，再无事端。

8月19日凌晨，曙色初起，天要亮未亮。一队中朝军事警察，由志愿军排长姚庆祥领队，沿一处高地巡逻。高地在松谷里以西，距板门店不远。巡逻队沿高地进至松谷里时，丛林中忽冲出一队武装人员，约有三四十人，荷枪实弹，紧逼过来。因恐违背有关在中立区不得进行敌对行动的规定，姚庆祥令战士不得首先开枪，不料对方却枪弹横扫，然后逃之夭夭。姚排长当时中弹，血洒疆场，牺牲时只20岁。

事后查明，袭击姚排长事件为李承晚军所为，意在挑起事端，破坏谈判。姚庆祥遇害事件传开，古都震动，军民十分悲痛，当即举行追悼会悼念烈士。乔冠华亲题挽联，道："世人皆知李奇微，举国同悲姚庆祥。"中朝方面因姚庆祥遇害，向"联合国军"代表团提出抗议。乔埃先否认中朝方面的指控，后又称"联合国军"不能对游击活动和有关事件负责。

姚庆祥事件尚未解决，美军一架轰炸机又违背中立区协议，于8月22日午夜突然飞临中朝代表团驻地，先低空盘旋数圈，再俯冲下来，投弹扫射，霎时火光四起，爆炸声惊天动地。幸众人皆有防备，并无伤亡。美机飞走后，李克农急到现场视察，又令保护现场，并与美方联络官联系，请速来现场调查。

午夜时分，美方联络官肯尼上校、穆莱上校由汶山美军驻地驱车赶到开城。中朝联络官接住，引至现场察看。那时夜黑如墨，大雨倾盆，大小弹坑接二连三，历历在目。南日将军座车也落有弹片。虽铁证如山，美方联络官仍百般推托，称天黑下雨，仍不能肯定是美机所为，并反问中朝方面，可曾看清美机有几个发动机？中朝联络官哭笑不得，质问道："美机午夜临空，又夜黑如墨，如何能看清有几个发动机？"

次晨，中朝方面一面转移代表团住所，一面致函李奇微，历数美方蓄意破坏中立区协定，杀害姚庆祥，又空袭开城会场区，阴谋杀害中朝代表团成员，请追究责任。李奇微仍照前法复函，拒不认账。无奈之下，金、彭二人便在8月23日宣布来凤庄会谈休会，等待美方认错道歉。

彭德怀自回司令部,再仔细筹思一回,方传令前线各兵团、各军,告说敌军进攻在即,要求各部备足粮弹,补充兵员,利用山险河川构筑工事,准备迎战。又召来志愿军副司令员兼后勤司令员洪学智,令动员铁道兵、工程兵、高炮兵各师、各兵站,紧急出动,抢修公路铁路,务必保障前线作战所需。

第三十章

假谈真打李奇微夏季大进攻
针锋相对彭德怀倚险又破敌

美将李奇微自接替沃尔克任美军第8集团军司令官后，凭海军优势、多兵种协同，勉强阻遏住中国志愿军南进，把战线稳在三八线，便自鸣得意，以为自己是常胜将军，不但比横祸而死的沃尔克中将善用兵，也比五星上将麦克阿瑟胜一筹，时有统兵越三八线北进，把战线推向朝鲜蜂腰部，在平壤-元山之间建立防线之念，以扬威天下。因麦克阿瑟违抗华盛顿命令被解职，李奇微只得收住野心、接受教训、服从华盛顿指令，勉强令海军中将乔埃率"联合国军"代表团与中朝方面谈判，心中其实不服，巴不得谈判破裂。

乔埃赴开城与会前夕，李奇微召见乔埃告道："自去年12月清川江之役以来，世人多以为中国人能征惯战，是一流军队。华盛顿恐我军不能敌，故急于与中国人协议停战。然依我观之，中国军队空有其名，虽将士勇猛，没有飞机、大炮、坦克，徒手徒步，以血肉之躯与钢铁搏斗，亦是徒然。我军之所以在清川江败绩，怪麦克阿瑟轻敌冒进、分散部署，致为中国志愿军所乘，并不证明中国志愿军强大。自年初汉城之役迄今半年间，我军陆海空配合、诸兵种协同，在三七线与三八线之间稳扎稳打、步步紧逼，早握有主动权。"

乔埃本是军人，知李奇微是自我邀功，便顺水推舟，凑趣说道："自将军接任沃尔克后，我军节节胜利，足证明将军是用兵奇才。"

李奇微摆摆手，连声道："我无意自吹自擂。我的意思是说，我军已握有主动权，如今已越过三八线，占有三八线以北领土约万余平方公里，不必急于谈和。"

乔埃颇是疑惑，李奇微接着解释说："三八线并无军事意义。我军进至三八线，无险可守，敌方可随时跨线进攻。以军事安全计，停战线须划到涟川、金化、杨口以北，方利我军固守。"

乔埃走近地图，略一比划，道："将军是要求夺占三八线以北1万平方公里土地为我所有？"稍顿，又道："我料对方必不同意。"

李奇微道："你只管谈判，坚持以涟川、金化、杨口为停战线，不必理睬三八线。对方若不同意，我自会请范佛里特将军用枪炮逼对方同意。"然后又告乔埃，若中朝方提出从朝鲜撤退外国军队问题，也不要理睬，只说停战谈判只谈军事问题。乔埃得李奇微指示，果然在来凤庄谈判时反复强调只谈军事问题，拒绝以三八线为停战线，亦拒绝谈判论从朝鲜撤退外国军队问题。

适逢乔埃赴会第一日，乘吉普车，挂白旗，经中朝卫兵夹峙守卫的公路线，大大咧咧去开城，被记者摄入镜头并见诸报端，引起轩然大波。李奇微不以为是因东西方文化背景不同而对白旗有不同理解，致有误会，尤不愿承认自己不通东方文化习俗，主动倡议以白旗为识别标志是自损声誉，却把一腔怒火泼向中朝方面，愈不愿见谈判成功。便暗中出计，令乔埃向中朝方面发难，又怂恿制造事端，李承晚军夜黑潜入中立区，杀害志愿军排长姚庆祥，美军飞机也屡次飞临开城上空袭击中朝代表团，致中朝方忍无可忍，被迫宣布休会。

李奇微见乔埃照计行事，开城谈判月余无进展，且屡生事端，正合心意。便召美

被俘的美国将军迪安遣返后,认为受到了志愿军的宽大待遇

第 8 集团军司令官范佛里特到东京,议道:“中朝方无谈判诚意,谈判月余,仍无进展,其意是借谈判之名将‘联合国军’赶出朝鲜,以便其日后卷土重来。眼下我军拥有海空优势,地面兵力亦有 50 万。中朝方面必因停战谈判放松守备,且最近数周,北方连降暴雨,山洪暴发,铁路、公路多被摧毁,后勤供应愈加困难。我若乘势进攻,可获大胜,迫中朝方按我国条件停战。”范佛里特本是好战之辈,亦对停战谈判颇有微词,见李奇微令其出战,大喜过望。二人又密议战术细节,增调兵力,充实粮弹器械,选择进攻路线。

志愿军司令员彭德怀久经战阵、精通政略,对战争双方何时用兵、何时谈和颇有经验。开城谈判开场前,便告诫众将道:“美方请求谈和,是因武力不能达到目的,并非其自愿放弃侵略。若其力量增强,或谈判桌上亦不能达到目的,必重新用兵向我进攻。打时想和,和时想打,打打谈谈,边谈边打,此是敌人一贯伎俩。若要恢复和平,在军事上挫败敌人进攻、争取胜利是第一要务。”便交代众将要准备两手,一手与敌谈判,坚持有理、有利、有节,争取谈判成功;一手积极备战,提高警惕,防敌偷袭,以军事胜利保障谈判胜利。

七八两月,朝鲜暴雨成灾,平地积水盈尺,大小河川和水库皆水满为患,洪峰一个接一个,自北方群山之巅汹涌而下,公路、铁路并志愿军山口阵地多被冲毁,军民苦不堪言。彭德怀派人侦察,知李奇微正向前线大举增兵,“联合国军”拥飞机 1680 架,地面部队 50 万,海军舰船日夜在仁川、釜山各处港口卸货,铁路、公路亦挤满车流。再问开城方面,邓华、解方报说美方谈判立场日益强硬,坚持割占三八线以北我方 1 万余平方公里土地,全无谈判诚意,且不断制造事端,破坏谈判。

综合诸般迹象,彭德怀料李奇微必欲乘北方暴雨成灾、洪水漫天之机发动进攻。便令志愿军、人民军前方将士修补工事，储备粮弹，准备恶战。又令后方军民日夜奋战，抢修被毁的公路、铁路，保证运输线畅通。

一日彭德怀因操劳过度，略感不适，卫生员见彭德怀眼圈布满红丝，两颊深陷，便仔细检查，见已高烧至39度，便请来几位副司令员，劝彭德怀休息医治。彭德怀摆手道："我生于戌年，属犬，是贱命，向来既不信神，也不信医，你们饶了我吧。"众将苦劝，彭德怀方勉强服了几片退烧药，斜倚在行军床上歇息。

睡至午夜，出了一身透汗，松快不少。因觉口渴，便翻身坐起，耳旁却有人问候道："老总可醒了！"一口湖南方言，听来耳熟，回头细瞧，见这人方脸宽额，戴一副白片眼镜，看去约40岁年纪，却是志愿军第3兵团司令员兼政委陈赓，当时大喜，道："是陈赓呀，正盼你来，你就来了。"

陈赓原名陈庶康，湖南湘乡人，生于1903年，黄埔军校第一期毕业，参加过南昌起义，先在上海中共中央机关做情报工作，后到红军鄂豫皖根据地任职，历任红军团长、师长、红四方面军参谋长、红军步校校长，参加过长征。抗日战争时期，任八路军三八六旅旅长，在山西转战多年。解放战争时期，任中国人民解放军第4兵团司令员兼政委，后改任第3兵团司令员兼政委，奉命率部赴朝参战。第3兵团在4月已经入朝，陈赓却因病在国内疗养。如今病愈归队，顺路先来志愿军司令部面见彭德怀，请示机宜，也算是报到。恰见彭德怀不适，便在床边守候。

志愿军出动坦克，掩护步兵向纵深推进

彭德怀见是陈赓坐在床边，精神大振，一丝不适尽去。当时翻身起床，喝了一杯水，便与陈赓说话。陈赓性格豪放乐观，好说笑话。见彭德怀生病，便收起平日童心，问起病情。德怀道："小毛病，不碍事。"

说罢闲话，彭德怀便先将开城停战谈判情况告知陈赓，又将李奇微向前线增兵情况略作介绍，然后请陈赓判断局势。

陈赓略一沉思，道："今日之局，令我想起当年上党战役。"上党在山西省南部。1945年秋，国民党军队在美国援助下，出动13个师向上党进攻。陈赓当时任太岳纵队司令员，统兵反击，恶战一个月，将进攻敌军大部歼灭，残敌只3000人逃脱。彭德怀当年任中国人民解放军副总司令，对上党战役经过一清二楚。

陈赓提及上党战役，又发议论道：“当时国民党军队向上党进攻时，主席正在重庆与蒋介石谈判。我们担心在上党打了国民党，危及主席在重庆的人身安全。总理却发电指示说，你们只管打。打得越出色，主席就越安全，在重庆的文章就越好做。”

彭德怀闻言点头道：“眼下的情形亦是如此。美国人在开城谈判中之所以立场强硬、出尔反尔，是自认为有海空优势，且其前线地面部队在临津江以东已越过三八线，威逼我铁三角重地。我军若能再打一两个胜仗，消灭敌军数万，美方必改变立场，愿与我达成协议”。

陈赓见彭总思路清楚、目的明确，然言谈之中，又有忧虑，心中暗忖道：“彭总绰号猛张飞，一向以打猛仗著称军中，如何有些瞻前顾后？”便出言试探道：“彭总既有意打一两个胜仗，以战促和，何不立即行动，予敌措手不及？”

彭德怀道：“现在杨成武第20兵团两个军，携苏式装备已到前线。我军在朝部队，计有3兵团、9兵团、13兵团、19兵团、20兵团，共5个兵团17个军，再加上4个炮兵师、4个高炮师、10个铁道兵师、5个工程兵师、2个警卫师，算起来近100个师，有百余万人，加上朝鲜人民军10余万人，我军实力超过敌军1倍。主席调杨成武第20兵团入朝后，便指示发动第六次战役。然我军实力，表面上虽为敌军2倍多，但工程兵、高炮兵、铁道兵只能用于后勤保障，不能上第一线。为防敌军在侧后登陆，须分出几个主力军置于平壤、元山机动。如此一来，我军第一线部队并不占压倒优势。且敌方拥海空优势，近日三八线以北又大雨成灾，阻隔交通。从第五次战役看，我军人数虽多，火力却不强，粮弹供应只够一周进攻战之用。敌方却粮弹充足，火力凶猛，机动力强。我担心我军此时进攻，虽能实现突破，却不能保障突破成果，故难下最后决心。”

陈赓对彭德怀的分析十分赞同，便建议道：“既然打进攻战胜利把握不大，何不打防御战，取消第六次战役计划，待敌来攻，若阻击胜利，结局岂非一样？”

彭德怀望一眼陈赓，没有说话。陈赓继续说道：“美国人在谈判桌上立场强硬、迭生事端，全无诚意，却在前线增兵调将，必是想凭借海军优势发动进攻，抢占主动，以战迫和，迫我方在谈判桌上让步。然敌军虽有海空优势，地面兵力却较我军少。三八线以北地形，山岭相接，河川纵横，极利我军防守。故敌军来攻，只能集中于一点，或是中路，或是西路、东路。不论其从何而来，其余两路必形成弱点，取守势，我军却可利用兵力优势，一路防守，拖住敌军主力，再以两路反击，如此针锋相对、以守代攻，必能扬长避短、大获全胜。”

彭德怀大喜道：“果然是好计。难怪当年蒋介石愿用10个师长换一个陈赓，果然会用兵。”陈赓笑而不语。二人又议一阵战术细节，陈赓方起身告辞，准备赴前线3兵团司令部到任。彭德怀送至门外，临别执手告道：“铁原、金化、平康三城，各相距25公里，互为犄角，成一等边三角形，雄踞战线中央，有铁三角之称，不但呼应东西两

志愿军冲上并夺回上甘岭阵地

路，且是我军兵站补给中心。我军兵员补充、粮弹供给，尽赖铁三角中转。是故死守铁三角关系全局。将军可统3兵团守卫铁原，保护铁三角区西底角。我再令杨成武统第20兵团守卫金化，保护铁三角东底角。两支军呼应，可为全线支撑点。敌军若投中路而来，你二人并力，务必挡住。敌军若取道进攻东西两路，你二人再相机行事，向东跨北汉江，接应宋时轮9兵团和人民军各军团；向西跨临津江，接应杨得志19兵团，以保全局无忧。"陈赓领会后驱车绝尘而去。

彭德怀自回司令部，再仔细筹思一回，方传令前线各兵团、各军，告说敌军进攻在即，要求各部备足粮弹，补充兵员，利用山险河川构筑工事，准备迎战。又召来志愿军副司令员兼后勤司令员洪学智，令动员铁道兵、工程兵、高炮兵各师、各兵站紧急出动，抢修公路铁路，务必保障前线作战所需。

诸事安置毕，已觉虚脱难当。饮过一杯水，食用过几块饼干，略歇片刻，精神稍觉恢复，便不顾众人劝阻，又伏案阅读有关开城谈判的情况通报。

"联合国军"总司令李奇微和美第8集团军司令官范佛里特商议北进，欲以战迫和，反复选择进攻路线，一时不能定夺。范佛里特出计道："我军虽拥火力优势，只50万人，敌军却拥兵百万，是我2倍。故我军北进，只能择一点突破。纵观敌方兵力部署，西路有临津江阻隔，又由杨得志统19兵团守御。中路正对铁三角，左有陈赓3兵团，右有杨成武第20兵团，另有宋时轮第9兵团接应，不但地形复杂、守卫严密，且敌四支军皆是其数百万军中精华，四将亦皆为中国国内战争的英雄，一向以能征惯战著称。是故西路、中路，皆不宜为我军突破方向。只敌东路，自北汉江以东80公里，由人民军第2、第3、第5军团三支军防守，战力较弱，兵力也不多，可为突破点。"李奇微依其计，令调美军3个师，与李承晚军配合，计10万人，飞机数百架，重点进攻东路人民军防线。中路和西路却取守势。

8 月 18 日，天将五更，夜色正浓，美军飞机数以百计，隆隆飞过两军战线，对人民军 80 公里防线狂轰滥炸，千余门大炮也一齐猛射，人民军阵地弹雨如下，立时烟火四起，爆炸声惊天动地。火力急袭未停，美军坦克群掩护步兵，投大路小路、河谷山梁蜂拥而进，待到人民军阵前，迎面枪炮齐鸣，手榴弹带烟冒火，在敌阵中纷纷开花，进攻的美军立时死伤无数。

进攻失败后，美国又组织火力兵力重新进攻。人民军守阵将士也沉着应战，两军各以枪炮对射，白刃格斗，日夜恶战，每一处山头、每一处堑壕，都要反复争夺。

志愿军中路、西路各兵团闻报美军主力进攻东路，便照彭德怀预先部署，乘势猛攻当面之敌。进攻时也先以大炮集中轰击，再令步兵猛冲猛杀。三八线附近 200 余公里战线，又日夜炮声隆隆，杀声不绝。双方百万军恶战半月，各有损伤。美军及"联合国军"在东路损失 2.4 万人，在中路、西路损失 5.4 万人，三处共折损 7.8 万人。虽在东路得地 179 平方公里，却在中路、东路失去西方山、斗流峰、德寺里等阵地，无计可施，只得草草收兵。

李奇微闻报"联合国军"折损 7.8 万人，只得地 179 平方公里，心中窝火，便致电范佛里特，询问原因。范佛里特回电说："照以往经验，中国军队和人民军粮弹供应只敷七天作战之用，我军进攻七日期满，以为敌军必退，未料进攻半月，敌军仍粮弹充足，故损失巨大。"

李奇微得报哭笑不得，回电斥道："敌军粮弹供应一周之说，是指进攻作战而言，如今敌军据险守御，如何也死抱一周说不放？"

志愿军战士在极其恶劣的条件下坚持战斗

范佛里特又回电道:“虽然如此,空军未能封锁住敌军粮弹供应通道,仍是我军进攻受挫的主要原因。”

李奇微接第二封电报,略作沉思,以为有理,便召美军远东空军总司令斯特拉斯迈耶空军中将询问原因。

美远东空军总司令斯特拉斯迈耶一一应诺，正要离去，"联合国军"总司令李奇微又嘱道："中国的优势，是在人力。我军优势，是在装备。空军若能切断敌方交通线，使其得不到粮弹供应，则其百万大军士气顿解，我军可兵不血刃，向北猛进。是以将军能否绞断敌方交通线，已是我军取胜关键。"

第三十一章

李奇微定计空中绞杀
彭德怀心忧后方运输

美远东空军总司令斯特拉斯迈耶空军中将因李奇微询问美千余架飞机日夜狂轰滥炸，为何不能切断中国志愿军后勤运输线，致美军地面部队进攻失败。告道："我军飞机虽有1600架，然朝鲜境内铁路有1000多公里，公路有万余公里，是故平均算来，若炸铁路，每公里铁路线只一架飞机；若炸公路，每10公里只一架飞机。分散使用，并不算多。"稍顿，又道："中国人为保证铁路公路运输，沿朝鲜境内各交通线部署了10个铁道兵师、4个高射炮兵师，还另有工程兵、警卫兵、兵站、游动哨、对空监视哨，总兵力计约50万，归其后勤司令部统一指挥。另有朝鲜民众、各野战部队也抽人参与防空。我飞机每飞临敌方境内，其对空监视哨便鸣枪示警，车辆行人立即隐蔽，高射炮兵则做好准备，令我军飞机不敢低飞。若铁路桥梁被炸断，便出动大批人力，或数小时，或一夜功夫，便能修复，车辆照行不误。是故我空军将士虽驾机日夜起飞，每日有数千架次，仍不能炸断敌军运输线。"

李奇微认为斯特拉斯迈耶报告似是而非，心道："我就不信凭1000多架新式飞机，每日投弹数千吨，竟不能炸断中国人在朝境的交通线。"走近地图，见朝鲜半岛北部，铁路线纵横交错，搅在一起。鸭绿江上下，有三条铁路线与中国铁路接轨。西线在新义州过鸭绿江，中线在水丰电站过江，两线各南行百余公里在新安州会合，再南经西浦直通平壤。东线在满浦过鸭绿江，南行200公里抵达价川，再南行50公里抵达顺川，由顺川分岔为两条线，一条线折向西南，在西浦与西线、中线会合，一条线折向正东，穿越大峰山脉，经新成州、阳德贯穿半岛，连接元山。新安州与价川之间，另有支线相连。

李奇微对图研究半日，指图对斯特拉斯迈耶道："敌方铁路交通虽然发达，然其要害是在新安州、西浦、顺川、价川地区。敌方军运，不论东西南北线，皆经此地区。这个地方每边不过20公里，尤以新安州至西浦、价川至顺川东西这两边最重要。若炸断此两边，则敌东西南北交通便完全瘫痪。"

斯特拉斯迈耶闻言大悟，道："将军之意，是集中轰炸这个地区？"

李奇微道："主要是集中轰炸新安州至西浦与价川至顺川两段。"稍顿，又挥手向南，掠过平康、金化、铁原三城，说道："此地为铁三角，虽不过数百平方公里，却是敌方公路运输终端，敌方粮弹被服皆在此储备堆积，若能炸毁，亦能予敌致命打击。"

斯特拉斯迈耶一一应诺。正要离去，李奇微又嘱道："中国的优势，是在人力。我军优势，是在装备。空军若能切断敌方交通线，使其得不到粮弹供应，则其百万大军士气顿解，我军可兵不血刃，向北猛进。是以将军能否绞断敌方交通线，已是我军取胜关键。"

斯特拉斯迈耶也是美军中将，与李奇微级别相当，由李奇微节制指挥，颇有些不服。见李奇微如老师叮嘱学生，反反复复，心中烦透，又不便明说，只冷冷道："不劳将军叮嘱，我自有计较，以半月为期，必彻底绞断中国志愿军在朝鲜境内的交通线。"说罢二人握手告别。

斯特拉斯迈耶去后，果然将空军轰炸机，约有千架，分作两群，一群略大，占轰炸机总数六成，专炸新安州、价川、西浦、顺川地区；一群稍小，占轰炸机总数三成，专炸平康、金化、铁原铁三角地区；其余一成空军轰炸机与空军战斗机、海军飞机合力，在三八线以北全境机动，追炸一切行人、车辆、站场、桥涵、补给中心和村镇房舍。

一位南方女游击队员因右手负伤被韩国军队俘虏

美军飞行员得令，果昼夜驾机起飞，对各指定目标区狂轰滥炸。北朝鲜境南起三八线，北达鸭绿江，纵横数百公里地，硝烟弥漫，烈焰腾空，枪声、炮声、炸弹爆炸声，不绝于耳。铁路公路上，弹坑随处可见，村镇房舍，无不被夷为平地。

朝鲜平安南道桧仓里，北靠大同江，南依南江，西距平壤数十公里，东距霞凤山主峰约 25 公里，山高林密，沟壑纵横，也是昔日黄金产地。志愿军司令部几度迁移，终于在桧仓里择一处采金废洞扎营。彭德怀自那日送走陈赓后，便在桧仓里司令部坐等前方消息。不久，果有捷报送来，中朝军队挫败李奇微夏季攻势，三路军共消灭“联合国军”并李承晚军共 7.8 万人，缴获枪械弹药不计其数，大喜。志愿军副参谋长王政柱因见彭德怀心忧战事，守在司令部里，已半月足不出户，恐影响健康，便趁机劝彭德怀同去散步。彭德怀应诺。

二人沿林间小道盘山而上，边走边聊，所谈是战争轶事、经验教训之类。行不多远，山头上忽传来密集的枪声，震荡空谷。警卫员们气喘吁吁，急步冲来，待到近前，见彭德怀安然无恙，才放下心来。彭德怀道：“是山头防空哨发警报，必是敌机来袭。”话未落，云端果传来飞机马达声，轰轰隆隆，震耳欲聋，似在近侧。透过林间枝叶看去，几架美制 P—51 野马式飞机贴山谷飞来，从山头看去，飞机似在脚下，机翼在阳光下闪闪发光，飞机座舱内美军飞行员的五官表情皆清晰可见。

众人屏声静气，不敢发出丝毫动静。片刻，飞机飞过山谷，马达声犹未消失，山背面便传来飞机俯冲的尖啸声，随即便有惊天动地的爆炸声传来，树木受震，枝摇叶落，林中飞鸟也四散惊飞。彭德怀听到爆炸声，沉着脸道：“过去看看，看损失大不大。”说罢便径直向山头爬去。王政柱苦劝不住，便回头对警卫打手势。警卫会意，皆成战斗队形，前后左右散开，远远护卫彭德怀爬山。

约半个小时，早到山巅，彭德怀额上微有汗迹，却面不红、气不喘。回头看警卫们，早气喘吁吁，大汗淋漓。彭德怀笑道："你们这些年轻人，爬起山来竟不及我这个老头子。"警卫皆不作声，心中暗暗佩服。

正说话时，防空哨士兵见有人上山，看派头料是首长，便一齐迎过来。彭德怀拉住，一一握手问候，又到哨兵居处探视，见是在山崖上掘成V型山洞，两个出口并列，洞内铺些干草，放些干粮、饮水。视察完毕，便问哨兵粮食饮水如何解决，多长时间一轮换。哨兵皆不过十八九岁，抢着报告他们已在哨位值勤一个多月，隔几天便派人下山一趟，背些饮水干粮上山。

彭德怀兴起，接过哨兵的望远镜，对空扫视，问道："守在山头，能提前多长时间看到飞机？"哨兵说可提前5分钟到10分钟报警。彭德怀道："10分钟，飞机可飞几百里呢，能看到几百里外吗？"哨兵笑答道："我不知相隔多远。每天早晨起床后，我们便站在山巅，察看天边云彩，若有异常，如出现小黑点，便鸣枪示警，一般鸣枪后10分钟左右，敌机便到。"一旁王政柱道："这里位置高，空气清洁，能见度好。哨兵年轻，眼睛也尖。再加上敌机进入战区是以巡航速度飞行，速度较慢，且还可能转弯，成曲线飞行，故提前10分钟报警，也在情理之中。"

正说话时，哨兵道："敌机来了。"众人皆问在何处。哨兵指南方天际道："那边云层上小黑点便是。"警卫也接着说看到。彭德怀年事已高，视力远不如年轻人，自然看不到。警卫问道："既是敌机，如何还不示警？"说话时，便欲举枪对空射击。哨兵制止道："不必开枪，此是侦察机，只负担侦察任务，一般不发动攻击。"

众人大奇，问道："只看见天边黑点，你如何就断定是侦察机？"哨兵道："攻击飞

朝鲜人民军以坦克部队为先导，攻占汉城

机一般是直线飞行，不止一架，且速度较快，常是飞过头顶后，才听到马达声。这飞机只一架，又躲躲闪闪，成曲线慢速飞行。虽隔老远，马达声却早已传到。且听其马达声，是发空响，并不载炸弹。”稍顿，又道：“若见到侦察机也发枪示警，则我公路、铁路运输必大受影响，反不如不管它。”彭德怀拍哨兵肩膀，称赞道：“毛主席一向提倡军事民主，强调三个臭皮匠合成一个诸葛亮，你们恰恰三个人，正好是个诸葛亮。”然后又说道：“若几千个防空哨皆如你三人精通敌机活动规律，又何虑美国佬空中优势？”说话时，敌机已飞到附近，果然在云端跳跃，左盘右旋，躲躲闪闪，机翼在阳光照射下，发出刺眼光亮。

彭德怀打量片时，便问刚才敌机攻击目标所在方位。一哨兵手指几株千年古松道：“在前面谷中，被这几棵松树挡住了视线。”说完便头前引路，引彭德怀一行拨开齐人高的茅草，寻路绕过去。无多时，走到松树前，却是一片危崖。从高处望过去，对面山梁上是一条盘山公路，路面早被炸烂，路边高崖也被炸塌，沙石滚下来，堵塞了半边公路。路边歪歪斜斜躺着几辆车辆残骸，已扭曲变形，只剩下铁架子，残骸旁边并排放有几十具尸体，从望远镜中看去，皆焦黑如炭，或缺头颅，或缺肢体，或无一缕衣衫，其状惨不忍睹。高崖下边的沙石堆中，也露出被埋在土中的车辆，军民约有数百，正挖掘被埋车辆，抢修公路。一些朝鲜妇女，背上背着婴儿，头上顶着沙土石头，快步小跑，穿梭一样来往奔忙，填塞弹坑。沙土堆中，不时有人员尸体掘出，移放在路旁。

彭德怀凝视良久，问哨兵道：“刚才敌机来袭，明明听到告警枪声，这支车队如何仍然被炸？”哨兵低声告道：“这条路西通平壤，东通阳德，北通成川，南通桧仓，平日交通繁忙，最紧张时，10 分钟要过 200 辆车。刚才发警报时，正有一支新式炮兵过路，皆一色崭新卡车，拖曳着大炮，约有数十门，料是一个炮兵团，连弹药车一起有百余辆车。因左边高崖，右边深谷，无处隐蔽。车队便急冲而过，到前面宽敞处躲避攻击。大队皆过，只剩后面十几辆车，不料一辆拖炮牵引车绕过一处弹坑时，人炮歪了下去，战士皆跳下车来推车。炮车慢慢被移出弹坑，眼见功成，迎面开来一辆大卡车，不知怎么也一下子歪进弹坑，把一条双车道公路完全堵塞。我等见敌机已经临空，盘旋三圈，正歪着翅膀俯冲，急了，举枪猛射对面石崖，以示告警。那些战士个个都是好汉，只抬头看看俯冲下来的敌机，又继续奋力推车。正在这时，无数炸弹从敌机肚皮下吐出来，雨点般落在车队前后左右，车辆皆被炸毁，起火燃烧，几十名战士非死即伤。车辆中有几辆弹药车，也被击中引爆，爆炸声惊天动地，半边山崖皆被炸塌。”

彭德怀紧咬嘴唇，面沉如水，盯住对面山崖公路，一言不发。众人皆屏声静气。副参谋长王政柱乘机道：“老总，该回去了，司令部还有事呢！”见彭德怀未吭声，便示意哨兵再带路，钻茅草从原路返回。

一行刚到防空哨位，又闻哨兵开枪示警，噼噼啪啪，竟把三支枪膛中子弹悉数射出。众人急抬头，见头顶美空军机群，分为三批，每批 36 架，三批共 108 架，遮云蔽日，隆隆飞过山头，又向西北方向飞去。回看四面山谷，车辆行人皆隐入山林。敌机去

群众反美游行

后，哨兵敲响炮弹壳制成的土钟，又声震山谷，车辆行人皆魔幻般从山林中涌出来，来往奔忙。

哨兵报告道：“我等在此守哨月余，从未见过这么多的飞机集群由此通过。”王政柱分析道：“108 架飞机，刚好是一个空军联队，且一色 B—29 重轰炸机。从敌航向、航速和高度看，似是飞往顺川、价川、新安州、西浦四角地区。”彭德怀闻言不答，只与哨兵握手告别，略说了几句鼓励话，便径自下山。王政柱向警卫们挥挥手，也大步跟上。

下山路上，彭德怀边走边沉思，一直一言不发。回到山下司令部时，已是月上枝头。彭德怀用过晚餐，便指示王政柱询问四角地区有无被炸。无多时，王政柱报，说成川司令部洪学智副司令员来电话，告说四角地区果然遭美军机群猛烈轰炸。彭德怀急问道：“损失情况如何？”王政柱道：“一时未明。”又报告道：“洪副司令员说要即刻亲到司令部向你详细报告，估计现在已经上路。”彭德怀性急，闻报扯下军帽摔在一边，大步走进司令部作战室，恰好电话铃声又响，十分急促。彭德怀拿起话筒一问，却是 3 兵团陈赓司令员从前线打来的，报说美军 B—29 飞机百余架，集中攻击铁三角地区，造成人员物资重大损失。

彭德怀得报，独自在司令部作战室踱步沉思，心道，“必是李奇微因地面作战屡屡受挫，便想利用空中优势，在运输线上做文章，须像指挥地面作战一样，用心对付李奇微空中进攻。”心中这样想，便向参谋要来一叠有关美军空军实力、战略和发展趋势的敌情通报，以及志愿军后勤运输情报，仔细研读。

第一份情报，是介绍美军飞机机种、性能。按侦察机、战斗机、轰炸机、运输机分为若干门类，各型飞机皆有介绍。彭德怀只择 B—29、P—51、P—47 型飞机仔细阅读。其中约略介绍说：B—29 型飞机，由波音飞机公司设计制造，绰号超级堡垒，最高航速每小时 644 公里，作战半径 3200 公里，机上装机枪 10 挺，20 毫米炮 1 门，载弹 4 吨。若载 10 吨弹飞行，则作战半径为 2898 公里，机组乘员 11 人。P—51 型飞机，绰号野马，1944 年 2 月投入实战，最大时速 765 公里，作战半径 1369 公里，升限 12810 米，机上装机枪 6 挺，携带炸弹 908 公斤。P—47 型飞机，绰号雷电，1943 年投入实战，作战半径 765 公里，最大时速 725 公里，升限 12200 米，装机枪 8 挺，火箭筒 10 具，载弹 908 公斤。

读罢美国飞机机型、各种性能指标介绍，又读美军空军战略动态，其中一份文件标明绝密件，是美国国家安全委员会有关军备建设的中期规划，内中提及杜鲁门 1951 年 1 月 6 日下令增拨军费 200 亿美元，使美国国防预算达到 450 亿美元。美军地面部队又扩充 18 个师。情报又提及美国政府 1952 年国防预算将增至 700 亿美元，陆军在两年内增至 150 万人，编 33 个师；海军增至 100 万人，421 艘大型战舰，12 艘重型航空母舰，3 个海军陆战师；空军两年内增至 120 万人，编为 143 个空军联队。三军总兵力合计 370 万人，飞机数万架。

读过美方情报，又读中朝方面铁路运输和公路运输及防空情况通报。其中约略说明：朝鲜境铁路通车里程 1321 公里，南通开城，东通元山，中经价川、顺川、新安州、西浦四角区，北与中朝边境三条铁路线接轨。公路通车里程有上万公里，宽者有 7 米，可放胆行车，狭处是单行道，易被美军切断。在朝境机车共 300 台，占全国机车总数一成。货车万辆，占全国货车拥有量两成。每天入朝物资，计约万吨。目下后勤

群众游行，支持政府抗美援朝

司令部辖下有铁道兵10个师，高炮兵4个师另3个团、5个独立营，工程兵15个团，警卫部队6个团，后勤兵站96个，公路防空哨1300个。志愿军空军已有飞机数百架，正投入朝鲜战场，并与人民军成立了空军联合司令部。另有苏联空军两个师，也在清川江以北活动，保障志愿军铁路运输。

读罢后勤兵力部署情报，彭德怀又翻出一叠志愿军后勤司令部战报，报道志愿军后勤部门如何在运输线上与美军飞机斗智斗勇，保障后勤运输。其中报说将士为加快装车卸车速度，给汽车快速装载编了歌诀，如二吨半嘎斯车装载大米，歌诀是"横三顺五高三层，加上三袋二吨半"。照此装卸，又快又好，装一汽车粮食只须三分钟。一列列车载货进站，只40分钟便能离开，可大大减少留站时间，减少损失。

汽车行路时，若遇敌军来袭，敌机总是先投掷照明弹，准备攻击，司机又编了歌诀："天灯不要怕，一定要沉着；有了天灯照，不用再瞎摸。"意思是说，美军飞机投出照明弹后，还要10余分钟时间才能看准目标、发动攻击，车辆正好利用这一时间差，利用照明弹照路，飞车10余分钟，冲出危险区。照此行车，皆万无一失。

铁路防空袭办法犹多。若路基被炸成大坑，将士便用排架填坑法，是预先伐好木头，做好支架，备好草袋，装满砂土，置于路口，一旦路基被炸，将士便一齐涌至，先将排架置于坑底，再填沙袋，铺上钢轨，便可通车。若桥梁被炸，将士便用预先准备好的材料连夜抢修简易桥梁，一夜可成，谓之简易桥。有时为防轰炸，将桥修在水面以下，谓之水下桥。通行时为加快车辆过桥速度，以一台机车由后面推列车过桥，待到对岸，再以另一台机车牵引，谓之顶牛过桥。因南行车多满载，北行车多空载，便使列车连续一夜或数夜，只向一个方向运行，避免会车延误时间，谓之单向运输法。以此减少损失、提高运输效率、保证前方粮弹供应。

彭德怀看到志愿军高炮兵、铁道兵、工程兵和空军力量不断增长，心中甚慰，待读到后勤司令部战报，报说运输线将士如何智计百出，与美国空中飞贼斗智斗勇时，便精神大振。心道："有如此英雄将士，何惧美国空中飞贼。"

原来,朝鲜战争爆发后,苏联在1950年底派13个空军师进驻中国东北,帮助东北防空。不久苏联空军撤退,将装备留给中国,另无偿提供米格15型歼击机372架,供装备中国空军之用。

第三十二章

罗伯特丧魂伤心岭
曾思玉死守马良山

志愿军副司令员兼后勤司令员洪学智兼程赶到志愿军司令部时，彭德怀正在研究军情，便按照军规喊报告。彭德怀闻报告声，急回头，见是洪学智，非常高兴。便请洪学智入室，择空炮弹箱垒成的座椅坐定，方寒暄道："天黑路险，从成川赶来，真是辛苦你了。"

洪学智抬腕看表，已是夜10点，便告彭德怀道："沿路遭敌机追踪攻击，吉普车只能跑一阵歇一阵。待到前面山口，又因敌机轰炸，将通路炸断，好不容易绕过，故60公里路竟跑了四个小时。"彭德怀道："前面山口被炸，我已目睹。"言下是不责怪洪学智来迟。

彭德怀先问四角地区铁路被炸情况，洪学智告道："自晨至晚，敌机分三批炸四角地区铁路，每批一个空军联队，皆是B—29重轰炸机。每机载弹10吨，共318架飞机，载弹总量3180吨，集中轰炸四角地区。不但安州、价川、顺川、西浦四城铁路编组站皆被炸毁，城区夷为平地，四边铁路亦普遍遭攻击，尤以安州到西浦间铁路线317公里处和价川到顺川间铁路线29公里处，是美军攻击重点，此处铁路每1.4米落重磅炸弹1枚，其余路段隔7米落弹1枚，是故四角地区铁路桥梁多处被炸毁。"

彭德怀走近地图，以手按安州-西浦线317公里处和价川-顺川线29公里处，凝思一阵，道："李奇微真是狠。若这两处一断，岂非东西南北线皆断，整个运输线皆瘫痪下来?"少顷，又问铁三角地区情况。洪学智告说，损失虽大，因是以公路运输为主，较易修复。然后说道："从东京广播中得到消息，李奇微称要发动绞杀战，用空军扼杀志愿军，大概是指集中轰炸铁三角和四角区铁路线了。"彭德怀点头道："看架势，李奇微空中绞杀战大约会持续一段时间，须认真对付，方能保我军立于不败之地。"

便问洪学智修复铁路、对付绞杀战有何困难。洪学智屈指数道："如今后勤司令部辖下有铁道兵、工程兵、高炮兵、警卫兵计约21个师，另部署若干兵站，总人数不

志愿军向敌发起猛烈进攻

下百万，人力已够用，只物资供应不足。枕木可上山采伐，道钉亦可请朝鲜老乡土法锻铸，只大宗设备，如钢轨若被炸坏，一时便无可替代。”彭德怀道：“我适才读后勤部战报，其中讲后勤部门将士群策群力，用各种土办法克服困难，保证运输线路畅通，如建立防空哨体系、汽车载货口诀、夜间避炸口诀等等，皆切实可行，可解燃眉之急。读后令我眼界大开，相信凭后勤战线百万将士的聪明才智，万众一心，必能粉碎李奇微空中绞杀战，使运输线畅通无阻，保证前线作战所需。”

那些战报，洪学智也已读过，见彭德怀读得认真、记得清楚，心道：“老总粗中有细，竟从一份战报中说出许多道理，实在让人钦佩。”心中这样想，便道：“李奇微既然集中兵力死啃317公里和29公里两处咽喉要地，我军唯有以集中对集中。可调4个铁道兵团、6个工兵团沿线驻扎，使每公里线路有1个营兵力，争取随炸随修。”彭德怀道：“这办法不错，叫做以其人之道，还治其人之身。”稍顿又道：“抢修时，务必在全军推广排架填坑法、顶牛过桥法等土办法，并发扬军事民主，动员将士多出主意。”

洪学智一一应诺，又问火力掩护办法，彭德怀道：“也以集中对集中。”稍顿，又道：“目下在朝高炮部队计有4个师、3个团、5个独立营，可将半数集中用于317公里和29公里两处附近，且要将新式高炮尽可能用于这两处。”说完，若有所思，又回头传令志愿军空军司令员刘震来商议空中掩护问题。

刘震生于1915年，祖籍湖北孝感，16岁参加红军，17岁加入中国共产党，曾任红军第15军团75师政委。抗日战争时任过八路军旅长。解放战争时期任中国人民解放军第四野战军第14兵团副司令员，后为东北军区空军司令员。中朝空军联合司令部成立时，又任联合司令部司令员兼志愿军空军司令员。

刘震闻彭德怀召请，一溜小跑来到司令部。见洪学智也在，忍不住开玩笑道：“洪司令，几日不见，你脸上的坑怎么又多了起来，是操心李奇微空中绞杀战吧？”洪学智只笑不答。彭德怀却一脸严肃，回头问刘震道：“李奇微发动空中绞杀战，集中几个联队飞机，轮番轰炸新安州、西浦、顺川、价川四角地区，尤以西线317公里处和东线29公里处中弹最多，道路皆被炸毁。刚才我与洪司令员商量，准备以集中对集中，令半数高炮部队至这两处设伏，迎战美国空中飞贼。恐仍不能敌，须出动空军助战，不知你意下如何。”

原来，朝鲜战争爆发后，苏联在1950年底派13个空军师进驻中国东北，帮助东北防空。不久苏联空军撤退，将装备留给中国，另无偿提供米格15型歼击机372架，供装备中国空军之用。因得苏联帮助，中国计划组建22个空军师，其时已装备成10个。只飞行员初上蓝天，飞行时间不长，只好边训练边作战，一时未投入实战，故彭德怀与刘震相商，询问空军能否正式参战。

刘震见问，当即把苏联援助情况、空军建设进展，约略概述一遍，告道：“目下我空军有5个师已装备完毕，可投入实战。清川江以北，因有两个苏联空军师，使用米格15飞机参战，可确保制空权。故美国飞行员称清川江-鸭绿江之间为米格走廊，一般不敢在清川江以北活动。然在四角地区，我们恐只能用空中游击战术，相机袭扰

志愿军特级英雄、特等功臣黄继光

敌军。”

洪学智喜上眉梢，道：“有飞机在天上打游击，助高炮部队作战，足矣。将士见我方红五星飞机飞临，必信心大增。”说时抱拳向刘震致谢。

四角地区反绞杀战部署筹划完毕，三人又专题讨论铁三角地区空防问题。也议定以集中对集中，多调人力器材，确保铁三角地区交通线畅通无阻。

三人议论，不觉夜深。洪学智因急于回成川志愿军后勤司令部，便辞别二人，连夜乘车赶路。彭德怀送至门外，月光下见洪学智登车，心有所感，大步上前，又执洪学智手嘱道：“开城谈判能否成功，要看前方将士能否守得住、攻得进。前方将士能否成功，要看后勤部门能否保证供应粮弹被服。后勤部门能否成功，则要看能否挫败李奇微空中绞杀战。是以将军一身所系，不只是后勤一部，且是战争全局。天黑路险，务必小心在意。”洪学智闻言，十分感动，心中暗道：“务必打好反绞杀战，不负彭总之望。”

二人依依惜别，洪学智的座车刚从视线中消失。刘震也辞别彭德怀，赶回驻地部署空军作战行动。

自此接连数月，李奇微果照绞杀战计划，每日出动飞机千架，攻击朝鲜境内铁路和公路交通，尤集中攻击铁三角地区和四角地区。朝鲜境数百公里，不分日夜，皆飞贼如云，烟尘滚滚，爆炸声不绝于耳。志愿军百万后勤将士同仇敌忾，铁道兵修路，工程兵架桥，高炮兵防空，空军飞机则四处游击，骚扰美军机群，与之空中格斗。野战部队也常派出人力物力支援后勤部门。铁路随炸随修，桥梁随炸随架，公路多被拓宽。奋战数月，四角地区和铁三角两处交通皆畅通无阻。前线部队日获补给量成倍增长，粮弹被服供应足可支持战守。李奇微不但未能切断志愿军后方交通线，且遭志愿军高射炮兵、空军、步兵对空火力的打击，损失飞机 200 余架。美军飞行员再不敢驾机贴树梢低飞，绞杀战遂被粉碎。

美将李奇微坐镇东京，每日读空军战报，皆报说美远东空军和海军每日出动飞机千架，到朝鲜扫射轰炸，投弹千吨，炸毁桥梁多少座，铁路公路多少公里。料因发动绞杀战，志愿军后勤供应系统必已瘫痪，却不知志愿军后勤部门百万将士同仇敌忾，路随炸随修，桥随炸随架，筑成了炸不垮、打不烂的钢铁运输线；志愿军前线部队，亦皆粮弹充足，士气高涨。便召美军第 8 集团军司令官范佛里特议道：“自发动绞杀战以来，我军半月间每日出动飞机千架，投弹千吨，集中攻击铁三角地区和四角地区。朝鲜境终日烟尘滚滚，航空照片中已看不到一处完整站场、仓库，看不到一条完好公路、铁路，野外车辆行人也难得一见。料中共军队后勤运输系统经我空军反复绞杀，早已瘫痪，其前线部队，虽有百万之众，粮弹储备必匮乏至极。我军却供应充足，正可利用空中绞杀战成果，出动地面部队，发动秋季攻势，多占朝鲜土地，使战线向朝鲜腹地推移。”

范佛里特深以为然，当即议定出两支军进攻。一支军在东，以美军步兵第2师为主力，进攻朝鲜人民军851高地；一支军在西，以美军步兵第3师、骑兵第1师为主力，进攻志愿军西线重地马良山。得手后再集中50万大军，全线出击，向北方全面推进。

851高地，东靠北汉江，西距铁三角右底角金化只半日行程。高地标高约1200米，山顶浑圆，犹如稚童所绘的风景画，山脊却十分陡峭。美军发动夏季攻势时，851高地由朝鲜人民军第2军团防守，坚如磐石，任美国如何猛攻，仍岿然不动。美将范佛里特奉李奇微之命，准备以851高地为突破口发动秋季攻势，便召集美10军军长阿尔蒙德、美2师师长罗伯特面授机宜。道：“851高地前临汉江，背扼铁路，距金化只半日行程，是兵家必争之地。我军若得851高地，便能控制北汉江上游、打垮中国志愿军的铁三角防线、分割中国志愿军与朝鲜人民军战线，是故851高地得失关系全局。将军可统所部各团奋勇进攻，务必三日内夺占851高地，击败人民军第2军团，为我军全线总攻打开突破口。”

美2师自清川江战役受重创后，又在汉城、水原诸次作战中多次受创，虽屡次补充，几次重建，却元气大伤，老兵多半战死战伤，余者亦退役回国，师长也换过几任。夏季攻势中，曾猛攻851高地半月，折损数千人，却未得寸土。将士每谈851高地，尽皆色变，称之为“伤心岭”。是以新任师长罗伯特少将闻范佛里特下令美2师再攻851高地时，面有难色，又不便明言，便转口言道：“美2师攻伤心岭，本无可推托。然

志愿军和朝鲜人民军部队在并肩作战

伤心岭距金化只半日行程，其间山峦起伏，相互依恃。中国志愿军第20兵团新近开到，在金化东南驻防，与伤心岭正相呼应。且闻说第20兵团司令员杨成武虽只36岁，却是红军师长出身，屡经战争，能打猛仗，与杨勇、杨得志齐名，有'三杨开泰'之说。我第2师若攻伤心岭，以杨成武的经历，不论其总部是否决策，亦必统兵南渡北汉江，抄我师背后，救援伤心岭。如果如此，则我师必蒙受损失。”

范佛里特思虑一阵，道：“将军忧虑的是。”稍顿，又道，“将军只管统所部夺占伤心岭，对付中国志愿军第20兵团，我自有计较。”当时回头令阿尔蒙德亲统美海军陆战队第1师、美7师、李承晚军3个师，一线摆开，佯攻金化，拖住志愿军第20后团，掩护罗伯特统美2师夺占伤心岭。

杨成武生于1914年，福建长汀人，15岁参加中国工农红军，16岁加入中国共产党，参加过红军反围剿斗争，在红军长征时以飞夺泸淀桥著称军中。解放战争时期，任华北野战军第3兵团司令员，后任第20兵团司令员。杨成武见美军调动频繁，有进攻模样，急派人到敌后侦察，捉得李承晚军师部参谋一名。略一审讯，弄清美军意图，便与朝鲜人民军第2军团司令官联络，议道：“美10军3个师，辅以李承晚军3个师，共6个师10万人来攻，意在以第2师夺占伤心岭，其余各师皆是虚攻，阻我东援。为今之计，可将计就计，装作不解美军意图。将军务必死守851高地，以一周为期，待敌军疲惫，我军再乘势出击，两支军合力，必能全胜。”朝鲜人民军2军团司令官欣然应诺。

不久，美军在东线百里战线上发动秋季攻势，果是以5个师虚攻志愿军阵地，却以美2师1.8万人三面围住伤心岭。每天清晨，美军飞机便飞临851高地上空，以轰炸机投弹攻击人民军山头堑壕阵地。战斗机四周游弋，封锁851高地与外界联络。第一批飞机刚投弹完毕，第二批飞机又接踵飞到。空袭过后，罗伯特又令美2师师属炮兵数百门大炮一齐轰击，待山头削平，堑壕炸翻，便令坦克冲锋，步兵跟进。未料人民军将士在表层堑壕后面另掘坑道，长数里，四通八达。美军轰击时，将士深藏坑道内避弹，待敌步兵冲锋时，一齐冲出坑道，选择射击阵地，见坦克便用手雷

志愿军在追击败逃的美军

炸，见敌步兵便用自动火器横扫。打得美军鬼哭狼嚎，弃下坦克和尸体，狼狈溃逃。得手后，重新隐入坑道，无影无踪。待敌再发动攻势，临步兵冲锋时，又从坑道中钻出来，猛冲猛杀。如是者一日或数阵，或十数阵，阵前早尸横遍野，血流成河，851 高地，真正成为美 2 师的伤心岭。

战至第 7 日，人民军守山部队粮弹将尽，美将罗伯特却调来新锐团队发动总攻。人民军堑壕多处为敌突破，将士便以刺刀、枪托、锹镐、石块与敌肉搏，阵地多次易手，眼见不支，却见山脚下枪炮齐鸣，美军进攻部队仓皇后撤。正觉奇怪，远处谷中忽见红旗招展，志愿军大队人马从山林中冲出，扑向美 2 师阵地，将美军截为数节。

原来，志愿军第 20 兵团各师一面与正面敌军对峙，一面抽调主力，乘间绕至美 2 师背后，突然发动攻击，果使美 2 师措手不及。人民军将士在山头上苦战一周，正粮弹不继，见志愿军攻到，士气大振，纷纷从山头阵地冲下山谷，与志愿军会合，夹击敌军。罗伯特见势不妙，统军急退。清点人枪，已折去一半。美 2 师一退，美军其余各师并李承晚军各师，亦竞相弃阵溃逃。人民军与志愿军第 20 兵团追赶一程，左翼宋时轮第 9 兵团和右翼陈赓第 3 兵团也赶来助战。四支军并力，共杀敌约 5 万人，缴获坦克、大炮、车辆并弹械无数，塞满山谷。

范佛里特闻报美 2 师进攻伤心岭失败，折损过半，大骂斯特拉斯迈耶和美远东空军空有 1600 架先进飞机，却不能切断朝鲜境内区区几条铁路，致志愿军补给不断，越战越强，使美军进攻部队伤亡倍增。便照计划移兵西线，传令美军第 9 军军长库尔特统所部美军骑 1 师、步 3 师、英联邦第 1 师，及菲律宾、泰国部队各 1 个营，计 10 万人、坦克 200 辆、大口径大炮 3000 门，另有航空兵支持，浩浩荡荡，杀奔马良山。

马良山在临津江西北，临江峙立。山虽不高，却十分险峻，扼住临津江渡口，屏护开城冀侧，是 64 军防御的主要支撑点之一，也是敌必攻、我必守的主要制高点。因此，曾思玉把防御的重点放在马良山、高旺山地区。

一天，曾思玉接到兵团司令员杨得志的电话，要求做好反击敌人进攻的准备，并再三强调志司关于“坚守防御，歼灭敌人”的作战原则。

曾思玉生于 1911 年，祖籍江西信丰。17 岁参加农民暴动，18 岁参加游击队，19 岁参加红军。抗日战争时期任过军分区司令员，在华北作战。解放战争时期任第一野战军 64 军军长。统兵入朝后，一直在西线作战。第四次战役，奉命统所部强渡临津江，向汉城敌后穿插。未料部队新到，不适应异国作战，两个穿插师未能按时到达穿插地点。此次守卫马良山，曾思玉综合以往的战斗经验和敌军的进攻规律，制定了“坚守要点，歼灭敌人”的具体作战方案，得到上级首长的赞同。便令军指挥所移至距马良山前沿只 5 公里处，以便就近指挥。又亲到前沿部署：一个师守卫山头阵地，一个师隐蔽山林，准备反冲击，一个师后备。

刚部署完毕，库尔特率军攻到。先是飞机轰炸，后是大炮猛射，炸弹、炮弹、燃烧弹雨点般落在马良山各处山头阵地，山上树木或被炸飞，或被烧毁，山头皆被削平，新土翻起，厚约尺余。火力急袭未完，美军坦克群约有百辆，排成横队，向山头阵地冲来，数千步兵亦跟随坦克，向山头推进。

志愿军俘虏大批美军

美军轰炸时,曾思玉令将士皆隐入地下坑道,待敌坦克掩护步兵攻到,便令将士从坑道中推出大炮、机枪并各类军械,占领制高点,先以大炮集中轰击,分割美军坦克与步兵联系,再以机枪横扫、手榴弹乱炸,待敌阵形混乱进退不得时,令司号员吹进军号。志愿军反击部队在林中期待已久,闻冲锋号音,皆如猛虎下山,平端带刺步枪,冲入敌阵,刺刀乱捅,枪托乱舞。进攻美军立时人仰马翻,死伤过半,余者皆弃枪逃跑。

库尔特原以为有飞机助阵,坦克冲锋,攻取马良山是举手之劳。未料耗费炸弹千吨、炮弹万枚,不但未攻占马良山,反徒折千余人马,坦克也被击毁20余辆。大怒,又组织部队再攻,仍是飞机轰炸,大炮急袭,坦克冲阵,步兵跟进那一套。曾思玉统64军也以前法应战。两军在马良山恶战,每日冲杀十余阵。64军将士坚守阵地,一处堑壕炸毁,便赶紧修复;一处山头白天失守,又在夜间夺回。马良山防御战历时6昼夜,敌人逐点攻击,我军逐山防守,阵前敌军横尸无数,被击毁的美国坦克残骸漫山遍野。后来,为保存有生力量,待机歼敌,曾思玉命191师于8日拂晓撤出马良山主峰两个高地,命一个团在马良山次峰继续与敌对峙战斗。曾思玉给敌人算了一笔账,6天时间只向前推进2.5公里,也就是说,敌人每前进1米,就有1个人被打死或打伤,每占领1平方公里的土地,都要付出100名士兵的生命。后来,志司首长多次表扬马良山阻击战是"一座山岭,一个堡垒"。

但是,为了夺回马良山,反击的准备工作有条不紊地进行着。通过现地勘察,曾思玉心中形成一个更加完整的作战方案,那就是集中全军所有炮兵支援191师战斗,给马良山之敌以猝不及防的打击。在指挥所,曾思玉下达了第35号作战命令,令在11月4日15时发动攻击。美军本是疲惫之师、惊弓之鸟,如何能经得起志愿军将士猛虎般的冲击!191师只用4小时一举攻占马良山。后来,敌人虽然发动多次反扑,都被我军打退。6日,敌仍以飞机、大炮轰击马良山阵地,步兵已停止了进攻,马良山反击战胜利结束。这次战斗,毙伤敌3600余名,俘敌60余人,击落敌机6架,击伤29架。

1951年10月25日，朝鲜停战谈判由来凤庄移往板门店复会。清晨，秋雾正浓，双方代表团各驱车由汶山、开城出发，穿过晨雾，经通道区，到板门店会场区碰头。双方代表团皆有变动：李承晚军以李亨根接替白善烨，人民军以郑斗焕接替张平山，志愿军却是边章五接替邓华。

第三十三章

来凤庄完成使命 板门店重开谈判

1951 年 8 月 23 日来凤庄停战谈判暂告休会后，美机又数度飞至开城中立区，低空盘旋，投照明弹，轰炸扫射中朝军民。中朝方首席代表南日将军住宅近侧亦中两弹，南日将军险遭不测。8 月 30 日，有中朝方面军事警察三人奉命在中立区巡逻，待至一悬崖边，正休息饮水，又有李承晚军士兵 10 余人，不期掩至，将三人擒获。押送途中三人挣脱，李承晚军开枪追杀，二人战死，只一人重伤逃脱。中朝方联络官虽屡屡抗议，美李方拒不认账，李克农为防不测，令中朝谈判代表团文职人员皆按班排连编组，日练射击投弹，夜练爬山越野，很快就初通军事技能。

1951 年 9 月 10 日，又有美机一架，子夜飞临开城，先低空盘旋数周，接着以机枪横扫，投弹轰炸，满月里数处民房中弹起火。中朝方又召请美方联络官到现场勘察。那美军联络官是戴罗陆军上校，新接替肯尼。到现场后，又是爬屋顶，又是来回步测，又摸出皮尺左右丈量，先怀疑民房中弹是有人从高处射击；又说爆炸是由地面起爆，皆非飞机攻击所致。抵赖不过，又宣称未曾亲见美军飞机袭击。正争论不休时，天边忽传来隆隆马达声，由远及近，片时便飞临满月里上空，低空盘旋，机翼几擦着树梢，机腹下美空军标记清晰可见。

戴罗上校正抬头细看，机腹舱门开处，炸弹雨点般垂直落下，地面立时烟尘滚滚，爆炸声不绝于耳。戴罗目睹美机盘旋投弹，面红耳赤，尴尬至极。次日，“联合国军”总部电台发表公告，宣布满月里事件是美军飞机误为，乔埃亦致函南日将军，承认美军飞机误击满月里，并表示遗憾。

惨败后，联合国军撤出平壤

中朝谈判代表团接到乔埃致歉函，颇觉意外，便聚在一处议论。南日略通汉语，学一句中国歇后语道：“美军飞机袭击开城中立区，前后不下十余次，乔埃皆不认账，此次满月里事件，却正式致函道歉，真是老公牛下蛋——十分稀罕了。”众人闻言，都笑了起来。细想一下，颇觉评论中肯。

李克农道：“必是美军夏季攻势受挫，折损七八万兵马，自思战场上打不赢，又想重开谈判。”乔冠华补充道：“近闻李奇微令李亨根接任白善烨为李承晚军谈判代表，若不想重开谈判，又何必更换代表？”又出计道：“此时若提出重开谈判，李奇微必就坡下驴，重回到谈判桌边来。”众人皆以为然。

未久，人民军总司令官金日成与志愿军司令员彭德怀根据代表团建议，又联名致函“联合国军”总司令李奇微，提议恢复来凤庄谈判。李奇微复函愿重开谈判，却又提出来凤庄在中朝控制区内，并无中立氛围，要求更换会址，在双方战线之间，另寻中立地点作为会场，并请苏联出面斡旋。

三人两方，信函往来折冲，不觉秋凉，李奇微发动的秋季攻势结束，又折损约 7.9 万人。正走投无路，才又达成协议，恢复谈判，择板门店为新的谈判会址。

板门店乃一小村落，只几间草屋，地当三八线以南，左有礼成江，右有临津江，沙川江从中而过，注入临津江。由板门店往西北去 10 公里是开城市区，往正南渡临津江，行 10 公里是“联合国军”代表团驻地汶山，板门店在两地中间，皆有公路相通。金、彭、李三人通过信函往返又达成协议，规定以板门店会谈小屋为圆心，划半径 1000 码的圆形区为会场区。由板门店南北两端通汶山和开城的公路沿线，是双方通道区，两侧各 200 米范围内双方停止敌对活动。汶山城区和开城城区划为中立区。两中立区皆为圆形，半径 3 英里。双方飞机不得飞越会场区、通道区、中立区。还规定会场区安全，由双方军事警察共同负责。

1951 年 10 月 25 日，朝鲜停战谈判由来凤庄移往板门店复会。清晨，秋雾正浓，双方代表团各驱车由汶山、开城出发，穿过晨雾，经通道区，到板门店会场区碰头。双方代表团皆有变动：李承晚军以李亨根接替白善烨，人民军以郑斗焕接替张平山，志愿军却是边章五接替邓华。

边章五时年 51 岁，早年从保定军官学校毕业，在国民党第 26 路军任职，后在 1931 年参加宁都起义，随 26 路军集体加入红军。抗日战争爆发后，随周恩来做统一战线工作，新任中国驻苏联大使馆武官，因邓华须回志愿军总部筹划军事，便接替为志愿军谈判代表。

前次来凤庄会谈时，中朝方倡议恢复三八线原状，以三八线为军事分界线，实现停战。其时，美军恃海空优势，前锋已越过三八线，便要求将停战线划在两军实际接触线，即在三八线以北，近处距三八线 38 公里，远处距三八线 53 公里，以便在三八线以北占领土地 1.2 万平方公里，被中朝方面拒绝。此次板门店会谈伊始，南日代表中朝代表团又倡议以三八线为军事分界线。

乔埃老奸巨猾，心道：“此是以恢复三八线为名，哄我让出三八线以北新得 1.2 万平方公里土地，致我十余万将士鲜血空流。”思及行前李奇微有嘱，说三八线地势北方险峻，南方平缓，北军若南进，如滚汤泼雪，势如破竹；南军若北进，则障碍重重。是故三八线于韩国无军事意义，不能构筑巩固防线，须将停战线推至三八线以北山地，方能保韩国无恙，故切不可放弃三八线以北所得土地。又思及李承晚亦有要求，说开城占据要津，屏护汉城，又是古都，又产人参，须通过谈判收复。当即出言回复南日道：“若以三八线为军事停战线，贵方须退出开城、延安半岛和瓮津半岛并江华湾北沿大小岛屿。”南日重申，“‘联合国军’须退回三八线以南。”

会师的中朝战士

乔埃不理,只以手捧腮,又腾出手来摆弄座前红蓝铅笔,左摆右摆,并不停歇。抬头见南日叼象牙烟嘴,端坐对面,面色铁青,眼睛不怒而威,低头避开,摸索着抽出骆驼牌香烟,望着屋顶,吞云吐雾,再不吭声。乔埃助手亦仿乔埃,或吞云吐雾,或在废纸上涂涂抹抹,画美女图。

无言对峙良久,坐在参谋席位上的柴成文悄悄起身离开会场。解方用眼角余光见柴成文起身,知是去向李克农报告,暗赞柴成文机警。

中朝代表团虽以李克农为指导,但他却不能与会。便约定双方谈判到紧要关头,或成僵局,代表团难以决断时,柴成文便借故离开会场,到附近李克农住所报告会场情况,请求指示。自来凤庄会谈时,此计反复应用,果沟通会场内外,得益不浅。这次柴成文离开会场到李克农住所,间隔比平时稍长。

李克农从窗口遥见柴成文到,赶紧接住,劈口便问会场情况。柴成文三言两语说个大概。李克农闻报,问计于乔冠华。乔冠华分析道:“乔埃同意以三八线为界,只是虚招,其意必是诱我从临津江下游后撤,让出开城、延安半岛和瓮津半岛,而‘联合国军’并不打算从三八线以北回撤,可不予理睬。”柴成文道:“看情形,乔埃是真想以三八线以北土地换开城。”乔冠华凝思一阵,道:“必是李承晚捣鬼,因开城是朝鲜古都,又距汉城只一日行程,可寅发卯至。若真如此,更不必理睬。”李克农依其计,抽出钢笔在一张纸片上草书几个大字,交柴成文带回会场,又暗嘱几句,柴成文应诺离去。

重新返回会场,双方代表团仍沉着脸对峙,室内烟雾腾腾,除乔埃在桌面上翻滚铅笔不时发出碰撞声外,再无声息。柴成文趁烟雾笼罩,在为解方倒开水时,暗将李克农的纸条递给他。解方接过,传给众人。纸条上只几个大字:“耐心坐等。”

冷眼对峙半日,“联合国军”方面代表霍治少将忍耐不住,道:“三八线只反应双方地面力量对比,‘联合国军’拥有海空优势,须在地面划线时得到补偿,是故停战线须划在三八线以北才能反映‘联合国军’海空优势。”

解方闻言，答道：“闻将军出身西点军校，又久历战阵，何出此无知之言？”又道：“须知两军陆地战线本是双方陆海空三军综合实力较量结果。‘联合国军’若无海空优势，此时陆地战线只怕早南移数百公里，与对马海峡划齐了。”

对马海峡在朝鲜对马岛与日本九州之间。解方的意思，是想说若非美军海空军强大，“联合国军”早被赶出朝鲜半岛。中朝方代表闻解方答辩，皆相视而笑，暗赞解方答辞看似简单，其实暗藏机锋，无懈可击。

美将霍治不服，又道：“贵军要求以三八线为界，表面上是呼吁和平，实则是想凭政治谈判逼我方从三八线以北新得1.2万平方公里土地撤出，致我数十万将士鲜血空流。”

解方接言驳道：“‘联合国军’既不肯在临津江以东撤回三八线，如何又要求我军在临津江以西撤出开城？若贵军为和平计，在临津江以东撤回三八线，我军也可在临津江以西撤回三八线。双方各以三八线为界，互存体面，不日便可达成协议，实现停战。”

霍治闻言，思虑一阵，又出言道：“如此交换，万万不可。”

解方请问其详。霍治道：“开城在临津江西北，我军若得开城，必背水为阵，贵军攻之若探囊取物，寅时发动，卯时便可攻占之。我军在临津以东，沿三八线往南各处，一马平川，也只能面对北方高山阵地，倚北汉江背水为阵，不但守之不易，且若想再恢复现时战线，又会牺牲十万将士。是以三八线为停战线，在军事上于我大是不利，

中朝两军指战员在汉城国会大夏前欢庆胜利

我军不能接受。”

解方闻言怒道：“贵军在此谈判，是讨论如何停战实现和平，还是讨论如何谋取军事优势，重开战端？”说话时一反先前温和状态，转为声色俱厉。

霍治知自己话有不妥，又不肯罢休，老着脸自我解围道：“贵我两方既各坚持自己立场，不肯让步，我看只有丢硬币解决。”说时从衣袋中摸出一枚美元硬币，续言道：“你我各得一面，落下时谁赢便依谁方立场，由上帝裁决，如何？”话未落，未待解方答复，已将硬币抛起，那硬币落在桌上，滴溜溜打转，响声叮叮当当，十分清脆。

“联合国军”中文翻译凯瑟吴，是美籍华人，虽入籍美国，究竟同源同种、血浓于水，见新中国以落后装备打败美军，又在谈判桌上正气凛然，处处居理，心中不为美方着急，反为解方答辞暗暗喝彩。当时将霍治抛硬币赌天命之辞，如实译出。未及翻译完毕，中朝方代表并后座参谋辅助人员，皆捧腹大笑。凯瑟吴亦是不能自制，笑得上气不接下气。乔埃知有不妥，十分尴尬，当时伸手将桌上硬币按住，收入衣袋，瞪了霍治一眼，掷币闹剧方在众人捧腹中收场。

双方代表又正襟危坐，怒目相视，抽烟喝茶，摆弄铅笔纸张，绘无聊图画，既不发话，也不退场。如此冷面对峙有20余日，会谈无一丝进展。这时朝鲜冬季已临，气温骤降。李克农身体不好，有哮喘病，遇天寒便咳嗽，又引发心脏病，常昏倒在地。周恩来令其回国休养，另以伍修权替代。李克农却道：“谈判虽无进展，然乔埃宁可闷坐抽烟，守在板门店会议室内，也不主动退场，正说明稍加坚持，便有望达成协议。此时临阵换将，于我不利。”便每日抱病部署谈判。

这日接国内家书称新得孙子，李克农一高兴，病势也去了一半。少顷，南日和代表团成员均得报前来祝贺，李克农请南日赐名，南日思虑片时，道：“我等在开城与敌舌战，值得纪念，令孙以开城为名，如何？”众人品味一阵，一齐道：“好名字。”李克农便为其孙取名李凯，与开谐音，取凯旋之意。

贺毕，又议及谈判进程，李克农一面搬动指头一面说道：“自7月10日在开城来凤庄首开谈判，到8月23日休会，44天时间，谈判十数场，只就5个议程达成协议，便因姚庆祥遇害，谈判中止，休会63天。10月25日，在板门店复会，迄今又历20余日，谈十余场，仍毫无收获。国内因朝鲜战争之故，不能全力建设。我观朝鲜三千里江山，亦赤地千里，田土荒芜，生产停顿，急需实现和平。我等受命参加谈判，须设法打开僵局，争取尽早达成协议，在朝鲜停战。”

众人闻言，皆低头沉思。半晌，解方出计道：“邓副司令员在时，曾分析美方意图，是欲以现有接触线为停战线。若如此，美军虽在临津江以东占我三八线以北1.2万平方公里土地，但我军却在临津江以西占三八线以南开城、延安半岛、瓮津半岛并江华湾数十座海岛，总计面积亦近1万平方公里。两下相较，美军在三八线东端北部占地虽稍多，却尽是荒山野岭，人烟稀少，气候奇寒。我在三八线西端南部虽占地较少，却是富庶之乡。开城产人参，闻名海内外。瓮津半岛、延安半岛一产海鱼，一产海盐，经济价值

运输部队的汽车向前线开进

无限。况开城往南70公里，是临津江与汉江合流入海口，与汉城一衣带水。走陆路渡临津江，轻骑至汉城，只消一日行程。若战端重开，便于我直取汉城。是故邓副司令临行时曾表示，若同意美方要求以现有军事接触线为军事停战线，我方并不吃亏。”

解方话刚落，乔冠华便补充道：“前几日，李奇微举行记者招待会，表示美军坚持以现有军事接触线为停战线，是出于军事防御需要。若此话当真，则依邓副司令意见，以现有军事接触线为停战线，美方必能接受。”乔冠华的意思也是同意以现有接触线为军事停战线。

李克农待乔冠华说完，便转向南日，以目相询。南日会意，对道：“虽说以现有接触线为停战线，我方并不吃亏。然今日会间，乔埃又提出要我们退出开城，却不知何意？”

乔冠华接过话头，说道：“此必是李承晚的主意。”稍顿，又道：“开城古为松都，有心理战意义，打一仗失去古都，令老头子难堪，故有此请求。”众人闻言皆笑，笑声未落，乔冠华又道：“然乔埃此时提开城，正说明其已知以现有接触线为停战线，美军并无便宜可占。”

最后，李克农作小结，同意依邓华计，放弃三八线，改以现有军事接触线为停战线，待上报金日成，毛泽东批复后，再作最后决断。

不久，毛泽东、金日成批复的电文皆到，一致同意邓华的意见。再会谈时，中朝方首席代表南日提议以现有军事接触线为停战线，再不提恪守三八线、恢复原状主张。此言一出，举世轰动，各国报纸纷纷报道，称中朝方渴望和平，真诚希望尽早停战。美方代表乔埃果然同意南日建议。便在11月22日达成原则协议，以现有军事接触线为停战线。双方又组织参谋人员、绘图专家，分头在两军数百公里战线上实地勘测，在图上标出两军接触线具体坐标。因战斗未息,山头时有易手,战线不断南北游移,复杂处须逐个山头步测,故延至 11 月 27 日方勘测完毕。

双方代表团 11 月 27 日开会,南日、乔埃各代表双方代表团签字,同意以双方现有军事接触线为停战线,并交换地图。又规定若 30 天后仍达不成停战协议,届时再按当时军事接触线重新绘定。自 7 月 10 日首开谈判,到 11 月 27 日达成军事停战线协议,共历时四个月。开始时夏日炎炎,签字时已雪花飘飘。

既达成军事停战线协议,双方代表各松一口气,便冒酷寒风雪,又在板门店谈判战俘交换问题,未料又生出枝节。

朝鲜战争自1950年6月始，战至1951年末，历时一年半，“联合国军”计收容中朝两国战俘共17万人，其中志愿军战俘计约2万，中朝方面共收容“联合国军”战俘1万余人，故“联合国军”收容中朝战俘多，中朝军队收容“联合国军”战俘少。

第三十四章

美国飞机播撒苍蝇跳蚤
中朝军民大战鼠疫伤寒

朝鲜战争自1950年6月始,战至1951年末,历时一年半,“联合国军”计收容中朝两国战俘共17万人,其中志愿军战俘计约2万,余皆朝鲜人民军战俘。人民军战俘中,多是1950年9月美军仁川登陆成功后,因人民军后路被断,在洛东江-汉城之间弹尽粮绝,陷入敌手。中朝方面共收容“联合国军”战俘1万余人,故“联合国军”收容中朝战俘多,中朝军队收容“联合国军”战俘少。

军事停战线协议既已达成,中、朝、美、韩便照谈判议程开始谈判战俘遣返问题。会议开始,南日便依日内瓦有关战俘问题的公约,代表中朝方提出一案,是请双方一旦战争结束,便照日内瓦公约精神,无条件全部遣返各自所收容的战俘。

原来,1929年,世界许多国家鉴于战争残酷,战俘在战争进程中屡遭残害,便派代表在瑞士小城日内瓦开会,达成战俘待遇公约,1949年8月又作修订。公约规定各国须依人道主义精神善待战俘,负责提供有关战俘的消息,允许中立国代表视察战俘营;在战争结束时,无条件向对方遣返全部战俘;所有战俘均无例外,不得放弃遣返权利。即是说,不论战俘意愿如何,都应遣返回本国。南日依日内瓦公约规定提出双方无条件遣返全部战俘,完全符合日内瓦公约,占了国际法的理。

南日建议一出台,便遭“联合国军”首席代表乔埃反对。乔埃提议,双方战俘应照一比一原则对等遣返,即是说,中朝方每遣返1名“联合国军”战俘,“联合国军”方面,便遣返1名中朝方战俘。若照此法,将有15万多中朝战俘被扣。南日将军大奇,道:“自古征战,从未听说交战双方俘获战俘数量能一比一对等,必是一方多、一方

坚守汉江南岸的志愿军部队顽强坚守阵地

少。现中朝方收容‘联合国军’战俘较少，‘联合国军’收容中朝方战俘较多，若按一比一对等遣返原则，待中朝方将‘联合国军’战俘遣返完毕时，‘联合国军’必然继续扣留10余万中朝战俘，这岂非违背日内瓦公约精神？”

乔埃对道：“若贵方不能按一比一原则交换回全部战俘，可以平民抵换。”

中朝方代表一齐斥道：“若如此，岂非是使战俘交换蜕化为奴隶交换？”

乔埃无言以对，半日，方问道：“贵方收容‘联合国军’战俘几何，能否照日内瓦公约精神提供准确数字？”南日要求乔埃先提供中朝战俘数字。乔埃告说有13.3万人。

南日驳道：“根据情报，贵方共收容中朝战俘17万人，如何只说13.3万人？”乔埃对道：“原先虽有17万人，然经查证，其中3.7万人系大韩民国平民，现已释放。故只有13.3万中朝战俘。”稍顿，又道：“根据美国国防部统计，‘联合国军’中，单是美军失踪人员就有三四万人，其中被证实死亡、已获得尸体者，只不过半数，余皆可被认定是为贵方收容。再加上英、法、加、土等其余15国战俘，累计不下两三万，若再加上大韩民国战俘，怕不止有上十万人，贵方如何宣称只收容‘联合国军’战俘和大韩民国战俘总共不过万余人？其余我方人员又在何处？是故我不能相信贵方提供的战俘数字。”

南日听乔埃这样问，侧身望一眼坐在右手的解方，解方会意，便接着说道：“我方在1950年9月以前，虽捕获韩国军战俘有数万人，然不久人民军从洛东江撤退时，战俘皆逃走。去年10月中国人民志愿军入朝后，虽捕获收容‘联合国军’和李承晚军战俘以10万计，然我军出于人道主义精神，在俘虏表示不再拿起武器与我方为敌后，大都就地释放。另有一部分死于贵军飞机轰炸和炮火急袭，故我方现拘押贵方俘虏较少。”

乔埃闻答，沉吟半晌，道：“此言不足信。大韩民国战俘几何尚且不论，单是‘联合国军’16国失踪人员就有三四万人，远不止贵方收容俘虏数。”

解方哂笑道：“闻将军为美军中将，久历战阵，岂能把失踪人员与被俘人员划等号？”

乔埃道：“我军陈规，凡战斗结束，清点战场，战死官兵一律回收尸身，空运回国安葬，若不能找到尸身者，只能断定为贵军收容。”

解方驳道：“清川江、长津湖之战，贵军10余万大军，在清川江、长津湖冰封雪冻中苦战10余日，又一退千里，沿途战死、饿死无数，贵军又何曾返回战场、清点死者、回收尸身？既如此，又怎么能把失踪者与被俘者划等号，又怎知失踪者不是已战死沙场？”这一番话逻辑分明，乔埃又无言以对。

南日待解方话落，扫视会场一周，见场上烟雾腾腾，众人皆吞云吐雾、默不作声，只速记员钢笔划纸的声音沙沙作响。便出言道：“如今军事停战线协议已经签字，只待战俘问题解决，便可停战、实现和平。我方为世界和平大局，愿在规定期限和适当地点，将所收容的全部战俘无条件移交贵方，希望贵方亦能同此办理，向我方移交中朝方全部战俘。”

志愿军在横城发起反击战

乔埃沉默半日不答,只闷头抽烟,半日方道:“我方估计可向贵军移交战俘数计约7万人。”

南日惊道:“按我方统计,‘联合国军’收容我方战俘不下17万人。即使按将军适才提供的数字,也有13.3万人,如何只向我方移交7万人,余者如何处置?岂非公开违背日内瓦公约中全部无条件遣返战俘原则?”

乔埃道:“虽说日内瓦公约中有无条件全部遣返战俘一条,然也须考虑战俘意愿。贵军战俘中愿遣返者约为7万人,余皆留恋我自由世界、不愿遣返,出于人道主义原则,我们不能将不愿遣返的战俘移交贵方。”

南日道:“你又如何知道7万人以外的其余中朝战俘不愿返回自己的祖国?”

乔埃道:“这很简单,可以进行甄别,或是返回中朝方,或是去台湾或大韩民国,皆由战俘自由选择,便能一清二楚。”

解方怒道:“说到底,‘联合国军’是妄想将志愿军战俘交台湾蒋介石集团屠杀了!”南日也斥责乔埃是想将人民军战俘交李承晚政权长期拘押。

乔埃冷冷地对道:“贵军以万余战俘交换7万名战俘,已大占便宜。若将不愿遣返的其余战俘强迫移交贵方,贵方又必令其重上战场参加战争,我方若如此为之,自是搬起石头砸自己的脚。”

未待乔埃说完,解方便插言道:“照此看来,将军只关心双方军力对比,并不关心战俘的命运了!”乔埃又无言以对。

自此,双方代表每日争论战俘问题,各执一说,不能达成协议。虽未宣布中断会谈,然每天与会,皆各闷坐抽烟,有时只对坐几分钟便宣布休会。有次会议只开了25

秒钟,美方代表便夹起公文包宣布休会,然后扬长而去。

"联合国军"总司令李奇微勉强批准乔埃在军事停战线协议书上签字,对未能夺得开城一直耿耿于怀。如今又以一比一对等遣返和自愿遣返为由,欲扣押中朝方10万战俘以供宣传之用,并伺机将人民军战俘送交李承晚,将志愿军战俘送交蒋介石,以补充其兵员之不足。未料中朝代表团在板门店针锋相对,寸步不让,坚持按日内瓦公约精神全部和无条件遣返战俘,反对一比一对等遣返和自愿遣返原则。

正无计可施时,美远东空军司令斯特拉斯迈耶来访。二人见面,先说些1952年美国大选问题,斯特拉斯迈耶问李奇微是否认为杜鲁门会竞选连任。李奇微道:"如我是杜鲁门,就不会竞选连任。"斯特拉斯迈耶问其详。李奇微道:"朝鲜战争打了近两年,我军伤亡颇重,迄今因战俘问题不能实现停战,国内多有怨言。况因麦克阿瑟解职事件掀起轩然大波,现在民主党威望和杜鲁门威望已降至谷底。"

原来,麦克阿瑟因违抗杜鲁门指令乱发议论,主张把朝鲜战争扩大到中国,杜鲁门一怒之下,在1951年4月9日下令解除麦克阿瑟职务。麦克阿瑟性格独断,一向自行其是,如何能忍受此奇耻大辱,便有意借题发挥,在国内掀起反杜鲁门运动。其时美国民众也因苏联试制成功原子弹、中国共产党领导中国革命成功、美军在朝鲜失败陷入迷茫之中,皆对杜鲁门政府不满。麦克阿瑟离开日本回美国途中,一路受到美国民众狂热欢迎。离开日本东京时,东京机场鸣放19响礼炮,18架战斗机在机场上空盘旋翻腾,4架飞行堡垒列队掠过。4月17日,麦克阿瑟座机到旧金山时,旧金山彻夜狂欢,有50万人到机场迎接,300万人在电视中观看现场直播。此后所经之

这是部队在开进途中

地皆万人空巷，倾城迎送。麦克阿瑟到纽约时进入高潮，迎送人群达 750 万，从大街上扫拢的彩纸共 2850 吨，纽约城银装素裹，好似六月飞雪。与之相对应，杜鲁门被民众诅咒为谋杀者、阴谋家，威望大跌。杜鲁门亦因此暗中打算放弃竞选连任。

李奇微举麦克阿瑟旋风为例，说明杜鲁门威望下降，不会竞选连任，下一届总统是共和党人出任。斯特拉斯迈耶连称高见，又问预料何人可能出任下届美国总统。李奇微屈指算半日，皆一一否定。

斯特拉斯迈耶便问麦克阿瑟如何？李奇微摇摇头道："此人志大才疏，不懂政略，只是一介赳赳武夫，不可能出任总统。"稍顿，忽低声道："如今遍观共和党，若想取民主党而代之，还须借一人之力。"

斯特拉斯迈耶便问是谁，李奇微笑而不答。斯特拉斯迈耶又问道："适才进门时，见将军面色凝重，眼神迷茫，似有疑难之事。未知是否说中？"

李奇微虽接替麦克阿瑟任"联合国军"总司令、远东美军总司令、远东美军陆军总司令、盟军总司令四项要职，负责节制斯特拉斯迈耶所属远东美军空军，其实是陆军中将衔，斯特拉斯迈耶则为空军中将，二人虽职务有别，却军衔相当，平日说话比较随便，与麦克阿瑟在东京时情形大不相同。

李奇微闻斯特拉斯迈耶问及心中疑难，便不加隐瞒，直言道："自我任第 8 集团军司令官以来，迄今已整整一年。接替麦克阿瑟任'联合国军'总司令也有半载。去年我接任沃尔克时，'联合国军'千里溃退，势如雪崩，幸得将士用命，才在三七线扭转战局、反败为胜。汉城之战、砥平里之战，我军猛攻，势不可挡，可见中国人的军事实力不耐持久。若允我放手进攻，必能全面突破三八线。然华盛顿那帮文职只知议和，令我在板门店与中国人谈判，心中实在不甘。而今自 7 月 10 日来凤庄谈判揭幕，历时几近半年，刚就停战线问题勉强达成协议，又在战俘问题上受阻。中国人诡计多端，以 1 万战俘换我 7 万战俘，犹不满足，还想将 17 万战俘全部换走。这样谈判纵然成功，我亦是败军之将，无荣誉可谈，是故心烦。"

斯特拉斯迈耶闻言，笑道："将军受命于军败如山倒之际，却能力挽狂澜，一战扭转危局，国人多知将军神勇，能征惯战。"

李奇微挥挥手道："都是往事，不值再提。"

斯特拉斯迈耶想起李奇微适才自夸半日，现在又说不提往事，颇觉滑稽，也不说破，继续言道："眼下这种僵持局面，并不难打破。"回头见李奇微精神振作，侧耳倾听，又说道："自古用兵，讲究和战相济。如今虽是谈和，却可以运用军事优势，迫中国人在谈判桌上让步，同样达到目的。"

李奇微闻言，沉思片刻，叹道："此说固然有理，然自 7 月 10 日谈判开始以后，我军在战场上何曾罢手？先是夏季攻势，次是秋季攻势。夏秋攻势之外，又有空中绞杀战。半年内恶战数场，损失几近 20 万人，飞机数百架，与谈判开始前一年我军损失数相差无几。中国人在谈判桌上反比从前更顽固。"

斯特拉斯迈耶闻言，微微而笑，出言对道："从前以战促和，想法固然对头，然具

志愿军向汉城方向进攻

体施行，却又欠妥。”

李奇微便问其详。斯特拉斯迈耶续道：“先以地面进攻为例。中国军队弱点是供应不足，故打进攻战，只能维持一周战斗力。然依托地形防守，又当别论，故我军夏秋攻势，虽动用数十万大军、数百辆坦克、数千门大炮，辅之以战机千余架，轮番进攻，仍损兵折将，不能迫中国人在来凤庄、板门店让步。”稍顿，未待李奇微发问，又说道：“再以空军绞杀战为例。我军飞机虽多，且日夜出动，究竟有死角。况朝鲜多山，处处是通道，中国不但人多，且多死士，背负百斤翻山越岭，如履平地，铁路公路炸断，凭人力随时修复。实在不能修复，便人挑畜驮，沿小路而进。故任我空军轰炸，仍不能切断其运输线、摧毁其战斗力，达到迫和目的。”

李奇微听斯特拉斯迈耶分析，暗忖道：“皆老生常谈，没有新意。”便不置可否。斯特拉斯迈耶知其意，继续评述道：“我军夏秋攻势和空中绞杀战之所以不成功者，是以我之长击敌之长，虽不占劣势，也不能占便宜，故始终达不到目的。”

李奇微闻以长击长之论，倒觉得有几分切题，便正色问道：“将军可有以长击短之策，替代这以长击长，迫中国人在战俘问题上让步？”

斯特拉斯迈耶又问道：“将军可知道日本关东军？”李奇微闻问，颇是茫然，点头道：“知道。”

斯特拉斯迈耶又问道：“可知 731 部队？”李奇微又道：“知道。只是不知关东军和 731 部队与眼下局势有何关联？”

斯特拉斯迈耶答道：“我这妙计正与 731 部队有关。”

原来，关东军是第二次世界大战时期日本驻屯中国东北的一支陆军部队，负责

志愿军对加平的美军发起攻击

对苏联作战，实力最强时有百万人，世人故有百万关东军之说，谈之色变。731 部队隶属于关东军，名为给水部队，实是日军专事细菌战研究的一支特种部队，部队长是石井四郎陆军中将，凶残无比。731 部队用人工方法培养大量能置人于死地的病菌及携带病菌的老鼠、虱子、跳蚤、蚊蝇，制成炸弹，再由飞机在中国居民密集区空投，人工传播各种传染病源，以细菌弹代炸弹，企图以此摧毁中国，达到征服中国的目的。

战争结束后，关东军和 731 部队土崩瓦解。石井企图东山再起，秘将细菌战资料、菌种、研究成果及相关骨干人员转移回日本国内。美军获悉内情后，一举将其掳获，并利用石井原班人马、资料，继续细菌战的研究。朝鲜战争爆发后，美军又在日本岩国设立特种学校，专门培养美军细菌战人员，包括训练进行细菌战的特种飞行人员。

李奇微对斯特拉斯迈耶这番有关细菌战的话题，似有所悟，问道："将军之意，是否想以细菌弹替代炸弹？"

斯特拉斯迈耶对道："正是。"又言道："中国人人力充沛，不怕轰炸。然只消飞机飞几个航次，投几枚细菌弹，令其军民得流行传染病，便一传十，十传百，不消数周，便能摧毁其战斗力，迫其在战俘问题上让步，不但事半功倍，而且令其不知何以败绩。"

李奇微迟疑说道："此事事关重大，若被揭露，必损害我国我军声誉。"斯特拉斯迈耶笑道："无妨。菌种、培养基、炸弹制作投放技术，皆出自 731 部队原班人马，纵然败露，世人必以为是日本人所为。"说罢，又附李奇微耳旁耳语半天。李奇微闻言频频点头，只嘱斯特拉斯迈耶务必小心谨慎，注意保密。

1952年3月3日，中国东北全境，冰封雪飘，银装素裹，气温为零下十几度。辽宁宽甸附近有一小村。村中有一学生，只十四五岁，早饭后依例背书包上学。行至半途，见雪地上有自来水笔一支，当时捡起，见非国内所产，如获至宝。愈前行，一路皆有各种物品，信封、香皂、糖果、精美画片，愈捡愈多，塞了满满一书包。追踪至一片玉米地中，见雪地上有一弹坑，深不过尺余，坑旁有许多弹片，或为灰白色，或为银灰色，3米外有一钢条，钢条一端有一金属板，附近还有动物羽毛，黄白黑皆有。再仔细看，见坑旁有蜘蛛、苍蝇、花脚蚊子及各种昆虫，皆平日不曾见过，大奇，心道："如今漫天飞雪，滴水成冰，如何有这么多苍蝇蚊虫?"忽想起老师曾叮嘱：美国人有各种花样武器，路上若碰到小物件，不得乱捡乱装。大惧，扔掉书包，掉头跑向学校，向老师报告。老师又报告政府。

政府官员赶到，领人搜索，但见雪地上，在纵一公里横半公里范围内，密布蜘蛛、苍蝇、蚊虫及各种不知名昆虫。凡被叮咬，不论人畜，轻则发烧呕吐，重则昏迷不醒，以至死亡。那中学生当夜上吐下泻，未及天明便一命呜呼。前后十数日，东北各地又有十几处皆报发现大面积奇异昆虫，人畜皆因被昆虫叮咬，流行时疫。朝鲜各处，亦是如此。又报凡发现奇异昆虫、流行时疫处，之前均闻飞机马达声从夜空掠过。不过半月，军民感染伤寒、鼠疫者数以千计，人人谈之色变。

原来，那日斯特拉斯迈耶告辞李奇微后，果令特种细菌战部队驾飞机夤夜起飞，在中国、朝鲜境内乱扔各种带菌的纸片、肥皂、手帕、钢笔等小物品，待到目标区便投下细菌弹。细菌弹其实是陶瓷圆筒，内装各种动物，有蚊虫、苍蝇、跳蚤、老鼠，皆带伤寒、痢疾等各种病菌。陶瓷圆筒落地粉碎，带菌动物便到处散开，果然使伤寒、鼠疫蔓延，殃及中朝军民。

志愿军突破昭阳江

各处将发现奇怪昆虫并流行时疫情况上报北京，周恩来闻讯大惊，料是美军在战场上不能获胜，便采用细菌战法。立即成立中央防疫委员会，自任主任委员，发动群众开展反细菌战的斗争。先派昆虫学家、细菌学家、卫生防疫专家组成志愿军防疫检验队，深入朝鲜战地和东北各地检验查证，计发现美军投放带菌媒体10余种，有蚊子、苍蝇、跳蚤、蜘蛛、老鼠、白蛉子等。病菌亦10余种，计为炭疽杆菌、鼠疫杆菌、霍乱弧菌、伤寒杆菌、痢疾杆菌、沙门氏菌等；又组织防疫大队，共129个，深入疫区指导灭菌，军民亦全体动员，灭蝇灭鼠，时疫终被控制住。

因掌握证据，中朝两国政府皆发表声明，严重抗议美军进行细菌战。美国政府初时百般抵赖，适有美空军第5航空队第3轰炸机联队中尉领航员伊纳克、中尉飞行员奎恩在驾机投掷细菌弹时，飞机被志愿军地面炮火击落，跳伞后被俘。二人感谢志愿军优待战俘的政策，在战俘营中，将如何从事细菌战训练，如何在中朝境内进行细菌作战，细菌弹种类、菌类、如何投放等技术细节，一一交代，又在无线电中向全世界广播。一时世界舆论大哗。世界著名科学家居里在法国巴黎发表声明，痛斥美国罪行。又有世界工会联合会7800万会员，妇女联合会10万会员，青年联盟7200万会员，学生联合会500万会员，并各国政府，皆发表声明、宣言，谴责美国发动细菌战。美国政府无可抵赖，只得令李奇微停止细菌战。

"联合国军"总司令李奇微闻甄别战俘活动受阻,便令美军坦克、装甲车开赴现场,以炮口对准战俘,武装甄别,一遇反抗,便机枪横扫,坦克碾压,从2月到5月,各处战俘营惨案迭起,数百名战俘因反甄别惨遭杀害。消息传开,不但中朝战俘义愤填膺,世界舆论也是纷纷谴责。

第三十五章

利在持久彭德怀筑地下长城
作恶多端李奇微令弹压战俘

彭德怀初闻李奇微发动细菌战，在朝鲜战场和中国东北境内大量投放细菌弹，人畜感染病菌，伤寒、痢疾在军中流行，十分忧虑，数十日寝食不安。告众将道："我军将士能征惯战，多不畏美军炮火猛烈，敢刺刀见红，只这小小细菌，寻之无踪，挥之不去，如影随形，若不早防，必殃及全军，致我功败垂成。"便仿中央防疫委员会体制，也建立志愿军防疫委员会，自任主任委员，在战区动员将士，广泛开战反细菌战防疫运动。一是发现病员，及时隔离医治，前后发现将士感染细菌患病者，计 384 人，有 258 人治愈。二是积极灭鼠灭蝇灭虱，全军制成捕鼠器 140 万具，灭鼠 500 万只，又制成高温灭虱机，动员将士剿灭蚊蝇。三是配合朝鲜地方政府，协助朝鲜居民清除垃圾，疏通下水道，挖新厕所，修新牛棚，及时将粪肥垃圾送往庄稼地里，既能肥田，又能灭蚊灭蝇。奋战数十日，果将疫情控制。

一日，解方面见彭德怀，解方先问反细菌战的情况，道："我等在板门店闻李奇微发动细菌战，将士多感染细菌患病，十分焦虑。"彭德怀当即将如何组织防疫委员会，如何在全军上下开展防疫运动等情况，略作说明。便反问板门店战俘问题谈判情况。解方道："此来正是为了报告谈判情况。"当即谈了美方代表乔埃如何坚持一比一对等遣返，后来又诡称反对强迫遣返，宣称中朝战俘只 7 万人自愿遣返，且其所提交战俘名单多系伪造，上竟有孙悟空、潘金莲、武大郎等名字，令人捧腹。

彭德怀仔细听完解方报告，问道："你是军中秀才，能察言观色，酌情想理。就你现场观察而论，美国人究竟有无达成协议的诚意？"

解方说道："一言难尽。"然后分析道："若说美方完全没有谈判诚意，也不太像，毕竟美方代表并未中止会谈。若说有谈判诚意，更不像。"当时又将美方战俘问题谈判代表哈里逊每次与会，或是沉默，或是刚坐下就离席，有次与会在会场只呆 25 秒钟等情况，作了详细报告。然后总结道："察美方意图，是只肯移交 7 万战俘，将其余 10 万战俘扣押下来，或移交李承晚，或移交蒋介石。若不依美方要求，恐不能达成协议。"

彭德怀接着说道："若依美方要求，恐天理难容。"稍顿又道："无论是一比一对等遣返原则，还是自愿遣返原则，本质都是为扣留我方战俘找借口，我方一条也不能接受。坚持全部无条件遣返战俘，天经地义，决不可向美方让步。"

解方道："大家也都这样认为。只因李奇微发动细菌战，恐挫动我军锐气，致战线被美军乘机突破，令我等在板门店谈判时无回旋余地，故派我回来打探消息，听候指示。"

彭德怀知解方的意思，笑着说道："也难怪你们担心，其实美军发动细菌战时，我也数十日寝食难安。"稍顿，又道："然自去年夏天开始停战谈判以来，李奇微花样百出，先是夏季攻势，而后是空中绞杀战，而后是秋季攻势，而后又是细菌战，皆遭失败。料其再有花样，亦必有限。有我彭德怀在一日，管保李奇微万难北进半步。你们在板门店只管针锋相对，毋虑其他。"

解方去后，彭德怀自进作战室，对图苦苦筹思。心中暗道："李奇微夏秋攻势、空

志愿军在向敌纵深穿插

中绞杀战、细菌战虽遭失败,必不甘心。这对我军的战略态势虽无大碍,然美军毕竟拥有火力优势,若其集中优势坦克、火炮攻击一点,很难说不在某处突破成功,造成全线危机。”想到如此,便令司机备车,欲到前线实地巡视防御情况。众将恐安全不保,苦劝不止。彭德怀慨然道:“古人曾言,瓦罐不离井口破,将军只在阵前亡。世上岂有担心安全不上前线的司令官?”便不睬众将请求,将司令部诸般事务暂作交代,只带一名司机,两名警卫,单车直奔前线。

由志愿军司令部通往前线的公路多盘山而行。美机日夜轰炸,路上尽是深坑,且有几处桥梁道路被炸断,十分难行。小车一路不断避开弹坑绕道而行,又数度停车避弹。颠簸一夜,天明时到一处所,山坡上皆是桑林白杨,十分茂盛,林中隐约可见居民住房。谷中一条小河,自北而南,流至山口,被一拦河坝阻住,形成山口水库。水库虽不算大,却倒映青山,也算有几分景致。彭德怀下车在水库边洗了一把脸,顿觉精神抖擞,旅途疲劳尽去。又打量山势半日,道:“前面必是仙女洞,我带你们去见一见杨司令。”说罢登车。

小车再行不远,果有哨兵拦截。彭德怀虽自报身份,哨兵却不相信,仍不肯放行。正无计时,远远见一小车飞奔而来。待到面前,车门开启处,见一将跳下车来,迎向彭德怀。众人视之,正是志愿军第19兵团司令员杨得志。

杨得志道:“接志愿军司令部电话,告知老总要来,派出几路人马,皆未接住。适才见这里停有小车,料是老总,便来接驾。”

彭德怀打趣道:“你也会挖苦人了。”说话时,众人登车直奔仙女洞19兵团司令部。杨得志便请彭德怀去作战室,准备对图汇报兵团战守部署。彭德怀摆摆手,道声不必,却邀杨得志一同到前方视察阵地。杨得志面有难色,彭德怀笑道:“堂堂杨家将，不是怕炮弹吧？”杨得志道：“不是，是担心老总安全。”彭德怀道：“无妨。我自投身湘军当兵，到平江起义，再经百团大战，转战陕北，迄今戎马三十余年，大小数百战，皆在枪林弹雨中活命，就不信美国炮弹长有眼睛，会认出我彭德怀。”说罢大笑，径自登车。杨得志无计可施，只得勉强登上自己座车，头前引路，离开仙女洞兵团司令部，择路南进，径奔前线。自有警卫部队，乘车远远跟随。

两车前后相随，在山林公路上穿行约一个小时，到一处高地背后，见奇峰插天，绝壁绵延，整个高地皆被新土覆盖，树木多为半截，枝叶尽去，在半截树干上，亦弹痕累累，显系山头长期被炮火轰击所致。再看山谷，不时有烟尘骤起，形如蘑菇，直上云霄。烟尘刚起，便有爆炸声传来，声震山谷。

彭德怀略一打量，知已到最前沿阵地。因不能驱车，二人便下车步行登山。漫山浮土，深没脚踝。约行百余米，进入一处堑壕，深没过头顶。二人到时，壕内战士皆起立敬礼，动作整齐利落，眼睛炯炯放光，偶有一二个头缠绷带者，亦是精神抖擞，全无伤后委顿之态。彭德怀心中高兴，着实说了几句鼓励的话。

告别壕内战士，二人由守山指挥官引路，继续前行，到一处山洞，高宽各约两米。二人进洞，七拐八弯，却是洞内有洞，越往里走越宽敞，且隔成许多小间。粮食弹药堆积如山。彭德怀边视察边询问，不觉走到另一个出口，见有阳光射入，正要攀出去，那引路指挥官一把拉住，道：“千万不可随便探头，对面是敌军阵地，其狙击手正待机射击。”说话时，带二人往右一拐，进入一个掩蔽部，顺手递给彭德怀一个望远镜，道：“这里位置高，可居高临下俯瞰双方阵地。”

彭德怀接过望远镜，从隙望孔望出去，见下面一道深谷被一条小河从中切开。两

志愿军主要利用夜间向敌发起进攻

军各守一道山梁，隔河谷对峙。对面的美军阵地，虽杳无人影，却隐隐有杀机。仔细观察，果见暗处隐有黑幽幽的枪口。再看己方阵地，亦杳无人踪。正要收镜，却见己方志愿军战壕中有人影晃动。彭德怀惊叫一声不好，对面美军阵地果然一梭子子弹扫过来，打得尘土乱飞。美军射手以为击中目标，从壕内抬起头来，手舞足蹈，这边忽又一梭子子弹射过去，对面美军狙击手应声倒地。

这一连串动作，兔起鹘落，惊险万分。彭德怀以为双方枪战，各死一人，那指挥官却告道："这种冷枪阻击战已历时数月，收效颇大。初时两军对峙，美军欺我军阵地不耐炮击，轻易不暴露目标，竟在我阵地对面跳舞，自我军开展冷枪阻击战以来，美军伤亡日增，再不敢在阵前暴露目标，就是拉屎，也是装在罐头盒里往外扔。适才这一阵枪战，我军是以草人套一顶军帽，诱敌暴露目标，真狙击手候在一边。敌军狙击手果然中计，而我军并无损伤。"彭德怀闻言大悦，拍着那位指挥官的肩膀道："好计。"又道："这坑道也挖得好。"那指挥官谦逊地说道："都是杨司令指挥得好。"

原来，自渡临津江之战后，19兵团常打阻击，与美军隔山梁对峙。一日，杨得志到阵地视察，见战士在山背面依崖挖成无数防炮洞，小者供一人隐身，也有两洞沟通，形成V形。杨得志便启发战士道："何不再挖深一些，使能储粮储弹，再挖射击孔，既防敌人炮击，又能杀伤敌军，攻守兼备？"战士果然叫好。自此19兵团阵地皆依山挖成地下坑道，纵横交错，宿舍、餐厅、粮库、弹药库、厕所、俱乐部、洗澡间，一应俱全，能战能守。

彭德怀视察完19兵团坑道，十分高兴。回程路上，告杨得志道："我军人力，较美军有优势，劣势是在火力上。如今用坑道战之法抗御美军炮火，必能抵消美军炮火优势，以利持久作战。"

回志愿军司令部后，彭德怀传令志愿军各前线部队，皆沿200余公里战线，纵贯半岛东西，广筑地下坑道，准备持久作战。又召集全军参谋长会议，研究改进坑道工事，统一规格标准，使之做到七防：一曰防空；二曰防炮；三曰防毒；四曰防雨；五曰防潮；六曰防火；七曰防寒。又规定坑道口土层要厚实；坑道开口和通气孔要多；洞口要严格伪装，辅之以假坑道口；出入口应加设板门；洞内弯曲要多以减缓空气对流，便于防毒；洞内应多顶立柱，增加抗力；洞内设施要齐全，不但要修粮弹储存室，还要修储水池、指挥室、休息室、救护室、澡堂、厕所、俱乐部，高处还要设瞭望孔，以观察敌情。并要有射击工事、交通沟、地堡群，皆成鱼鳞状配置，互为犄角。

自此，志愿军百万部队凭镐头铁锹奋战数十日，挖坑道1000余公里，配套堑壕6000公里，地堡数千个，完成土石方有数千万立方米，果然沿250公里战线筑起地下堡垒，能攻能守。部队轮流驻守坑道，连队半月一换班，团队三个月一换班，一个军则九个月一换班。将士不但依托坑道防守，且依托坑道进攻。两军对阵或以冷枪伺机射击，或以冷炮掀开敌军工事，乘敌暴露时令射手射击，是为"冷枪冷炮战"。两军之间，若有无关紧要阵地，便派小分队与敌接战，速战速决，打完即撤，是为"抓一把"。若有紧要阵地，便使坑道工事前伸，迫敌退走，是为"挤阵地"。乘夜黑派小分队摸出

志愿军坚守防御阵地，打退敌人的进攻

坑道，在敌通道上布设地雷、陷坑，是为“锲钉子”。凡此种种，花样翻新，不一而足。志愿军各处阵地因有坑道支撑，不但稳如泰山，且在百日之内，凭冷枪冷炮战，并以抓一把、挤阵地、锲钉子之法，杀敌万余，得大小山头阵地十余处。

1950 年 9 月仁川登陆成功后，美军曾击溃朝鲜人民军主力，俘获 13 万人，后战俘陆续增加，几近 20 万，便将所有战俘移至巨济岛关押。巨济岛在对马岛与釜山之间，距釜山只有 50 公里，面积约 200 平方公里。岛上遍布礁岩，不适人类久居。美军在巨济岛辟出 4 个俘虏营区，每营区设 8 个俘虏营，每营计划收容 6000 战俘。各战俘营皆圈铁丝网，内外共五道。战俘营四角皆筑有岗楼，机枪手怀抱机枪，日夜值岗。夜间探照灯来回照射，使营区虽在黑夜，亦灯光如昼。更有警犬、坦克、装甲车候在营区门口，随时应付战俘暴动。每当中朝战俘进入战俘营，美军士兵便一拥而上，强迫搜身，所有物品，一概没收。然后对战俘逐个照相、登记、按指纹，给每个战俘发一枚小铁牌，其上载有入营日期、编号。又规定每 50 个战俘住一顶帐篷，相互间不准交头接耳，不准东张西望，上厕所必须请示。擅离战俘营者，皆格杀勿论。不但如此，美军又先后召来李承晚和台湾蒋介石政权的特务，美军远东军事情报局、心理调查局等机关也派出人员，对中朝战俘“洗脑筋”，宣传共产主义无道、西方是自由世界，要求中朝战俘背弃祖国，投奔李承晚、蒋介石并西方自由世界。

1951 年 12 月，板门店谈判讨论战俘问题时，中朝战俘中有少数不纯分子，多为前国民党投诚士兵或日伪时期做过伪军的士兵，经李承晚、蒋介石特务诱惑，表示不愿遣返。美方便以此为由提出自愿遣返原则。又不顾中朝方面反对，擅自在战俘营中对中朝战俘进行甄别。甄别时先由蒋、李特务印好拒绝遣返的请愿书，发给战俘，造谣说中朝战俘若遣返回国,或被杀头,或被永久关押,或被监督劳改,将永无出头之日,不如投奔自由世界。若战俘不从,轻则毒打,待昏迷时,强按手印;重则打死,杀一儆百。因强行甄别战俘,战俘营中嚎骂威吓声日夜不绝,战俘皆在恐怖中度日。有的年轻战俘甚至被美国军事情报部门强行征走,进行特工训练,再强令携带器材,空投志愿军后方,为美国卖命。

1952 年 2 月 19 日午夜,朝鲜谷山郡,万籁俱寂,夜幕正沉。一架美制 C—46 运输机,鬼鬼祟祟窜入谷山郡上空,照例空投特工人员。前四人空投跳伞成功,第五人姓张名文荣,原为志愿军见习报务员,1951 年 5 月在春川附近被俘,押入巨济岛战俘营,后被美蒋特务强押至日本接受情报训练,编为“联合国军”情报人员,张文荣假装从命,这日被派在谷山郡空投,待前面四人跳伞后,张文荣从怀中摸出一枚手榴弹,打开弹盖,将弦拉断,见青烟突突,返身投入机舱,然后从容跳伞落地,半空轰然一声巨响,美军运输机立时在高空化为火球,飞行员亦只得跳伞逃生。

张文荣落地归队后,哭诉美、蒋、李特务如何强行甄别战俘,如何强迫战俘当特务。中朝方得知战俘受虐,便想方设法营救战俘。

“联合国军”总司令李奇微闻甄别战俘活动受阻,便令美军坦克、装甲车开赴现场,以炮口对准战俘,武装甄别,一遇反抗,便机枪横扫,坦克碾压,从 2 月到 5 月,各处战俘营惨案迭起,数百战俘因反甄别惨遭杀害。消息传开,不但中朝战俘义愤填膺,世界舆论也是纷纷谴责。

1952 年 5 月 7 日下午 1 时,巨济岛第 76 号战俘营中朝战俘集体绝食,要求面见巨济岛美军战俘营最高长官杜德准将,争取改善待遇。杜德应约而来,隔铁丝网与中朝战俘谈判。战俘代表列举实例,指控美军如何虐待战俘,如何断粮断水,如何强行甄别战俘,皆违反日内瓦公约,请求改正。杜德漫不经心,时而吹口哨,时而剪指甲,

志愿军利用前线相对平静,抢修工事

不作正面回答。双方正僵持时,76 号战俘营营门大开,十几名人民军战俘突从营帐中冲出,将杜德横拖倒拽,抬入战俘营,扣押起来。候在营外的美军坦克、装甲车,如飞冲至营前,正要闯入,被杜德一纸手令止住。

次日,中朝战俘举行控诉大会,控告美军虐待战俘暴行,杜德端坐一边,只好恭听。控诉会毕,中朝战俘代表又与杜德谈判,要求美军满足战俘四大要求,一是立即停止侮辱、威胁、监禁、虐杀战俘,保障战俘人权和生命安全;二是立即停止甄别战俘;三是停止自愿遣返活动;四是承认中朝战俘联合组成的战俘代表团。杜德因理亏心虚,又被拘押,对中朝战俘的要求一一承诺。

美将李奇微,新被杜鲁门任为北约盟军总司令,调往欧洲,所遗"联合国军"总司令、驻日盟军总司令、远东美军总司令、远东美军地面部队总司令四项职务,由克拉克接任。李奇微正要移交,忽传来消息,报说杜德准将在巨济岛被中朝战俘拘押,勃然大怒,一面怒骂杜德愚蠢,如何被赤手空拳的战俘擒获,一面又调精锐部队,计坦克 1 个营、伞兵 1 个团,开往巨济岛战俘营,准备武装镇压。又令科尔森准将接替杜德,任巨济岛战俘营最高长官。

5 月 11 日夜,美军重兵一齐进抵巨济岛,将 76 号战俘营团团围定。指挥官科尔森投鼠忌器,恐杜德遇害,不敢进攻。李奇微令道:"与共产党作战,牺牲自不可免,杜德虽是将军,亦与士兵生命无别,士兵能牺牲,杜德牺牲亦无妨。"恰在这时,中朝战俘因杜德已答应四项要求,将其释放。科尔森见杜德出营,再无顾忌,立刻命令机枪扫射,坦克开入营内横冲直撞,霎时间,76 号战俘营内枪声大作,喊声、哭骂声惊天动地,营中血流成河,中朝战俘死伤以百计数。

恶战43日,美军并“联合国军”阵前弃尸,累计2万余具。范佛里特因见上甘岭一隅之地都久攻不下,便到阵前视察,见山头变形易位,阵前尸横遍野,志愿军仍坚守不退,大发感慨,叹道:“想不到小小的上甘岭,竟变成‘联合国军’的凡尔登。”当时电告克拉克,请允放弃进攻,另做打算。克拉克无奈,只得同意。

第三十六章

克拉克空袭中朝边
秦基伟建功武圣山

克拉克生于1896年，时年56岁。少时也进过西点军校，与李奇微是同班同学。克拉克与麦克阿瑟也有世谊之交。克拉克少时，其父在军中任职，职衔少校。那时麦克阿瑟在克拉克父亲麾下，职衔中尉，常到克拉克家中度假，是故相熟。二次世界大战时期，克拉克先任美军第5集团军司令，后任第15集团军群司令，在意大利作战，军功卓著。因意大利也是半岛，与朝鲜战区情形雷同，克拉克便被择接替李奇微，指挥美军在朝作战。

克拉克一到任，便因科尔森处理杜德事件不力，将其解职，另任博特纳将军为战俘营最高长官，强化对中朝战俘的控制和甄别活动。又因乔埃在板门店谈判中表现不佳，也将其解职，另调哈里逊为“联合国军”首席谈判代表。

中国志愿军方面，因司令员彭德怀额生肿瘤，回国医治，病愈后留京主持军委工作，任邓华为志愿军代司令员兼代政委，全盘负责志愿军在朝诸般事务。另调杨得志任志愿军第二副司令员，具体指挥前方战事，所遗19兵团司令员一职由韩先楚接任。中朝谈判代表团也有变动。金元武少将接替郑斗焕，任人民军代表；志愿军方面则调来杜平，专门负责战俘问题谈判。

克拉克接任“联合国军”总司令后，立功心切，急欲打几个胜仗，使战线向朝鲜半岛北部推移，好扬名天下。仔细读军情通报，见“联合国军”并李承晚军队，地面部队第一线有15个师，第二线有3个师，合计18个师，共60万人。中国志愿军和朝鲜人民军第一线部队有9个军，第二线有4个军，约百万人，在人力方面，拥有优势。“联合国军”只在海空方面有优势，难从地面上突破。苦思数日，提出了一个行动计划，上报杜鲁门总统，请予批准。计划共分八点：一是轰炸水丰发电站，二是轰炸平壤，三是轰炸平壤至开城供应线，四是轰炸朝鲜境内政治经济和军事目标，五是释放归顺了的战俘，六是中断板门店谈判，七是加强李承晚军队，八是调用台湾蒋介石军队参战。

杜鲁门接到克拉克电报后犹豫不决，便召集众人讨论。参谋长联席会议主席布雷德利、国务卿艾奇逊皆与会。国防部方面，原部长马歇尔因年迈退休，已由原国防部副部长洛维特继任。杜鲁门等众人到齐，先开言将朝鲜战局、世界大势略作介绍，便宣读克拉克八点建议，请众人发表意见。

艾奇逊抢先发言道：“轰炸水丰电站，调用蒋介石军队参战，中断谈判，皆与麦克阿瑟的主张无异。以前已否决过麦克阿瑟的主张，现换上克拉克，再予贯彻，不但政治上多有不便，且利少弊多。”

布雷德利却说道：“克拉克建议表面上虽是从前麦克阿瑟建议的翻版，其实因时势不同，便有根本区别。”众人便问其详。布雷德利分析道：“克拉克建议中二三四条：轰炸平壤、朝鲜交通线并其余一切大小目标，在麦克阿瑟和李奇微任‘联合国军’总司令时期一直由空军执行，并非新计，只空军飞机数量不够，效果不甚理想。增强李承晚军队，则是我长期政策，也一直在努力执行。”

艾奇逊见布雷德利如此分析，忍不住打断道：“虽如此说，水丰电站在鸭绿江上

志愿军战士在抢修工事

游,与中国只隔一河,前次不允许麦克阿瑟派飞机轰炸,是恐激怒中国,不允蒋介石军队参战,原因亦在于此。今克拉克重提,岂非重复麦克阿瑟的建议?"

布雷德利又对道,"从前否定麦克阿瑟的建议,是恐误炸中国,使战争扩大。如今中国参战已成为事实,即使因炸水丰电站误炸中国,也无关大局。至于启用蒋介石军队,克拉克言明是施放烟幕,虚晃一枪,意思是并不真地调用,试试亦是无妨。"二人当时唇枪舌剑,争执不下。

杜鲁门看时候不早,出言止住二人,总结道:"二人立议,各有其理。为今之计,可批准克拉克建议,只第五条释放归顺的战俘,第六条中断谈判,须从长计议。"稍顿,又道:"如今我国介入朝鲜战争已历时三个年头,官兵伤亡已逾10万,耗战费百多亿美元,物资数千万吨,国内多有怨言,盟国亦不满意。现在大选在即,若不迅速结束战争,不但不利我民主党继续掌权,且亦不利于对苏战略。故轰炸水丰电站及朝鲜境大小目标,可破坏中朝经济恢复发展和军事供应,可迫中朝在板门店接受我方要求,尽早达成停战协议。然须切记,大轰炸是促中国人接受我方政治要求,尤其是迫其同意战俘自愿遣返原则。故轰炸归轰炸,板门店谈判却不可中断。现时亦不应释放战俘,以免国际社会责我破坏谈判,使中朝方面得到口实,破坏停战大局。"

杜鲁门一言既出,便如军令,众人再无他议。克拉克得杜鲁门指令,大喜。当时便沿两军250公里战线,到处施放烟幕,令汽车坦克日夜横向来往调动,又令海军舰队沿朝鲜东西海岸北上,不时炮击中朝军队阵地,耀武扬威,摆出由三八线正面阵地全面出击,再由侧翼登陆的架势,吸引中朝军队注意。却暗中在韩国境内修筑秘密机场,增调飞机。

6月23日，克拉克认为已准备完毕，便令空军出击。当日出动飞机600架，长途奔袭，直飞中朝边境鸭绿江南岸，轰炸各水电站。此后每日都有大机群出动，动辄以百架计数，或炸平壤，或炸鸭绿江沿岸各水电站，或炸四角地区交通线，或炸清川江大桥。凡村镇房屋、桥梁渡口、车辆行人，无一不是攻击目标。朝鲜南起三八线，北抵鸭绿江，又终日炸弹呼啸，烟尘蔽日。

杨得志调任志愿军第二副司令员，负责主持军事作战，自知责任重大。适逢克拉克继李奇微任为"联合国军"总司令。杨得志便告众将道："古人向有新官上任三把火之说。克拉克不但是新官上任，且其人爱出风头，与麦克阿瑟并无二致，料其为在声誉上压倒麦克阿瑟和李奇微二人，旬内必有大动作。"

时隔未久，就有消息传来。克拉克新调博特纳少将接替科尔森任战俘营最高长官，愈加疯狂虐待战俘。各战俘营甄别战俘活动非但未因杜德事件中止，反加速进行。若有抵抗，格杀勿论。5月20日，美军在釜山毙伤战俘86人。稍后，又发生四次屠杀，共有12人致死，18人受伤。又报克拉克令哈里逊接替乔埃任"联合国军"首席谈判代表。哈里逊不但坚持自愿遣返战俘要求，且动辄在板门店会谈时捣乱破坏，宣布休会，使会谈无法照常进行。6月23日，又报美机600架，分批集中轰炸鸭绿江水丰电站，此后，美机连日大批出动，日夜狂轰滥炸，长津江、赴湖水电站，清川江大桥，四角区铁路线，皆遭损毁。

杨得志综合各种情报，仔细分析后告众将道："克拉克不顾世界舆论谴责，继续强行甄别中朝战俘，不从者格杀勿论。又令哈里逊替代乔埃，任为'联合国军'首席谈判代表。哈里逊在板门店并不认真谈判。此皆说明克拉克无意停战。近日美军飞机大批出动，猛袭鸭绿江沿岸电站，并对我各处铁路公路、桥梁隧道狂轰滥炸，察其意

志愿军在商讨阵地防御问题

图,必是伺机由地面突破,向北进攻。只两军战线绵延250公里,却不知其择何处突破。"

众将见问,皆低头沉思。半日,方有一人起身指图道:"我以为克拉克若从地面进攻,必择西路延安半岛为突破口。"众人回视,见这人虎背熊腰,身高在1.8米以上,却是志愿军副参谋长王政柱。

王政柱虽生得粗壮,却因久随彭德怀,长期从事参谋工作,心思缜密。当时不慌不忙,从容指着图中延安半岛说道:"延安半岛在三八线以南、礼成江以西,从前为李承晚政权控制,得之可东控开城侧背、西侵瓮津半岛,战略地位重要,此为其一。"

杨得志插言道:"有其一便有其二,且说说其二。"

王政柱道:"其二是,延安半岛三面临海,利于敌军海军活动,其战列舰舰炮火力可覆盖整个半岛。我军虽广筑坑道工程,绵延200余公里,延安半岛却因地势平坦未能形成坑道系统,是为我军防御的弱点。"

众人闻言,皆暗暗点头,又问其三。王政柱又道:"近闻克拉克集齐美将范佛里特并美军各军军长、远东司令部作战处长,皆到美7师防区视察,又将其伞兵187团调往汉城地域,加强美7师。汉城周围公路线,繁忙甚于平常,每日来往的军运汽车不下千辆,多是重载。美海军航空母舰'拳师号'、'西西里号',由战列舰、巡洋舰、驱逐舰护航,已进入江华湾。"稍顿又补充道:"近日我驻延安半岛部队捕获李承晚派遣特务多名,皆供称是为夺取延安半岛搜集情报。美方拖延停战谈判,也是为满足李承晚要求,夺占延安半岛,迂回攻击开城。"众将甚是认同王政柱的分析。

杨得志经过与邓华等人商议,便令韩先楚统志愿军第19兵团各军并人民军第21旅,调整部署,加强侦察,注意延安半岛方向,防敌登陆,保卫开城。又令西海指属各部队,严密注意海岸方向,若延安半岛打响,立即全力救援。

西海指乃西海岸指挥部简称,与东海指并立,原是志愿军为防美军在朝鲜蜂腰部登陆、包抄志愿军侧背临时设立的指挥机关。西海指辖区在朝鲜西海岸平壤、开城之间。东海指辖区在朝鲜东海岸元山、襄阳之间。属下部队各几个军,约10万人左右,视军情时有增减。

志愿军西线第19兵团、西海指属下第9兵团各附属部队,均严阵以待,候敌进攻延安半岛。哪知半月竟无动静,美军仍引而不发,只作进攻姿态。杨得志正奇怪时,忽又有报告,说战线中央五圣山地区,军情骤然紧张,美军每日在阵前投放烟幕弹,绵延十数里或数十里。烟幕弹后面,终日马达隆隆,人叫马嘶,派侦察兵潜入敌阵打探,报说敌阵中每日来往车辆、坦克不下千数,皆满载人员物资。

杨得志走近地图,仔细打量,见五圣山左有金城,右有铁原,背靠平康,屏护铁三角右底角,正在战线中央。若为敌军攻占,敌向左可攻击铁原,向右可攻击金城,向前可威逼平康,占领铁三角。是以五圣山得失,关系全局。再看五圣山山势,高有千余米,向东西两端伸展,犹如一道门闩,正封住敌军通往铁三角的大路。五圣山南坡有一次高峰,名上甘岭,屏护五圣山主峰。上甘岭东西两翼各有一道山梁,向南延

志愿军战士在阵地上一面吃饭，一面监视敌人

伸数里，恰如五圣山向南伸出的触角。东为北山 537.7 高地，西为西坡 597.9 高地。越过北山和西坡两高地，隔一道山谷，是上甘岭。上甘岭南去约 5 公里便是金化。二处皆为美军第 45 师所占。

看完地图，杨得志筹思半日，心道："克拉克果然狡猾，一眼相中了上甘岭和五圣山。若失上甘岭，必失五圣山。若失五圣山，必失铁三角。铁三角一失，我全线门户大开，必全线崩溃。"心中这样想，便问身边的王政柱道："五圣山由谁负责防务？"王政柱道："由第 3 兵团第 15 军秦基伟军长负责。"

秦基伟生于 1914 年，祖籍湖北红安。13 岁参加黄麻起义，投身革命。15 岁参加红军，曾任红四方面军总参谋部补充师师长。抗日战争时期任八路军游击支队司令。解放战争时，先任太行军区司令员，后任第二野战军第 3 兵团第 15 军军长，转战南北，军功卓著。上年统所部入朝，一直在中路作战。

杨得志闻报是秦基伟和第 15 军守五圣山，略感放心。便与秦基伟通电话，询问军情。秦基伟告道："敌军连日活动频繁，所有活动皆以烟幕遮蔽，每日只闻敌阵中马达轰鸣，人叫马嘶，却不见人踪。派侦察队打探，只我 45 师正面便发现敌军军车有千余辆，日夜赶运人员物资。以此推断，美军似进攻在即。"

杨得志又问防务情况。秦基伟告说五圣山主阵地、上甘岭主峰并北山 537.7 高地和西坡 597.9 高地，皆经营多日，筑有地下坑道，四通八达，能攻能守。两高地各置一个加强连，坑道中已储足粮弹饮水。将士多抱定一人舍命，十人难当的决心，誓与阵地共存亡。又报说上甘岭主阵地有一个加强营，五圣山主峰有一个加强团。全军其余部队在四周散开,准备随时救应五圣山守军。

杨得志听完报告,对守山部署赞赏了几句,又嘱道:“铁三角是我250公里战线枢纽点,我百万将士安危尽系于铁三角一地。铁三角安危又系在五圣山。五圣山安危又系于上甘岭。上甘岭安危又系于北山西坡两高地。是故上甘岭和北山西坡两高地阵地虽小,却关系全局,务必死守到底。”

与秦基伟通过电话,杨得志仍不放心,便拨通了兵团司令部电话。第3兵团司令员兼政委原是陈赓,新近回国,任人民解放军军事工程学院院长兼政委,现由王近山以副司令员身份主持工作。王近山也是红安人,1915年生。1930年参加红军,曾为红军第93师师长,抗日战争时期任过八路军旅长,解放战争时任第3兵团副司令员兼第12军军长,入朝后专任志愿军第3兵团副司令员。

杨得志在电话中约略说明五圣山、上甘岭及其两高地安危关系全局,须确保万无一失,兵团务必随时注意五圣山战事。王近山闻令,表示一定保证15军守山部队粮弹供应,全力提供炮火支援;令李德生统第12军严阵以待,随时救援。又建议杨得志动用志愿军机动部队,先敌发动,进行一次反击作战,打乱敌军部署。

搁下电话,杨得志便将王近山的意见告诉王政柱。王政柱、邓华亦表示赞成。当时便令调第一线机动部队3个军,各选定美军三至五处突出阵地,派精锐突击队突袭,扰乱敌军部署。

各部连夜发动,皆先集中炮火猛轰敌军孤立阵地,待山头起火,敌军工事被毁,步兵突击队乘势猛冲,只一夜,便占敌十余处山头阵地。未隔几日,杨得志又旧计翻新,调第一线机动部队7个军,也各派精锐突击队,选美军三至五处阵地突击,虽投入的总兵力不过数千,却动用760门大炮,沿180公里战线同时发动。只一夜恶战,

战斗期间部队召开诸葛亮会

又杀伤了一大批美军，得美军二十余处阵地。

美将克拉克得杜鲁门允许，令美军飞机倾巢出动，突袭鸭绿江各水电站并朝鲜境内大小目标，以为如此便可摧毁鸭绿江各水电站，切断中国东北各工厂电力供应，并切断朝鲜军事运输，争取战场主动，未料事与愿违。美军飞机虽狂轰滥炸，摧毁不少村镇农舍和军事目标，却遭中朝军队高射炮狙击。中国空军得苏联空军相助，又伺机伏击，以小机群引开美军护航飞机，再以大机群截击美军轰炸机群，使美空军屡遭重创。美军前后折损飞机不下数百架。

突袭不成，克拉克又在汉城地域集结陆海军重兵，准备在延安半岛登陆，往左席卷瓮津半岛，往右席卷开城。正要发动，却得密报，志愿军外松内紧，在延安半岛左右部署两个兵团，约 20 万人，布下口袋阵，专候美军进攻。克拉克心中惊异，便令中止延安半岛登陆作战，移兵中线，准备由金化进攻五圣山，撕开志愿军战线中央，抢回战略主动权，谓之金化攻势。

刚部署毕，正要发动进攻，志愿军又用麻雀闹林战术，出动机动部队，以班排连营为单位，沿 180 公里战线，择美军和李承晚军孤立阵地猛攻。一时间，“联合国军”几百里战线，竟是东面起火，西面来风，南面炮吼，北面枪响，被打得百孔千疮。美军连败数十阵，虽每战场面不大，却积少成多，折损人马数千，失去数十处阵地。

克拉克怒气冲天，令美军全线反攻，务必夺回夜间丢失阵地。两军各以班排连营兵力缠斗。志愿军每每夜袭，夺占美军阵地，美军又凭优势火力，白天反扑，将阵地夺回。如此反复不已，阵地前尸横遍野。恶战数十日夜，美军、李承晚军并各路“联合国军”部队，累计折损已不下二三万人。进攻五圣山计划，遂被冲乱。

美军第 8 集团军司令范佛里特亲临前线督战，见争夺数十日无战果，便告克拉克道：“中国人先发制人，沿全线零敲碎打，意在阻我进攻五圣山、由中央突破。然中国人拥人力优势，擅长夜战近战，犹长于肉搏战，且广筑坑道，适于鏖战，我军利在拥有火力优势，然亦难在全线处处形成火力优势。是故全线鏖斗，十有八九于我军不利。不如停止鏖斗，收拢兵力，重新准备进攻上甘岭和五圣山。若得此二处阵地，铁三角唾手可得。若得铁三角，我军便能高屋建瓴，从中撕开中国人中央阵地，再席卷左右，或东或西，皆可由我。”

克拉克依其计，令各处美军、李承晚军并“联合国军”其余各部人马皆取守势，却将所有机动部队，计美 9 军第 7 步兵师，李承晚军第 2 师和第 9 师，“联合国军”埃塞俄比亚营、哥伦比亚营等，共 3 个师 23 个营，6 万人，辅以 200 辆坦克、千门大炮、几百架飞机，围定五圣山日夜攻打，其中又以争夺上甘岭西坡北山两高地为重点。

上甘岭各处阵地，合计总面积只 3.7 平方公里。进攻第一日，美军先集中全部大炮、坦克，一齐猛射，炮管皆被打红。炮击未完，几百架战机飞临上空，大小炸弹冰雹般落下。前后不过两小时，五圣山各处阵地便落炸弹、炮弹 30 万枚，其中上甘岭北山西坡两高地各落弹 5 万枚。一时间山摇地动，烟火冲天，合抱古树连根拔起，又被弹片切成无数截，埋入土层，山头皆被削平。

志愿军与进攻的美军激战

炮击完毕,数营美军手舞足蹈,大喊大叫,踩着没踝新土,如潮涌到。待到山头阵地不远,迎面射来密集的弹雨,手榴弹、手雷也冰雹般落下,在阵中开花。却是志愿军守山部队,皆从坑道深处钻出来,抢占阵地,迎头痛击敌人。美军进攻部队以为经猛烈炮轰,志愿军阵地已被摧毁,将士非死即伤,山头唾手可得,是故进攻时大摇大摆,并不提防。经此打击,顿时呼啦拉倒下一大片,余者赶紧回头,连爬带滚逃下山头。

第一轮进攻失败,美军前线指挥官勃然大怒,令炮兵再猛烈发炮,将山头削平尺余,再组织步兵,以连营为单位重新冲锋。如此反复,每日数度。恶战数日,山头累计落弹不下数十万枚,整座山如被犁过一遍,又耙过一遍,新土盈尺。志愿军阵地多被炸毁,坑道亦被炸塌,西坡北山两高地表面阵地皆为敌军所占。志愿军余部皆退入坑道深处,伺机反攻。美军为清除隐患,竟用硫磺弹炸、用烟火熏,又用炸药炸塌山崖,堵塞各坑道口。

秦基伟坐镇军部,望远镜中遥见五圣山、上甘岭方面整日烟火冲天,遮云蔽日,炮声震耳欲聋。因敌军炮火猛烈,增援上不去,伤员下不来,通讯联络中断,焦急万分。恶战数日,闻上甘岭方向枪声渐弱,望远镜中又见北山西坡两高地人影幢幢,成百上千,皆头戴钢盔,佩戴 U · S · A 标记,全是美国大兵,知两高地失守。当时召来一将,告道:“北山西坡两高地关系我百万军安危,若不能夺回,上甘岭、五圣山并铁三角皆不能保。”便令统步兵一个营沿秘密通道潜至上甘岭一侧待机。

黄昏时分,美军进攻部队因攻占北山西坡两高地,十分得意,便依山扎营,架起篝火,又歌又舞。正得意时,忽从五圣山方向射来无数炮弹,在篝火堆中开花。却是秦基伟秘密调来苏制多管火箭炮一营,并山炮、野炮共百余门,乘敌不备,突然发射。美军骤经炮击,死伤无数,阵形大乱。志愿军潜伏部队分为两支,各拥步兵两个连,左一支猛攻北山,右一支猛攻西坡。藏在坑道深处的原志愿军守山部队余部,知援军攻到，皆振作精神，奋力挖开被堵塞的坑道口，端枪杀入敌阵。上下夹击，美军纷纷弃枪逃窜，两高地又为志愿军收复。

自此，从10月14日美军开始进攻，至11月25日美军进攻中止，两军每日以成营成团兵力，反复争夺上甘岭一隅之地，阵中落弹累计190万发。志愿军第15军官兵前仆后继，又得12军各师并炮兵两个师又四个团支援，终使上甘岭阵地安然无恙。恶战43日，美军并“联合国军”阵前弃尸累计2万余具。范佛里特因见上甘岭一隅之地久攻不下，便到阵前视察，见山头变形易位，阵前尸横遍野，志愿军仍坚守不退，大发感慨，叹道：“想不到小小的上甘岭，竟变成‘联合国军’的凡尔登。”当时电告克拉克，请允放弃进攻，另做打算。克拉克无奈，只得同意。

艾森豪威尔当选美国第34届总统后,便照惯例更换阁员。国务卿换上杜勒斯,国防部长由威尔逊接替。只参谋长联席会议主席布雷德利因是军职,规定任期在1953年8月结束,便暂时留任,待任期到时,改由太平洋舰队司令雷德福接替。意。

第三十七章

留恋白宫哈里酸溜溜 访问朝鲜艾克兴冲冲

美军金化攻势遭到失败，在五圣山、上甘岭前折损2万余人的消息传至美国国内，一时舆论大哗，报纸舆论多仿范佛里特口气，把上甘岭比作美军的凡尔登，民众对朝鲜战争的拖延徒招美军官兵死伤，怨气冲天，影响了总统大选结果。杜鲁门留恋总统职位，本有意连选连任，无奈因指导无方，致美军在朝鲜迭遭重创，停战谈判又迁延不决，兼之与麦克阿瑟发生争执，威信大降，便知难而退，推出史蒂文森代表民主党人竞选总统。

共和党人自1933年以来，被赶离白宫已逾20年，见民主党人因朝鲜战争失败，威风扫地，便认定机会难得，推出名将艾森豪威尔代表共和党竞选总统。

艾森豪威尔姓德·怀特，人多昵称为艾克。艾克生于1890年10月14日，时年62岁。少时家贫，曾就学于西点军校。毕业后从军，任职少尉。稍后参加第一次世界大战，晋升上尉。1924年，艾克又进美军参谋学校深造，隔两年，以总成绩第一名毕业。1933年，艾克到菲律宾任职，在麦克阿瑟麾下任中校参谋长，因重整菲律宾陆军有功，深得麦克阿瑟赏识。第二次世界大战初，艾克又得马歇尔赏识，任美军作战计划处少将处长，后晋升为驻欧美军总司令、欧洲盟军总司令，指挥美、英、加、波、法并巴西等国盟军共数百万，反攻欧洲大陆，与德国法西斯军队恶战，尤以统百万军在诺曼底突破德军海岸防线、强行登上欧洲大陆一战著称于世。自此扶摇直上，晋升为五星上将，与麦克阿瑟、马歇尔等军中宿将齐名。

第二次世界大战结束后，艾克先任美国陆军参谋长，后任哥伦比亚大学校长，并写成《远征欧陆》一书，畅销不衰，一夜成为富翁。1950年秋，北大西洋公约组织初立，艾克又被任为北约总司令。为参加1952年总统竞选，艾森豪威尔将北约总司令一职移交李奇微，又辞去军职，匆匆回国，到处演说，批评杜鲁门民主党政府指导无

志愿军攻占西海岸的大和岛

方,致美军在朝鲜军事失败,停战谈判又迁延时日。许诺一旦上任,便迅速结束朝鲜战争。美国选民,本因美军在朝鲜失败,战争无限期拖延,新近又在上甘岭损兵折将,憎恨杜鲁门政府,见艾森豪威尔这般许诺,无不欢呼雀跃,纷纷投票,支持艾森豪威尔出任总统。到1952年11月5日,大选揭晓,艾森豪威尔得票3393万张,大获全胜,接替杜鲁门入主白宫,当选为美国第34届总统,并在1953年1月20日正式上任。

艾森豪威尔当选美国第34届总统后,便照惯例更换阁员。国务卿换上杜勒斯,国防部长由威尔逊接替。只参谋长联席会议主席布雷德利因是军职,规定任期在1953年8月结束,便暂时留任,待任期到时,改由太平洋舰队司令雷德福接替。又因新旧总统更替,需办移交,便择1952年11月18日,在白宫会晤杜鲁门,商讨移交细节。

这一天,杜鲁门政府国务卿艾奇逊、国防部长洛维特、财政部长斯奈德皆与会。会开了一半,便议论朝鲜战事。艾森豪威尔先问朝鲜军事,美军有多少兵力参战,损失几何,敌军有多少兵力。

杜鲁门请国防部长洛维特回答。洛维特找出一份文件,照单报告说美军在朝部队,计有地面部队1个集团军,3个军,下辖海军陆战队第1师、骑兵第1师等共9个师2个团计37万人;海军战舰210艘,排水量85万吨,舰载机383架,舰员7.3万人;空军18个联队,1个大队,4个中队,战机1440架,兵员9.5万人。陆海空三军合计约为54万人,战舰210艘,飞机1800架。又报说韩国军计为陆军3个军16个师3个独立团,共约49万人;海军战舰3万吨,舰员1万人,空军两个飞行团,146架飞机,兵员1万人。陆海空三军合计51万人,飞机146架。又述及“联合国军”其余15国军队有陆军4个旅、1个团、10个营、1个排,合约4万人。15国海军计有24艘战舰共15万吨,舰载机40架,舰员计约1万人。空军计有两个中队,飞机70架,兵员600人。15国陆海空三军合计兵员5万人,飞机110架,战舰24艘。总计美军、韩国军并“联合国军”其余15国在朝陆海空三军,总计兵员110万人,飞机2100架,战舰310艘。

洛维特接着又报告中朝军事实力。先说明1951年7月中朝在朝鲜地面部队计50万人,其中朝鲜人民军23万,中国志愿军27万,到1952年7月,中朝在朝鲜地面部队计95万人,其中朝鲜人民军27万人,中国志愿军68万人,最后又特别提醒艾森豪威尔,根据最新情报,现时中朝在朝鲜地面部队,计113万人,其中朝鲜人民军30万人,中国志愿军83万人。

洛维特陈述军情完毕,艾森豪威尔又询军事开支、物资损耗等情况。杜鲁门转头请财政部长斯奈德回答。斯奈德早知有此一问,已准备好文件,也仿洛维特,照本宣科,约略说明,因维持朝鲜军事行动,耗资已近200亿美元,损耗作战物资计约7000万吨,多从美国本土运往朝鲜战区。故财政支出、军费开支、预算赤字,皆连年上扬。其中1950年财政支出424亿美元,军费开支179亿美元,赤字4亿美元;1951年财政

志愿军修筑起坚固的坑道防御体系

支出716亿美元，军费支出570亿美元，赤字34亿美元；1952年财政支出854亿美元，军费支出502亿美元，赤字58亿美元；1953年计划财政支出785亿美元，军费开支应占七成，赤字约92亿美元。

听过洛维特、斯奈德二人有关朝鲜战争军事与财政报告，艾森豪威尔默然沉思。杜鲁门原班人马不知就里，只好保持沉默。半日，艾森豪威尔又询杜鲁门道："朝鲜战事自1950年6月25日爆发，到1951年7月10日在开城举行停战谈判，全面军事行动，历时只一年时间，而后时谈时打，停战谈判拖延迄今，已超过全面军事行动时期，历时几一年半。照目下局势，还将无限期拖延。照两位部长报告，这两年半时间，我国因朝鲜战争耗资约200亿元，消耗物资7000万吨，共投入50万精锐之师，伤亡与日俱增，且据报开城谈判开始后，我方人员伤亡数竟超过开始谈判前。至于财政情况，因朝鲜战争，财政支出已增加一倍，军费开支已增加两倍。战时财政赤字，累计已达百亿元，明年又要加倍。"

稍顿，又问道："照此看来，朝鲜战争已成了无底洞，使我国流血不止，何以停战谈判始终达不成协议，症结又在何处？"

杜鲁门明白，这明显是责备自己政府处置朝鲜战事不力，致战事拖延，心中不快，暗道："你艾森豪威尔一介武夫，只是做秘书的料子，不过占了我军在朝鲜战事不利的便宜，才当选为总统，如何又以此挖苦人?”又思及艾森豪威尔竞选时到处向选民昭告，一旦当选，便尽早结束朝鲜战事，致美方在板门店谈判地位动摇，这是暗中拆台，不觉平添几分怒气。面色一沉，回头望一眼国务卿艾奇逊道：“有关朝鲜停战何以迁延日久、毫无进展，你身为国务卿，主持外交，应最清楚，可为新总统一解。”

艾奇逊会意，便从座中起立，也不要讲稿，侃侃而谈道：“新总统适才提及朝鲜战事，全面军事行动时期持续不过一年。停战谈判，却已历时一年半，仍无希望达成协议。尤其称我军损失数量，在停战谈判开始后超过停战谈判开始前，此显系听信谣传。”然后列举数字，约略说明，停战谈判开始前，自1950年6月至1951年6月，一年之间，美军战死2.13万人，战伤5.31万人，被俘4400人，死伤和被俘合为7.88万人；停战谈判开始后，自1951年7月至1952年11月，一年半之间，美军战死1万人，战伤5万人，失踪500人，死伤和被俘合计6万人，皆不及停战前。

艾奇逊列举数字说明停战谈判开始后美军损失并不比谈判开始前多，以此驳艾森豪威尔，等于是挖苦艾森豪威尔轻信谣传，不够总统风度。杜鲁门因总统竞选问题一直对艾森豪威尔心存芥蒂，听艾奇逊这番话，颇有暗出一口恶气之感，不觉多望艾奇逊几眼，面露赞许之色。

艾奇逊见杜鲁门频频回顾，颇有得意之色，便继续说道：“至于说朝鲜停战谈判何以迁延时日，不能达成协议，主要障碍是战俘遣返问题。‘联合国军’在开城来凤庄首开谈判时，原有17万中朝战俘，后查出3万余平民，就地释放，但仍拘有13万中朝战俘。中朝方面却宣称只收容‘联合国军’万余俘虏，显然隐瞒了所收容俘虏的数目，意在以一搏十，用万余俘虏换我收容的13万战俘。这不但不公平，且这13万俘虏多为老兵，训练有素，若全部放归，必大大加强对方军事实力。况其中不愿遣返者，确实以万计数。若强迫遣返，任其回国后

志愿军筑起能打能防的坑道工事

受共产党迫害,亦不人道,于我开展反共政治战、心理战、宣传战大是不利。"

艾森豪威尔听完艾奇逊这番话,沉思一阵,道:"国务卿阁下的分析固然有理,然为几万战俘出留问题争执不下,致使我国公民又多损失五六万人,'联合国军'并大韩民国军队,共多损失数十万,是否划算,我深表怀疑。"

艾奇逊又对道:"问题的本质,其实不是几万战俘去留问题,而是我有无反共决心问题。若在战俘问题上屈从共产党,我国在远东必威信扫地,远东各反共国家必离我而去。是故为维持我国在远东威望,即使为争留一名战俘,另牺牲十人,亦应在所不惜。"稍顿,又道:"自去年11月开始谈判战俘遣返问题,我方要求遵从战俘意愿,贯彻自愿遣返原则,反对强迫遣返战俘,中朝方面反对。中朝方面要求不管战俘意愿如何,一律无条件遣返,我方亦坚决反对,故双方时谈时打,形成恶性循环,不信任加深,愈达不成协议。今年10月8日,我方因中朝军队无端进攻,只得宣告板门店谈判无限期休会。如今问题已交至联合国,最近数周相继有21国方案、墨西哥方案、印度梅农方案接踵问世。然皆被中朝方面拒绝,世人从中可看出中国人在战俘问题上顽固不化,故舆论动向于'联合国军'方面大是有利。"

稍顿,望一眼艾森豪威尔,又补充道:"新总统在竞选时,曾许诺上任以后全力结束朝鲜战事。虽有此诺,然为国家利益计,我斗胆劝告总统,如今两大阵营对峙,冷战已漫及全球各个角落,无所不包,政治战、心理战意义几可与军事行动并重。为坚持战俘自愿遣返原则,我军已新增伤亡五六万人,'联合国军'加上李承晚军队,总损失新增数十万。是故不论阁下有何许诺,是否急于实现停战,都不可在战俘问题上轻易让步,都必须坚持战俘自愿遣返原则。否则,将影响我国在远东反共冷战大局。"

艾奇逊这一阵讲话,洋洋洒洒,有数千言,独白一个多小时。艾森豪威尔心道:"人说艾奇逊能言善辩,口若悬河,果名副其实。"心中虽然这样想,面上却不动声色,对艾奇逊的请求不置可否。

艾奇逊言罢,艾森豪威尔又问杜鲁门几个其他问题,杜鲁门或自己回答,或请阁员回答。临别,杜鲁门问艾森豪威尔道:"阁下曾许诺一旦当选总统,便亲到朝鲜,寻找结束朝鲜战事的妙计,我自然无此雄心。却不知阁下既已当选,是否果真去朝鲜?"

原来,艾森豪威尔为拉选票,在竞选演说中多次向选民许诺,一旦当选,将去朝鲜实地考察。杜鲁门以为艾森豪威尔访问朝鲜之说不过是空口许诺,便出言挖苦。岂料艾森豪威尔慨然道:"一言既出,驷马难追。既有此诺,我当履行。"

杜鲁门顺口道:"阁下若当真去朝鲜实地考察,'独立号'总统座机可任由阁下使用。"艾森豪威尔道声不必,声称只乘普通飞机即可。

艾森豪威尔听过杜鲁门看守政府有关朝鲜战局、军情政情并战俘遣返问题情况介绍,果然乘专机飞赴朝鲜访问,威尔逊、布雷德利随行。1952年11月29日,专机离美启程,越洋航行。沿途又在夏威夷等处降落停留。待到朝鲜汉城降落时,已是12月2日晚上8时,暮色中只见大韩民国总统李承晚、"联合国军"总司令克拉克、美军第8集团军司令范佛里特及一批军政要员皆在机场迎接。

志愿军事先测好敌军各目标的距离

李承晚曾屡次要求杜鲁门政府扩大朝鲜战争、消灭朝鲜民主主义人民共和国、帮助大韩民国杀过三八线、统一朝鲜全境，皆被拒绝。对杜鲁门政府安守三八线十分不甘。今见艾森豪威尔以新当选总统身份到朝鲜访问，喜出望外，以为有机可乘，想套住艾森豪威尔，使其对武力统一朝鲜全境承担义务，便出言试探道："将军新当选总统便来我国访问，乃是我三千万同胞之福。料将军必有助我剿灭金日成、赶走中国侵略者、统一全境妙计，本人愿听指教。"

艾森豪威尔知是套话，却又暗藏机锋，暗骂老家伙狡猾，便轻描淡写道："我乃一介平民，还未就任总统，对这个大题目还未考虑成熟。"

李承晚不肯罢休，又出言道："将军曾在亚洲帮助菲律宾重整陆军，已在亚洲各国播留美名，战时统百万军在北非登陆，大战隆美尔，又登陆西西里，挫败凯塞林，然后登陆诺曼底，攻德国腹地，收复西欧各国，常胜不败，功在千古，本人一向钦佩。今'联合国军'有精兵百万，飞机 2000 架，战舰 300 艘，士气旺盛，若得将军一声令下，便可杀过三八线，进抵鸭绿江，不消旬日，便能统一我三千里江山。那时将军英名，必又锦上添花。"

艾森豪威尔只微露笑容，并不回答，且作出十分疲劳的样子。李承晚无计可施，又恐惹恼艾森豪威尔，反为不美。只得压下一肚子要求，赔笑脸说些旅途疲劳、早早休息之类的客气话，便勉强告辞。

次日，艾森豪威尔由克拉克、范佛里特诸将陪同，一起到三八线视察。因是严冬，冰封雪飘，气温在零下 20 多度，众人皆裹皮衣，戴皮帽，迎风冒雪趱程。待到前线，望远镜中看两军炮战，轰轰隆隆，硝烟四起，山摇地动，将士爬冰卧雪，痛苦不堪。再看

志愿军追击炮手在游动作战

对面中国军队阵地,漫山遍野,皆是新土碎石,断枝残叶,却不见一兵一卒活动。便问克拉克道:“对面方圆数十里,如何只闻炮响,不见人影?”

克拉克道:“中国人皆是土拨鼠出身,将石头山挖空,筑成地下工事网,隐身在地下坑道中,其构筑地下工事技能竟倍于当年日本太平洋各岛守军。”随即将中国军队如何沿 250 公里战线广筑地下工事、持久作战情况一一详述。

艾森豪威尔沉思良久,又问道:“昨日李承晚称‘联合国军’有百万大军,2000 架飞机,300 艘战舰,若全力北进,旬日可抵鸭绿江,统一朝鲜,将军以为如何?”

克拉克思虑一阵,道:“目下敌军有 113 万地面部队,也有很多飞机,且沿三八线构筑成坚固地下工事。我若突破,诚非易事。然其百余万军队已分散为三支,1/3 在平壤一带,守卫西朝鲜湾,防我在西海岸登陆。1/3 在元山一带,守卫东朝鲜湾,防我在东海岸登陆。是故其沿三八线驻守的部队,只 50 万人。若其不再增兵,我又能全力进攻,虽不能在旬日内进抵鸭绿江,突破三八线却有把握。”

艾森豪威尔笑着说:“中国有 5 亿居民,400 万大军,我等又如何保证其不向朝鲜增兵?”

克拉克道:“这好办,只消请蒋介石委员长出兵中国东南沿海即可。”

艾森豪威尔见克拉克主张蒋介石军队在中国东南沿海登陆,牵制中国军队主力,以便“联合国军”放手越过三八线北进,再以武力统一朝鲜,沉吟半晌,未作答复。

美国总统艾森豪威尔感叹道:“我在三八线时,用望远镜中看中国阵地,表面阵地空无一人,实则皆将石头山挖空,暗将重兵伏于地下数十米处,进则能攻,退则能守,其地下工事复杂坚固程度,只比当年法国‘马其诺防线’、德国‘齐格菲防线’加倍,决不稍次。我军若要突破,恐须再加百万大军,且须对中国全面开战。”

众人见艾森豪威尔语调低沉,颇是沮丧,一时无言以对。

第三十八章

敲山震虎杜勒斯力劝艾克放蒋出笼
犹抱琵琶克拉克函商金彭交换病俘

1952 年 12 月 5 日，艾森豪威尔结束访问，飞离汉城，到关岛停留，转乘海军巡洋舰“海伦娜号”归国。途中，杜勒斯、太平洋美军总司令雷德福皆登舰相伴。

战舰在大洋航行，虽碧波万顷，风光无限，艾森豪威尔却无心欣赏，每日只在舱中与众随员议论朝鲜战和问题。杜勒斯虽内定为新政府国务卿，却未曾随艾森豪威尔赴朝访问，只在中途加入，便问艾森豪威尔访朝印象。艾森豪威尔性格深沉，不喜外露，见杜勒斯问访朝印象，沉吟一阵，道：“朝鲜战事已持续整两年半，自去年 7 月开始停战谈判，迄今亦有 17 个月，我军伤亡数已超过 10 万，几与当年太平洋战争损失相当。如今我国在朝参战部队，陆海空三军计达 54 万人，210 艘战舰，1800 架飞机，其中陆军有 9 个整师，两个整团，占我国陆军总数 1/3，空军在朝力量占总兵力 1/5，海军占 1/2。若加上韩国军和‘联合国’其余 15 国军队，‘联合国军’总兵力已达 110 万。然敌方兵力有 120 万，仍超过我军。眼下两军沿三八线广筑地下工事，深沟高垒，冷枪冷炮对峙，为争夺一处山地、一处凸角，常倾百万发炮弹、炸弹，削平山头，反复冲杀，除徒增伤亡，并无实际意义。”

稍后，又接着说道：“我在三八线时，用望远镜中看中国阵地，表面阵地空无一人，实则皆将石头山挖空，暗将重兵伏于地下数十米处，进则能攻，退则能守，其地下工事复杂坚固程度，只比当年法国‘马其诺防线’、德国‘齐格菲防线’加倍，决不稍次。我军若要突破，恐须再加百万大军，且须对中国全面开战。”

众人见艾森豪威尔，语调低沉，颇是沮丧，一时无言以对。威尔逊虽内定为新政府国防部长，却出身于通用汽车公司总经理，只懂商业经营，对军事一窍不通，因捐款资助艾森豪威尔竞选有功得到重用。当时见场上沉默，气氛难挨，便转移话题道：“只可笑大韩民国总统李承晚，一个 70 多岁的糟老头，一个劲鼓吹北进北进，就好像我国生来欠他的钱、欠他的枪、欠他的兵，必须为他统一全境用完最后一个铜板，流干最后一滴血。”

未料这话歪打正着，引起了杜勒斯的兴趣，便问道：“李承晚当真坚持北进？”威尔逊点头道：“当真。”

杜勒斯又问道：“总统如何应对？”威尔逊望一眼艾森豪威尔道：“总统未曾开口表态，只说一句无关紧要的话岔过。”杜勒斯闻言，心中暗道：“艾森豪威尔不但通军事，且有政治才干，果是总统之才。”心中这样想，口中却又问道：“克拉克身为‘联合国军’总司令，对北进前景必有见解，可否一述？”

威尔逊又说道：“克拉克断言，如能解除第 7 舰队禁令，放蒋介石 60 万军队自台湾出击，在中国东南沿海登陆，拖住中国军队主力，不使入朝，‘联合国军’可势如破竹，打到鸭绿江。”杜勒斯闻言沉思半晌，又问道：“总统又如何应对？”威尔逊又望一眼艾森豪威尔道：“总统未置可否。”杜勒斯转头问艾森豪威尔道：“总统对李承晚、克拉克二人北进倡议，皆不置可否，料对战和问题必有定见，可否一谈？”

杜勒斯、威尔逊二人对话时，艾森豪威尔只端坐桌前，端一杯柠檬苏打水细呷慢品，似听非听。现见杜勒斯发问，便放下水杯，问道：“诸位是否记得，我竞选总统时曾

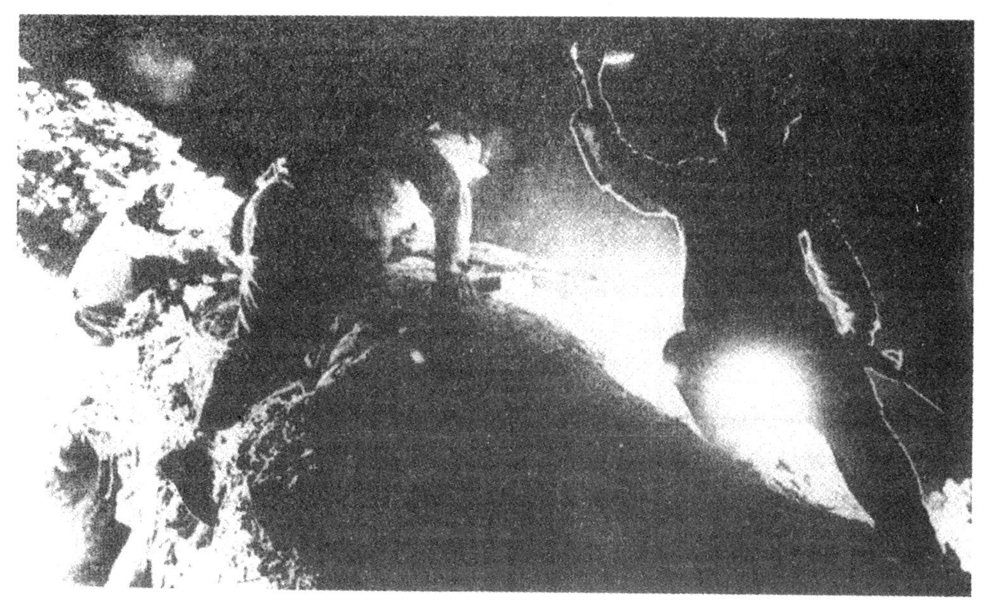

小分队在战斗出击

在电视中反复向选民许下两条诺言?”

杜勒斯接言道:“记得,一是尽快结束朝鲜战争。”威尔逊也接言道:“二是平衡预算。”艾森豪威尔道:“二者之间,可知何者为要,孰先孰后?”接着便自答道:“表面上是结束朝鲜战争优先,实则是平衡预算为要。我之所以在竞选时把结束朝鲜战争放在第一位,是因为母亲们、妻子们只关心她们的儿子、丈夫何时早日回家团聚,却不关心国家预算平衡问题。为争取选民,只能以早日结束朝鲜战争来打动她们。然二者相比,平衡预算才是问题的根本。”众人闻言,恍然大悟。

艾森豪威尔继续言道:“朝鲜战争虽是局部战争,目标有限,却令我国经济不堪重负,前后已耗资近 200 亿美元,物资 7000 万吨。国防费、对外经援军援、财政支出总额、财政赤字皆连年攀升,三年累计,财政赤字已达 100 亿美元。如今财政支出较 1950 年增加两倍,国防费支出较 1950 年增加二倍,长此以往,必从根本上损害我国经济利益。在此期间,苏联、中国经济实力皆飞速增长,已大大缩短与我国的差距。故此,平衡预算已是我国国家安全当务之急。而要平衡预算,便要求压缩军事开支。要压缩军事开支,便要求尽快结束朝鲜战争。”

沉默片时,艾森豪威尔叹道:“那李承晚,一向依赖我国扶持,就像当年中国的蒋介石一样,总以为美元是舶来品,我国可随时提供,故利用我国有求之处漫天要价,日夜梦想促我倾国力支持其北进,为其火中取栗。这好理解,因他不是美国公民,不必爱我美国。只是克拉克,如何也像麦克阿瑟一样,一心武力北进,甚至提出放蒋介石军队出笼,允其由台湾进攻中国内地,却不怕火上浇油,使局势重新复杂化,愈拖延战争。”

众人听了这番话,始知艾森豪威尔欲履行竞选诺言,尽早结束朝鲜战争,既不愿

"联合国军"北进,也不赞成放蒋介石军队出笼,使其由台湾进攻中国内地,以免扩大战争范围。故尽皆默然。

半日,杜勒斯忽然插言打破沉默,一字一句地慢条斯理道:"我倒是觉得,克拉克关于放蒋介石军队出笼之议不失为一策。"说这话时,杜勒斯两眼盯住桌面,全神贯注,两手下意识地摆弄一支红蓝铅笔。

众人见杜勒斯赞成放蒋介石军队出笼,与艾森豪威尔结束朝鲜战争的想法相违,多有不解。杜勒斯不管,继续说道:"然我主张放蒋介石军队出笼并非为策应北进行动,也不认为放蒋介石军队出笼会扩大战火,相反,我以为放蒋介石军队出笼,是促成朝鲜停战的一步好棋。"

艾森豪威尔与杜勒斯原无深交。1952 年 4 月,杜勒斯到欧洲北约司令部拜访艾森豪威尔,帮助他为共和党制订对外政策纲领,二人才第一次见面。杜勒斯谈话虽然枯燥乏味,却含深意。艾森豪威尔认为杜勒斯见多识广,知识渊博,便择为国务卿人选。今见杜勒斯公开唱反调,赞成放蒋介石军队出笼,料有定见,便问道:"朝鲜战争爆发后,杜鲁门令第 7 舰队出兵台湾海峡,已是一步险棋,不但引起英国等盟国反对,也刺激中国出兵朝鲜,致我军有清川江、长津湖之败。今朝鲜战局正在微妙之际,战场上势均力敌,板门店谈判又成僵局,久无进展,此时放蒋介石军队出笼,促其进攻中国内地,即使不算引火烧身,也是火上浇油,必使局势复杂化。阁下有此一议,必有理由,愿闻其详。"

这一席话,一气呵成,略显急促,众人也一齐附和。杜勒斯待艾森豪威尔话落,又眼盯桌面,全神贯注,两手摆弄红蓝铅笔,慢条斯理,一字一顿道:"朝鲜战事,起源于金日成违背国际协议,突破三八线,欲吞并大韩民回。我国初时无意染指朝鲜。然我

志愿军炮兵向敌人射击

国对大韩民国安全负有道义责任，若任其灭亡，置之不理，则我国在远东的信誉与威望必损失殆尽，故杜鲁门政府才断然出兵参战。至于中国，立国未久，百废待兴，公正地说，初时亦无意在朝鲜用兵，其志愿军直至10月才参战，便是证明。然中国人向来相信唇亡齿寒之说，故当'联合国军'进抵押鸭绿江边时，由于对其自身安全的担心，便出兵渡江，也算是顺理成章，不能算好战。其军队用志愿军名义，正说明想限制事态发展，作战目标有限。故是时势造成今日中美军事冲突之局。"

杜勒斯在美国政府要员中，一向以反共反华亲蒋著称，这一番话颇有为中共说项之意，众人闻罢，大是惊奇，反复看杜勒斯，神态又与平常无异，便一齐道："我等都想听一听阁下有关放蒋介石军队出笼与促成朝鲜停战之间有何联系，如何半日不切正题，却替中国人说好话？"

杜勒斯闻问，抬眼透过近视镜片，望了一眼艾森豪威尔，又低头盯住桌面，自顾自说道："至于说朝鲜停战谈判为何拖延日久，其中原因不难解释，只消分析有关各方，谁从拖延中受益，谁从拖延中受害，便可得出结论。"

众人闻言，便问其详。杜勒斯对道："拖延停战，甚至恢复大规模攻防，能受益者只四个人。"众人问是哪四个人。杜勒斯屈指道："第一个是蒋介石，他一心指望朝鲜战争演变为第三次世界大战，以便乘乱反攻中国内地，恢复在中国内地的统治权。故其千方百计鼓动李承晚北进，阻碍板门店达成战俘问题协议。"

众人颔首，又问第二个受益者。杜勒斯接着说道："第二个是李承晚，他一心指望借我国力量统一朝鲜，故也千方百计破坏谈判，杀姚庆祥，骚扰板门店中立区，频频越过三八线进攻，多是李承晚背着我国所为。"未待众人发问，杜勒斯又接着说第三个受益者是金日成，第四个受益者是斯大林，并详述理由。众人皆觉有理。

在杜勒斯与众人问答时，艾森豪威尔一直侧耳倾听，想道："杜勒斯虽仍未说明放蒋介石军队出笼与促成停战的关系，这番分析却让人耳目一新。"心中这样想，口中便问中国对停战谈判是何立场。

杜勒斯闻问，抬头思虑片刻，避而不答，顺着思路继续说道："拖延停战，对我国有利亦有弊。弊者，总统适才已从经济安全、全球对苏战略角度做过分析，不必赘述。"

艾森豪威尔听杜勒斯说拖延停战对美国有利亦有弊，便追问道："拖延停战，于我有何利益？"

杜勒斯对道："其一，我国对李承晚和远东反共国家负有义务，通过在战俘问题上支持李承晚，等于昭告世人，美国的保护，说得出，做得到，从而有助于维持我国在远东威望。""其二，清川江、长津湖之役，麦克阿瑟轻敌冒进，不但使我军惨遭损失，且我军威国威，皆跌至谷底。李奇微接替沃尔克后，力挽狂澜，很快在三八线稳住阵脚，夺回主动权。然要挽回国威军威，还须打几个好仗，证明我军无敌，中国人不过如此。若停战过早，便无此机会，故李奇微也好，克拉克也好，都对停战谈判缺乏积极性，只一心北进，显示军威。"

言及于此，杜勒斯又望一眼艾森豪威尔，继续说道："此外，最近几年，中国国势蒸蒸日上，农业连年丰收，工业每年增长20%，政局呈稳定趋势，其军队又在朝鲜侥幸取胜，故其威望空前提高，俨然已是亚洲大国。停战不成，可拖住中国，使其不能全力发展经济。如'联合国军'能乘机打几个胜仗，则可使亚洲人对中国军事力量的过高评价降温。"

艾森豪威尔虽仍未明白放蒋介石军队出笼与促成停战谈判的内在联系，却从杜勒斯冗长枯燥的陈述中，弄清了朝鲜停战谈判迁延时日、一无所成的原因，便开怀笑道："阁下一番话，虽未点明放蒋介石军队出笼与促成停战的关系，却使我弄清楚了朝鲜停战谈判为何拖延一年半之久却不能达成协议的真正原因。"

伤员们也坚持战斗

艾森豪威尔又笑着说道："金日成、斯大林、蒋介石、李承晚，皆可从朝鲜战争中获益，尤其斯大林和蒋介石，不费分毫之力，却能坐收渔人之利，此为其一。"杜勒斯点头道："这分析有理。"

艾森豪威尔又道："我国政府对李承晚负有道义责任，故杜鲁门政府即使想停战，也受李承晚行动的制约，不能自由行事。李承晚破坏停战的动力，一半源于蒋介石。通过李承晚的传动作用，蒋介石也间接影响了我方立场，此为其二。"

众人闻言，一齐道："这分析深刻。"艾森豪威尔接着分析道："我军因清川江、长津湖之败，军威扫地，前线将领，自麦克阿瑟以下，到李奇微，再到克拉克，无不想再打几仗，挽回军威，尤其是去年春季以后，我军优势渐能发挥，前线指挥官愈不喜过早停战。此为其三。"

未待众人开口评论，艾森豪威尔又分析第四道："近年来中国经济发展迅速，国势上升，已登上大国舞台，在朝鲜取得了军事胜利，愈加骄狂。我国通过拖延停战，一可牵制中国，使之不能全力发展经济，阻其成为世界大国；二可利用三八线有利阵地，集中我海空力量，消耗其有生力量，削弱其军威。”

杜勒斯闻言拊掌道：“总统独具慧眼，只在朝鲜战地数日，便知晓停战谈判不能达成协议的基本原因。”然后又分析道：“有此四个原因，停战谈判自然达不成协议。至于说战俘问题，人道主义也好，自由正义也好，皆是幌子。朝鲜也好，李承晚、蒋介石也好，都不会真在意几万战俘的去留，他们真正关心的是如何在战俘问题上做文章，阻碍达成停战协议，伺机重开战端，以达到各自的目的。”

艾森豪威尔此时方恍然大悟，知杜勒斯绕来绕去空论半日，却是要使自己明白朝鲜停战谈判为何拖延的真正原因，心中暗叹此人精明，工于心计，长于谋略，正要出言夸奖几句，忽想起一事，便惊问杜勒斯道：“中国人呢？我们议论了金日成、李承晚、蒋介石、斯大林和我国政府对停战问题的态度，却忘记了中国人的立场。”

杜勒斯说：“中国人急于恢复经济，医治百年战争创伤，提高人民生活，自然急于摆脱朝鲜战争，早日停战。”

艾森豪威尔道：“中国在朝部队，正规军约有百万，另有后勤部队若干，朝鲜人只起辅助作用。在板门店，名义上中朝代表团首席代表是朝鲜南日，其实却由中国人操纵一切，据报彭德怀有个人代表常驻开城，南日等人一言一行，皆由其个人代表指示。既然如此，中国人在板门店谈判时何以寸步不让？”

杜勒斯回答道：“中国人表面上能主宰朝鲜局势，其实对金日成、斯大林皆负有义务，其谈判立场需受金日成、斯大林约束，此正如我军虽担负主要作战任务，我方谈判立场却要受李承晚制约同一道理。”稍顿，又分析道：“停战谈判拖延日久的症

位于桧仓志愿军烈士陵园的毛岸英烈士墓

结，是13万中朝战俘的去留问题。13万中朝战俘中多是朝鲜人，中国战俘只2万人左右。中国有5亿人，其文化传统一向不齿于战败投降，有'宁为玉碎，不为瓦全'之说，故其战俘无颜回国，其国内亦无意欢迎战俘回归。争夺战俘去留，其实是李承晚、金日成相争，蒋介石插手，我国与中国皆被卷入，无法脱身。此时如放蒋介石军队出笼，使其做出进攻中国内地的姿态，中国必然要从朝鲜抽兵回防。然不达成朝鲜停战协议，中国就不能贸然削减在朝兵力。情急之下，中国必采取强硬立场，强烈要求金日成、斯大林在战俘问题上向我方妥协，争取尽快停战；届时斯大林、金日成见蒋介石威胁中国东南沿海，除反过来服从中国人的要求外，必别无选择。故放蒋介石军队出笼，可促成朝鲜停战。"

杜勒斯绕了半天弯子才点明主题，且其设想既复杂，又离奇，艾森豪威尔并众人思虑半日，才明白其原委。艾森豪威尔虽觉有些道理，又担心放蒋介石军队出笼后产生副作用，便又问道："蒋介石有60万军队，若其果倾全力进攻中国东南沿海，酿成中国新内战，我又何以处之，岂非是朝鲜局面在中国再版？"

杜勒斯一本正经对道："总统军人出身，曾统兵百万，远征欧洲，功高盖世。尤其有指挥北非和诺曼底登陆作战的经验，当知渡海登陆作战并非易事。"说时以眼望雷德福。

雷德福是海军上将、美军太平洋舰队总司令。见杜勒斯神态，心领神会道："蒋介石虽有60万军队，但皆是陆军，海军却不强大，一次只能运送两个师到中国沿海，建立师级滩头阵地，只能打游击战。若无我国提供海空支持，蒋军绝不可能在中国内地沿海大规模登陆。"

杜勒斯接着说道："故我虽解除第7舰队禁令，不阻止蒋介石军队进攻大陆，然只要我坚持不向蒋介石提供海空支持，蒋介石就不可能发动大规模的进攻战。有台湾海峡阻隔，控制蒋介石比控制李承晚要容易得多。"

艾森豪威尔想了想，道："你的意思是，我们把蒋介石从台湾这只笼子里放出来吓唬中共，迫其在战俘问题上让步，然后又马上拿一根绳索套住蒋介石的脖子，将其拴在我们手上，不让他任意进攻中国内地。"说罢大笑不止。

杜勒斯面有得色道："正是。"

1953年1月20日，艾森豪威尔正式接替杜鲁门，宣誓就任美国总统。未隔两周，果照杜勒斯建议，在2月2日发布国情咨文，宣布撤销台湾中立化，改变美军第7舰队任务。咨文先回顾说，1950年6月，因大韩民国遭进攻，美军第7舰队奉命进驻台湾海峡，南面阻止台湾国民党军队进攻大陆，北面阻止大陆共产党军队进攻台湾，使台湾暂时中立。又说明因中国军队介入朝鲜，与"联合国军"作战，拒绝停战建议，美国再不能承担阻止台湾国民党军队进攻大陆的义务。意思是说，美国第7舰队继续在台海巡逻，阻止"中共"军队渡海解放台湾，却不再阻止台湾国民党军队反攻大陆。因这一咨文发表，台湾国民党军队果然乘虚渡海，频频攻击中国内地沿海，海峡两岸局势骤然紧张起来。

金日成等朝鲜领导人向志愿军烈士陵园敬献花圈

未久,杜勒斯又向艾森豪威尔献计道:“现在放蒋介石军队出笼,已对中共构成压力,此时恢复谈判,必于我方有利。”

艾森豪威尔道:“去年 10 月 8 日,我方代表在板门店主动提出休会,迄今已四个多月。此时如由我方主动要求恢复谈判,只怕面子上不好看。”

杜勒斯道:“我有一计,可解决丢面子问题,保证既促使谈判恢复,又不失体面。”

杜勒斯接着道:“朝鲜战事已历近三年,双方战俘中多有伤病者,去年国际红十字会曾倡议各方,从人道主义出发,在达成停战协议前,先交换伤病战俘,我以为,我方如移花接木,倡议交换伤病战俘,不论结果如何,都无损于体面,且可为我国赢得爱好和平的声誉,中朝方面,若拒绝我方倡议,必为天下人唾骂。若接受我方倡议,则可不动声色地恢复谈判。”

艾森豪威尔称赞道:“好一个移花接木之计。”当即电令“联合国军”总司令克拉克,立即致函中朝方面金日成、彭德怀两司令官,请举行双方联络官会谈,在达成战俘问题协议前,先行交换伤病战俘。

因克拉克、金日成、彭德怀三司令官信件往还，中朝方面与“联合国军”方面的联络官果于4月6日在板门店会晤，商谈交换伤病战俘细节，并达成协议。双方在规定期限内交换伤病战俘。

第三十九章

破坏谈判李承晚扣押战俘
以战迫和彭德怀金城反击

“联合国军”总司令、美将克拉克奉艾森豪威尔之命,致函中国人民志愿军司令员彭德怀、朝鲜人民军总司令官金日成,提议双方在达成停战协议前,先交换伤病战俘,又提议双方举行联络官会谈。彭德怀适在北京,主持中共中央军委工作,接到克拉克信函,便与毛泽东、周恩来商议应对之策。毛泽东道:“美国侵朝近三年,每年耗战费百亿美元,累计物资损耗有数千万吨,人员损失已达数十万人,皆与第一次世界大战时美国各项损耗数字相当。最近一年,单为扣押万余名战俘又新增数十万人员伤亡。我军却越战越强,就近作战,依托山险,人员物资损失皆比美国少。美国能承受长期战争,我亦能承受。如今我军已完成现代化改装,不但加强了炮兵、装甲兵,而且新组成空军、海军。不但能打运动战,而且能打阵地战,是攻守兼备,不怕美国来攻。”后又接着说道:“以此推论,艾森豪威尔可能真想兑现竞选诺言,争取结束朝鲜战争。只是美国是世界头号强国,一向颐指气使,自称从未打过败仗。在板门店又是美国代表故意捣乱,破坏谈判,宣布无限期休会。如今虽换了总统,要突然变脸,主动倡议重开谈判,仍有些难为情。”

周恩来、彭德怀二人听这几句话,幽默诙谐,讽刺挖苦,又十分贴切,皆相视而笑。毛泽东又道:“故克拉克亲自来函,倡议先交换伤病战俘。察其本意,必是想投石问路、自下台阶,以交换伤病战俘为由,引出重开谈判。”言罢,三人大笑。

笑未落,彭德怀便问该如何回复。周恩来道:“美国要打,我们当然奉陪到底。如其要和,更是好事。一旦朝鲜战争结束,我国便可尽快从朝鲜收兵,对付蒋介石的60万胡子兵。且可集中力量搞建设,多上大项目,早日实现现代化。故我以为,克拉克来函,已为重开谈判铺平了大半条路,这点睛之笔须我方完成。可以中朝两司令官名义给克拉克复函,同意交换伤病战俘,并建议商定日期,恢复板门店谈判。”

毛泽东道:“这计不错,不逼克拉克直接倡议重开谈判,也算多少给美国人留了一点面子。”三人又开怀大笑。

应对之策议毕,毛泽东问彭德怀道:“这次美国人主动要求交换伤病战俘,恢复谈判,预计可达成协议。然艾森豪威尔又在月前宣布,改变第7舰队任务,撤销台湾中立化,支持蒋介石窜犯大陆,却让人颇费筹思。我军训练有素,一向视蒋介石百万军如草芥,固不怕蒋介石如何如何。然艾森豪威尔放蒋介石军队出笼在先,克拉克倡议交换伤病战俘在后,近闻美国又向朝鲜增兵,故亦不可不防美国是用连环计,用放蒋介石军队出笼之策,牵制我军在东南沿海设防,不能东援朝鲜。又用和谈为幌子,麻痹我军斗志,却乘机重新进攻,尤其在东西朝鲜湾两处侧后登陆,包抄我军侧翼。”

周恩来点头称是,并问彭德怀朝鲜前方部署情况。彭德怀告道:“敌军在朝兵力,计有美军3个军、9个师并两个独立团,李承晚军3个军、16个师并3个独立团,另有‘联合国军’其余15国军队,故敌军地面部队总计90万人,连同海军、空军各10万人,三军总兵力约110万,有飞机2000架,战舰310艘,较1950年秋增加两倍。我军在朝部队,陆军有19个军,总兵力有135万人,较出国时增加三倍。另有20余万人在东北机动,以为后备。朝鲜人民军亦增至6个军团,有40万人。我军装备也有改

毛泽东接见志愿军代表团

善,炮兵自装备苏式火箭炮后,威力大增。我军大炮拥有量较初出国时增加三倍。空军亦初步建成,能保卫清川江以北交通线。故敌军虽已大举增兵,我军仍占优势。"

稍顿,又对着军用地图解说志愿军部署,约略说明,为防备美军在侧后登陆,已加强抗登陆部队,改组东西海岸指挥部。西海岸指挥部计辖第38军、第40军、第16军及附属部队若干,由志愿军代理司令员邓华兼任指挥部司令员,负责守卫西朝鲜湾和平壤。东海岸指挥部计辖第12军、第15军、第21军及附属部队若干,由许世友任司令员。在许世友未到时,暂由王近山指挥。另有第54军扎营鸭绿江边,准备随时救应各军。14个空军师、1个海军鱼雷艇大队及海运大队,两个海岸炮兵连,也准备用于抗登陆作战。又说其余部队,皆沿三八线前沿部署,正面第一线4个军,计为第1军、第23军、第24军、第46军,以第47军为后备,统由杨得志指挥。

毛泽东仔细听完报告,沉思道:"这力量对比对我军有利,兵力配置,亦无可挑剔,我所虑者,是铁路交通和后勤供应。我军在朝作战,多受后勤难题困扰,须用心应对才好。"

彭德怀道:"自停战谈判开始以来,我军不但在三八线沿线修筑大量地下工事,也在后方修筑公路铁路,各军常年有3个团参加施工。不但东西海岸南北向的主要公路皆被加固拓宽,且又凿山填沟,修成横向道路若干,连接东西海岸主干线,使铁路公路皆成网状，一处被炸，可绕道他处。又新调铁道兵6个师入朝，保障铁路通畅；另调4个汽车团，加强公路运输。洪学智又调整后勤部署，将96个兵站归并为五个后勤分部，第一分部、第二分部、第三分部负责三八线正面各军供应，第四分部负责东海岸部队供应，第五分部负责西海岸部队供应。”

毛泽东沉思一阵又补充说道：“西海岸有平壤，是朝鲜首都，且是我全军中枢所在，西海岸若失，必全线动摇。有邓华指挥，又有38军和40军两支主力，皆第一批入朝，参加过全部五次战役，虽可放心，然以一个后勤分部供应，恐不能满足需要，须对第五分部力量另作加强补充，以保证供应。且西海岸兵力亦嫌不足，可从54军先拨一个师，调归西海岸指挥部。”

周恩来也补充说道：“战地救护力量亦嫌不足，是否考虑再调几个陆军医院和若干医疗队入朝，加强战地救护工作。”

彭德怀将二人的话记在记事本上，一一应诺。

3月28日，彭德怀与金日成联名致函克拉克，答复克拉克2月22日来函。复函约略说明，中朝方面为人道主义和世界和平起见，同意依照日内瓦公约精神，先交换伤病战俘。又建议择日举行联络官会谈，商定恢复板门店停战谈判事宜，为恢复停战谈判铺路。隔日，周恩来又以中华人民共和国政府外长名义，发表公开声明，表示中国同意交换伤病战俘，是出于人道主义及和平意愿，并非放弃日内瓦公约有关战俘遣返的原则。又倡议应以交换伤病战俘为契机，争取通盘解决战俘遣返问题，扫清停战障碍。隔日，金日成和苏联外长亦各发表声明，支持周恩来倡议。

苏联驻联合国代表马利克发表广播演说，呼吁在朝鲜进行停战谈判

因克拉克、金日成、彭德怀三司令官信件往还，中朝方面与“联合国军”方面的联络官果于4月6日在板门店会晤，商谈交换伤病战俘细节，并达成协议。双方在规定期限内交换伤病战俘。“联合国军”每日遣返中朝伤病战俘500人，中朝方面每日遣返“联合国军”伤病战俘100人。自4月下旬始，双方依约遣返伤病战俘。前后历时一个月，中朝方面向“联合国军”移交伤病战俘684名，接回伤病战俘6670名。

1953年4月26日，因达成交换伤病战俘协定，板门店会谈重新复会。自上年10月8日中止会谈，到重新复会，休会期达6个月又18天。会谈开始不久，哈里逊便提出三点建议案，全面解决战俘遣返问题：一是指定瑞士为中立国，折冲解决战俘遣返问题；二是将非直接遣返战俘问题移交中立国处理；三是留60天时间，由双方战俘决定去向，由中立国负责解决。

中朝双方要员经反复磋商，令南日代表中朝方在5月7日提出八点反建议案：一是双方依照停战协定，将所有直接遣返战俘直接遣返，不得留难；二是建立中立国遣返委员会，由波兰、捷克斯洛伐克、瑞士、瑞典、印度五国派代表组成；三是非直接遣返战俘，应交由中立国转移拘押地点后，在指定的新地点管理，中立国遣返委员会接管非直接遣返战俘后，应协助战俘所属国向战俘作解释工作，期限四个月；五是凡非直接遣返战俘，若在四个月内表示愿返回本国，中立国须予协助，不得留难；六是四个月期满后，如非直接遣返战俘仍未安置完毕，应交协商会议解决；七是非直接遣返战俘在中立国遣返委员会看管期间费用，由战俘所属国负担；八是本建议内容应告知全体战俘。

哈里逊初时表示愿以中朝八点建议为基础。不数日，忽又变卦，也提出反建议，一是将朝鲜籍非直接遣返战俘立即就地释放；二是四个月解释期满后，中国籍非直接遣返战俘亦就地释放。战俘遣返问题谈判，又成僵局。

彭德怀闻报美方谈判立场倒退，便与前方联系，告邓华、杨得志诸将道：“我方有关处理战俘遣返问题的立场，是分三步走，第一步先遣返直接遣返战俘；第二步是使非直接遣返战俘交中立国看管，留四个月解释期，期满后，愿遣返者立即遣返；第三步，若解释期满，仍不愿遣返者，交协商解决。这些主张合情合理，美方开初基本接受我方意见，现又变卦，究其实质，仍想扣押中朝方战俘，分化离间中朝两国，但也反映出美国与李承晚之间有分歧，必是李承晚从中作梗，破坏停战谈判。为今之计，须发动攻势作战，集中打击李承晚，消耗其实力，迫其老老实实。”

众将得这一指示，经过筹划，便令三八线正面阵地第9兵团司令员王建安、第20兵团代司令员郑维山，各统所部共4个军20万人，分左右出击，猛攻李承晚军第2师、第3师、第5师、第6师、第8师、第9师、第20师及首都师各处阵地。恶战10余日，连连得手，共消灭李承晚军3个整连、22个整排，计4100人，得山头十余处，缴获不计其数。

杜勒斯正为李承晚不愿停战伤神，忽闻报志愿军发动攻势，猛攻李承晚军阵地，知是专惩罚李承晚，告艾森豪威尔道：“中国人专择李承晚军队进攻，足见其对李承晚反对停战了如指掌。李承晚又遭打击，必愿接受停战，可利用这一新形势，诱李就范。”艾森豪威尔亦正苦于不能约束李承晚，便依其计，令克拉克前去办理。

克拉克得令，雷厉风行，立即飞往汉城，拜访李承晚。一见到李承晚，克拉克便吹捧一番，道：“李总统忠于祖国，一心为统一奋斗，精神可嘉。”接着，话锋一转，告李承晚说，如接受中朝方建议，同意停战，美国愿向李承晚政府提供10亿美元经济援助，且帮助李承晚扩建陆军20个师，并帮助重建海空军。

李承晚板起面孔，道：“大韩民国立场，是坚持赶走中国人，若不达此目的，便无停战可言。”并宣称如美违背大韩民国意志，强与中朝方面签约停战，大韩民国政府决不服从。艾森豪威尔无计可施，又亲致信李承晚，提出三大保证：一是保证支持李承晚和平统一朝鲜；二是保证与大韩民国缔结安全条约；三是保证向大韩民国提供巨额经援，恢复经济。李承晚仍不接受，且暗中组织力量在汉城示威，反对停战。

正相持不下，中朝联合司令部又根据彭德怀意见，令志愿军第20兵团、第19兵团、第9兵团各部，与人民军2个军团配合，共数十万人，沿三八线全线，再择李承晚军阵地猛攻。自5月27日至6月8日，大小战798阵，毙伤俘敌4.1万，得地数十处，缴获大批枪械弹药。李承晚经这两轮打击，折损数万人马，主力第5师、第8师各折损六七成。恐中朝军队继续猛进，只得勉强答应艾森豪威尔所提要求。

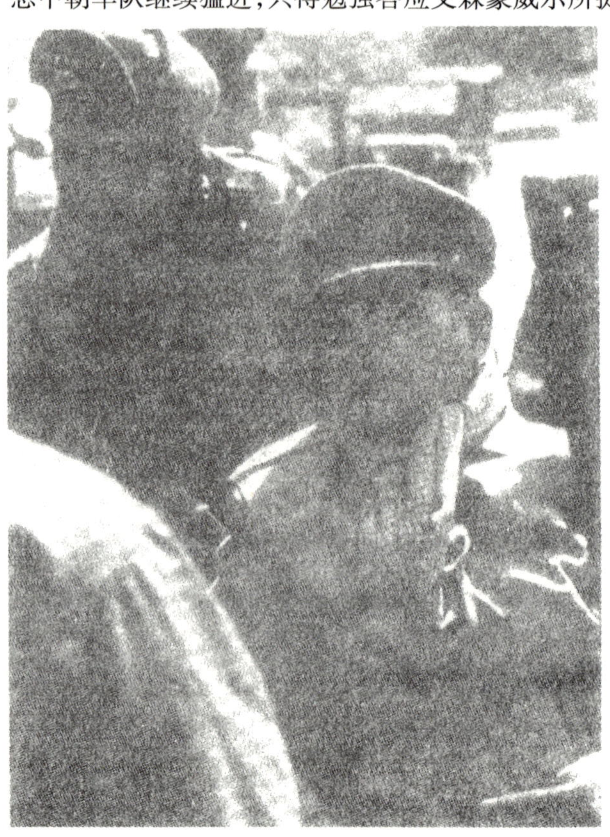

美国陆军副参谋长马修·李奇微

6月8日，历千辛万苦，双方终在板门店达成协议，同意按中朝方八点新建议各项原则，遣返双方战俘。停战障碍排除后，双方又根据军事停战线协议，重新划定军事停战线。自1951年11月以来，因反复争夺，临时停战线已向南推移。按新线定界，中朝方又得地140平方公里。

李承晚因未能阻止美国签署有关战俘遣返问题协议，心中不快，又闻报重新划定军事分界线，较第一次划线时又失地140平方公里，更十分恼怒。

战俘遣返协定签字那日，李承晚辗转反侧，一夜无眠。次晨起床，也不洗漱，也不用早点，只坐在靠背椅上发呆。约在上午10时，忽有侍者来报，称“台湾”蒋介石总统派特使来访。便抖擞精神，急命迎人。

使者道：“蒋总统闻知有关战俘遣返问题的协议，已在板门店签字，料不合贵大总统意愿，故命我专程送来一信，为大总统解烦。”说时奉上一封信札。

李承晚接过，展开边读边告使者道：“每逢我国多事有难之际，贵大总统便有书信至，足见贵大总统与我相知，有患难兄弟、同舟共济之谊。”待信读至一半，忽拍案道：“好一个生米煮熟饭之计，我如何未想到？”

原来，蒋介石信中是说美国人以势欺人，不可硬抗，只消如此如此，便可使中朝方面与美国有关战俘问题的协议泡汤，并迫美国重新全面支持李承晚、再启战端，向鸭绿江进军。李承晚读罢蒋介石来信，告使者道：“请转告贵大总统，感谢雪里送炭，奉送锦囊妙计。”并称将依计而行，不日便有好消息。

6月8日达成有关战俘遣返问题的协定后，毛泽东大喜，道：“朝鲜战争打了三年，开城谈判亦拖了两年，如今总算见到了和平曙光。”令彭德怀暂丢下军委公务，速前往朝鲜，准备代表志愿军在停战协议上签字。彭德怀领命，6月19日离京，乘专列直奔平壤。列车刚过鸭绿江，忽有急报传来，称李承晚违抗有关战俘遣返问题协定，擅自以就地释放为名，强使2.7万名朝鲜战俘离开俘虏营。

原来，李承晚接蒋介石信后，便筹思如何破坏停战谈判。适逢美军将第5号、第6号、第7号、第9号四个战俘营的警卫任务移交给李承晚军队。李承晚便暗中策划，故意让四个战俘营共2.7万名战俘集体越营逃走。韩国军警早埋伏妥当，战俘越营后，便被引至韩国军队军训中心。李承晚国防部官员又公开宣称，所有越营的朝鲜战俘将被编人韩国国防军。李承晚之意是以战俘越营为名，扣留2.7万名朝鲜战俘。如中朝方面不理睬，李承晚军队便得2.7万个兵员，如中朝方面因此拒绝签署停战协议，则正中下怀。

彭德怀闻报李承晚违抗协议，擅自将2.7万名朝鲜战俘解往其训练中心，大怒，便致函询问美国方面是何立场。不久，随员报说“联合国军”首席代表哈里逊已致函南日，告说战俘越营事件乃是李承晚军队密谋策划、积极配合所致，是有预谋地违抗有关战俘遣返问题协议，又说“联合国军”司令部正下令追回战俘，目下已追回971名。又报说克拉克已发表声明，批评李承晚违背协议，擅自释放战俘。

彭德怀沉思良久，又问其他国家如何反应？告说英相丘吉尔、印度总理尼赫鲁皆

志愿军谈判代表团主要负责人李克农(坐者)、邓华(后排左一)、解方(后排右一)、乔冠华(后排中)在一起

发表声明,谴责李承晚。彭德怀又问随员如何看这次战俘越营事件。皆答称是李承晚单方面有预谋的行动,是为了扣押中朝战俘,破坏停战,美国或许真不知情。彭德怀暗暗点头,速与金日成首相联系,以金、彭两司令官名义函告克拉克,请追回被李承晚就地释放的朝鲜战俘,约束李承晚,保证其不再违背协议。又致电毛泽东,报告情况,请允再组织一次进攻战,狠狠教训一下李承晚军,使之再不敢肆无忌惮地破坏停战谈判。

南日带协定文本至平壤,交金日成签字。哈里逊带协定文本至汶山,交克拉克签字。克拉克签字毕,大发感慨,叹道:“美国自开国以来,历西班牙战争、第一次世界大战、第二次世界大战,皆雄赳赳气昂昂,是胜利者,只这一次,是在未曾胜利的协定上签字,由我担当此任,实在令人丧气。”话毕,扔下签字笔,便起身离座。

次日,彭德怀到来凤庄,也完成签字程序。

1953 年 7 月 27 日夜 10 时,朝鲜停战协定正式生效。

第四十章

签约停战克拉克发悲叹
凯旋归国彭德怀论英雄

毛泽东在北京接到彭德怀请示电，便回电应允。电文只寥寥数语，言简意赅，大意是说，李承晚擅放战俘，违背协议，应予惩罚，停战协议签字日期，须往后推延。

彭德怀得毛泽东复电，便从平壤接通桧仓里志愿军总部电话，询问战场态势，兵力部署，然后分析形势，传达毛泽东复电精神，令立即发动反击作战，集中力量，打击李承晚军队，逼李承晚同意停战。

1953 年 6 月，“联合国军”并李承晚军队，计 6 个整军、25 个整师并旅团营部队若干，陆海空三军共 120 万人。志愿军驻朝部队，有 4 个兵团，19 个军，连同附属部队，共计 135 万人，对敌占有优势。又广筑地下工事，营造公路铁路，囤积粮草弹药，每军囤积物资 3000 吨，每师囤积物资 1000 吨，全军弹药囤积量共 12 万吨，囤粮 2.5 万吨，可供全军食用 8 个月。另有国内送来新兵 9 万，皆补入部队。各部又补充大炮、新式枪械，士气正盛，求战心切。

志愿军代司令员邓华、第二副司令员杨得志得彭德怀电话后，仔细计算兵力，分析态势，部署如何进攻。议定之后，方召集前方各将开会，部署攻防。各兵团司令员皆与会，计有第 3 兵团司令员兼东海指挥部司令员许世友，第 9 兵团司令员兼政委王建安，第 19 兵团司令员黄永胜，第 20 兵团司令员杨勇、政委王平。

东海指司令员许世友，河南新县人，1905 年生，少时家贫，在少林寺出家，练就一身好武艺，飞檐走壁，如履平地，空手肉搏，虽十数人不能近身。曾参加北伐战争，后加入中国共产党，任过红军军长、骑兵司令员。抗日战争时期任胶东军区司令员，解放战争时任山东兵团司令员。

第 9 兵团司令员兼政委王建安，湖北红安人，1907 年生，参加过黄麻起义，任过红军军政委，抗日战争时期任过鲁中军区司令员，解放战争时期，任第三野战军第 7 兵团司令员，兼浙江军区司令员。

第 19 兵团司令员黄永胜，湖北咸宁人，1910 年生，参加过秋收起义，任过红军师长、八路军旅长。解放战争时期，任第四野战军第 13 兵团司令员。

第 20 兵团司令员杨勇，湖南浏阳人，1912 年生，1930 年参加红军，任过红军政委，八路军旅长，解放战争时期，任第三野战军第 5 兵团司令员。

第 20 兵团政委王平，湖北阳新人，1907 年生，1930 年参加红军，任过红军军政委，八路军纵队政委，解放战争时期，任过军区司令员。

五将之外，另有志愿军炮兵指挥所司令员高存信、工程兵指挥所司令员谭善和、前线运输司令部司令员刘居英、装甲指挥所主任赵杰、志愿军空军司令员刘震，皆一并与会。

会议开场，先由邓华介绍政治形势，传达毛泽东、彭德怀指示精神。众将闻打进攻战，皆欢欣鼓舞。

邓华话毕，由杨得志介绍军情，分析两军态势，然后指图说明进攻部署，告众将道：“此战目的是以打击李承晚军为主，不打英军，少与美军纠缠，意在惩罚李承晚扣押我方 2.7 万战俘的新罪行，配合停战谈判。”然后指战线中央偏东位置道：“金城之

周恩来总理与金日成首相签署关于志愿军从朝鲜撤军的联合声明

敌,态势突出,楔入我方阵地,且由李承晚军4个师守御,计为第3师、第6师、第8师和首都师,正是我军打击目标。若得金城,消灭守敌半数,便可促成停战谈判。故金城进攻作战是三年朝鲜战争的压轴戏,只许打好,不可打坏。”当即令第20兵团司令员杨勇,统所部各军及新调派的第21军、第54军、第60军,共20万人,担任主攻。又令其余部队,也择若干目标发动攻击,牵制当面敌军,不使横移,配合第20兵团进攻金城。炮兵、工程兵、运输兵务必全力保障20兵团一切作战需要。东西海指负责保卫海岸,防敌侧后偷袭。下令完毕,又说明一些战术细节。众将得令,各统所部准备参战。

杨勇、王平二将,统所部负责金城正面突击,干系重大。二将连夜离开桧仓里,回到兵团司令部,商议如何部署进攻。

从图上看金城突出部,形如一个横卧的大鸭梨,梨尾在西,正当金城、金化之间,金化在西南,金城在东北,两地隔25公里,有铁路相通。梨柄在东,端点边岩洞,西距金化有20公里,往西北距金城也约20公里。北汉江自北而南,将这个大鸭梨从颈部切断。金城江却从金城流过,弯弯曲曲,穿过鸭梨中央,在颈部与北汉江合流。

从图上看金城突出部,虽已大致心中有数,杨勇却不放心,又亲到阵前实地勘察,果见进攻地域山岭相连,河川纵横,易守难攻。望远镜中看李承晚军各师阵地,皆深沟高垒,不但遍布明壕暗堡,且前沿阵地皆架设有铁丝网。铁丝网前,又广布地雷。

看过地形,筹思半日,杨勇对战守方有计较。便召集各军长到兵团司令部部署战守。计有第21军军长吴泳湘、第54军军长丁盛、第60军军长张祖谅、第67军军长邱蔚、第68军军长宋玉琳。

会议开始,杨勇先将毛泽东、彭德怀指示,志愿军总部的作战意图,略说个大概。然后令将20万军分为三支，东一支军跨过北汉江，占领边岩洞；中一支军沿金城江南进，直插后洞里；西一支军沿铁路线进兵，夺取芳洞里。然后三军会齐，守住芳洞里至边岩洞阵地，拉直战线，削平金城突出部，消灭李承晚军各师。

1953年7月13日夜9时，金城地域，浓云密布，风雨雷电大作。杨勇依照计划，令20兵团按时发动进攻。其余各兵团部队，也应约出动。志愿军第20兵团，先动用1000门大炮，沿25公里正面，一齐猛射，只半小时便发射炮弹1900吨，敌军阵地，立时浓烟滚滚，烈焰腾空，山摇地动，铁丝网、雷区、明壕暗堡，皆被炮弹摧毁。守阵官兵三成炸死，成停受伤，余皆弃阵，发疯般冒弹雨向后溃逃。

炮击未停，志愿军阵中，忽又响起激昂的军号声。一处吹响，百处响应，滴滴答答，震荡山谷。20万将士，皆平端刺刀，高声叫杀，潮水般冲向敌阵。只一次冲锋，便全线突破敌阵25公里。李承晚军各师纷纷往南狂奔。志愿军将士冒雨穷追，一夜急进百余里，将敌军尽数赶离金城突出部。

美将克拉克闻报志愿军集中1000门大炮，半小时发射炮弹1900吨，一举打垮李承晚军4个师，占领金城及其以南地域，大惊失色。便与新任美军第8集团军司令泰勒亲到金城突出部救应。

泰勒1901年生，西点军校毕业，曾为美国第82空降师师长，指挥过101空降师参加诺曼底登陆战，是空降作战专家。4月新接替范佛里特任美军第8集团军司令官。二人到金城前线后，果见金城地域山头皆被削平，树木多被烧焦，李承晚军的阵地终日硝烟弥漫。一齐叹道："想不到共产党中国一夜间成为空军大国，又一夜间成为炮兵大国，只这金城炮击，猛烈程度竟与当年欧洲柏林之战不相上下。"下令调美3师为

中国人民志愿军司令员彭德怀在停战协定上签字

骨干，联合李承晚军第5师、第7师、第9师、第11师，及第3师、第6师、第8师残部，共10余万人，并在飞机助战下猛烈反扑，欲夺回金城失地，挽回败局。两军各以枪炮对垒，进而白刃格斗，大小战共千余阵，恶战兼旬，阵前早横尸无数。

志愿军各部坚守新占领的金城突出部，岿然不动。克拉克损兵折将，无计可施，只得罢战。金城一役，自7月13日发动，到7月24日罢战，历十余日，志愿军各路大军共消灭敌军8.7万人，得地190平方公里，击毁美机770架，缴获坦克36辆、汽车301台、大炮600门、机枪1500挺，弹械粮饷堆积如山。

李承晚自4月26日板门店谈判恢复以来，三个月时间，连受志愿军三次重创，第一次是5月13日到26日，损失约4000人；第二次是5月27日到6月23日，损失约4万人；第三次便是金城之战，约折损8万。三战共折损12万人，元气大伤，再不敢轻言北进。艾森豪威尔乘机拉拢，令助理国务卿罗伯逊访问汉城，与李承晚会谈，代艾森豪威尔又作许诺：一是签订美韩安全条约，由美国保障大韩民国安全；二是扩编韩国军队至20个师；三是立即支付2亿美元经援。李承晚得这许诺，便就坡下驴，表示愿意接受停战安排。

1953年7月27日，朝鲜开城蓝天如洗，万里无云，朝鲜战争交战各方约定，这日在板门店签署停战协定，结束朝鲜战争。签约大厅约1000平方米大小，飞檐斗拱，乃由朝鲜工人以油毡、苇席、木架、三合板一夜组合而成。大厅正中央，并列安放两张长条桌，上铺绿色台呢，为双方首席代表签字桌。两条桌之间，置一方桌，上放双方签字文本。9时30分，双方安全军官各8名，步入大厅，按序站立，负责厅内警卫。稍后，双方出席签字仪式人员，鱼贯入场，依次就座。10时整，大厅内寂静无声，中朝代表团首席代表南日将军与联合国军首席代表哈里逊将军，亦进入大厅，在各自签字桌前就座，正式签约。未出10分钟，签约完毕。

朝鲜停战协定计五条六十三款。其内容大致是：自朝鲜时间7月27日22时起，中朝方面与“联合国军”所属一切武装力量，包括陆海空三军，完全停止一切敌对行动。成立军事停战委员会，双方各派五人组成，其中三人应为将级军官。军事停战委员会负责监督停战协定的实施，并处理违约事件。委员会总部设于板门店。成立中立国监察委员会，总部设于军事停战委员会附近，亦负责监督实施停战协定。中立国监察委员会由波兰、瑞士、瑞典、捷克斯洛伐克四国各派一员高级军官组成。

战俘遣返问题，规定在60天内，凡坚持遣返的战俘，一律尽快直接遣返，在板门店交接。凡不愿遣返的战俘，交中立国看管，允战俘所属国作解释工作。待90日解释期满，战俘仍不愿遣返，战俘所属国不得再与战俘接触。待到120日期满，仍不能解决，便由中立国解除其战俘身份，使之成为平民，按其意愿决定去留。

划定军事分界线及非军事区界线，西由江华湾隅岛，绕过江华岛北岸，经汉江口至板门店，向东经高浪铺里、金化、文登里、长城里，达高城以南。以高浪铺里为轴，分界线东端是在三八线以北，西端是在三八线以南。“联合国军”在东端占朝鲜人民民主共和国土地1.2万平方公里。中朝军队在西端占大韩民国土地数千平方公里。“联

朝鲜人民军最高司令官金日成在停战协定上签字

合国军”占地稍多，却是荒凉之地；中朝军队占地稍少，却十分富庶。

当晚10时，南日带协定文本至平壤，交金日成签字。哈里逊带协定文本至汶山，交克拉克签字。克拉克签字毕，大发感慨，叹道：“美国自开国以来，历西班牙战争、第一次世界大战、第二次世界大战，皆雄赳赳气昂昂，是胜利者，只这一次，是在未曾胜利的协定上签字，由我担当此任，实在令人丧气。”话毕，扔下签字笔，便起身离座。

次日，彭德怀到来凤庄，也完成签字程序。

1953年7月27日夜10时，朝鲜停战协定正式生效。朝鲜战争自1950年6月25日爆发，到1953年7月27日签署停战协议，历时37个月。双方百万大军恶战，边谈边打，各有损伤。中朝军队自五次大战役后，又在开城谈判期间，挫败美将李奇微1951年夏秋攻势、空中绞杀战、1952年春季细菌战。又发动1952年夏季攻势，挫败美将克拉克秋季攻势。1953年又发动夏季攻势、金城反击战，皆获胜利，计消灭美军、“联合国军”、李承晚军共109万人。只美军便折损39万人，耗战费200亿美元，耗战争物资7500万吨。志愿军伤亡，亦过50万，战费以人民币百亿元计，物资损耗计260万吨。

朝鲜停战协定生效之夜，中朝军民万众欢腾，平壤、元山、安东、沈阳、北京各处大小城镇，无不万人空巷，军民皆涌上街头，举无数小旗、火把，载歌载舞，彻夜狂欢。

彭德怀这夜在开城来凤庄志愿军代表团驻地，心潮起伏，精神振奋，即兴乘月色悄然登上来凤庄外一处高坡，伫立坡顶，翘首东望。但见云淡风轻，月色正浓，远山空旷，流水潺潺，心中感慨万端，正暗赞江山如画，夜景迷人，忽闻军事分界线上，枪炮声大作，地动山摇。远远望去，两军阵地上空，照明弹、曳光弹，赤橙黄绿各色信号弹，乱飞乱舞，天地皆泛红绿色彩光，是两军务以枪炮，对空猛射，欢呼停战。

约摸一刻钟光景，枪炮声忽戛然而止，一时间万籁俱寂。彭德怀摸出怀表细瞧，正是午夜10时停火生效时刻。开城千家万户，忽一齐拉开遮蔽灯火的防空黑纱窗，立时万家灯火，一城光明，如银河骤落人间。军民皆涌上街头，相拥欢呼胜利，赞美和平。彭德怀亦下高坡，悄然走上街头，与民同庆。

次日，彭德怀悄然离开开城，驱车至平壤。这座朝鲜名都，虽饱经战火，创痕累累，却也焕然一新；老人皆戴传统高筒纱帽，妇女皆穿绸短衫、纱长裙。朝鲜民主主义人民共和国国旗与中国五星红旗迎风高飘，满城皆是巨大横幅标语，或书中朝友谊万岁，或书和平万岁，皆歌颂中朝友谊，同庆胜利。

朝鲜民主主义人民共和国首相、人民军总司令官金日成于7月31日举行授勋典礼，表彰志愿军功绩。金日成亲自授勋，授予彭德怀朝鲜民主主义人民共和国英雄称号，并授一级国旗勋章、金星勋章各一枚。志愿军各级功臣，亦论功行赏，依功绩授勋。授勋毕，金日成与彭德怀二人依依不舍，互道珍重而别。

彭德怀辞别金日成，乘专车离平壤，凯旋归国。列车出平壤，过新安州，渡清川江，再经定州、宣川、盐州，经新义州到鸭绿江，一路所见，田园荒芜，村镇毁灭，满目疮痍。百姓非老即幼，虽欢庆和平，却皆有饥色，心中感慨万千，便倚窗而坐，闷声不言。待过鸭绿江进入国境，经安东，过沈阳，进山海关，祝捷的彩旗标语，沿路到处可见，漫山遍野，柳绿花红，麦熟果香，一片繁荣景象。鸭绿江一江之隔，南北完全是两

联合国军总司令、美国陆军上将马克·克拉克在停战协定上签字

个世界，愈感慨万千。

随员们新近获胜，凯旋而归，多兴奋不已，见彭德怀闷头沉思，先不敢打扰，后隐忍不住，便缠住请彭德怀谈朝鲜战争的感想。彭德怀也不推辞，侃侃而谈，道："若论朝鲜战争，我军自然是个胜局。"稍顿，又分析道："我军 1950 年 10 月入朝前，美军已打到鸭绿江边，其前锋进至楚山，隔江对我江岸发炮，美机也多次空袭我安东等地。而今美军已被我军赶回去。美军不肯承认失败，那是要面子。

再论损耗，美军共花直接战费 200 亿美元，作战物资 7500 万吨，皆比我多数十倍。若照伤亡统计，美军累计损失 39 万人，这其中有重复统计。然即使剔除水分，美军人员伤亡亦不会比四年太平洋战争少。又在战事危急时刻，三易'联合国军'司令，四易第 8 集团军司令。是故无论如何衡量，我军都是确定无疑的胜利者。"

彭德怀又说道："然这胜利，来得十分艰苦，代价十分惨烈，比之当年打败日本，打败蒋介石，在军事上更要艰苦。因美军装备优势，远非当年日军和蒋介石军队可比。是故当初在决定是否参战时，政治局有人坚决反对。"

言及于此，稍顿，又接着说道："幸毛主席高瞻远瞩，有伟人胆魄，运筹帷幄，权衡利弊，断然出兵，又得将士用命，不畏敌军装备优势，不畏天寒地冻，拼着一口气，以人力拼钢铁，打赢了这一仗。"

众人又问如何评价美军战术。彭德怀分析道："美军所恃者，是其陆海空火力优势，每战必以飞机、坦克和大炮开路，若无钢铁，便寸步难行。是故麦克阿瑟也好，李奇微也好，克拉克也好，以及四任第 8 集团军司令官也好，皆无战术可言。若论战术，亦是败家子战术，多费钢铁而已。"

众人闻这番话皆哄然大笑。彭德怀又道："第二次战役时，我军只须拥有目前这些装备和后勤保障能力，必能将美军一气赶出朝鲜。"言下颇有遗憾。见众人侧耳倾听，彭德怀又道："如今我军海空军已初步建立起来，又有了装甲兵、炮兵、工兵，步兵装备亦大大加强。经朝鲜战争锻炼，我军军事现代化已走上正轨。来日方长，若再遇美国鬼子挑战，我老彭还要应战。"众人一齐拍手叫好。